CIÊNCIAS

GERAÇÃO ALPHA

8

ANDRÉ CATANI

Bacharel e licenciado em Ciências Biológicas pela Universidade Estadual de Campinas (Unicamp).

Professor de Ciências e Biologia.

GUSTAVO ISAAC KILLNER

Bacharel e licenciado em Física pela Universidade de São Paulo (USP).

Mestre em Ciências pela USP.

Doutor em Educação pela USP.

Licenciado em Pedagogia pela USP.

Especialista em Ensino Mediado por Computadores pela Universidade de Tsukuba, Japão.

Especialista em Formação de Professores para Cursos Semipresenciais e de Educação a Distância pela Universidade Estadual Paulista (Unesp).

Professor de Ciências, Física e Teorias de currículo e de ensino e aprendizagem.

JOÃO BATISTA AGUILAR

Bacharel e licenciado em Ciências Biológicas pela USP.

Mestre em Ecologia pela USP.

Doutor em Ciências pela USP.

Professor de Ciências e Biologia.

São Paulo, 5ª edição, 2023

sm

Geração Alpha Ciências 8

Direção editorial André Monteiro
Gerência editorial Lia Monguilhott Bezerra
Edição executiva André Zamboni
Edição: Carolina Mancini Vall Bastos, Marcelo Augusto Barbosa Medeiros, Mauro Faro, Filipe Faria Berçot, Tatiana Novaes Vetillo, Sylene Del Carlo, Juliana Rodrigues F. de Souza
Suporte editorial: Camila Alves Batista, Fernanda de Araújo Fortunato
Coordenação de preparação e revisão Cláudia Rodrigues do Espírito Santo
Preparação: Ana Paula R. Migiyama, Eliane de Abreu Santoro, Vera Lúcia Rocha
Revisão: Ana Paula R. Migiyama, Eliane de Abreu Santoro, Vera Lúcia Rocha
Apoio de equipe: Camila Lamin Lessa
Coordenação de *design* Gilciane Munhoz
***Design*:** Camila N. Ueki, Lissa Sakajiri, Paula Maestro
Coordenação de arte Vitor Trevelin
Edição de arte: Vivian Dumelle
Assistência de arte: Bruno Cesar Guimarães
Assistência de produção: Júlia Stacciarini Teixeira
Coordenação de iconografia Josiane Laurentino
Pesquisa iconográfica: Adriana Neves, Ana Stein
Tratamento de imagem: Marcelo Casaro
Capa Megalo | identidade, comunicação e design
Ilustração da capa: Thiago Limón
Projeto gráfico Megalo | identidade, comunicação e design; Camila N. Ueki, Lissa Sakajiri, Paula Maestro
Ilustrações que acompanham o projeto: Laura Nunes
Editoração eletrônica Essencial design
Cartografia João Miguel A. Moreira

Pré-impressão Américo Jesus
Fabricação Alexander Maeda
Impressão PifferPrint

Dados Internacionais de Catalogação na Publicação (CIP)
(Câmara Brasileira do Livro, SP, Brasil)

Catani, André
Geração alpha ciências, 8 / André Catani, Gustavo Isaac Killner, João Batista Aguilar. -- 5. ed. -- São Paulo : Edições SM, 2023.

ISBN 978-85-418-3077-5 (aluno)
ISBN 978-85-418-3078-2 (professor)

1. Ciências (Ensino fundamental) I. Killner, Gustavo Isaac. II. Aguilar, João Batista. III. Título.

23-154218 CDD-372.35

Índices para catálogo sistemático:
1. Ciências : Ensino fundamental 372.35

Cibele Maria Dias – Bibliotecária – CRB-8/9427

5ª edição, 2023
4ª impressão, outubro 2025

SM Educação
Avenida Paulista, 1842 – 18º andar, cj. 185, 186 e 187 – Condomínio Cetenco Plaza
Bela Vista 01310-945 São Paulo SP Brasil
Tel. 11 2111-7400
atendimento@grupo-sm.com
www.grupo-sm.com/br

Caro aluno, seja bem-vindo à sua plataforma do conhecimento!

A partir de agora, está à sua disposição uma plataforma que reúne, em um só lugar, recursos educacionais digitais que complementam os livros impressos e foram desenvolvidos especialmente para auxiliar você em seus estudos. Veja como é fácil e rápido acessar os recursos deste projeto.

1 Faça a ativação dos códigos dos seus livros.

Se você NÃO tem cadastro na plataforma:

- acesse o endereço <**login.smaprendizagem.com**>;
- na parte inferior da tela, clique em "Registre-se" e depois no botão "Alunos";
- escolha o país;
- preencha o formulário com os dados do tutor, do aluno e de acesso.

O seu tutor receberá um *e-mail* para validação da conta. Atenção: sem essa validação, não é possível acessar a plataforma.

Se você JÁ tem cadastro na plataforma:

- em seu computador, acesse a plataforma pelo endereço <**login.smaprendizagem.com**>;
- em seguida, você visualizará os livros que já estão ativados em seu perfil. Clique no botão "Códigos ou licenças", insira o código abaixo e clique no botão "Validar".

Este é o seu código de ativação! →

DL17D-RZ6BR-AW97P

2 Acesse os recursos

usando um computador.

No seu navegador de internet, digite o endereço <**login.smaprendizagem.com**> e acesse sua conta. Você visualizará todos os livros que tem cadastrados. Para escolher um livro, basta clicar na sua capa.

usando um dispositivo móvel.

Instale o aplicativo **SM Aprendizagem**, que está disponível gratuitamente na loja de aplicativos do dispositivo. Utilize o mesmo *login* e a mesma senha que você cadastrou na plataforma.

Importante! Não se esqueça de sempre cadastrar seus livros da SM em seu perfil. Assim, você garante a visualização dos seus conteúdos, seja no computador, seja no dispositivo móvel. Em caso de dúvida, entre em contato com nosso canal de atendimento pelo **telefone 0800 72 54876** ou pelo ***e-mail* atendimento@grupo-sm.com**.

sm

BRA215309_001.253_Geração Alpha Ciências 8º Ano. - Ensino Fundamental: Anos Finais - Livro Digital do Aluno - 5ª Edição 2024

APRESENTAÇÃO

OLÁ, ESTUDANTE!

Ser jovem no século XXI significa estar em contato constante com múltiplas formas de linguagem, uma imensa quantidade de informações e inúmeras ferramentas tecnológicas. Isso ocorre em um cenário mundial de grandes mudanças sociais, econômicas e ambientais.

Diante dessa realidade, esta coleção foi cuidadosamente pensada tendo como principal objetivo ajudar você a enfrentar esses desafios com informação de qualidade, autonomia e espírito crítico.

Atendendo a esse propósito, os textos, as imagens e as atividades que esta coleção traz oferecem oportunidades para que você reflita sobre o que aprende, expresse suas ideias e desenvolva habilidades de comunicação nas mais diversas situações de interação em sociedade.

Vinculados aos conhecimentos próprios da área de Ciências da Natureza, também são explorados aspectos dos Objetivos de Desenvolvimento Sustentável (ODS), da Organização das Nações Unidas (ONU). Com isso, esperamos que você compartilhe dos conhecimentos construídos pelas Ciências da Natureza e os utilize para fazer escolhas responsáveis e transformadoras em sua vida.

Desejamos também que esta coleção contribua para que você se torne um jovem atuante na sociedade do século XXI e seja capaz de questionar a realidade em que vive, buscando respostas e soluções para os desafios presentes e para os que estão por vir.

Bons estudos!

Equipe editorial

CONHEÇA SEU LIVRO

Abertura da unidade

Nesta unidade, eu vou...

Nessa trilha, você conhece os objetivos de aprendizagem da unidade. Eles estão organizados por capítulos e seções e podem ser utilizados como um guia para seus estudos.

Uma imagem vai instigar sua curiosidade e motivar você ao estudo da unidade.

Primeiras ideias

As questões dessa seção vão incentivar você a contar o que sabe dos temas em estudo e a levantar algumas hipóteses sobre eles.

Leitura da imagem

Nessa seção, as questões orientam a leitura da imagem e permitem estabelecer relações entre o que é retratado nela e o que será abordado na unidade.

Cidadania global

Nesse boxe, você começa a refletir sobre o Objetivo de Desenvolvimento Sustentável (ODS) relacionado aos temas da unidade. O entendimento sobre o contexto desse ODS será construído ao longo dos capítulos e retomado no final da unidade.

Capítulos

Abertura do capítulo e Para começar

O boxe *Para começar* apresenta questões para você verificar o que conhece do conteúdo do capítulo e refletir sobre o que vai estudar. Textos, imagens, mapas e esquemas introduzem o conteúdo que será explorado.

Práticas de Ciências

Nessa seção, você vai realizar pesquisas e atividades práticas, levantar hipóteses e elaborar conclusões, entre outras atividades.

Atividades

As atividades vão ajudar você a desenvolver habilidades e competências com base no que você estudou no capítulo.

Contexto – Ciência, tecnologia e sociedade

Essa seção aparece no final de alguns capítulos e, com base em temas relacionados à unidade, convida você a compreender as relações entre ciência, tecnologia, sociedade e meio ambiente.

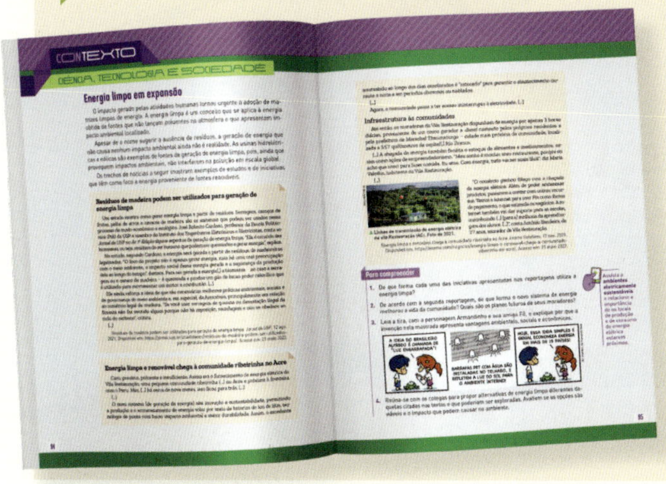

Ciência dinâmica

Presente ao final de alguns capítulos, essa seção explora controvérsias e mudanças conceituais – aspectos que ajudam a construir o conhecimento científico –, bem como a contribuição de estudiosos para diversas áreas das Ciências da Natureza.

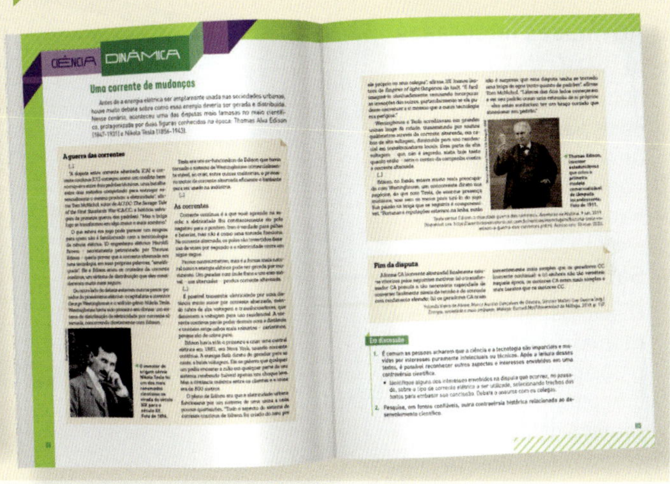

Boxes

Cidadania global

Apresenta informações e questões que levam você a refletir e a se posicionar sobre situações e fatos relacionados ao ODS apresentado na abertura do capítulo.

Glossário

Traz definições de expressões e palavras cujo significado talvez você desconheça.

Ampliação

Traz informações complementares sobre os assuntos explorados na página.

Para explorar

Oferece sugestões de museus, livros, *sites* e filmes relacionados ao tema em estudo.

Fechamento da unidade

Investigar

Em dois momentos do livro, você e os colegas vão experimentar diferentes metodologias de pesquisa, como entrevista, coleta de dados, entre outras. Também vão desenvolver diferentes formas de comunicação para compartilhar os resultados de suas investigações.

Atividades integradas

As atividades propostas nessa seção integram os temas abordados na unidade e também auxiliam no desenvolvimento de habilidades e competências.

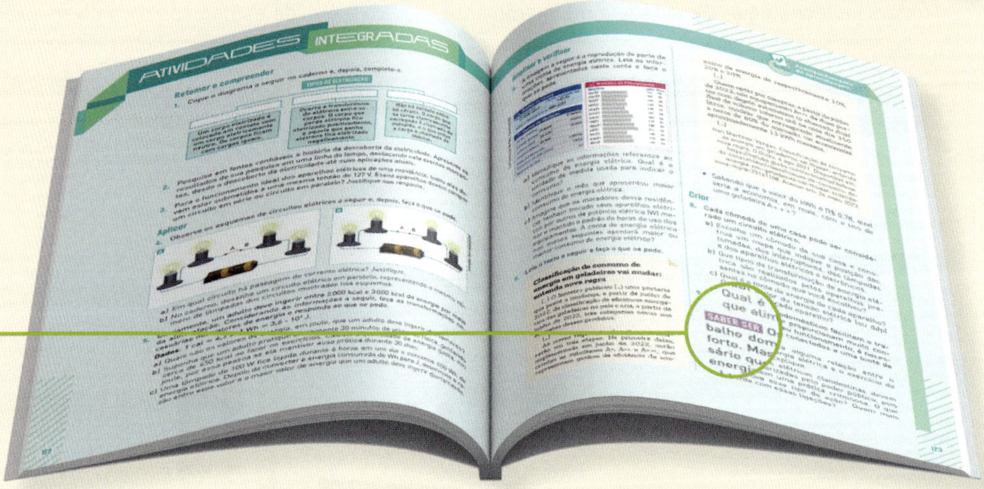

Saber ser

O selo **Saber ser** indica momentos oportunos para o desenvolvimento das competências socioemocionais tomada de decisão responsável, autogestão, autoconsciência, consciência social e habilidades de relacionamento.

Cidadania global

Essa seção fecha o trabalho com o ODS e está organizada em duas partes. Em *Retomando o tema*, você vai rever as discussões realizadas ao longo dos capítulos e retomar a questão da abertura da unidade. Em *Geração da mudança*, você será convidado a desenvolver uma atividade, a fim de contribuir para o desenvolvimento do ODS trabalhado na unidade, no contexto da sua comunidade.

No final do livro, você também vai encontrar:

Interação

Essa seção propõe um projeto coletivo que resultará em um produto que pode ser usufruído pela comunidade escolar e/ou do entorno da escola.

Prepare-se!

Essa seção apresenta dois blocos de questões com formato semelhante ao de provas e exames oficiais, como Enem, Saeb e Pisa, para você verificar seus conhecimentos.

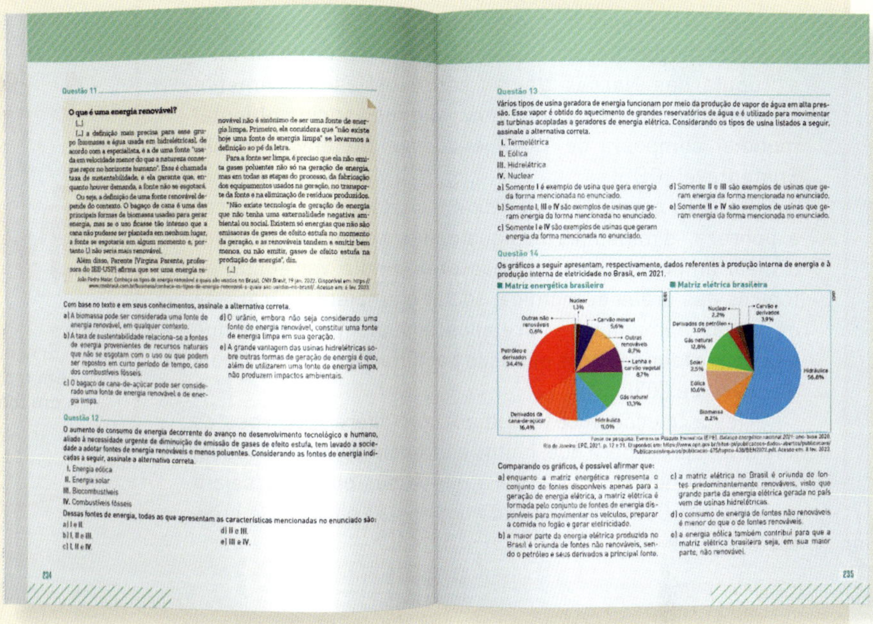

GERAÇÃO ALPHA DIGITAL

O livro digital oferece uma série de recursos para interação e aprendizagem. No livro impresso, eles são identificados com os ícones descritos a seguir.

Atividades interativas

Estes ícones indicam que, no livro digital, você encontrará atividades interativas que compõem um ciclo avaliativo ao longo da unidade. No início da unidade, você poderá verificar seus **conhecimentos prévios**. Ao final dos capítulos e da unidade, encontrará conjuntos de atividades para realizar o **acompanhamento da aprendizagem** e, por fim, a **autoavaliação**.

Conhecimentos prévios

Acompanhamento da aprendizagem

Autoavaliação

Recursos digitais

Este ícone indica que, no livro digital, você terá acesso a galerias de imagens, áudios, animações, vídeos, entre outros recursos. Quando encontrar uma chamada como esta, acesse o recurso e faça a atividade que se pede.

Veja a **reprodução das angiospermas** e discuta com os colegas quais são as possíveis vantagens da reprodução assexuada.

O QUE SÃO OS

OBJETIVOS DE DESENVOLVIMENTO SUSTENTÁVEL

Em 2015, representantes dos Estados-membros da Organização das Nações Unidas (ONU) se reuniram durante a Cúpula das Nações Unidas sobre o Desenvolvimento Sustentável e adotaram uma agenda socioambiental mundial composta de 17 Objetivos de Desenvolvimento Sustentável (ODS).

Os ODS constituem desafios e metas para erradicar a pobreza, diminuir as desigualdades sociais e proteger o meio ambiente, incorporando uma ampla variedade de tópicos das áreas econômica, social e ambiental. Trata-se de temas humanitários atrelados à sustentabilidade que devem nortear políticas públicas nacionais e internacionais até o ano de 2030.

Nesta coleção, você trabalhará com diferentes aspectos dos ODS e perceberá que, juntos e também como indivíduos, todos podemos contribuir para que esses objetivos sejam alcançados. Conheça aqui cada um dos 17 objetivos e suas metas gerais.

1 ERRADICAÇÃO DA POBREZA

Erradicar a pobreza em todas as formas e em todos os lugares

2 FOME ZERO E AGRICULTURA SUSTENTÁVEL

Erradicar a fome, alcançar a segurança alimentar, melhorar a nutrição e promover a agricultura sustentável

9 INDÚSTRIA, INOVAÇÃO E INFRAESTRUTURA

Construir infraestruturas resilientes, promover a industrialização inclusiva e sustentável e fomentar a inovação

10 REDUÇÃO DAS DESIGUALDADES

Reduzir as desigualdades no interior dos países e entre países

11 CIDADES E COMUNIDADES SUSTENTÁVEIS

Tornar as cidades e comunidades mais inclusivas, seguras, resilientes e sustentáveis

12 CONSUMO E PRODUÇÃO RESPONSÁVEIS

Garantir padrões de consumo e de produção sustentáveis

13 AÇÃO CONTRA A MUDANÇA GLOBAL DO CLIMA

Adotar medidas urgentes para combater as alterações climáticas e os seus impactos

14 VIDA NA ÁGUA

Conservar e usar de forma sustentável os oceanos, mares e os recursos marinhos para o desenvolvimento sustentável

3 SAÚDE E BEM-ESTAR

Garantir o acesso à saúde de qualidade e promover o bem-estar para todos, em todas as idades

4 EDUCAÇÃO DE QUALIDADE

Garantir o acesso à educação inclusiva, de qualidade e equitativa, e promover oportunidades de aprendizagem ao longo da vida para todos

5 IGUALDADE DE GÊNERO

Alcançar a igualdade de gênero e empoderar todas as mulheres e meninas

8 TRABALHO DECENTE E CRESCIMENTO ECONÔMICO

Promover o crescimento econômico inclusivo e sustentável, o emprego pleno e produtivo e o trabalho digno para todos

7 ENERGIA LIMPA E ACESSÍVEL

Garantir o acesso a fontes de energia fiáveis, sustentáveis e modernas para todos

6 ÁGUA POTÁVEL E SANEAMENTO

Garantir a disponibilidade e a gestão sustentável da água potável e do saneamento para todos

15 VIDA TERRESTRE

Proteger, restaurar e promover o uso sustentável dos ecossistemas terrestres, gerir de forma sustentável as florestas, combater a desertificação, travar e reverter a degradação dos solos e travar a perda da biodiversidade

16 PAZ, JUSTIÇA E INSTITUIÇÕES EFICAZES

Promover sociedades pacíficas e inclusivas para o desenvolvimento sustentável, proporcionar o acesso à justiça para todos e construir instituições eficazes, responsáveis e inclusivas a todos os níveis

17 PARCERIAS E MEIOS DE IMPLEMENTAÇÃO

Reforçar os meios de implementação e revitalizar a parceria global para o desenvolvimento sustentável

Nações Unidas Brasil. Objetivos de Desenvolvimento Sustentável. Disponível em: https://brasil.un.org/pt-br/sdgs. Acesso em: 2 maio 2023.

SUMÁRIO

UNIDADE 4

PRODUÇÃO E CONSUMO DE ENERGIA 77

UNIDADE 5

ENERGIA ELÉTRICA 99

UNIDADE 6

REPRODUÇÃO VEGETAL 125

UNIDADE 7

UNIDADE 8

UNIDADE 9

UNIDADE 1

MOVIMENTOS DA TERRA E DA LUA

PRIMEIRAS IDEIAS

1. Como ocorrem os dias e as noites em nosso planeta?
2. Você tem a percepção, no dia a dia, de que o planeta está se movendo? Por quê?
3. Explique como ocorrem as diferentes fases da Lua.

Conhecimentos prévios

Nesta unidade, eu vou...

CAPÍTULO 1 Movimentos da Terra

- Compreender o que é rotação e sua relação com a sucessão dos dias e das noites e o que é translação e sua relação com a ocorrência das estações do ano.
- Construir um modelo para observar o efeito da inclinação do eixo de rotação da Terra e da curvatura de sua superfície na distribuição da radiação solar.
- Relacionar a inclinação do eixo da Terra e o movimento de translação da Terra à ocorrência das estações do ano.
- Esquematizar o movimento de translação da Terra, considerando o eixo inclinado da Terra e as estações do ano.
- Identificar as mudanças climáticas periódicas que caracterizam as estações do ano.
- Reconhecer a importância dos mitos e das lendas para os povos indígenas brasileiros.

CAPÍTULO 2 Movimentos da Lua

- Compreender que a Lua apresenta movimentos e como eles se relacionam com a ocorrência de suas fases.
- Identificar as mudanças que acontecem na aparência da Lua (fases da Lua) ao longo do ciclo lunar.
- Construir um modelo para simular a ocorrência das fases da Lua.
- Entender que o fato de o plano de órbita da Lua não coincidir com o plano de órbita da Terra está relacionado à ocorrência dos eclipses, da lua cheia e da lua nova.
- Compreender o que são eclipses e explicar como eles ocorrem.
- Reconhecer o papel da ciência e da tecnologia no desenvolvimento de mecanismos de medições precisas do tempo.

CIDADANIA GLOBAL

- Compreender o papel de projetos e de políticas públicas que incentivem a igualdade de gênero e o acesso de todos a carreiras profissionais.
- Promover uma roda de conversa de modo a conscientizar a comunidade escolar sobre o tema da igualdade de gênero no mundo do trabalho.

Arquivo/AIP Emilio Segrè Visual Archives

LEITURA DA IMAGEM

1. O que lhe chama mais atenção ao observar esta foto? Comente.
2. Em sua opinião, considerando o contexto histórico em que a foto foi tirada, o que explica a presença de mulheres em um número muito menor que o dos homens?

CIDADANIA GLOBAL

5 IGUALDADE DE GÊNERO

Apesar dos avanços alcançados nos últimos anos, as mulheres ainda têm encontrado barreiras para progredir em carreiras científicas, sobretudo na área de Ciências Exatas, na qual a proporção entre homens e mulheres é muito discrepante, com predomínio masculino. As mulheres cientistas nem sempre encontram o mesmo espaço e reconhecimento nesses setores e, em muitos casos, são preteridas em relação aos homens ou recebem salários mais baixos, ainda que realizem as mesmas atividades. É fundamental, portanto, que se desenvolvam meios de empoderar meninas e mulheres de modo a se alcançar a igualdade de gênero em todas as áreas.

- Diante da realidade atual, que ações podem ser tomadas a fim de reduzir essa desigualdade e garantir que as mulheres tenham as mesmas oportunidades que os homens em todos os setores?

Veja **presença de mulheres nas ciências** e cite outras contribuições de mulheres para as ciências.

Cientistas reunidos no Encontro da Sociedade Americana de Astronomia, realizado em dezembro de 1937, na Universidade de Indiana, nos Estados Unidos.

CAPÍTULO 1

MOVIMENTOS DA TERRA

PARA COMEÇAR

Foi pela observação que passamos a perceber a regularidade dos fenômenos naturais. Qual é a relação entre os ciclos do dia e da noite e as estações do ano?

▼ Pôr do sol orbital. Esta fotografia da Nasa, tirada da Estação Espacial Internacional enquanto se encontrava sobre o Brasil, a uma altitude de 415 quilômetros, mostra os últimos raios de um pôr do sol orbital. Essa estação completa uma volta ao redor da Terra a cada 90 minutos, portanto, dela é possível ver o Sol surgir 16 vezes em um período de 24 horas. Foto de 2022.

ROTAÇÃO E TRANSLAÇÃO

Atualmente, sabe-se que, assim como os outros planetas do Sistema Solar, a Terra realiza uma série de movimentos, e dois deles, cujos efeitos podemos sentir no dia a dia, são os movimentos de rotação e de translação.

ROTAÇÃO

Quando vemos o movimento aparente do Sol no céu – de manhã, o Sol "nasce" no lado leste, durante o dia ele "se move" no céu e, horas depois, ele "se põe" a oeste –, o que estamos observando é, na realidade, o efeito do movimento da Terra.

O movimento aparente do Sol no céu ocorre em consequência do movimento que a Terra realiza em torno de um eixo imaginário que atravessa o planeta do polo Sul ao polo Norte. Esse movimento é denominado **rotação** e ocorre de oeste para leste.

Arquivo/NASA

Dia e noite

A Terra demora cerca de 24 horas para fazer uma rotação completa. Esse período corresponde ao **dia terrestre**.

O ciclo de um dia terrestre pode ser dividido em dia e noite, pois, conforme a Terra completa seu movimento, metade do planeta recebe luz solar, enquanto a outra metade permanece no escuro. O contínuo movimento de rotação do planeta faz com que esses períodos se alternem.

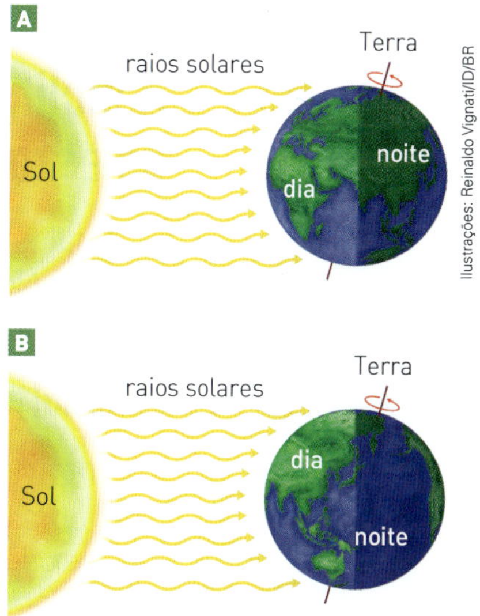

▲ **Quando é dia no oceano Atlântico, é noite no oceano Pacífico (A), e, quando anoitece no oceano Atlântico, amanhece no oceano Pacífico (B). (Representações sem proporção de tamanho e distância entre os elementos e em cores-fantasia.)**

Inclinação do eixo terrestre

O eixo imaginário de rotação da Terra se encontra inclinado em relação ao plano imaginário da órbita terrestre ao redor do Sol.

Como se pode ver na figura a seguir, o plano equatorial terrestre não coincide com o plano orbital. Esse arranjo particular é responsável por dois importantes fenômenos que ocorrem na Terra:

- o tempo de duração do dia e da noite varia de acordo com a região em que se encontra um observador na Terra e ao longo do ano em uma mesma região;
- a radiação solar não incide com a mesma intensidade nos hemisférios Sul e Norte.

É por causa dessa diferença na intensidade luminosa recebida pelos hemisférios Norte e Sul que temos as estações do ano.

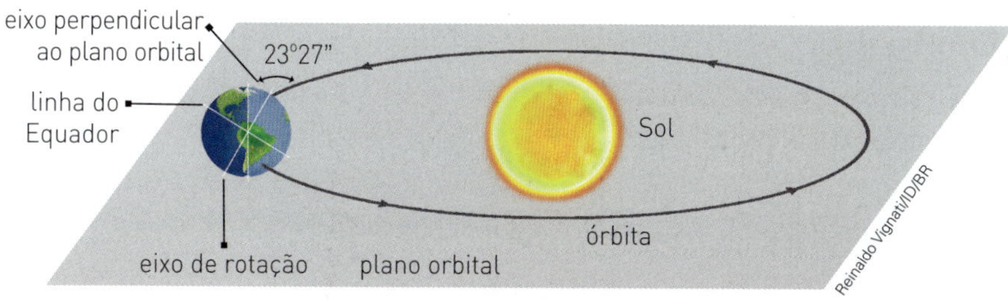

◀ **O eixo de rotação da Terra está inclinado 23°27" em relação a uma linha perpendicular ao plano orbital terrestre. A órbita está representada dessa forma por causa da perspectiva da imagem. (Representação sem proporção de tamanho e distância entre os elementos e em cores-fantasia.)**

CIDADANIA GLOBAL

YEDDA: A PRIMEIRA ASTRÔNOMA BRASILEIRA

[...]

No primeiro período, quando foram construídas as bases para o desenvolvimento da astronomia no Brasil, a pioneira foi Yedda Veiga Ferraz Pereira [...] considerada a primeira astrônoma brasileira e uma das primeiras mulheres em engenharia. Nascida no Rio de Janeiro, formou-se em engenharia civil e elétrica em 1948 [...], hoje Escola de Engenharia da Universidade Federal do Rio de Janeiro (UFRJ). Em 1944, entrou como calculadora no ON [Observatório Nacional] a convite do astrônomo-chefe Domingos Costa. [...] Durante seus anos de trabalho, dedicou-se à confecção do "Anuário Astronômico" e à observação da passagem meridiana de estrelas para a determinação da hora [...], colaborando para o Bureau Internationale de l'Heure nos estudos da rotação da Terra [...]. Levada a uma situação que passou a ser comum para muitas mulheres, pediu demissão do cargo em 1962 para se dedicar aos cuidados dos sete filhos, da casa e, mais tarde, do pai. [...]

Sueli M. M. Viegas. A Astronomia brasileira no feminino. Em: Oscar T. Matsuura (org.). *História da Astronomia no Brasil*. Recife: Cepe, 2014. v. 2 p. 9.

1. Segundo o texto, qual foi a contribuição de Yedda para a Astronomia e o que a levou a abdicar do cargo de pesquisadora?
2. Pesquise, em meios impressos ou digitais, se há diferença entre o número de homens e de mulheres em áreas de atuação (ciência, política ou outras). Com base nas informações levantadas, escreva um breve texto destacando a proporção entre homens e mulheres nas áreas pesquisadas e hipóteses ou dados que expliquem eventuais discrepâncias.

A inclinação do eixo de rotação e as estações do ano

Qual é a relação entre o eixo imaginário de rotação terrestre e as estações do ano? Nesta atividade, você vai construir um **modelo** para observar o efeito da inclinação do eixo de rotação da Terra na distribuição da radiação solar.

Material

- prancheta
- folhas de papel sulfite (podem ser de caderno)
- lápis
- régua
- transferidor
- lanterna pequena
- tubo de papelão do rolo de papel higiênico
- fita adesiva
- caixa de sapatos

Como fazer

1 Com a fita adesiva, prenda o tubo de papelão e a lanterna acesa sobre a caixa de sapatos (figura **A**).

A

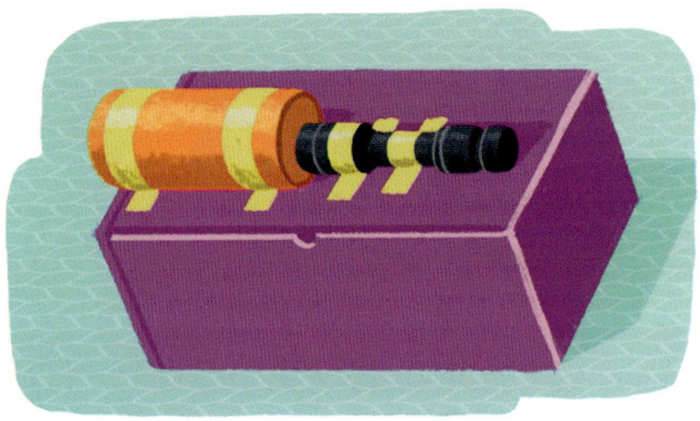

Ilustrações: Robles/Pingado/ID/BR

Montagem simulando o Sol.

2 Em seguida, prenda a folha de papel sulfite na prancheta e posicione-a em frente à fonte de luz (figura **B**).

B

A folha na prancheta simula a superfície da Terra voltada para o Sol.

3 Com a régua, meça os diâmetros horizontal e vertical da área iluminada na folha de papel, como mostra a figura **C**. Anote as medidas no caderno.

C

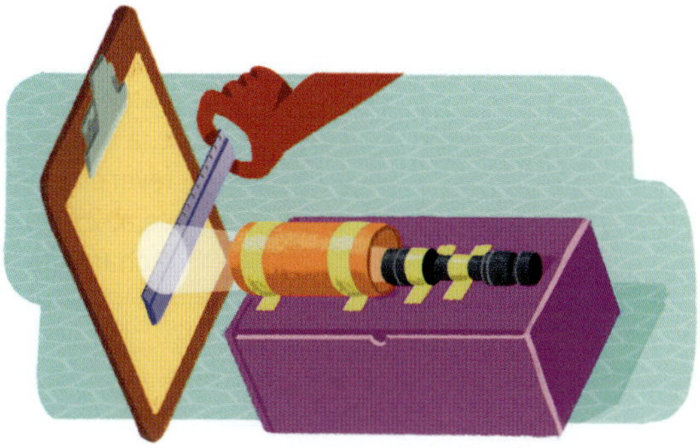

Ilustrações: Robles/ Pingado/ID/BR

4 Mantenha a base da prancheta apoiada no mesmo lugar e, com a ajuda de um colega, incline a prancheta para trás cerca de 15 graus. Use o transferidor para medir o ângulo. Faça novamente as medições dos diâmetros horizontal e vertical da área iluminada (figura **D**).

D

5 Repita esse procedimento inclinando a prancheta 30 graus e 45 graus. Lembre-se de anotar as medidas no caderno.

6 Monte, no caderno, uma tabela com os dados obtidos.

Inclinação da prancheta	Diâmetro horizontal	Diâmetro vertical
0°		
15°		
30°		
45°		

Para concluir

1. O que acontece com o tamanho da área iluminada à medida que a prancheta é inclinada: aumenta ou diminui?
2. Considerando que a lanterna emite sempre a mesma quantidade de luz, o que acontece com a intensidade luminosa da área iluminada quando a prancheta é inclinada?
3. Com os colegas, elabore uma explicação para relacionar as estações do ano, a inclinação da Terra e a radiação solar.

TRANSLAÇÃO

A Terra também realiza a **translação**, ou seja, o movimento que um corpo celeste faz ao redor de outro. A Terra leva cerca de 365 dias e 6 horas para completar uma volta em torno do Sol. Esse período chama-se **ano**.

Ao orbitar o Sol, a Terra descreve uma trajetória aproximadamente circular. Nesse movimento, a variação da distância entre a Terra e o Sol é insignificante e não chega a influenciar o clima do planeta.

Ao girar em torno do Sol, o eixo de rotação da Terra permanece inclinado em relação ao plano orbital. Dessa forma, a quantidade de radiação solar que chega aos hemisférios varia ao longo da translação.

Isso determina mudanças climáticas periódicas, que caracterizam as **estações do ano** – primavera, verão, outono e inverno.

Acompanhe no esquema a seguir.

ANO BISSEXTO

No calendário seguido em grande parte do mundo, o ano tem 365 dias. No entanto, como você viu, a cada ano há seis horas "sobrando". Por convenção, decidiu-se que essas horas se "acumulariam" e, a cada quatro anos, o mês de fevereiro teria um dia a mais, ou seja, 29 dias. Esse ano com 366 dias é chamado de ano bissexto.

Junho

hemisfério Sul: inverno
hemisfério Norte: verão

Neste ponto da órbita, no hemisfério Sul, há menor incidência de luz solar que no hemisfério Norte; por causa disso, o hemisfério Sul fica mais frio: é inverno. Ao mesmo tempo, no hemisfério Norte é verão, pois há maior incidência de luz do Sol. Há dois pontos da órbita terrestre em que as durações do dia e da noite atingem a maior diferença, marcando os chamados **solstícios**. No hemisfério Sul, o **solstício de inverno** ocorre em 20 ou 21 de junho. Esse dia, que marca o início do inverno, tem o período iluminado mais curto e a noite mais longa.

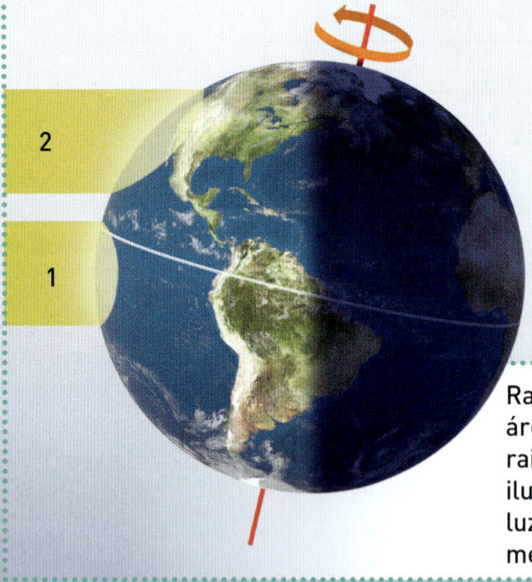

A inclinação do eixo de rotação da Terra afeta a distribuição dos raios solares sobre a superfície terrestre. Isso se dá em decorrência da curvatura da esfera terrestre. (Representação sem proporção de tamanho e distância entre os elementos e em cores-fantasia.)

Raios solares perpendiculares à superfície (1) iluminam determinada área com certa quantidade de luz. Porém, quando igual quantidade de raios incide em uma superfície mais inclinada (2), uma área maior é iluminada com igual quantidade de luz. Dessa forma, a intensidade de luz na região 2 é menor que na região 1, por isso, a região 2 se aquece menos que a região 1.

Março
hemisfério Sul: outono
hemisfério Norte: primavera

Neste ponto da órbita, os dois hemisférios recebem aproximadamente a mesma quantidade de luz solar. Inicia-se, então, o outono no hemisfério Sul, que está saindo do verão. Já no hemisfério Norte inicia-se a primavera. O ponto da órbita terrestre em que o dia e a noite têm igual duração ocorre em 20 ou 21 de março. Esse dia marca o **equinócio de outono** e o início dessa estação no hemisfério Sul.

Neste ponto da órbita, os raios solares incidem com mais intensidade no hemisfério Sul que no hemisfério Norte; por causa disso, o hemisfério Sul fica mais aquecido: é verão. Ao mesmo tempo, no hemisfério Norte é inverno. O ponto da órbita em que a duração do dia e da noite atinge a maior diferença ocorre em 21 ou 22 de dezembro. Esse dia, que marca o **solstício de verão** e o início dessa estação no hemisfério Sul, apresenta o período iluminado mais longo e a noite mais curta.

Dezembro
hemisfério Sul: verão
hemisfério Norte: inverno

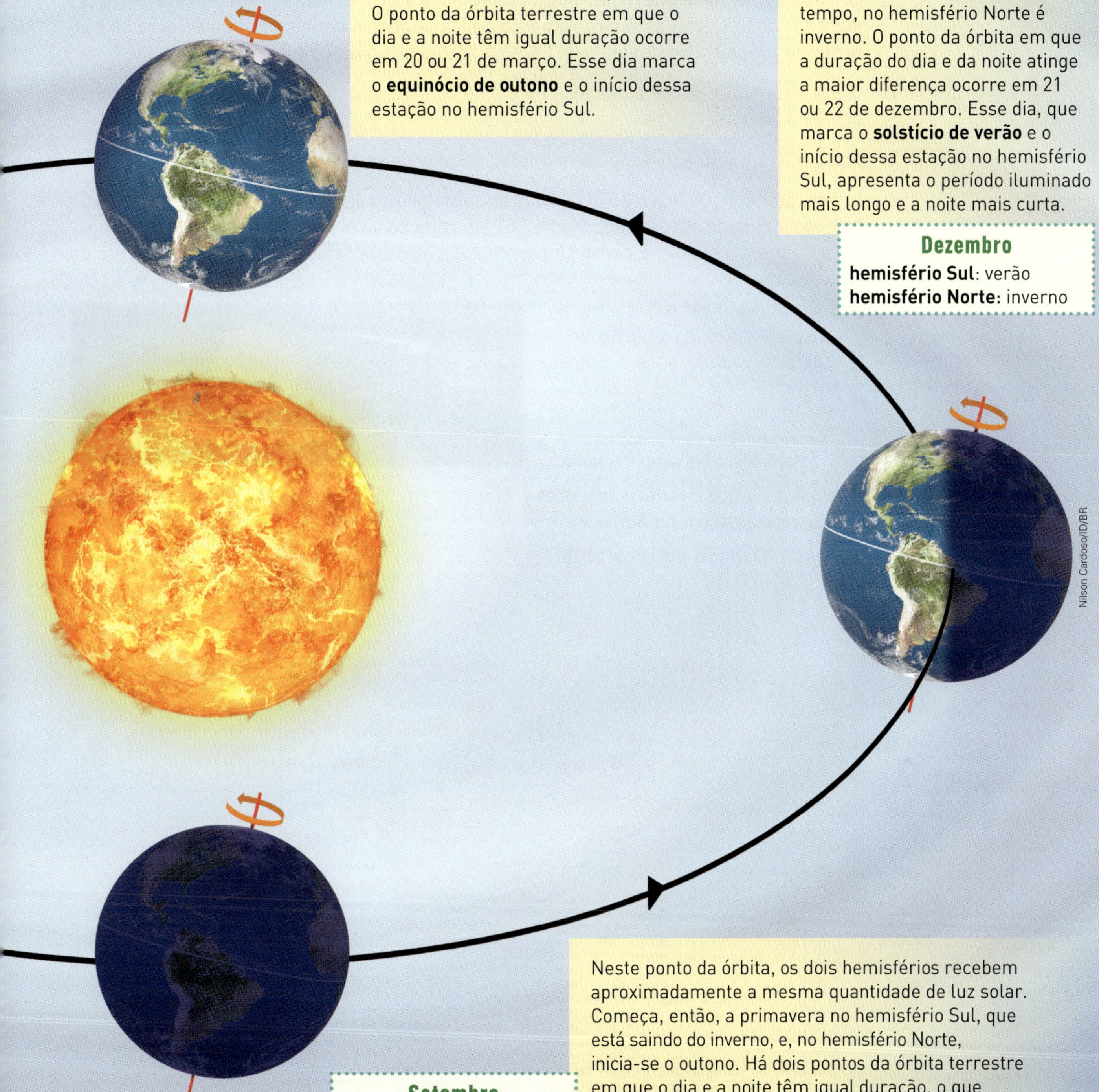

Setembro
hemisfério Sul: primavera
hemisfério Norte: outono

Neste ponto da órbita, os dois hemisférios recebem aproximadamente a mesma quantidade de luz solar. Começa, então, a primavera no hemisfério Sul, que está saindo do inverno, e, no hemisfério Norte, inicia-se o outono. Há dois pontos da órbita terrestre em que o dia e a noite têm igual duração, o que marca um **equinócio**. No hemisfério Sul, o **equinócio de primavera** (que marca o início dessa estação) ocorre em 22 ou 23 de setembro.

▲ Esquema do movimento de translação da Terra e das posições que marcam as estações do ano. Por razões didáticas, o esquema representa a Terra ao mesmo tempo em quatro posições. A órbita está representada dessa forma devido à perspectiva da imagem. (Representação sem proporção de tamanho e distância entre os elementos e em cores-fantasia.)

ATIVIDADES

Retomar e compreender

1. Um estudante disse que o movimento de rotação é o movimento que o planeta Terra faz ao redor do Sol, enquanto o movimento de translação é aquele em que a Terra gira ao redor do próprio eixo imaginário. Está correto o que o estudante disse? Por quê?

2. O que aconteceria com a duração do dia se a Terra girasse mais lentamente ao redor de seu eixo?

3. Por que enquanto é inverno no hemisfério Sul é verão no hemisfério Norte?

4. Urano, planeta que fica a 2 871 000 000 quilômetros de distância do Sol, tem seu eixo de rotação inclinado aproximadamente 98° em relação ao plano de sua órbita, como mostra a imagem a seguir. É como se ele "rolasse" em sua órbita durante o movimento de translação.

   - Como devem ser o dia, a noite e as estações do ano no hemisfério voltado para o Sol e no hemisfério oposto ao Sol de Urano?

Representação sem proporção de tamanho e em cores-fantasia.

Fabio Eugenio/ID/BR

5. Imagine dois observadores no Brasil. Um vive em João Pessoa, na Paraíba, e o outro vive em Rio Branco, no Acre.

Brasil: Divisão política atual

João Miguel A. Moreira/ID/BR

Fonte de pesquisa: IBGE. Disponível em: https://geoftp.ibge.gov.br/cartas_e_mapas/mapas_do_brasil/politico/brasil_politico5000k_2020.pdf. Acesso em: 3 jun. 2023.

   - Qual deles verá o Sol nascer primeiro? Relacione esse fato com a rotação da Terra.

6. Em seu poema “Estrela da manhã”, o escritor pernambucano Manuel Bandeira (1886-1968) utilizou essa expressão para simbolizar a mulher que o eu-lírico ama. Estrela da manhã, ou estrela-d'alva, é o nome popular do planeta Vênus, que aparece no céu no início do amanhecer, em certas épocas do ano. Esse mesmo planeta, ao cair da tarde, em outras épocas do ano, é chamado de estrela da tarde, título de outro poema de Bandeira.
   - Em que direção, no céu, se encontra o planeta Vênus quando recebe cada um desses nomes populares?

Aplicar

7. No caderno, faça um desenho esquemático para representar o movimento de translação da Terra. Nesse esquema, inclua a inclinação do eixo terrestre em relação a seu plano orbital e indique as quatro estações do ano no hemisfério Sul.

8. Leia o texto a seguir e responda às questões.

> Por que o denominamos "movimento específico dos planetas"?
>
> 1. Porque o movimento diário aparente [...] e que é comum aos planetas e às estrelas fixas e, portanto, a todo o universo é visto como se dirigindo do Leste para o Oeste, mas o movimento muito mais lento e singular dos planetas singulares dirige-se no sentido oposto, do Oeste para o Leste, e, logo, é certo que esses movimentos não podem depender do movimento comum do universo [...] e devem ser atribuídos aos próprios planetas, e portanto são próprios aos planetas de modo genérico.
>
> [...]
>
> Johannes Kepler. Sobre a doutrina dos esquemas sobre a posição, ordem e movimento das partes do mundo ou Sobre o sistema do mundo. Citado por: Danilo Marcondes. *Textos básicos de filosofia e história das ciências*: a revolução científica. São Paulo: Zahar, 2016. p. 63.

   a) A quais movimentos do planeta Terra Kepler se refere em seu texto?
   b) A qual movimento da Terra estão relacionadas as estações do ano?
   c) Explique por que há a ocorrência das estações do ano.

9. O Sol da meia-noite é um fenômeno que ocorre nas regiões polares do planeta, durante o verão, quando o Sol pode ser visto 24 horas por dia.
   - Elabore um esquema para explicar por que esse fenômeno ocorre.

10. Em duplas, leiam o texto e façam o que se pede a seguir.

> Antigamente não havia noite. Era sempre dia. O Sol brilhava esquentando a Terra. A Lua e as estrelas eram como o Sol. Tudo era luz e claridade na aldeia e na floresta. Os homens trabalhavam sem cessar e as mulheres trabalhavam sem descanso, pois era sempre dia, noite não havia.
>
> O Sol fazia seu percurso até o poente para então retornar pelo caminho inverso ao nascente. Mauá controlava o Sol, a Lua e as estrelas, não permitindo que ninguém deles se aproximasse.
>
> Certa vez, um homem quis saber como o Sol funcionava. Esperou que Mauá saísse para caçar e aproximou-se do Sol. Ao tocá-lo, o Sol quebrou, o mesmo acontecendo com a Lua e as estrelas. E a noite surgiu engolindo tudo. Os homens que caçavam na mata ficaram perdidos na imensidão do escuro. As mulheres mal conseguiam encontrar suas redes dentro da maloca. Crianças e idosos lamentavam-se do fundo da noite sem luz.
>
> Mauá voltou para consertar o Sol. Ao ver o homem que o havia quebrado, Mauá lançou-se sobre ele e o atirou longe. Quando caiu, o homem transformou-se no macaquinho-mão-de-ouro, escuro como a noite e com as mãos douradas como o Sol que havia tocado.
>
> Não foi possível consertar o Sol para que funcionasse como antes. O Sol caminhava para o poente, mas não conseguia retornar, sumindo no horizonte e deixando a Terra na escuridão. Mauá então fez com que a Lua e as estrelas surgissem na ausência do Sol para iluminar um pouco a noite. E é assim até hoje.
>
> Edith Lacerda. Mito da criação da noite. *Ciência Hoje das Crianças*, SBPC, ano 12, n. 94, ago. 1999.

   a) Qual é o assunto tratado na lenda?
   b) **SABER SER** Qual é a importância das lendas para os povos indígenas brasileiros?
   c) Pesquise na internet como povos indígenas brasileiros identificam o início de uma nova estação e como constroem seus calendários.

CAPÍTULO

2 MOVIMENTOS DA LUA

PARA COMEÇAR

Se olharmos para o céu noturno por dois dias consecutivos, vamos perceber que a aparência da Lua no primeiro dia não é exatamente igual à do segundo dia. Afinal, por que ocorre essa mudança? Qual é a relação disso com o planeta Terra?

Veja **conhecendo a Lua** e compare a superfície lunar ao relevo da Terra.

A LUA

A **Lua** é o satélite natural da Terra. Como todos os satélites naturais, ela não tem luz própria, mas é iluminada pelo Sol e reflete essa luz, podendo, por isso, ser vista da Terra. A Lua está a cerca de 380 mil quilômetros de distância do nosso planeta, e seu diâmetro é quase quatro vezes menor que o da Terra.

A superfície lunar é rochosa. É possível que haja uma pequeníssima quantidade de atmosfera na Lua, mas não o suficiente para protegê-la do impacto de corpos celestes. Por esse motivo, sua superfície é marcada por muitas crateras, além de apresentar montanhas, vales e planícies.

De acordo com a teoria mais aceita atualmente, a Lua formou-se há aproximadamente 4 bilhões de anos, após a colisão de um planeta com a Terra. Esse impacto provocou a destruição completa do planeta, que era bem menor que a Terra, e a devastação da superfície terrestre. Os destroços originados pelo choque entre os dois planetas ficaram presos na órbita terrestre. Devido à força de atração gravitacional, esses destroços foram se unindo e deram origem à Lua.

▼ O lado oculto da Lua, que nunca é visível da Terra, iluminado pelo Sol. Imagem capturada pela câmera do telescópio EPIC da espaçonave DSCOVR.

GSFC/Goddard/NOAA/NASA

AS FASES DA LUA

A Lua, assim como a Terra, tem sempre uma metade iluminada pelo Sol e realiza os movimentos de rotação (em torno do próprio eixo) e de translação, ao redor da Terra.

Conforme a Lua se desloca em sua órbita ao redor da Terra, nós a vemos formando diferentes ângulos com o Sol; por isso, sua aparência muda no decorrer dos dias.

As mudanças na aparência da Lua são chamadas de **fases da Lua**. As principais fases são: crescente, cheia, minguante e nova.

A Lua também pode ser vista durante o dia. O tempo que ela permanece visível depende da fase em que se encontra: na fase de lua nova, ela fica visível por mais tempo no céu diurno e, conforme se aproxima da fase de lua cheia, vai ficando menos tempo visível no céu.

A Lua demora cerca de 27 dias para dar uma volta completa em torno da Terra. Esse período é conhecido como **ano sideral**. O período entre duas fases iguais e consecutivas é chamado de **lunação** ou **ciclo lunar** e dura aproximadamente 29 dias.

O período de rotação da Lua é o mesmo que o de translação. É por isso que vemos sempre a mesma face dela.

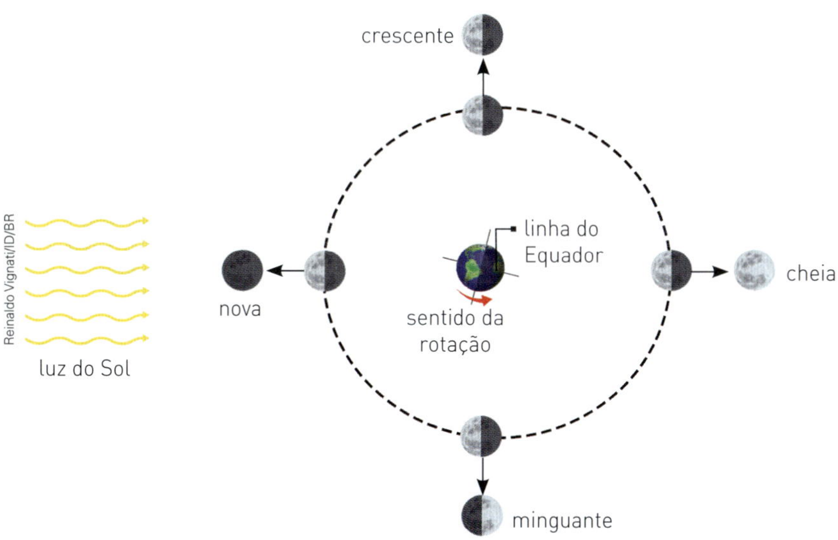

Esquema das fases da Lua. A representação mostra a Lua em quatro posições distintas na órbita ao redor da Terra. As quatro figuras fora da linha tracejada referem-se ao aspecto da Lua, em cada situação, para um observador no hemisfério Sul. (Representação sem proporção de tamanho e distância entre os elementos e em cores-fantasia.)

CIDADANIA GLOBAL

ASTROMINAS

[...]

Idealizado por mulheres do Instituto de Astronomia, Geofísica e Ciências Atmosféricas (IAG) da USP, o [projeto] Astrominas nasceu em 2019 e tem como objetivo não apenas estimular a inserção de meninas nas ciências, como também fazer com que elas se sintam capazes de compreender o cotidiano com base nas áreas científicas.

[...]

O projeto é voltado para meninas do Ensino Médio, entre 14 e 17 anos, e tem a astronomia como um ponto de partida para falar de outras áreas das ciências tanto por ser uma esfera interdisciplinar quanto por ser atrativa para as jovens.

[...]

Os principais conteúdos abordados são de astronomia, geofísica, geociência, geologia, astrobiologia, oceanografia, matemática e física. Porém, para além dessas áreas, o evento aborda assuntos das Ciências Humanas, a fim de estimular o entendimento sobre a cidadania e a reflexão sobre o papel da mulher na sociedade.

[...]

Biana Camatta; Duda Ventura. Astrominas: quando ciência e cidadania andam juntas. *Jornal do Campus*, CJE/ECA/USP, 21 nov. 2022. Disponível em: http://www.jornaldocampus.usp.br/index.php/2022/11/astrominas-quando-ciencia-e-cidadania-andam-juntas/.Acesso em: 4 jun. 2023.

1. Por que projetos como esse são importantes para o pleno exercício da cidadania?
2. Busque, na internet, políticas públicas voltadas para promover a igualdade de gênero, relacionadas à educação e ao acesso a carreiras profissionais científicas.

Fases da Lua

Assista a **fases da Lua** e explique como ocorrem as mudanças na aparência da Lua.

Qual é a relação entre o plano orbital da Lua, o plano orbital da Terra e as fases da Lua? Nesta atividade, você vai construir um **modelo** e simular a ocorrência das fases da Lua.

Material

- caneta hidrográfica preta
- 4 folhas de EVA ou de papelão de diferentes cores
- transferidor
- tesoura com pontas arredondadas
- 4 bolas pequenas de isopor
- 1 bola grande de isopor
- 1 lanterna pequena
- 1 caixa de fósforos vazia
- fita dupla face ou fita adesiva comum

Como fazer

1 Com a ajuda do professor, organizem-se em grupos de quatro estudantes.

2 Utilizando o transferidor, desenhem, no EVA ou no papelão, quatro arcos de 90 graus e os recortem (figura **A**).

3 Com a fita adesiva, unam os arcos para formar um aro, que representará o plano orbital da Lua (figura **B**).

A

B

Ilustrações: Leandro Lassmar/ID/BR

4 Também com a fita adesiva, colem uma bola de isopor pequena em cada uma das junções entre os arcos (figura **C**). Cada bola representa uma posição da Lua.

C

5 No verso do aro, colem a caixa de fósforos em pé para dar inclinação ao plano orbital da Lua (figura **D**). Depois, virem o aro, apoiando-o sobre a mesa, que representa o plano orbital terrestre.

D

E

Ilustrações: Leandro Lassmar/ID/BR

6 No centro do aro, sobre a mesa, prendam a bola maior, que representa a Terra (figura **E**).

7 Com a lanterna, iluminem o modelo lateralmente, colocando-a sobre a mesa no mesmo plano da bola grande, que representa a Terra (figura **F**). Apaguem as luzes da sala de aula para visualizar melhor as sombras.

F

8 Com a caneta hidrográfica, tracem as linhas nos limites entre a parte iluminada e a parte sombreada em cada uma das "luas" do modelo (figura **G**).

G

9 Acendam as luzes da sala de aula para verificar as linhas traçadas em cada posição da "lua" e preencham as regiões de sombra em cada bola (figura **H**).

H

Para concluir

1. Nesse modelo, que importância tem o calço colocado sob o aro?
2. Teste o que aconteceria se o modelo não tivesse essa inclinação e o aro fosse colocado diretamente sobre a mesa. Discuta o resultado com os colegas.
3. De que maneira esse modelo possibilita estudar as fases da Lua e compreender a relação entre a posição relativa da Terra e a da Lua na observação dessas fases?

PLANO DE ÓRBITA DA LUA

Assista a **movimentos da Terra e da Lua**, identifique seus movimentos e aponte diferenças entre eles.

Apesar de a Lua completar uma volta ao redor da Terra todo mês, o alinhamento entre o Sol, a Terra e a Lua é um evento raro. Isso se deve ao fato de o plano de órbita da Lua ser inclinado em relação ao plano de órbita da Terra, ou seja, esses planos não coincidem.

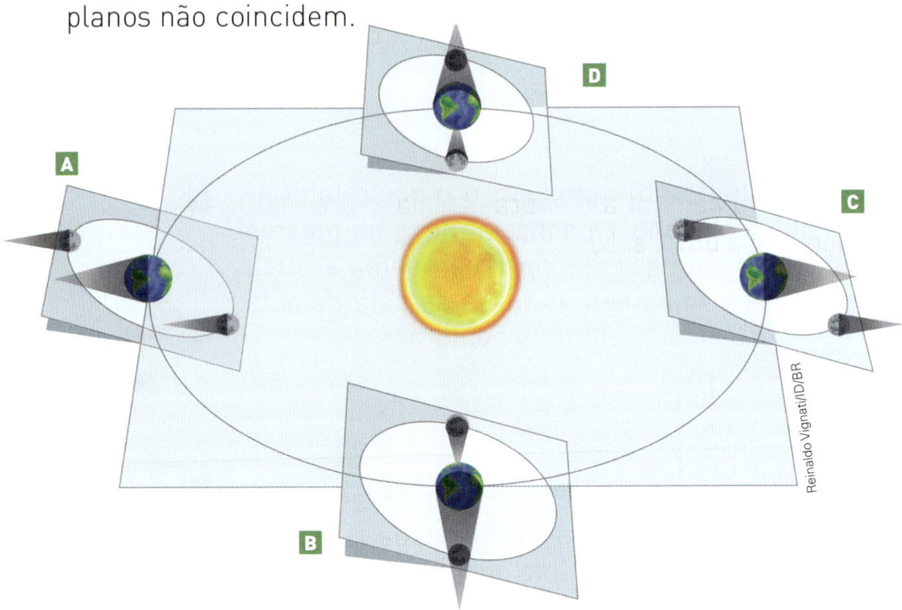

▲ Representação da inclinação do plano orbital lunar em relação ao plano orbital terrestre. A perspectiva da imagem faz a órbita da Lua parecer elíptica; na realidade, ela se aproxima do formato de uma circunferência. (Representação sem proporção de tamanho e distância entre os elementos e em cores-fantasia.)

A lua cheia e a lua nova também ocorrem porque o plano orbital da Lua não coincide com o plano orbital terrestre. Veja os esquemas a seguir.

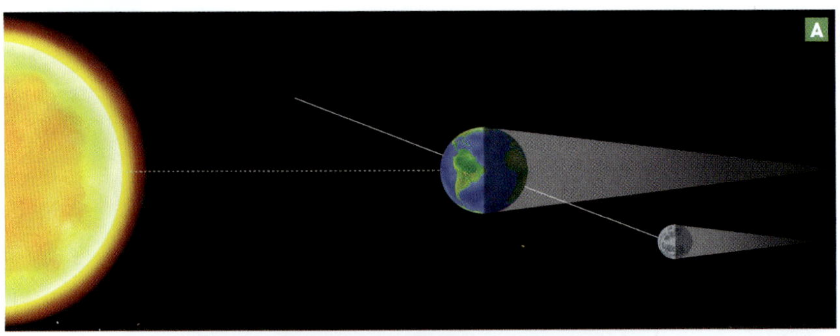

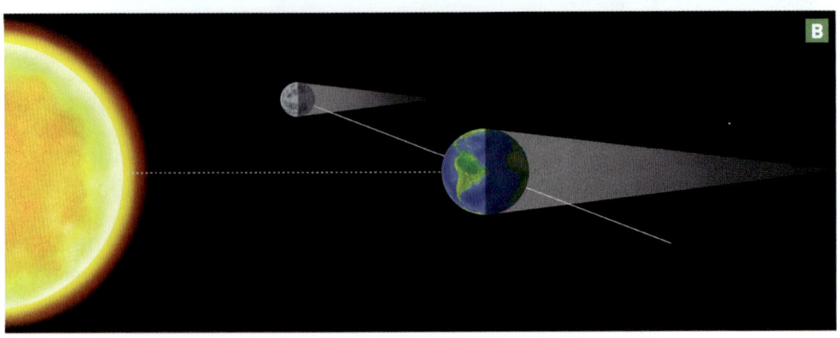

Representação da posição da Lua em relação à Terra nas fases cheia **(A)** e nova **(B)**. A linha tracejada indica o plano orbital da Terra, e o traço contínuo, o da Lua. (Representações sem proporção de tamanho e distância entre os elementos e em cores-fantasia.) ▶

ECLIPSES

Quando um astro fica temporariamente oculto por outro, temos um **eclipse**. Dois tipos de eclipse são visíveis a um observador na Terra: o solar e o lunar.

ECLIPSE SOLAR

No **eclipse solar**, a Lua se encontra no mesmo plano que o Sol e a Terra. Ao passar entre esses dois astros, a sombra da Lua é projetada em uma região da Terra, encobrindo temporariamente o Sol.

A região na qual a sombra da Lua cobre totalmente o Sol é denominada **umbra**. Nessa região, observa-se o eclipse total do Sol. A região em que há sombra parcial da Lua é denominada **penumbra** e, nela, o eclipse é parcial.

Reinaldo Vignati/ID/BR

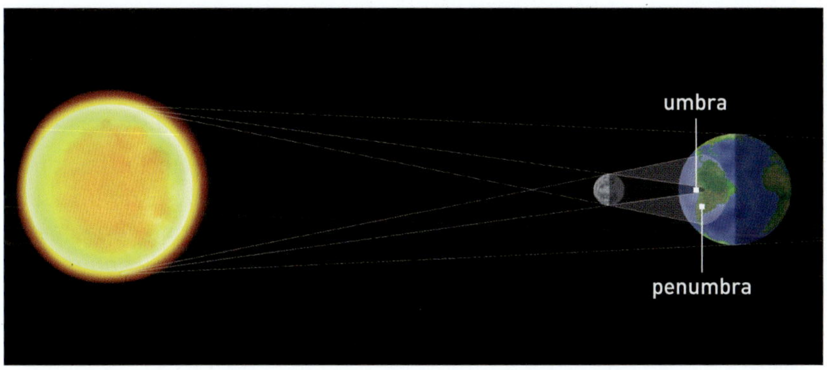

▲ Observe, nesse esquema, a umbra e a penumbra da Lua projetadas sobre a superfície da Terra durante um eclipse solar. (Representação sem proporção de tamanho e distância entre os elementos e em cores-fantasia.)

Vanessa Thomas/NASA's Goddard Space Flight Center, Greenbelt, Md/Mantarays Ningaloo, Australia/MIT-NASA Eclipse Expedition

▲ Visão que um observador na região da umbra tem de um eclipse solar total. Austrália. Foto de 2012.

ECLIPSE LUNAR

O **eclipse lunar** ocorre quando a Terra fica exatamente entre o Sol e a Lua. Como a Terra é muito maior que a Lua, a penumbra e a umbra projetadas pelo planeta demoram a ser atravessadas por seu satélite natural. O eclipse lunar é visível de todo o hemisfério da Terra voltado para a Lua no momento do eclipse.

Reinaldo Vignati/ID/BR

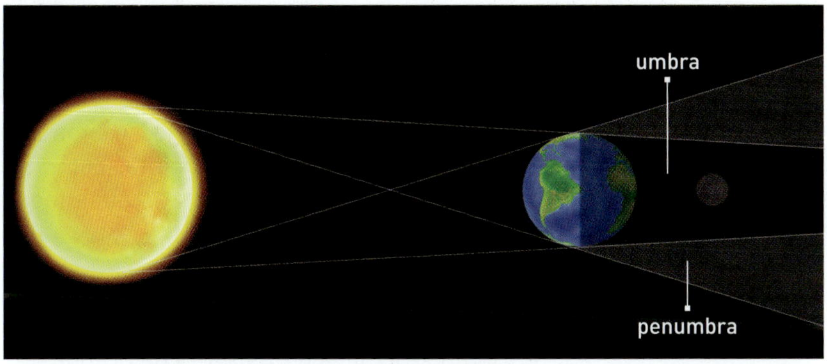

▲ Observe, nesse esquema, que a Lua passa pela umbra projetada pela Terra no espaço durante um eclipse lunar. (Representação sem proporção de tamanho e distância entre os elementos e em cores-fantasia.)

MAF/Michael DeMocker/NASA

▲ Durante um eclipse lunar, a luz do Sol espalha-se na atmosfera terrestre e atinge difusamente a superfície da Lua – por isso, ela fica com a aparência avermelhada. Lagoa Santa (MG). Foto de 2015.

ATIVIDADES

Retomar e compreender

1. O que é eclipse? Como podemos explicar um eclipse do ponto de vista de um observador que se encontra na sombra projetada?

2. Observe a imagem a seguir e faça o que se pede.

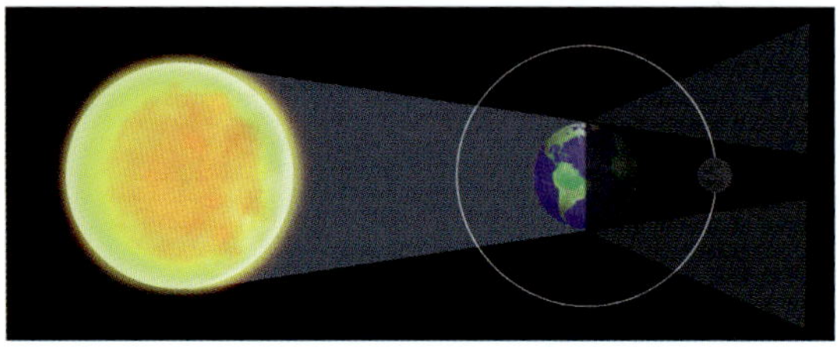

Reinaldo Vignati/ID/BR

Representação sem proporção de tamanho e distância entre os elementos e em cores-fantasia.

- Explique o fenômeno representado na imagem.

3. Faça um desenho para representar o eclipse solar e explique como ele ocorre.

4. Observe as fotos a seguir e responda às questões.

Johnson Space Center/ Robert Markowitz/NASA

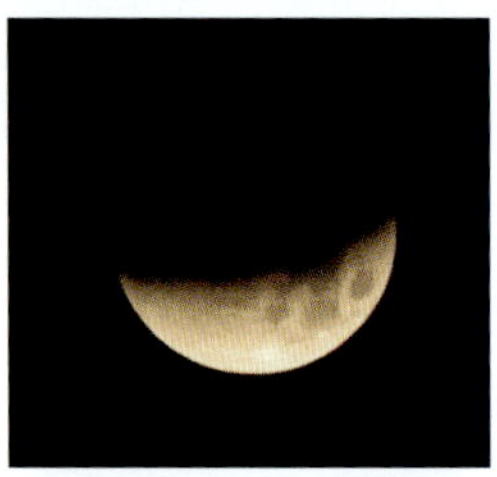

Eclipse lunar.

Sebastian_Photography/ Shutterstock.com/ID/BR

Lua nova.

a) Apesar de essas imagens poderem ser consideradas semelhantes, qual é a diferença entre a fase da lua nova e o fenômeno do eclipse lunar?

b) Por que a lua nova ocorre todos os meses do ano, enquanto o eclipse lunar ocorre mais raramente?

5. Sobre os movimentos da Lua ao redor da Terra, responda:

a) O que é um ano sideral?

b) O que é lunação?

6. Observe o esquema do plano de órbita da Lua ao redor da Terra e responda às questões.

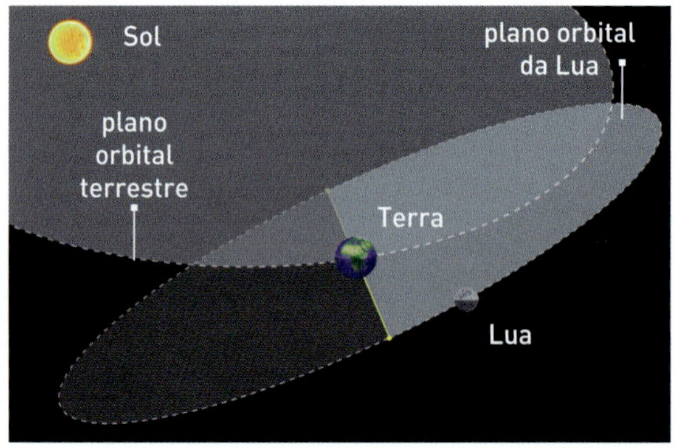

Reinaldo Vignati/ID/BR

Representação sem proporção de tamanho e distância entre os elementos e em cores-fantasia.

a) Caso o plano orbital lunar coincidisse com o plano orbital terrestre, a lua cheia e a lua nova ainda ocorreriam? Explique sua resposta.

b) Caso o plano orbital lunar coincidisse com o plano orbital terrestre, ainda existiriam eclipses lunar e solar? O que aconteceria com a frequência desses fenômenos da natureza?

7. A órbita da Lua está sincronizada em uma situação chamada **acoplamento de maré** (ou travamento de maré). Isso acontece porque seu período de rotação coincide com o período de sua translação ao redor da Terra. É por isso que vemos sempre o mesmo lado da Lua voltado para nosso planeta.

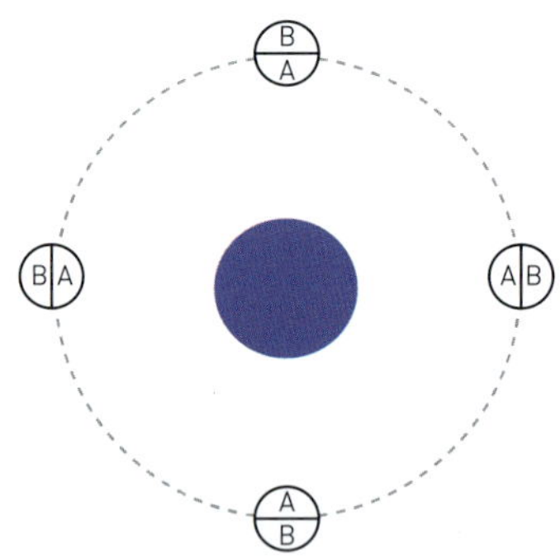

ID/BR

- Nessa situação, se a Terra fosse uma estrela e a Lua fosse um planeta, como se dariam os dias e as noites nas duas faces (**A** e **B**) da Lua?

8. Ao observarmos a Lua com um telescópio ou em fotos, percebemos várias crateras.

- Como se explica a existência de grande número de crateras na superfície lunar?

9. Leia o texto a seguir e responda às questões.

De olho no céu: eclipse lunar e maior Lua do ano acontecem nesta quarta

Dois fenômenos astronômicos lunares vão acontecer quase que simultaneamente nesta quarta-feira (26 [maio 2021]): uma "superlua" e uma "Lua de sangue", rendendo chances raras para observar e fazer imagens ao redor do mundo.

Uma superlua é uma Lua cheia com aparência maior, por estar mais perto da Terra – neste caso, o mais próximo de todo o ano. Já a tal Lua de sangue é um eclipse lunar total, em que nosso satélite ganha uma bela aparência avermelhada, ao ser ofuscado pela sombra do planeta.

"A Lua adquire uma cor avermelhada em função de estar na penumbra, ou seja, parte da sombra da Terra irá bloquear parte da luz do Sol, em vez de sua totalidade. Isso resulta em uma redução do brilho da Lua", explica o professor Carlos Fernando Jung, proprietário do observatório espacial Heller & Jung, em Taquara (RS).

[...]

Já a Lua na máxima proximidade (perigeu) acontece algumas horas depois, por volta das 18h20 desta quarta, quando ela estiver nascendo novamente. Será a segunda e maior superlua de 2021 – na primeira, em 26 de abril, nosso satélite estava 157 km mais longe do que estará amanhã, a "apenas" 357 311 km da Terra.

[...]

Quando a Lua está no perigeu, fica aparentemente 15% maior e 30% mais brilhante. A diferença a olho nu, contudo, não é tão perceptível, pois não temos como compará-la com as anteriores. "Você pode ver que todas as fotos de superluas são de quando ela está nascendo no horizonte. Parece que está enorme. Mas é mais um efeito óptico, devido aos referenciais terrestres, e também psicológico. Se falamos em superlua, as pessoas são influenciadas por essa ideia", esclarece [Julio] Lobo [astrônomo do Observatório Municipal de Campinas Jean Nicolini (SP)].

[...]

Marcella Duarte. De olho no céu: eclipse lunar e maior Lua do ano acontecem nesta quarta. *Tilt UOL*, 25 maio 2021. Disponível em: https://www.uol.com.br/tilt/noticias/redacao/2021/05/25/superlua-de-sangue-amanha-tem-eclipse-e-maior-lua-do-ano-como-observar.htm. Acesso em: 4 jun. 2023.

a) De acordo com o texto, o que é perigeu da Lua?

b) Por que a Lua fica com aspecto avermelhado durante um eclipse lunar total?

c) Por que temos a impressão de que a Lua é maior quando ela está nascendo?

Aplicar

10. Embora a Lua seja muito menor que o Sol, ela pode encobrir totalmente nossa visão do Sol durante um eclipse solar. Para testar uma hipótese, uma aluna fez o experimento mostrado nas imagens a seguir.

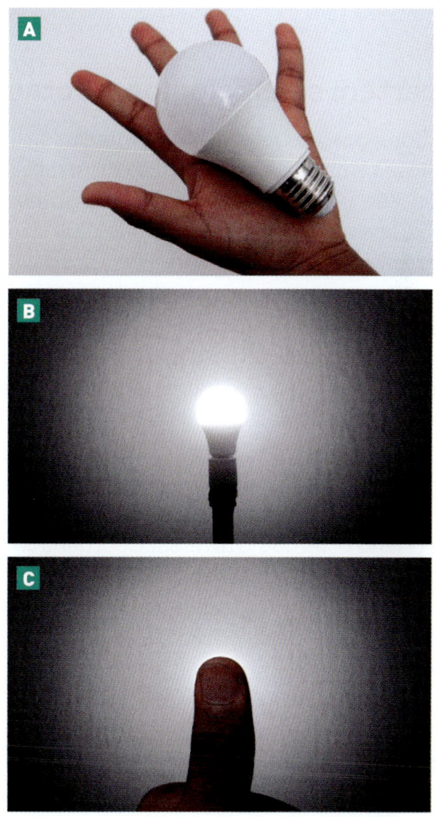

Fotografias: Sérgio Dotta Jr./ID/BR

▲ A aluna usou uma lâmpada acesa **(B)**. A uma certa distância, ela posicionou seu polegar na frente da lâmpada **(C)**, encobrindo-a.

a) O que a lâmpada e o dedo da menina estão representando?

b) Por que a lâmpada, que é bem maior que o dedo da aluna, ficou totalmente encoberta?

c) Assim como o dedo da aluna, a Lua é muito menor que o Sol. Como, então, é possível a ocorrência de um eclipse solar?

Medidas precisas

O tempo de rotação do planeta Terra é estimado em 24 horas, sendo que uma hora tem 60 minutos e, cada minuto, 60 segundos. Um segundo, por sua vez, corresponde ao intervalo de tempo necessário para que ocorram 9 192 631 770 oscilações completas de uma radiação eletromagnética específica emitida pelo átomo de césio-133. Essa medida foi calculada graças ao desenvolvimento de relógios atômicos, ou seja, relógios que ajustam o tempo com base em átomos que "vibram" de um jeito extremamente preciso, bilhões de vezes por segundo. Assim, esses relógios permitem medir o tempo até suas menores unidades.

Ao comparar o tempo de rotação da Terra com os relógios atômicos, notou-se que a Terra pode apresentar variações da ordem de frações de segundo na duração de seus dias. O texto a seguir trata desse assunto.

Acertem seus relógios: a rotação da Terra diminuiu

Comparações feitas entre a rotação da Terra e relógios atômicos de alta precisão mostram que o giro do nosso planeta ao redor do próprio eixo desacelerou levemente em relação ao ano de 2020 e uma correção no horário UTC será necessária em breve.

Cada dia terrestre tem a duração média de 86 400 segundos, mas esse tempo não é preciso ou constante e pode variar dependendo do movimento do núcleo da Terra, da atividade dos oceanos e da dinâmica da atmosfera.

Para que essas variações não se reflitam nos relógios de toda a população e que estes possam trabalhar em uníssono em todos os cantos do mundo, foi criado o Tempo Universal Coordenado (UTC [na sigla em inglês]), baseado em relógios atômicos que medem o tempo de transição dos elétrons em átomos, geralmente de césio, resfriados próximos ao zero absoluto.

Entretanto, quando a medição astronômica da rotação da Terra e o tempo marcado pelo relógios atômicos não sincronizam, alterações no tempo UTC devem ser realizadas, uma vez que não é possível frear ou acelerar a rotação do planeta.

Segundo bissexto

De acordo com especialistas em cronometragem, quando o tempo astronômico fica 0,4 segundo mais rápido que o UTC é necessário que este seja ajustado na forma de um "segundo bissexto". A última vez que um segundo bissexto foi acionado ocorreu na véspera do Ano Novo de 2016, quando um tic extra foi adicionado às 23h 59[min] 59s de 31 de dezembro.

Daniel Varela/IFSC/USP

▲ Relógio atômico localizado em São Carlos (SP) integra a rede que controla a hora mundial.

Segundo o Instituto Nacional de Padrões e Tecnologia, NIST, dos EUA, desde 1972 os cientistas já adicionaram um segundo extra a cada 18 meses em média.

Em 2020, a rotação da Terra acelerou e quebrou o recorde anterior de dia mais curto, estabelecido em 2005. Naquele ano, o dia mais curto ocorreu em 19 de julho, quando o planeta completou sua rotação 1,4602 milissegundo mais rápido do que a média de 86 400 segundos.

Até agora, desde que começaram as correções nunca foi necessário subtrair um segundo do tempo UTC, mas ao que tudo indica isso deverá acontecer em breve.

Segundo bissexto negativo

Segundo os especialistas, em 2021 a rotação da Terra diminuiu e a primeira metade do ano teve duração média diária 0,39 milissegundo a menos do que em 2020, embora entre 1º de julho a 30 de setembro os dias foram 0,05 milissegundo mais longos que a média do ano anterior.

Para os cientistas, a Terra não está mais acelerando sua rotação, mas ainda está girando a uma taxa mais rápida do que a média.

Com base na taxa atual de rotação, um segundo bissexto negativo pode ser necessário em cerca de 10 anos. No entanto, é inteiramente possível que a rotação da Terra diminua novamente e talvez necessite da adição de um segundo nos próximos anos, em vez da subtração. Não há como prever: os cientistas não têm certeza do que impulsiona as mudanças de longo prazo na rotação da Terra.

[...]

Do ponto de vista [...] dos seres humanos e suas atividades, a variação fracionada do tempo terrestre em nada afetará as rotinas diárias. No entanto, essas variações de tempo têm implicância bastante significativa nas redes de comunicação, transferência de dados e navegação por GPS. Neste último exemplo, se as variações não forem levadas em consideração com a devida seriedade podem interferir em cálculos de posicionamento, distância e orientação.

Rogério Leite. Acertem seus relógios: a rotação da Terra diminuiu. *Apolo11.com*, 26 out. 2021. Disponível em: https://www.apolo11.com/noticias.php?t=Acertem_seus_relogios_a_rotacao_da_Terra_diminuiu&id=20211026-092707. Acesso em: 4 jun. 2023.

Para compreender

1. De acordo com o texto, por que é importante ajustar o Tempo Universal Coordenado (UTC, na sigla em inglês) com a medição astronômica do tempo da Terra?

Explique a relação entre a hora no mundo, o **tempo e o relógio atômico**.

2. O trecho a seguir apresenta possíveis explicações para as variações na velocidade de rotação da Terra. Leia-o e, depois, responda às questões.

> Além de grandes terremotos, as mudanças climáticas em grande escala também têm impactos na velocidade de rotação da Terra, porque a rotação da Terra é influenciada por um efeito conhecido como "maré atmosférica", que seria equivalente à maré oceânica. Assim como as marés oceânicas sobem e descem, as marés atmosféricas têm massas de ar que se deslocam de forma periódica e isso influencia [o] movimento de rotação da Terra.
>
> Como a Terra registrou o seu dia mais curto se está girando cada vez mais devagar? Observatório Nacional, Ministério da Ciência, Tecnologia e Inovação, 18 out. 2022. Disponível em: https://www.gov.br/observatorio/pt-br/assuntos/noticias/como-a-terra-registrou-o-seu-dia-mais-curto-se-esta-girando-cada-vez-mais-devagar. Acesso em: 4 jun. 2023.

a) Além das mudanças climáticas em grande escala, o planeta Terra passa por alterações climáticas periódicas, que determinam as estações do ano. Qual fenômeno natural provoca essas alterações?

b) As marés oceânicas resultam de interações gravitacionais da Terra com o Sol, e, especialmente, da Terra com a Lua. Quando Sol e Lua estão alinhados lado a lado, as forças gravitacionais desses astros se somam e a altura máxima alcançada pela maré alta é maior. Identifique a fase da Lua nessa posição e faça um esquema para representá-la.

3. Você conhece processos ou fenômenos que são mensurados de forma contínua e precisa? Cite alguns exemplos e comente a importância de efetuar tais medidas.

ATIVIDADES INTEGRADAS

Retomar e compreender

1. Sobre os movimentos da Terra, copie o esquema a seguir no caderno e preencha as lacunas com as seguintes características da translação e da rotação: períodos definidos pelo movimento; em torno do que ocorre o movimento; e a duração do movimento.

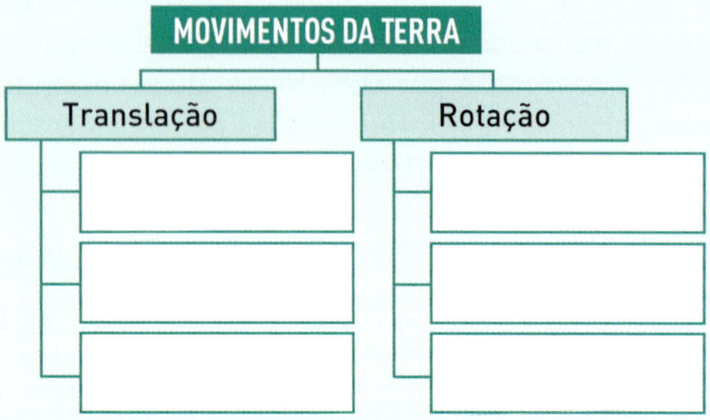

2. A duração de um ano terrestre é de, aproximadamente, 365 dias e 6 horas.

- No calendário gregoriano, utilizado pela maioria dos países, o que acontece com essas 6 horas que "sobram" a cada ano?

3. Explique a relação entre o eixo de rotação e a diferença média de temperatura entre os polos, os trópicos e a região equatorial.

Aplicar

4. Observe a foto, leia a legenda e responda às questões a seguir.

Bezikus/Shutterstock.com/ID/BR

Bailarina executa diversos giros sobre a ponta de um dos pés.

a) Qual é a semelhança entre o movimento de rotação terrestre e o giro da bailarina?

b) Desenhe, no caderno, um esboço do movimento da bailarina e trace, com uma linha vermelha, o eixo imaginário em torno do qual ela está girando.

5. Caso a lua cheia ocorra hoje, em que dia do próximo mês ela ocorrerá novamente?

Analisar e verificar

6. Leia o texto a seguir e responda às questões.

> Povos indígenas de todo o mundo – do Egito à América – sempre utilizaram as estrelas como uma espécie de agenda do clima e como bússola para orientação. Normalmente associadas aos rituais desses povos, as constelações indígenas foram fundamentais para a sobrevivência de diferentes etnias.
>
> "As constelações são usadas durante todo o ano. Algumas têm finalidades religiosas, outras são mais por curiosidade, mas elas servem, principalmente, como calendário agrícola", explica Germano Afonso, pós-doutor em etnoastronomia e que já mapeou mais de 100 constelações indígenas Tupi-Guarani. As flutuações sazonais indicadas pelas constelações influenciam [o] período da pesca, caça, plantio e colheita. Cada imagem formada no céu permitia aos [...] [indígenas] identificar que uma nova estação do ano estava por vir.
>
> [...]
>
> Leyberson Pedrosa. Fique por dentro dos mitos e usos das constelações indígenas. *EBC*, 24 fev. 2016. Disponível em: https://memoria.ebc.com.br/tecnologia/2016/02/constelacoes-indigenas-mitos-e-astronomia. Acesso em: 4 jun. 2023.

a) Que movimento da Terra está relacionado às "flutuações sazonais indicadas pelas constelações"?

b) Em sua opinião, por que os indígenas da região amazônica identificavam a passagem do ano observando o movimento aparente das estrelas e não as mudanças de estações do ano?

c) Muitos povos indígenas marcavam a passagem do tempo pela observação do movimento aparente do Sol. Para isso, usavam o gnômon, ou relógio solar. Explique como ele funciona.

7. Observe a imagem e responda à questão.

GSFC/Goddard/NASA

Sombra da Lua na Terra em 1999, captada pela estação espacial russa Mir.

- Que fenômeno astronômico está sendo observado na superfície terrestre, na região sombreada pela Lua?

8. Leia o texto a seguir e responda às questões.

> "[...]. Quando nós falamos que o nosso rio é sagrado, as pessoas dizem: 'Isso é algum folclore deles'; quando dizemos que a montanha está mostrando que vai chover e que esse dia vai ser um dia próspero, um dia bom, eles dizem: 'Não, uma montanha não fala nada'. Quando despersonalizamos o rio, a montanha, quando tiramos deles os seus sentidos, considerando que isso é atributo exclusivo dos humanos, nós liberamos esses lugares para que se tornem resíduos da atividade industrial e extrativista. Do nosso divórcio das integrações e interações com a nossa mãe, a Terra, resulta que ela está nos deixando órfãos, não só aos que em diferente graduação são chamados de índios, indígenas ou povos indígenas, mas a todos."
>
> Ailton Krenak. *Ideias para adiar o fim do mundo*. São Paulo: Companhia das Letras, 2020. p. 48.

a) O conhecimento dos indígenas é valorizado e respeitado? Justifique com um trecho do texto.

b) Cite alguns dos fenômenos naturais, que são comumente utilizados nas culturas dos povos originários para a pesca, o cultivo e outras atividades, e que se assemelham à ideia da "montanha que fala" apresentada no texto.

9. As florestas tropicais apresentam cobertura vegetal densa e abundante, com árvores altas, além de enorme variedade de espécies de animais e de plantas. Observe o mapa a seguir, com a distribuição das grandes florestas tropicais no mundo.

João Miguel A. Moreira

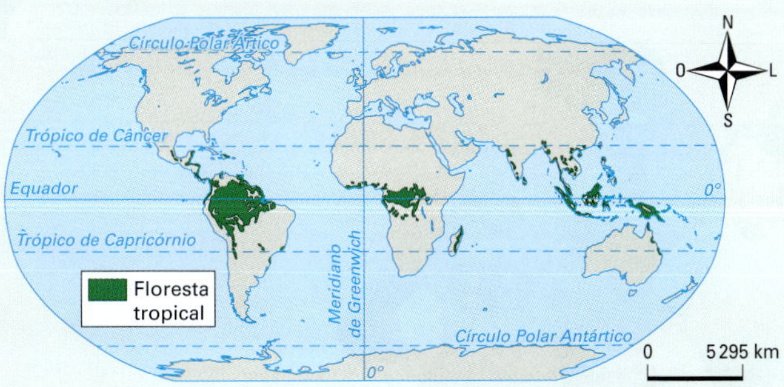

Fonte de pesquisa: Where rainforests are located: biogeographical tropical forest realms (tradução nossa: Onde as florestas tropicais estão localizadas: regiões biogeográficas da floresta tropical). *Mongabay*, 22 jul. 2007. Disponível em: https://rainforests.mongabay.com/0102.htm. Acesso em: 14 jun. 2023.

- Como você associa a inclinação do eixo de rotação da Terra em relação ao plano de sua órbita ao redor do Sol com a distribuição dessas florestas no mundo?

Criar

10. Observe este calendário lunar e faça o que se pede.

Reinaldo Vignati/ID/BR

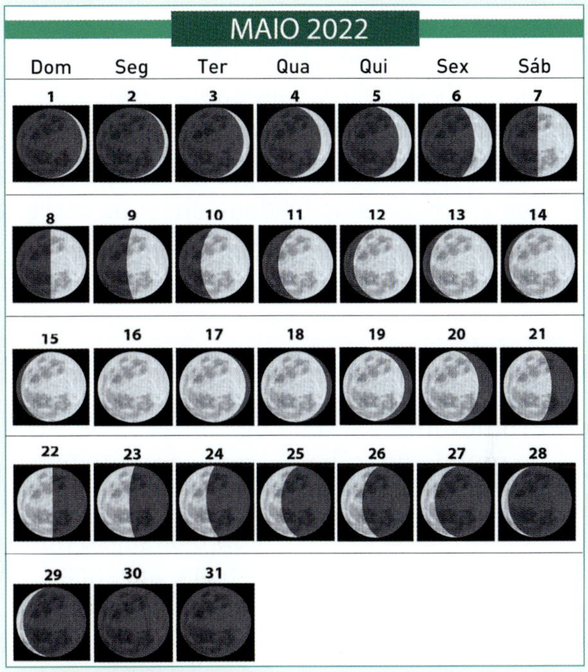

Representação do calendário lunar de maio de 2022.

a) Qual é a duração desse ciclo lunar?

b) Identifique os dias do mês em que se iniciam as mudanças das principais fases da Lua.

c) Qual é o período de duração de cada fase da Lua?

d) Agora é a sua vez de construir um calendário lunar. Em uma cartolina, faça uma tabela, como a do modelo a seguir.

D	S	T	Q	Q	S	S

No primeiro dia do próximo mês, observe a Lua e faça o desenho dela na tabela, no espaço correspondente ao primeiro dia do mês. Repita esse procedimento em cada dia do mês analisado. Ao final do mês, você terá construído um calendário lunar.

5 IGUALDADE DE GÊNERO

Retomando o tema

Nesta unidade, você explorou fatos e situações relacionados ao ODS 5, que propõe "alcançar a igualdade de gênero e empoderar todas as mulheres e meninas", e constatou a necessidade de discutir as desigualdades entre homens e mulheres, principalmente quando se trata da participação feminina nas áreas de ciência e de tecnologia.

Verifique o que aprendeu acerca desse tema respondendo às questões a seguir.

1. Por que a proporção entre homens e mulheres no mundo do trabalho ainda é muito desigual? Quais são as dificuldades que as mulheres encontram para seguir carreira em áreas ligadas às ciências?
2. Você acha importante que homens e mulheres tenham as mesmas oportunidades e a mesma visibilidade em suas carreiras, sejam elas quais forem? Por quê?
3. Você acredita ser possível reconhecer o papel tradicional dos gêneros nas diferentes carreiras profissionais? Explique.

Geração da mudança

- Promovam uma roda de conversa aberta sobre o tema da igualdade de gênero no mundo do trabalho, não somente na ciência, mas em outras áreas também.
- Organizem-se em grupos e preparem perguntas sobre assuntos que gostariam de trazer à discussão, como desejo e oportunidade de mulheres em seguir profissões, atividades esportivas, artísticas, entre outras.
- As seguintes questões podem ajudar a nortear a discussão: "Você já deixou de realizar a alguma atividade por não encontrar outras garotas que a realizam?"; "Você já pensou em desistir de realizar alguma atividade ou já se desinteressou por alguma área por não achar que ela não é 'para meninas'?".

Matheus Costa/ID/BR

Autoavaliação

CLIMA E METEOROLOGIA

UNIDADE 2

PRIMEIRAS IDEIAS

1. Você sabe qual é a diferença entre clima e tempo? Em sua opinião, quais fenômenos da atmosfera determinam o tempo e o clima de uma região?
2. Você costuma consultar a previsão do tempo antes de sair de casa?
3. Por que é importante conhecer o clima de uma região?
4. O clima de uma região sempre é o mesmo? É possível que, em épocas passadas, o clima de um local tenha sido diferente do clima atual?
5. Você acredita que o ser humano é capaz de alterar o clima da Terra?

Conhecimentos prévios

Nesta unidade, eu vou...

CAPÍTULO 1 Clima e tempo

- Compreender e identificar fenômenos relacionados ao clima.
- Entender o que é meteorologia e de que maneira são feitas as previsões do tempo.
- Comparar e interpretar dados pela análise de gráficos.

CAPÍTULO 2 Mudanças climáticas

- Compreender o impacto das mudanças climáticas na vida na Terra.
- Entender como as atividades humanas se relacionam com as mudanças climáticas, como o aquecimento global, e emitir opinião sobre esse tema.

INVESTIGAR Como está o tempo no local onde você vive?

- Construir instrumentos meteorológicos caseiros para uma miniestação meteorológica.
- Coletar dados meteorológicos da região em que vivo.
- Elaborar gráficos e um climograma com base em dados coletados e pesquisados.

CIDADANIA GLOBAL

- Compreender o papel das parcerias globais para o desenvolvimento sustentável mediante investimentos em infraestrutura ou trocas de tecnologia.
- Analisar a importância das questões financeiras oriundas de parcerias, como as público-privadas, no combate às mudanças climáticas.
- Propor possibilidades de parcerias e/ou de cooperação local visando ao desenvolvimento sustentável local.

David Gray/Getty Images

LEITURA DA IMAGEM

1. Que componentes do clima você pode identificar e também imaginar que estejam presentes nesta foto?
2. O que são as estruturas retratadas na foto? Por que elas estão em alto-mar?
3. Há alguma relação entre as estruturas retratadas na foto e as mudanças climáticas? Justifique sua resposta.

CIDADANIA GLOBAL

17 PARCERIAS E MEIOS DE IMPLEMENTAÇÃO

Ano após ano, alterações nos padrões climáticos, como secas prolongadas e ondas de frio extremo e de calor excessivo, têm sido cada vez mais frequentes, afetando o mundo todo e, especialmente, as populações mais vulneráveis de países em desenvolvimento. Diante disso, vários setores da sociedade, demonstrando preocupação com esses fenômenos e o futuro do planeta, vêm formando parcerias em vários níveis. Essas parcerias visam buscar mecanismos de desenvolvimento mais sustentáveis para enfrentar as mudanças climáticas decorrentes da intensificação do aquecimento global, a qual está relacionada principalmente com as atividades humanas.

- Como essas parcerias podem proporcionar um desenvolvimento mais sustentável, ajudando no combate às mudanças climáticas?

Veja os impactos que as **mudanças climáticas** já estão causando ao redor do mundo.

Parcerias e cooperação em âmbitos global e local, com investimentos em tecnologia e em infraestrutura, têm sido fundamentais para o desenvolvimento sustentável. Parque eólico em Copenhague, Dinamarca. Foto de 2022.

CAPÍTULO 1

CLIMA E TEMPO

PARA COMEÇAR

O clima varia muito de uma região para outra do planeta. Mas o que é o clima? Quais são os fatores que determinam um tipo de clima?

CLIMA

O **clima** de uma região é definido pelos fenômenos atmosféricos que ocorrem próximo à superfície terrestre.

Entre os principais elementos que caracterizam um clima, estão a temperatura, a umidade do ar, a pressão atmosférica, os regimes de chuva, os ventos e as movimentações das massas de ar.

Todos esses elementos são influenciados, de alguma forma, pelo Sol. Devido ao formato esférico da Terra, os raios solares incidem mais diretamente e, portanto, com mais intensidade nas áreas próximo à linha do Equador. Essa intensidade diminui gradativamente com o aumento da latitude em direção aos polos, tanto para o sul quanto para o norte.

latitude: é a distância, medida em grau, de determinada posição na Terra em relação à linha do Equador. Ela varia entre 0° (na linha do Equador) e 90° (nos polos) para o sul e para o norte.

A variação da incidência dos raios solares em função da latitude é o principal fator determinante dos diferentes climas na Terra e permite distinguir as **zonas climáticas** do planeta: intertropical, temperada e polar. Essas três zonas climáticas são encontradas nos dois hemisférios da Terra.

O planisfério a seguir mostra a localização das zonas climáticas da Terra. Note que, no território brasileiro, há duas zonas climáticas: a intertropical e a temperada.

De modo geral, as temperaturas mais elevadas são observadas nas latitudes mais baixas, ou seja, na zona intertropical, ao passo que as temperaturas mais baixas são registradas nas latitudes mais altas, isto é, nas zonas polares.

Fonte de pesquisa: *Atlas geográfico escolar*. 8. ed. Rio de Janeiro: IBGE, 2018. p. 58.

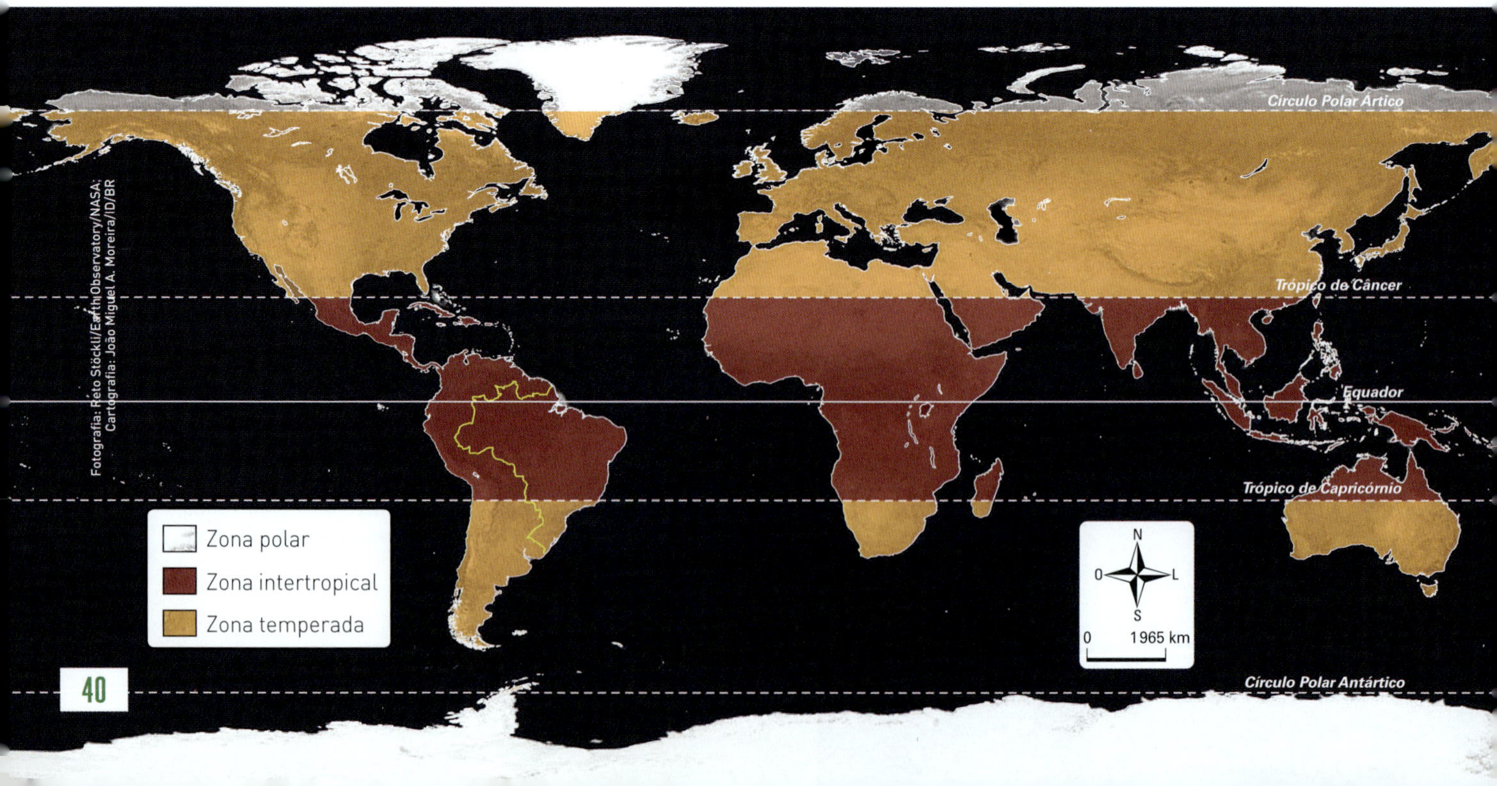

VENTOS E BRISAS

Vento é o ar em movimento. A movimentação do ar ocorre em consequência do aquecimento do ar atmosférico.

A radiação solar, ao atingir a superfície da Terra, pode ser absorvida pela superfície ou ser refletida para a atmosfera. A absorção da radiação faz com que a superfície terrestre se aqueça e, consequentemente, emita calor. É esse calor emitido pela superfície que esquenta o ar.

radiação: ondas ou partículas carregadas de energia que se deslocam no espaço.

O ar quente próximo ao solo tem uma densidade menor que o ar frio de camadas superiores. Dessa forma, o ar frio, por ser mais denso, desce e força o ar quente, que é mais leve, a subir. O ar frio que desceu é, então, aquecido pela superfície, e o ciclo se repete.

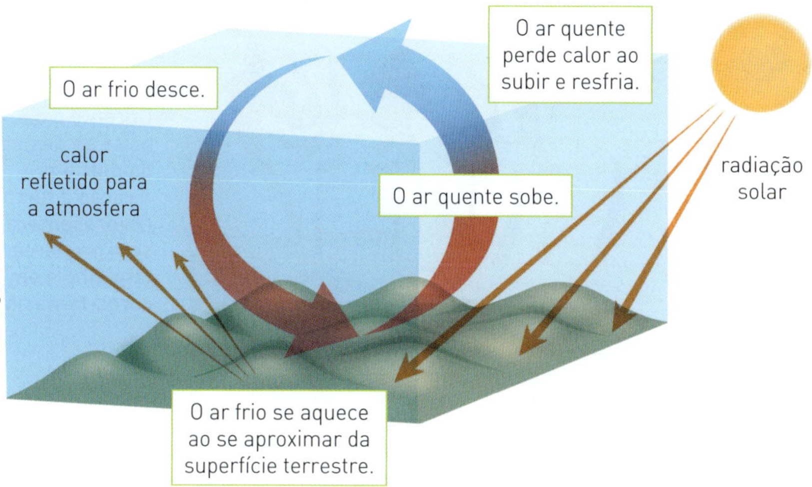

Esquema da movimentação do ar provocada pelo seu aquecimento. (Representação sem proporção de tamanho e distância entre os elementos e em cores-fantasia.)

O ar mais frio forma uma zona de alta pressão atmosférica, ao passo que, na zona onde o ar foi aquecido, a pressão atmosférica é menor. O ar se move, geralmente, de uma região de alta pressão para uma região de baixa pressão.

Vladimir_Kazachkov/Shutterstock.com/ID/BR

Um modelo simples de biruta como esse é usado em aeroportos para orientar o pouso e a decolagem das aeronaves.

INSTRUMENTOS DE MEDIÇÃO DO VENTO

Conhecer a direção e a velocidade dos ventos é importante para fazer a previsão do tempo e para o controle de atividades como o pouso e a decolagem de aviões. Portanto, elas influenciam diretamente a vida das pessoas.

Para medir a direção e a velocidade do vento, são usados aparelhos específicos. **Biruta** e **catavento** são equipamentos que indicam a direção do vento. São instalados na extremidade de um mastro, a pelo menos dez metros de altura em relação ao solo.

Para medir a velocidade do vento, usa-se o **anemômetro**. Existem vários modelos. No anemômetro de canecas, por exemplo, quanto maior for a velocidade do vento, mais rápido as canecas vão girar. Nesse caso, a velocidade é registrada e indicada em um mostrador do instrumento.

Wattanasit Chunopas/Shutterstock.com/ID/BR

Anemômetro de canecas de uma estação meteorológica. Esse aparelho é usado para medir a velocidade do vento.

COOPERAÇÃO INTERNACIONAL EM BUSCA DO DESENVOLVIMENTO SUSTENTÁVEL

A comitiva do Governo do Rio Grande do Norte volta da Europa com novos investimentos e negócios para a produção de energias renováveis [...]. Durante viagem à Dinamarca [...], a governadora Fátima Bezerra firmou importantes parcerias com grandes empresas [...].

[...]

O Governo vai trabalhar em cooperação com a [empresa] dinamarquesa Vestas Wind Systems – Morten Dyrholm para implementação do porto-indústria eólico *offshore* [em alto-mar] [...]. O acordo [...] inclui também a definição de incentivos tributários e fiscais para que o grupo amplie sua atuação no estado.

"O nosso Governo, [...], já vinha trabalhando junto à empresa a possibilidade de assinatura de acordo de cooperação com o objetivo de desenvolver ações para intercâmbio técnico, institucional, econômico e ambiental. [...]", explicou a governadora.

[...]

Em missão na Noruega e na Dinamarca, governo do RN consolida acordos e investimentos em energias renováveis. *Agora RN*, 16 nov. 2021. Disponível em: https://agorarn.com.br/ultimas/em-missao-na-noruega-e-na-dinamarca-governo-do-rn-consolida-acordos-e-investimentos-em-energias-renovaveis/. Acesso em: 31 jan. 2023.

- De acordo com o texto, quais são os benefícios da cooperação internacional entre o Rio Grande do Norte e a Dinamarca?

BRISA MARINHA E BRISA TERRESTRE

Os deslocamentos de ar que ocorrem nas áreas litorâneas são conhecidos como **brisa**. Há dois tipos de brisa: a brisa marinha e a brisa terrestre.

Durante o dia, a terra se aquece mais rapidamente que a água. Formam-se, então, zonas de baixa pressão sobre o continente, pois ele está mais quente do que o mar. Isso faz com que o ar se desloque do oceano em direção ao continente, formando a **brisa marinha**.

À noite, o solo esfria mais rapidamente que a água. Isso cria uma zona de baixa pressão sobre o oceano, que está mais quente que o continente. O ar, então, desloca-se da terra para o mar, formando a **brisa terrestre**.

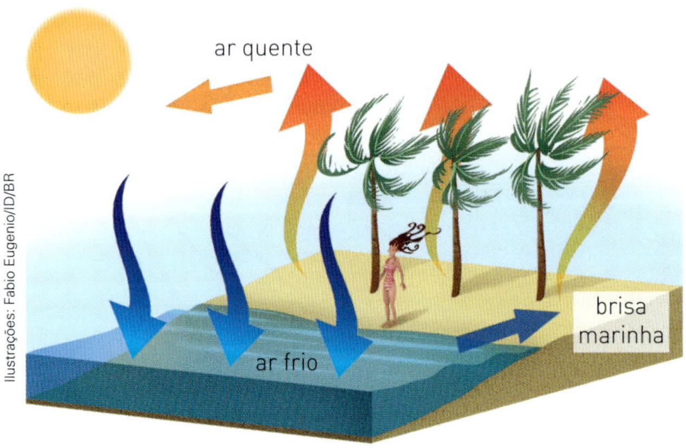

Ilustrações: Fabio Eugenio/ID/BR

Durante o dia, a brisa se desloca do mar em direção à terra. (Representação sem proporção de tamanho e em cores-fantasia.)

A brisa terrestre é o deslocamento de ar da terra para o mar e ocorre à noite. (Representação sem proporção de tamanho e em cores-fantasia.)

UMIDADE DO AR E PRECIPITAÇÃO

A radiação solar aquece a superfície da Terra, promovendo a evaporação da água existente no ambiente. O vapor de água formado se movimenta na atmosfera com os outros gases. A quantidade de vapor de água presente na atmosfera é chamada **umidade do ar**.

Quando o ar quente sobe, transporta essa umidade para as camadas mais altas e frias da atmosfera. Então, o vapor de água se condensa, formando gotículas de água. Essas gotículas são tão pequenas que ficam flutuando no ar.

A formação das gotículas de água depende da existência de minúsculas partículas no ar, chamadas de **núcleos de condensação**. Isso ocorre porque o vapor de água precisa de uma superfície sobre a qual possa se condensar. O vapor se condensa sobre os núcleos de condensação, produzindo as gotículas de água.

As gotículas formadas unem-se umas às outras, gerando gotículas cada vez maiores. Quando elas atingem o tamanho de gotas, caem em direção ao solo. Nesse caminho, chocam-se com outras gotículas e ficam ainda maiores, formando a **chuva** ou **precipitação**.

Quando existe menor quantidade de material particulado na atmosfera, o vapor se condensa sobre um menor número de núcleos de condensação. Formam-se, então, gotas maiores e mais densas. É o que, em geral, acontece sobre os oceanos, onde o ar é mais limpo.

Sobre os continentes, ocorre o contrário: por causa da presença de maior quantidade de material particulado, as gotas ficam menores e menos densas. Por isso, elas levam mais tempo para se formar do que as gotas das nuvens sobre os oceanos.

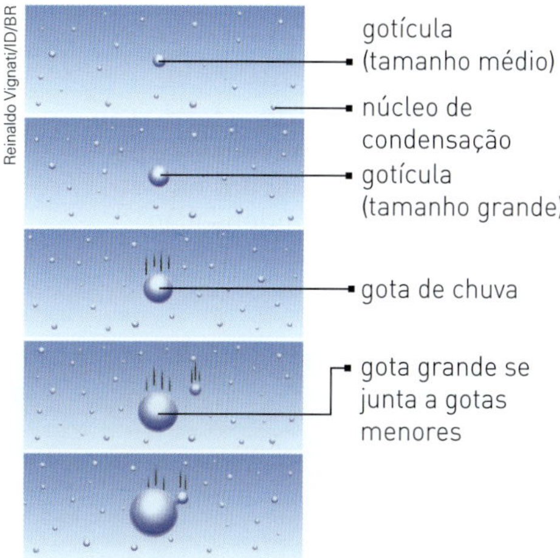

▲ **As gotículas de água na atmosfera vão se juntando umas às outras, e ficam cada vez maiores até caírem em forma de chuva. (Representação sem proporção de tamanho e em cores-fantasia.)**

TIPOS DE PRECIPITAÇÃO

Além da chuva, existem outros tipos de precipitação:

- **Neve** – é a precipitação de cristais de gelo formados pelo congelamento do vapor de água atmosférico. A neve se forma apenas quando a temperatura do ar estiver muito baixa.
- **Granizo** – é a precipitação de pedras de gelo. As pedras se formam devido a correntes de ar que levam a água a grandes altitudes, onde ela congela. Esse fenômeno ocorre durante as chuvas fortes.

Assista a **água e atmosfera** e, depois, pesquise rios atmosféricos no Brasil.

O TOTAL PLUVIOMÉTRICO

A umidade do ar está diretamente relacionada ao regime de chuvas de uma área. A medida que indica a quantidade de chuvas em um local, em certo período de tempo, é chamada de **total pluviométrico**. Esse total, junto com a temperatura do ar, é um dos principais indicadores do clima de um local.

O **regime de chuvas**, ou seja, a distribuição das chuvas ao longo do ano, também é importante para a determinação do clima. Um local pode ser considerado seco se as chuvas, mesmo com alto índice pluviométrico, forem concentradas em somente um ou dois meses do ano.

O **pluviômetro** é um instrumento usado para medir a quantidade de chuva ou granizo que cai durante determinado período, em determinado local. Os pluviômetros mais simples são recipientes com uma escala graduada em milímetros onde a água é coletada. Assim, a indicação da quantidade de precipitação é dada pela quantidade de água que se acumula no recipiente.

▲ **O pluviômetro tem funcionamento bem simples e leitura fácil. Diariamente, um observador, em horários preestabelecidos, faz a medição da água no pluviômetro e anota os dados.**

NUVENS

Observe a **formação das nuvens** e explique o papel dos núcleos de condensação nesse processo.

As **nuvens** são aglomerados de gotículas de água em suspensão na atmosfera.

Conforme as características que apresentam, as nuvens podem ser classificadas em vários tipos. Alguns deles são *cirrus*, *stratus*, *cumulus* e *cumulonimbus*. Veja as fotos.

Aleksey Sagitov/Shutterstock.com/ID/BR

DK Images/UIG/Fotoarena

Krys Bailey/Alamy/Fotoarena

John D Sirlin/Shutterstock.com/ID/BR

▲ Os critérios para classificação das nuvens incluem seu formato e altitude. **(A)** ***Cirrus***: nuvens ralas e alongadas. Geralmente ocorrem em grandes altitudes e por isso são formadas por cristais de gelo. **(B)** ***Stratus***: são bastante extensas, e costumam trazer chuva ou neve. **(C)** ***Cumulus***: apresentam a base geralmente plana. São nuvens baixas e estão associadas à chuva. **(D)** ***Cumulonimbus***: são volumosas. Produzem chuvas e originam tempestades e trovoadas. São muito comuns no verão, ao final da tarde, em dias muito quentes. Nelas se forma o granizo.

MASSAS DE AR

As **massas de ar** são grandes porções da atmosfera cujas condições de temperatura, de pressão e de umidade são semelhantes ao longo de toda a sua extensão.

As massas de ar que se formam sobre os oceanos são úmidas; já as formadas sobre os continentes geralmente são secas. Quando se originam sobre áreas equatoriais, as massas de ar têm temperaturas mais elevadas; sobre áreas polares, elas têm temperaturas menores.

Essas massas sempre se deslocam de uma área de alta pressão para outra de baixa pressão. Durante seu deslocamento, elas podem sofrer modificações, pois encontram diferentes condições por onde passam.

As massas de ar são classificadas em massa de ar quente e massa de ar fria.

- **Massa de ar quente** – é aquela que é mais quente que a superfície sobre a qual se desloca.
- **Massa de ar fria** – é aquela que é mais fria que a superfície sobre a qual passa.

O encontro de massas de ar favorece a formação de nuvens de chuva e de trovoadas.

FRENTES FRIAS E FRENTES QUENTES

A parte dianteira de uma massa de ar em movimento é chamada **frente**. Ela pode ser fria ou quente, se fizer parte de uma massa de ar fria ou quente, respectivamente.

Uma **frente fria** ocorre quando uma massa de ar fria se desloca em direção a uma massa de ar quente. Inversamente, uma **frente quente** ocorre quando uma massa de ar quente empurra uma massa de ar fria.

As frentes frias podem gerar tempestades fortes conforme se deslocam. Quando duas frentes se chocam também podem ocorrer tempestades intensas. Em certos casos, essas tempestades formam tufões, que podem provocar a morte de muitos seres vivos e causar prejuízos materiais.

CORRENTES MARÍTIMAS E CLIMA

Além das marés e das ondas, a água do mar também se movimenta pelas **correntes marítimas**, grandes massas de água que se deslocam por longas distâncias.

Correntes marítimas são produzidas por fatores como o movimento de rotação da Terra, diferenças na pressão atmosférica, a temperatura, a salinidade da água e os ventos.

Além de influenciar os ecossistemas marinhos e a pesca, elas interferem também no clima dos continentes. As **correntes quentes**, originadas nas regiões tropicais, podem levar calor e umidade para as zonas frias do planeta. Já as **correntes frias** dificultam a evaporação e, consequentemente, a formação de nuvens de chuvas sobre os continentes.

Correntes marítimas

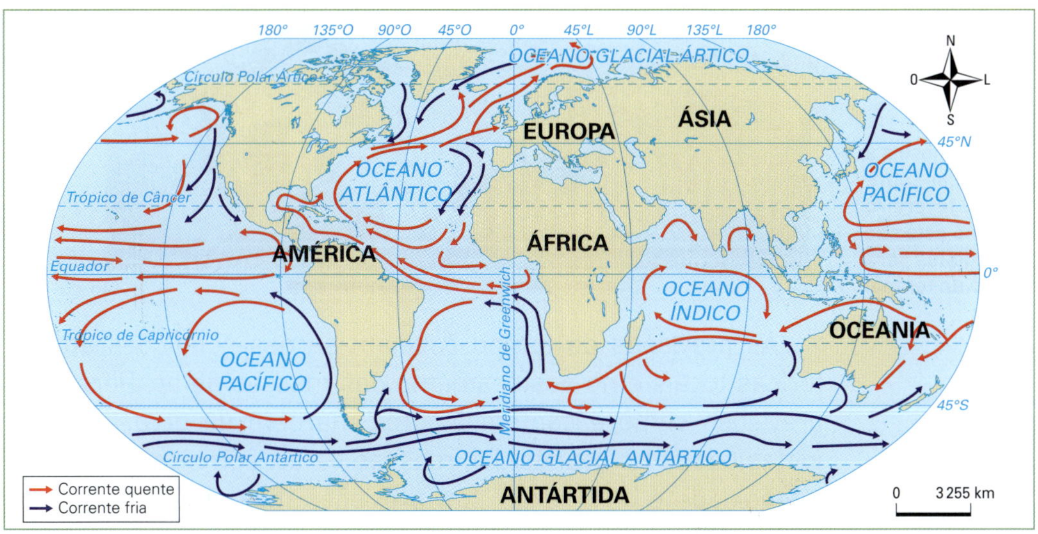

João Miguel A. Moreira/ID/BR

Principais correntes marítimas do planeta. Elas podem ser quentes (indicadas pelas setas vermelhas) ou frias (indicadas pelas setas azuis). As correntes quentes se originam nas regiões tropicais, e as correntes frias, nas regiões polares. A corrente quente que se desloca próximo à costa brasileira é chamada de Corrente do Brasil.

Fonte de pesquisa: *Earth*: the definitive visual guide (tradução nossa: Terra: o guia visual definitivo). London: Dorling Kindersley, 2013. p. 394.

PREVISÃO DO TEMPO

CLIMA OU TEMPO?

Tempo e clima são termos relacionados, porém distintos.

Tempo refere-se a períodos curtos, quando dizemos, por exemplo: "se o tempo estiver bom, podemos ir ao parque".

O clima, por sua vez, independe das mudanças que ocorrem ao longo dos dias ou das estações do ano. Para determinar o clima de uma região, os meteorologistas analisam as variações das condições atmosféricas durante um período de, pelo menos, trinta anos.

A **previsão do tempo** tem origens muito antigas. Quando o ser humano começou a cultivar o solo, há mais de dez mil anos, aprendeu a prestar atenção à passagem das estações do ano e às variações do clima.

No entanto, essas avaliações se baseavam apenas na observação visual da atmosfera. Com a invenção de aparelhos capazes de medir a temperatura, a pressão e a umidade do ar, o estudo dos fenômenos atmosféricos tornou-se mais preciso. A **meteorologia** é a ciência que estuda os fenômenos meteorológicos.

A partir da década de 1960, satélites começaram a coletar dados meteorológicos sobre as condições atmosféricas, que são interpretadas com o auxílio de programas de computador. Atualmente, estações meteorológicas ao redor do mundo registram informações como temperatura, umidade do ar, velocidade e direção dos ventos, entre outras.

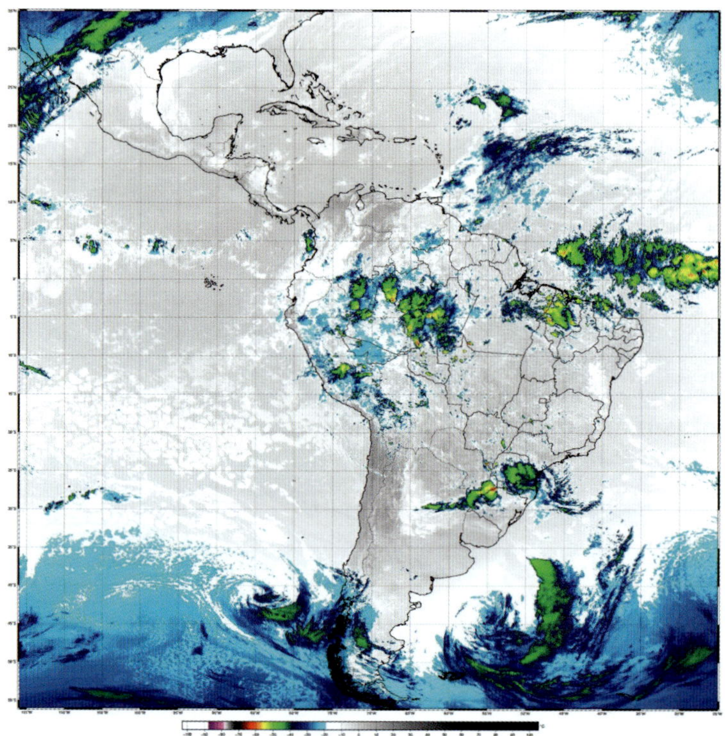

CPTEC/INPE

Imagem de satélite que mostra a movimentação de massas de ar sobre a América do Sul em 25 de fevereiro de 2022. Imagens como esta são usadas pelos meteorologistas para elaborar a previsão do tempo.

As previsões do tempo baseiam-se nas condições atmosféricas locais e no deslocamento das massas de ar. Porém, as previsões sempre contêm alguma margem de erro, devido à instabilidade no avanço das massas de ar, como mudanças de intensidade e de direção. Em previsões mais imediatas, como para o dia seguinte, o erro é pequeno. Entretanto, à medida que consideramos prazos maiores, a chance de erro aumenta.

Os estudos meteorológicos fornecem informações importantes para atividades que dependem do clima, como agricultura, turismo, aviação, navegação marítima e esportes ao ar livre.

PARA EXPLORAR

Instituto Nacional de Meteorologia (Inmet)

O portal do Inmet disponibiliza informações completas sobre a previsão do tempo e do clima no Brasil. Disponível em: https://portal.inmet.gov.br. Acesso em: 26 jan. 2023.

Como analisar um gráfico

Para conhecermos o clima de uma região, duas informações são importantes: a variação da temperatura e a da quantidade de chuvas ao longo do ano. Mas como essas informações são interpretadas? Nesta atividade, você vai aprender a analisar dados de precipitação interpretando **gráficos**.

Como fazer

Os gráficos (**A**) e (**B**) representam a variação de chuvas ao longo de um ano nas cidades de São Paulo (SP) e de Bagé (RS).

São Paulo

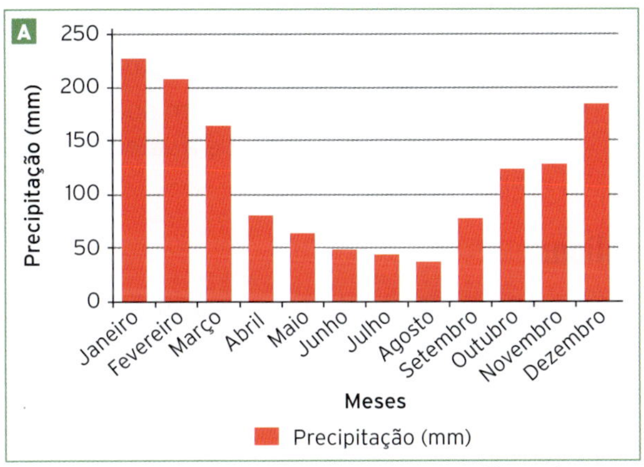

ID/BR

Bagé

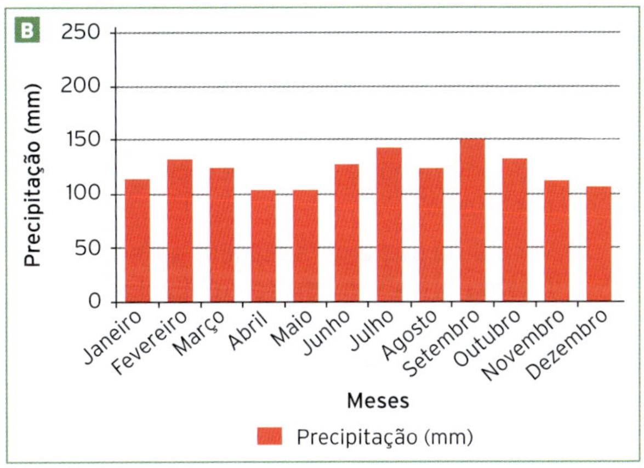

ID/BR

Fonte de pesquisa: Meteorópole. Disponível em: http://www.meteoropole.com.br/2011/11/inicio-da-estacao-chuvosa. Acesso em: 26 jan. 2023.

1 No eixo vertical do gráfico, estão os valores que indicam a quantidade de chuva (precipitação), em milímetro (mm). No eixo horizontal, estão os meses do ano.

2 A altura de cada coluna indica quanto choveu, em média, em determinado mês. Observe o gráfico de precipitação de São Paulo. Verifique quanto choveu no mês de junho. Anote o resultado encontrado.

3 Agora, faça a mesma análise para o mês de junho em Bagé. Compare os dois valores e responda: Em qual dessas cidades choveu mais em junho?

4 Encontre no gráfico de São Paulo o mês que mais choveu no ano. Faça o mesmo com o gráfico de Bagé.

Para concluir

1. Qual das duas cidades apresenta maior variação na quantidade de chuvas ao longo do ano?
2. Em qual das duas cidades choveu menos durante o verão? (Considere verão os meses de dezembro, de janeiro e de fevereiro.)
3. Procure por gráficos de quantidade de chuvas da cidade onde você mora e identifique os meses de maior e de menor precipitação.

ATIVIDADES

Acompanhamento da aprendizagem

Retomar e compreender

1. Quais são os principais elementos que caracterizam o clima de uma região?

2. Por que o ar que se encontra em contato com a superfície terrestre tende a subir?

3. Leia a tira e faça o que se pede.

Liniers/Fotoarena

   a) Em algum dos quadros dessa tira há menção a algum fenômeno atmosférico? Qual é o fenômeno, e como você chegou a essa conclusão?

   b) Você diria que a personagem aprecia o contato da brisa em seu rosto? Explique e comente o que você sente em situação similar.

   c) Efeito semelhante pode ser observado em quais aparelhos meteorológicos?

4. Por que as massas de ar que se formam sobre o oceano são mais úmidas do que aquelas formadas sobre o continente?

5. Observe a foto a seguir, que mostra um refrigerador de supermercado.

adisa/iStock/Getty Images

   - Esse tipo de *freezer* não tem tampa nem porta. Explique como é possível conservar a refrigeração dos alimentos, se o equipamento fica o tempo todo aberto.

6. Durante uma visita à praia, Luiza sentiu o ar se deslocando. Esse deslocamento de ar é conhecido como brisa. Sobre esse tema, responda:

   a) Qual é a diferença entre brisa marinha e brisa terrestre?

   b) Como esses dois tipos de brisa se formam?

7. O anemômetro (na foto) é um aparelho utilizado para medir a velocidade dos ventos. Sobre esse assunto, responda:

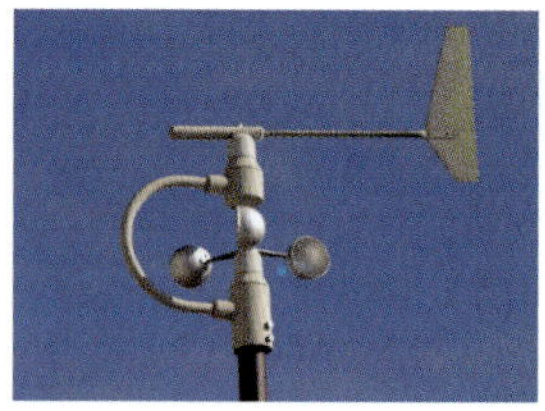

Helmut Jacob/Shutterstock.com/ID/BR

   a) O que é o vento?

   b) Qual é a diferença entre vento e brisa?

   c) Cite uma situação em que, em sua opinião, é fundamental saber qual é a velocidade do vento.

Aplicar

8. Investigue a variação de temperatura em duas cidades. Para isso, observe as informações a seguir.

   - Procure na internet um mapa do estado em que você vive. Escolha duas cidades: uma que fique aproximadamente na mesma altitude da cidade onde você mora e outra que fique 500 m acima ou abaixo dessa cidade.
   - Anote, durante uma semana, as temperaturas máximas e mínimas da sua cidade e das cidades que você escolheu. Para encontrar os valores de temperatura, acesse *sites* de análise e acompanhamento do clima.

   Construa um gráfico para cada cidade com as variações de temperatura coletadas.

   a) Procure na internet um mapa hipsométrico (que representa a variação de altitudes por meio de escala de cores) do estado em que você vive. Identifique qual é a altitude de cada cidade escolhida.

   b) Quais cidades tiveram as temperaturas mais altas e as temperaturas mais baixas?

   c) Elabore uma hipótese que explique a variação de temperatura entre as três cidades. Procurar por informações sobre a geografia das cidades pode ajudar na elaboração da hipótese.

CAPÍTULO

2 MUDANÇAS CLIMÁTICAS

PARA COMEÇAR

A atmosfera passa por alterações constantes. Mas algumas delas podem gerar impactos significativos, como o aquecimento global.
É possível que o ser humano seja responsável por essas alterações climáticas?

MUDANÇAS NA ATMOSFERA

O clima de um local é determinado por fenômenos atmosféricos. Por isso, quando se observam alterações nos padrões desses fenômenos em determinado lugar, esse fato pode ser um indício de que uma **mudança climática** está em curso.

Pesquisas científicas apontam que o clima do planeta já mudou muitas vezes ao longo de sua história. No século XVII, por exemplo, a temperatura da Terra era, em média, 1 °C mais fria do que é hoje.

A variabilidade climática ao longo do tempo também provoca alterações na paisagem e na distribuição da fauna e da flora. Certos locais que hoje são desertos, por exemplo, já foram ocupados, há milhares de anos, por florestas, como é o caso do deserto do Saara.

No entanto, diferentemente dessas alterações climáticas, as mudanças recentes na atmosfera têm ocorrido em uma velocidade muito rápida. A temperatura do planeta vem aumentando gradativamente em poucas décadas, e há fortes evidências de que os gases lançados na atmosfera por diversas atividades humanas, como a industrial e a agropecuária, estão relacionados a esse aquecimento.

▼ Barcos de pesca no leito seco do lago do Aleixo, em Manaus (AM). As mudanças climáticas recentes têm tornado mais frequentes fenômenos como secas extremas e tempestades intensas. Foto de 2022.

Ricardo Oliveira/Pulsar Imagens

DESMATAMENTO E ALTERAÇÕES NO CICLO HIDROLÓGICO

Gerson Gerloff/Pulsar Imagens

▲ O desmatamento pode provocar alterações no clima. Município de Manoel Viana (RS). Foto de 2020.

O vapor de água atmosférico é produzido pela ação do Sol sobre as águas dos mares, dos rios e dos lagos e também pela transpiração das plantas. Essa combinação de **evaporação** e **transpiração** torna a atmosfera úmida, propiciando a formação de nuvens e, consequentemente, de chuvas.

A **remoção da vegetação** causa alterações no clima, pois leva à diminuição da quantidade de vapor de água na atmosfera, reduzindo a umidade do ar e a formação de nuvens.

Na floresta Amazônica, por exemplo, boa parte das chuvas ocorre em virtude da transpiração das próprias árvores. O desmatamento diminui a formação das chuvas. Além disso, boa parte da umidade produzida pela floresta Amazônica é carregada pelos ventos, causando chuvas nas regiões Centro-Oeste e Sudeste do Brasil. Assim, o desmatamento da floresta Amazônica também provoca alterações climáticas em outras áreas. Quando as chuvas caem sobre os continentes, parte da água escorre pela superfície e parte penetra no solo formando os rios e podendo ser usada pelas plantas.

A remoção da cobertura vegetal também pode afetar a temperatura da Terra. As plantas liberam para a atmosfera uma série de materiais que, ao se combinarem com o gás oxigênio, conseguem refletir parte da radiação solar. Assim, a redução da cobertura vegetal diminui a liberação desses materiais na atmosfera. Desse modo, a radiação solar atinge com mais intensidade a Terra, podendo levar ao aumento da temperatura global.

CIDADANIA GLOBAL

PARCERIAS PÚBLICO-PRIVADAS NO COMBATE ÀS MUDANÇAS CLIMÁTICAS

O Amapá e [a] organização sem fins lucrativos Emergent Leaf assinaram um acordo que prevê ao estado cerca de R$ 800 milhões em compensações ambientais até 2030. [...]

O secretário de Estado do Meio Ambiente, [...], explica que o acordo possibilita futuras transações de créditos de carbono, que são incentivos para recompensar financeiramente países em desenvolvimento por seus resultados referentes à redução do desmatamento e [às] emissões de gases de efeito estufa.

"Os pagamentos feitos pela Emergent ao Amapá destinam-se a fornecer fundos para apoiar os compromissos contínuos do estado no desenvolvimento econômico sustentável, com prioridade para a proteção e a restauração florestal", detalha o gestor.

[...]

Os créditos enquadram-se na modalidade HFLD (sigla em inglês para "Alta floresta, baixo desmatamento"), reforçando a importância da manutenção da floresta em pé, gerando impactos benéficos para o clima, meio ambiente, além de populações e comunidades tradicionais e povos indígenas que habitam essas áreas florestadas.

A Emergent é [...] [coordenadora administrativa] da Coalizão LEAF (sigla em inglês para "Reduzindo Emissões por meio da Aceleração do Financiamento Florestal"), que é uma coalizão público-privada que procura reduzir significativamente as emissões globais de gases de efeito estufa, recompensando jurisdições com florestas tropicais e subtropicais que reduzem com sucesso o desmatamento e a degradação florestal.

[...]

COP-27: Amapá e Emergent formalizam acordo que prevê até R$ 800 milhões por compensações ambientais. Portal do Governo do Estado do Amapá, 12 nov. 2022. Disponível em: https://www.portal.ap.gov.br/noticia/1111/cop-27-amapa-e-emergent-formalizam-acordo-que-preve-ate-r-800-milhoes-por-compensacoes-ambientais. Acesso em: 31 jan. 2023.

- De acordo com o texto, como os financiamentos da iniciativa privada podem ajudar na preservação das florestas e no desenvolvimento sustentável em áreas do estado beneficiado?

EFEITO ESTUFA E AQUECIMENTO GLOBAL

O **efeito estufa** é um fenômeno natural e indispensável para a vida na Terra. Esse efeito acontece quando a radiação solar atravessa a atmosfera e é refletida pela superfície terrestre. Uma parte dessa radiação refletida escapa para o espaço, e a outra parte fica retida nas camadas mais baixas da atmosfera. Isso ocorre porque **gases de efeito estufa**, como o gás carbônico, o metano e alguns compostos de nitrogênio, têm a propriedade de reter o calor refletido pela superfície terrestre, mantendo a atmosfera aquecida.

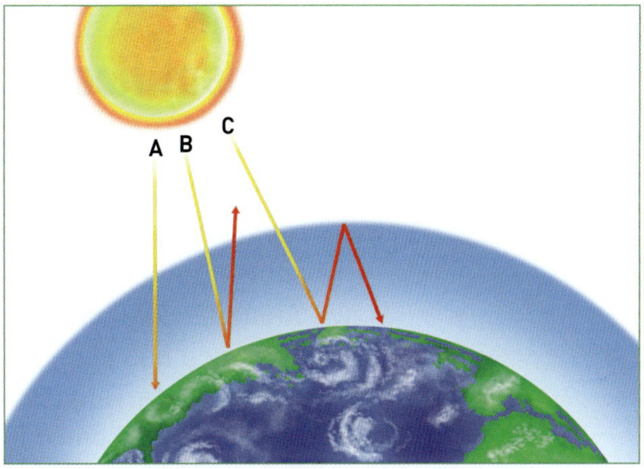

▲ Esquema simplificado do efeito estufa no planeta Terra. Grande parte da radiação solar atravessa a atmosfera **(A)**. Uma parcela dessa radiação é absorvida pela superfície terrestre. Uma parte da radiação que não foi absorvida é refletida pela superfície e volta para o espaço **(B)**. Outra parte da radiação não consegue atravessar a atmosfera por causa dos gases de efeito estufa e fica retida em nosso planeta **(C)**. (Representação sem proporção de tamanho e distância entre os elementos e em cores-fantasia.)

Sem o efeito estufa, a temperatura média do planeta seria muito mais baixa (cerca de −15 °C), dificultando ou impedindo a vida de muitos seres vivos.

Desde a Revolução Industrial, há cerca de 200 anos, a concentração de gás carbônico na atmosfera vem aumentando, porque a queima de combustíveis fósseis passou a ser a principal fonte de energia para as atividades humanas. Quando queimados, esses combustíveis liberam gás carbônico e outros gases de efeito estufa, aumentando a retenção da radiação refletida pela superfície da Terra.

O desmatamento também contribui para a retenção da radiação, seja pelas queimadas, que liberam gás carbônico, seja pela diminuição da vegetação, pois as plantas retiram gás carbônico do ar para o seu crescimento.

Assista a **soluções para a mudança climática** e realize uma entrevista com seus familiares para identificar qual(is) dessas ações seria(m) mais fácil(eis) realizar em sua casa.

A maior parte da comunidade científica acredita que as mudanças climáticas atuais vêm sendo causadas pelas atividades humanas. O aumento gradativo da emissão de gases de efeito estufa ao longo dos últimos séculos seria responsável pelo rápido aumento da temperatura média da Terra. Esse fenômeno é conhecido como **aquecimento global**, e pode ter graves consequências para os seres vivos de todo o planeta, incluindo os seres humanos. Por isso, há um movimento para a redução global de emissões de gases de efeito estufa.

Entre as alternativas para reduzir as emissões desses gases está a utilização de combustíveis derivados de biomassa, também chamados de **biocombustíveis** ou **combustíveis renováveis**, como o etanol e o biodiesel. Esses combustíveis são produzidos de plantas como cana-de-açúcar e milho, que retiram gás carbônico da atmosfera durante a fotossíntese. Isso ajuda a compensar a liberação de gás carbônico para a atmosfera durante a queima dos biocombustíveis.

biomassa: total de matéria orgânica presente em um organismo ou em determinada região.

Como identificar *fake news*

Fake news são notícias falsas, isto é, são notícias que divulgam informações incorretas principalmente em mídias e redes sociais. As *fake news* se espalham rapidamente, alcançando um grande público.

O aquecimento global é um tema sobre o qual são divulgadas muitas *fake news*. Algumas das mais propagadas sobre o aquecimento global afirmam que esse fenômeno não está acontecendo, pois seria somente um processo cíclico natural do planeta Terra, e que os seres humanos emitem uma parcela muito pequena de gás carbônico (CO_2) na atmosfera e, por isso, não são os principais responsáveis pelo aquecimento global. No entanto, há muitas pesquisas científicas que desmentem essas informações. Nesta atividade, você vai aprender como identificar notícias falsas.

Como fazer

Alguns procedimentos podem ajudá-lo a verificar se uma notícia é falsa ou verdadeira. Pesquise na internet uma notícia sobre o aquecimento global. Depois, siga estes passos para verificar se o conteúdo dessa notícia é verdadeiro:

1. Leia a notícia completa. Muitas vezes, as manchetes intencionalmente passam uma ideia equivocada. Quando lemos o conteúdo completo, percebemos que a realidade não é exatamente o que consta na manchete.
2. Confira se a notícia foi publicada em um *site* confiável. Jornais e *sites* de notícias confiáveis checam as informações antes de publicá-las. Cuidado, pois existem *sites* de notícias falsas que copiam a aparência de *sites* confiáveis.
3. Observe a data da publicação da notícia, pois uma informação que era tida como verdadeira em um momento pode ter sido revista em decorrência de pesquisas e estudos confiáveis, deixando de ter sentido no momento presente.
4. Verifique o assunto em outros *sites*. Se uma notícia importante é verdadeira, todos os *sites* de notícias vão divulgá-la.
5. Utilize *sites* de checagem de notícias. Nesses *sites*, profissionais especializados verificam se as notícias que causam impacto e se espalham rapidamente são verdadeiras. Portanto, é provável que você encontre neles informações sobre a notícia da qual desconfia.

Para concluir

1. A notícia que você pesquisou sobre o aquecimento global pode ser classificada como *fake news*? Justifique sua resposta.
2. Converse com os colegas, e procurando identificar as características que são comuns às *fake news* pesquisadas. Reflitam sobre como elas prejudicam as ações de combate às mudanças climáticas, ao minimizar os efeitos do aquecimento global.
3. Pesquise outras *fake news* de que você já teve conhecimento e reúna-se com os colegas. Gravem áudios, criem um *blog* ou um *podcast* para desmenti-las e levar informações corretas à comunidade escolar.

ATIVIDADES

Acompanhamento da aprendizagem

Retomar e compreender

1. Escreva no caderno um parágrafo explicando a relação entre a atmosfera e o clima.
2. O clima da Terra é constante ao longo do tempo? Justifique sua resposta com exemplos.
3. Em sua opinião, o ser humano é capaz de interferir no clima? Cite evidências que justifiquem sua resposta.
4. O que são gases de efeito estufa? Cite exemplos desses gases.
5. Analise a charge a seguir e, depois, responda às questões.

Cicero Lopes/Acervo do cartunista

Cícero Lopes. Aquecimento global. Disponível em: https://econewsbirigui.wordpress.com/2009/12/06/326/. Acesso em: 26 maio 2023.

a) Qual fenômeno climático pode justificar a pergunta que o filhote de pinguim faz a seu pai?

b) Faça uma busca em publicações, impressas ou digitais, e cite as possíveis consequências desse fenômeno, além da que é abordada na charge.

6. Se a combustão do etanol também leva à formação de CO_2, por que ele é considerado um combustível mais limpo que os combustíveis fósseis, como a gasolina ou o óleo *diesel*, por exemplo?
7. Leia a seguinte afirmação:

O maior problema ambiental atualmente é o efeito estufa.

a) Explique qual é o erro nessa afirmação.

b) Cite duas atividades humanas que contribuem para a emissão de gases de efeito estufa.

c) SABER SER Discuta com os colegas que medidas podemos tomar para ajudar a diminuir o aumento das concentrações dos gases de efeito estufa na atmosfera.

Aplicar

8. Leia o texto a seguir, observe o gráfico e faça o que se pede.

O dióxido de carbono (CO_2), ou simplesmente gás carbônico, tem sido apontado como um dos principais responsáveis pelo aquecimento global, fenômeno resultante do agravamento do efeito estufa.

A concentração desse gás na atmosfera variou entre 180 ppmv e 280 ppmv (partes por milhão por volume) durante cerca de 800 mil anos, até o início da Revolução Industrial, no final do século XVIII. Desde então, a concentração de CO_2 tem aumentado significativamente, atingindo 419 ppmv, em dezembro de 2022. O gráfico a seguir mostra esse aumento.

Variação da concentração de gás carbônico na atmosfera (1960-2020), em ppmv

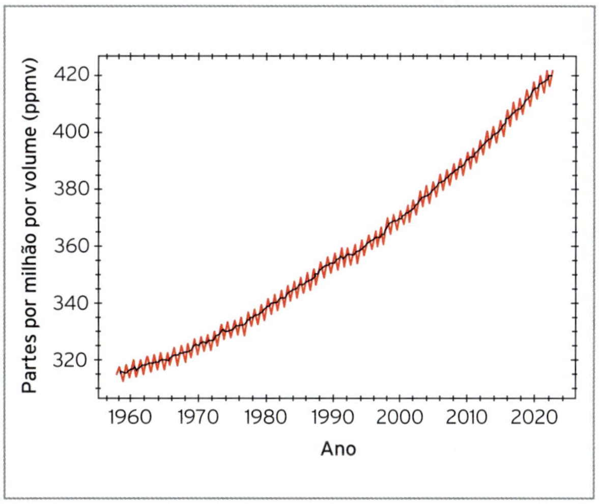

ID/BR

Fonte de pesquisa: National Oceanic and Atmospheric Administration (NOAA). Global Monitoring Laboratory. Earth System Research Laboratories. Disponível em: https://gml.noaa.gov/ccgg/trends/. Acesso em: 26 jan. 2023.

a) Por que a intensificação das atividades industriais está relacionada ao aumento das emissões de CO_2?

b) Estime em quantas vezes a concentração de CO_2 na atmosfera aumentou entre 1960 e 2020.

Geoengenharia e a gestão tecnológica do clima

Relatórios do Painel Intergovernamental sobre Mudanças Climáticas (IPCC, na sigla em inglês) evidenciam um aumento crescente da temperatura média do planeta em relação ao período pré-industrial. Estima-se que, caso esse aquecimento não seja limitado a 1,5 °C nas próximas duas décadas, o planeta passará por eventos climáticos extremos, como fortes ondas de calor, tempestades de grandes proporções e períodos de seca prolongados.

Nesse contexto, alternativas tecnológicas para impedir ou mitigar o aquecimento global, conhecidas como **geoengenharia**, têm sido desenvolvidas com a finalidade de reduzir a incidência de radiação solar na superfície terrestre ou de remover o carbono da atmosfera. A escassez de estudos conclusivos sobre essas tecnologias e a complexidade do sistema climático, no entanto, têm levado muitos especialistas a contestar os efeitos dessas manipulações tecnológicas, como mostra o texto a seguir.

Cientistas lançam manifesto contra tecnologia que prevê bloquear parte da luz solar do planeta

Mais de 60 cientistas climáticos e acadêmicos de todo o mundo lançaram recentemente uma iniciativa global pedindo um acordo internacional de não uso de geoengenharia solar. Segundo a iniciativa, a implantação dessa tecnologia não pode ser governada de forma justa globalmente e representa um risco se implementada como uma futura opção de política climática.

Tércio Ambrizzi, professor do Departamento de Ciências Atmosféricas do Instituto de Astronomia, Geofísica e Ciências Atmosféricas (IAG) da USP e coordenador do Núcleo de Apoio à Pesquisa (NAP) de Mudanças Climáticas, explicou [...] sobre a tecnologia da geoengenharia solar, que seria a pulverização massiva de aerossóis na estratosfera para bloquear uma parte da luz solar.

Para ele, isso representa um perigo muito grande. "Quando você injeta um monte de partículas na estratosfera, é como se você criasse um pequeno cobertor em cima de nossa cabeça, e aí os raios solares, quando tentam passar pela atmosfera para aquecer o nosso planeta, parte deles pode ser refletida para o espaço e, portanto, você estaria diminuindo energia solar que aquece o nosso planeta", diz ele, antes de prosseguir: "Primeiramente pode-se pensar: 'então, calma aí, a gente tá falando do aquecimento do nosso planeta, do aquecimento global, se a gente diminuir a entrada dos raios solares então a gente pode diminuir esse aquecimento' ". Parece simples, mas não é.

Isso porque na atmosfera há a circulação de ventos, que não podemos controlar e que impediriam que esse "cobertor" de partículas se mantivesse homogêneo. "Se você injetar esses aerossóis lá em cima, você não vai mantê-los parados lá, vão ficar circulando. E aí é que mora o perigo, porque numa região pode entrar até menos energia solar e deixar de aquecer, mas em outra pode aquecer muito mais até [...] o Brasil, por exemplo, pode esfriar muito mais que outros países, e esse esfriamento não dá para controlar também", o que pode causar prejuízos para a agricultura.

Diante disso, diz Ambrizzi, a discussão não é simples e exige muita pesquisa e, principalmente, o esforço de evitar experimentos que possam afetar vários países.

Tecnologia já existe

Ambrizzi diz que todo o trabalho científico vem sendo feito no sentido de mitigar a emissão dos gases de efeito estufa e daí a importância de se adotar uma atitude muito mais sustentável para com o meio ambiente. "Portanto, nós já temos ações e

aerossol: suspensão de pequeníssimas partículas sólidas ou líquidas dispersas em um gás.

tecnologia para diminuir a emissão desses gases, que são os verdadeiros culpados pelo aumento de temperatura do nosso planeta. " Isso vai fazer com que haja a diminuição de gases sem necessitar da adoção de uma tecnologia de alto risco. "Nós não precisamos ter algo artificial (geoengenharia solar), sobre o qual não se tem um completo controle e conhecimento", diz ele.

Cientistas lançam manifesto contra tecnologia que prevê bloquear parte da luz solar do planeta, *Jornal da USP*, 14 fev. 2022. Disponível em: https://jornal.usp.br/atualidades/cientistas-lancam-manifesto-contra-tecnologia-que-preve-bloquear-parte-da-luz-solar-do-planeta/. Acesso em: 26 abr. 2023.

Para compreender

1. Sobre a tecnologia de engenharia solar abordada no texto, responda:

a) Ela pode ser considerada um exemplo de geoengenharia? Explique.

b) Essa tecnologia visa reduzir a incidência de radiação solar na superfície terrestre ou remover o carbono da atmosfera? Cite um trecho que justifique sua resposta.

c) Por que ela poderia apresentar riscos como política climática?

2. Leia, a seguir, o trecho da fala da professora da Faculdade de Engenharia Civil, Arquitetura e Urbanismo da Unicamp, Emilia Wanda Rutkowski, uma das signatárias do documento que pede um acordo internacional para o não uso de geoengenharia solar.

"Tentar achar uma solução sem que se modifique a essência do problema [do aquecimento global] não é uma solução de fato. É um paliativo. E todo paliativo tende a mostrar um problema mais à frente que você não conseguiu perceber na hora da emergência."

Shin Suzuki. Geoengenharia solar: por que cientistas se mobilizam contra ideia apoiada por Bill Gates para conter aquecimento global. *UOL Notícias*, 10 abr. 2022. Disponível em: https://noticias.uol.com.br/ultimas-noticias/bbc/2022/04/10/geoengenharia-solar-por-que-cientistas-se-mobilizam-contra-ideia-apoiada-por-bill-gates-para-conter-aquecimento-global.htm. Acesso em: 1º jun. 2023.

a) Qual é a essência do aquecimento global?

b) Cite medidas que podem contribuir para modificar a essência do problema.

3. Observe a charge a seguir.

Caco Gualhardo/Acervo do cartunista

- Qual é a relação entre a charge e o manifesto assinado pelos cientistas?

INVESTIGAR

Como está o tempo no local onde você vive?

Para começar

Você já deve ter visto a previsão do tempo em jornais, na televisão ou em *sites*. Em geral, diz-se que são esperadas pancadas de chuva ou que os dias serão ensolarados, com temperaturas variando entre máximas e mínimas. Mas como é possível registrar essas condições?

As estações meteorológicas são locais em que profissionais que estudam o clima utilizam vários equipamentos para saber quais são as condições do vento, das chuvas, da temperatura, da umidade do ar, entre outras informações, em certa localidade. Esses dados ajudam esses profissionais a elaborar a previsão do tempo.

O problema

Os equipamentos de uma estação meteorológica podem ajudar a coletar dados sobre o clima do local em que você vive?

A investigação

- **Procedimento:** pesquisa de campo.
- **Instrumento de coleta:** instrumentos de medida.

Prática de pesquisa

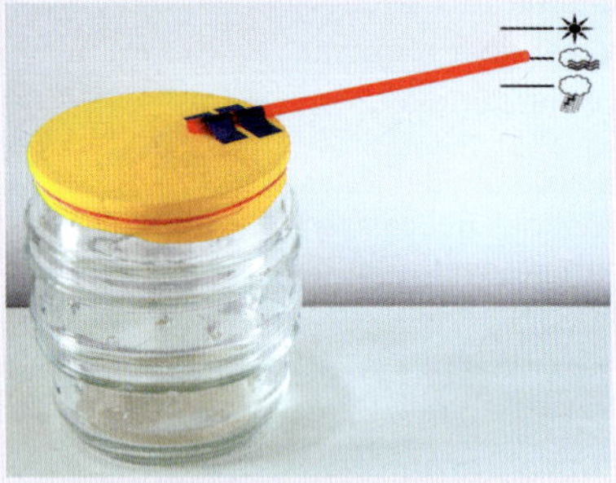

Sérgio Dotta Jr./ID/BR

▲ Exemplo de barômetro produzido em casa. Nesse instrumento, a película amarela é sensível à pressão atmosférica e varia conforme ela aumenta ou diminui.

Parte I – Montagem dos equipamentos

1. Forme grupos de quatro integrantes. Cada grupo vai construir um instrumento para uma miniestação meteorológica e coletar dados com ele. O professor indicará o local que será analisado e o equipamento que cada grupo deverá construir.
2. Pesquisem em livros, revistas ou na internet modelos caseiros do instrumento de medição indicado para seu grupo. Caso tenham dificuldade, consultem o professor. **Atenção!** Não comecem a montagem do instrumento sem o aval do professor.
3. Tragam os materiais necessários e, caso seja preciso usar algum instrumento perfurocortante para essa atividade, peçam ajuda ao professor. Montem o equipamento na sala de aula.

Parte II – Coleta de dados

1 Os integrantes de cada grupo devem se revezar para coletar os dados no instrumento que construíram. A coleta deve ser feita de duas a três vezes por dia, de preferência de manhã cedo, na hora do almoço e no fim da tarde. Anotem no caderno os dados coletados. O professor vai determinar o número de dias que esse procedimento deverá ser feito.

2 Paralelamente à coleta, acompanhem também, diariamente, a previsão do tempo em jornais e *sites* especializados e anotem esses dados.

3 Com base nos dados coletados, elaborem, em uma folha de papel, gráficos comparando os valores diários observados por vocês com os indicados na previsão do tempo. Vocês também podem utilizar programas de computador específicos para a elaboração de gráficos e de planilhas. Em geral, nesses programas, os dados coletados são inseridos em uma planilha e dispostos em uma coluna ou linha própria, de acordo com o tipo de dado (dia da coleta, temperatura, etc.).

4 Compartilhem os gráficos com os demais colegas da turma.

Questões para discussão

1. Comparem os dados obtidos pelo instrumento montado com os dados oficiais da previsão do tempo. Quais são as principais diferenças? Como vocês podem explicar essas diferenças?
2. Em que dias vocês registraram, respectivamente, os maiores e os menores valores medidos? Qual era a previsão do tempo para esses dias?
3. Calculem qual foi o valor médio para cada item analisado (por exemplo, temperatura média no período, precipitação média, etc.). Para isso, somem os valores encontrados e dividam o resultado pelo número de medições realizadas.
4. Qual foi a importância dos instrumentos que vocês construíram e utilizaram para a análise do tempo?
5. A previsão do tempo, em geral, foi similar à medição que vocês fizeram? Por que acham que isso aconteceu?

Matheus Costa/ID/BR

Comunicação dos resultados

Preparem cartazes com os gráficos que vocês elaboraram. Em um dia determinado pelo professor, vocês vão apresentar os cartazes e os instrumentos que montaram às outras turmas da escola. Expliquem o funcionamento dos instrumentos e o significado dos dados que coletaram nessa atividade investigativa.

Retomar e compreender

1. Copie o esquema a seguir no caderno e preencha-o com os nomes das zonas climáticas da Terra.

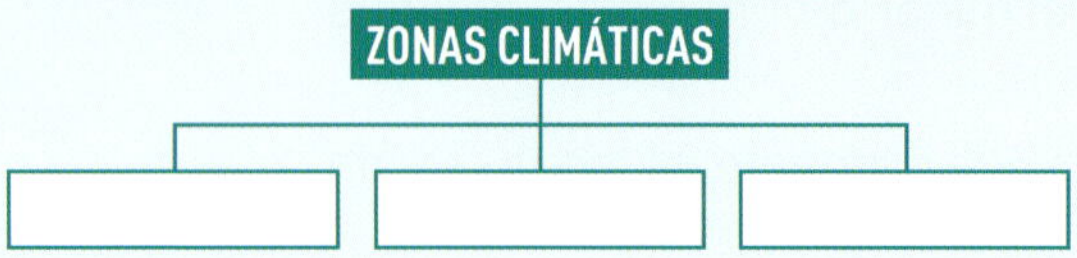

- O território brasileiro abrange quais zonas climáticas?

2. Climogramas são gráficos que representam dados sobre a variação de precipitação e de temperatura de determinada região. Analise o climograma a seguir e responda à questão.

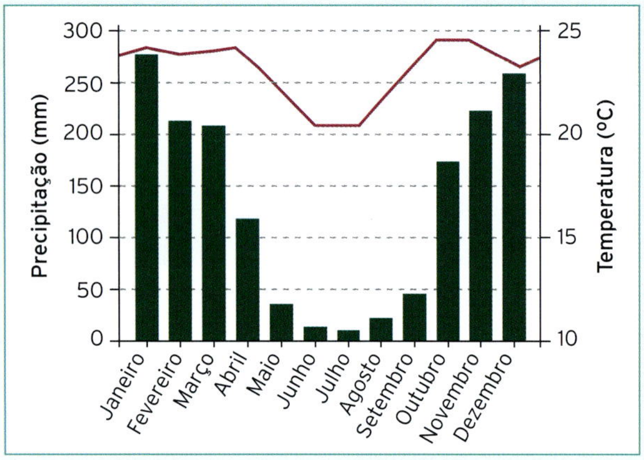

ID/BR

- Como base nos dados desse climograma, quais são os meses com maior volume de chuvas nessa região? Justifique a resposta.

3. Muitas vezes a previsão do tempo não se confirma. Assinale a afirmação que expressa corretamente por que isso acontece.

a) Os meteorologistas não dispõem de instrumentos precisos o suficiente para coletar dados sobre as condições atmosféricas.

b) Os meteorologistas trabalham com modelos que combinam diferentes tipos de dados, para traçar o cenário mais provável.

c) A meteorologia não tem prestígio entre a comunidade científica e, portanto, reúne profissionais pouco qualificados.

4. Em muitas comunidades do litoral nordestino, a pesca artesanal em jangadas é uma importante fonte de renda para a população local. Jangadas são pequenas embarcações à vela, que usam a força dos ventos para a navegação. Em geral, os jangadeiros saem ao mar de manhã bem cedo, aproveitando a maré cheia e os ventos favoráveis.

- Explique por que os ventos são favoráveis nas primeiras horas do dia.

Aplicar

5. Leia a tira a seguir, com a personagem Armandinho e seu pai, e responda às questões.

Armandinho, de Alexandre Beck

a) Qual é a relação da mata ciliar e da vegetação como um todo com a formação das chuvas?

b) Em duplas, busquem informações, em materiais impressos ou digitais, que expliquem como a mata ciliar ajuda a proteger os rios e as nascentes.

Analisar e verificar

6. Reveja o mapa das correntes marítimas na página 45 e responda às questões a seguir.

a) Por que as correntes quentes se originam na zona equatorial do planeta?

b) A América do Sul é banhada pelo oceano Pacífico, na costa oeste, e pelo oceano Atlântico, na costa leste. Onde se espera encontrar temperaturas médias anuais mais elevadas: no litoral leste ou no litoral oeste? Justifique sua resposta.

c) Estudiosos das correntes marítimas afirmam que elas estão se tornando gradualmente mais lentas nos últimos séculos. Qual poderia ser o impacto desse fenômeno sobre o clima global?

7. Leia o texto e analise o gráfico a seguir. Depois, faça o que se pede.

Um grupo de cientistas defende a hipótese de que o aquecimento global atual é um fenômeno natural. Eles afirmam que a Terra passa por ciclos naturais de aumento e de queda da temperatura média e, assim, o ser humano não teria nenhuma influência nesse processo.

Entretanto, há cientistas que defendem que o ser humano seria o responsável pelo aquecimento global, pois, antes do crescimento repentino nos últimos 200 anos, as concentrações atmosféricas de gases de efeito estufa permaneceram praticamente estáveis por quase 10 mil anos. Desde que o monitoramento contínuo da atmosfera começou, em meados de 1950, as taxas de concentração de gás carbônico foram mais altas nos últimos dez anos do que em qualquer período anterior.

Variação da temperatura média global e de CO_2 atmosférico (1850 - 2020)

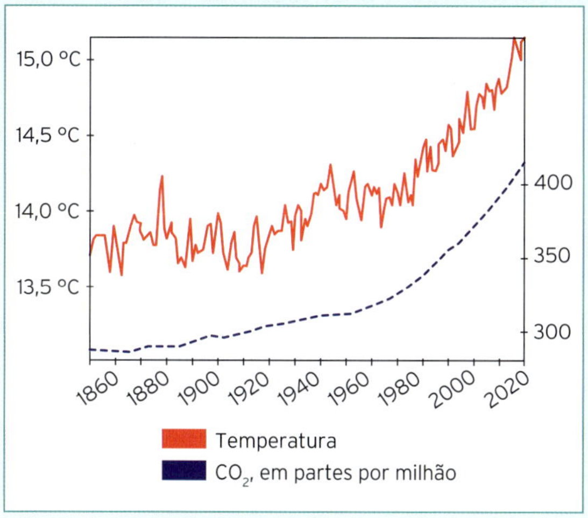

Fonte de pesquisa: Marco G. Ercolani. An introduction to the statistical modelling of climate change: 1850-2020 (tradução nossa: Uma introdução à modelagem estatística da mudança climática: 1850-2020). University of Birmingham. Disponível em: https://www.birmingham.ac.uk/research/climate/climate-publications/nature/an-introduction-to-the-statistical-modelling-of-climate-change-1850-2020.aspx. Acesso em: 12 maio 2023.

a) Diferencie o argumento usado pelos cientistas defensores da teoria do aquecimento global natural do argumento dos cientistas que defendem a teoria do aquecimento global provocado por ações humanas.

b) A maioria dos cientistas afirma que o aumento das temperaturas está diretamente relacionado ao aumento de gases de efeito estufa na atmosfera, como o CO_2, por exemplo. Analisando o gráfico, a partir de que período esse aspecto fica mais evidente? Justifique.

c) Os defensores da teoria do aquecimento global natural são frequentemente acusados de proteger os interesses das companhias de petróleo. Explique por que a negação de que os seres humanos são responsáveis pelo aquecimento global atenderia aos interesses das petroleiras.

8. Leia o texto a seguir e faça o que se pede.

Segundo as estimativas do Observatório do Clima, em 2021, a pecuária no Brasil era responsável por 17% das emissões de metano no país. Durante as discussões na COP26, a conferência das Nações Unidas sobre mudanças climáticas que ocorreu no ano de 2021, na Escócia, foi dito que a produção de proteína bovina é uma das principais causas das emissões de gases do efeito estufa, além dos desmatamentos na Amazônia e no Cerrado.

- Reúna-se com três colegas. Debatam a proposta de redução no consumo diário de carne como forma de combate ao aquecimento global e também de proteção aos biomas brasileiros. Em seguida, compartilhem o resultado da discussão com os colegas de outros grupos.

Criar

9. Observe a charge e o respectivo título e, no caderno, escreva um parágrafo interpretando-os em relação ao fenômeno do aquecimento global.

Andy Singer. *No exit*: evolução. Disponível em: http://www.sustentaacoes.com/2013/11/critica-cartunista-andy-singer.html. Acesso em: 27 jan. 2023.

Retomando o tema

Nesta unidade, você estudou temas importantes relativos ao clima, ao tempo e às mudanças climáticas e entendeu como algumas atividades humanas têm impactado os padrões de fenômenos atmosféricos e resultado na intensificação do aquecimento global do planeta. Além disso, pôde perceber que o enfrentamento às mudanças climáticas está diretamente relacionado à busca urgente de iniciativas voltadas para o desenvolvimento sustentável.

Sobre esses temas, responda às questões a seguir.

1. Por que cooperações entre o Brasil e outros países visando à promoção da sustentabilidade ambiental e social devem ser incentivadas? Justifique sua resposta.
2. Como as parcerias entre entidades governamentais, indústrias, empresas e sociedade civil têm ajudado a reduzir os impactos das mudanças climáticas sobre o planeta?

Geração da mudança

- Em trabalho colaborativo com os colegas, pense em uma proposta de um projeto ou de uma parceria que poderia ser executado(a) no bairro ou na comunidade onde se situa a escola. Essa parceria pode ser estabelecidade, por exemplo, entre indústrias e governo (estadual/municipal) ou entre alguma empresa e/ou instituição e a população, representada por sociedades de amigos de bairro ou por associações comunitárias.
- Após a definição das propostas, vocês vão organizá-las em apresentações feitas em aplicativos ou programas de computador, em dois ou três *slides*, e mostrá-las aos colegas. A apresentação deverá conter o(s) objetivo(s) do projeto; o tipo de parceria (público-privada; público/sociedade civil, etc.); os benefícios ambientais, sociais, empresariais, governamentais a serem alcançados em médio e longo prazo.

Autoavaliação

Matheus Costa/ID/BR

UNIDADE 3

ENERGIA

PRIMEIRAS IDEIAS

1. O que é energia? De que forma nosso organismo a utiliza?
2. Que formas de energia você conhece? É possível observar seus efeitos?
3. A energia utilizada pelos animais ao se movimentar é do mesmo tipo que a utilizada pelas máquinas?

Conhecimentos prévios

Nesta unidade, eu vou...

CAPÍTULO 1 Formas de energia

- Associar o consumo e a transformação da energia com a realização de tarefas do dia a dia.
- Entender o que é a energia cinética e a energia potencial e o papel da energia mecânica no movimento dos corpos.
- Identificar outras formas de energia observáveis no cotidiano, como a energia luminosa, a energia química e a energia térmica.
- Investigar a transformação de energia utilizando um simulador.

CAPÍTULO 2 Transformação e conservação de energia

- Compreender o princípio da conservação de energia.
- Identificar processos de transformação de energia.

CIDADANIA GLOBAL

- Avaliar estratégias de planejamento cuja proposta seja integrar o desenvolvimento urbano e o uso do solo com a rede de transportes.

LEITURA DA IMAGEM

1. Observe a foto e responda: Que elementos nela retratados mais chamaram sua atenção? Por quê?
2. Em sua opinião, a cena retrata uma integração dos meios de transporte, proporcionando à população opções de locomoção rápida, segura e confortável? Comente.
3. Você utiliza algum dos meios de transporte retratados na foto? Você faria mudanças no sistema de transporte do município onde vive para que os deslocamentos das pessoas impactassem menos o ambiente?

CIDADANIA GLOBAL

9 INDÚSTRIA, INOVAÇÃO E INFRAESTRUTURA

O Desenvolvimento Orientado ao Transporte Sustentável (Dots) é uma estratégia de planejamento cuja proposta é integrar o desenvolvimento urbano e o uso do solo com a rede de transportes, oferecendo às pessoas transporte coletivo de qualidade, diversidade de serviços e espaços públicos seguros e atrativos, de modo a favorecer a interação social.

- Como as políticas públicas para o desenvolvimento de áreas urbanas podem promover a mobilidade de forma sustentável, minimizando os impactos ambientais e atendendo às necessidades da população?

Veja **mobilidade sustentável integrada à cidade** e descreva os exemplos de Desenvolvimento Orientado ao Transporte Sustentável mostrados nas imagens.

Rogério Reis/Pulsar Imagens

Um exemplo de aplicação da estratégia de Desenvolvimento Orientado ao Transporte Sustentável é o investimento no veículo leve sobre trilhos (VLT), como o desta foto de 2018, tirada no Rio de Janeiro. A implantação desse meio de transporte é mais rápida que a do metrô e do trem e se integra às vias já existentes.

CAPÍTULO

1 FORMAS DE ENERGIA

PARA COMEÇAR

Todas as atividades realizadas pelos seres humanos necessitam de uma fonte de energia, como a energia proveniente dos alimentos ou a dos combustíveis. De que forma utilizamos essa energia?

ENERGIA

A ideia mais aceita entre os físicos sobre o que é **energia**, mesmo não havendo consenso, é a de que ela está relacionada com a possibilidade de um sistema movimentar algum corpo ou transformar as propriedades da matéria.

A evaporação da água em um dia quente, o canto e o voo de uma ave e o funcionamento de um motor são exemplos de fenômenos que precisam de energia para acontecer.

A principal fonte de energia da Terra é o Sol. Dele provém a energia para manter os ciclos biogeoquímicos, como os ciclos da água e do carbono, e a energia utilizada pelas plantas para realizar a fotossíntese.

De acordo com os efeitos observados por sua presença, a energia é classificada em: energia mecânica (que pode ser cinética ou potencial); energia química; energia térmica; energia luminosa; energia nuclear; energia elétrica.

▼ Ao treinar ou competir, atletas gastam boa parte da energia obtida dos alimentos.

Peter De Voecht/Pool/Getty Images

ENERGIA CINÉTICA

A energia que está diretamente associada ao movimento é denominada **energia cinética**. A energia cinética de um objeto depende de dois fatores: da massa e da velocidade do objeto.

Essas informações podem ser resumidas na seguinte fórmula:

$$E_c = \frac{m \cdot v^2}{2}$$

Nessa equação:

- E_c é a energia cinética;
- m é a massa do objeto;
- v é a velocidade do objeto.

A unidade-padrão de energia cinética, no Sistema Internacional de Unidades (SI), é o joule (J).

ENERGIA POTENCIAL

A **energia potencial** está associada à possibilidade de produzir ou de alterar um movimento ou outras propriedades da matéria.

A energia potencial pode ser subdividida em energia potencial gravitacional e energia potencial elástica.

ENERGIA POTENCIAL GRAVITACIONAL

Se um objeto é abandonado a certa altura do solo, ele cai. Isso ocorre porque a Terra o atrai com uma força que denominamos **força gravitacional** ou **peso**.

Por causa do campo gravitacional, para levantar um objeto do chão até determinada altura, precisamos fornecer energia a esse objeto. Quando o objeto atinge a altura desejada, a energia fornecida a esse objeto está armazenada no sistema Terra-objeto, ou seja, no campo gravitacional.

Se o objeto estiver acima do solo e o soltarmos, ele se movimentará usando essa energia que "ficou guardada". Essa energia armazenada no campo gravitacional recebe o nome de **energia potencial gravitacional**.

A energia potencial gravitacional depende de três fatores: da massa do objeto, da aceleração da gravidade no local e da altura do objeto em relação a um referencial adotado.

Essas relações podem ser expressas nesta fórmula:

$$E_p = m \cdot g \cdot h$$

Nessa equação:

- E_p é a energia potencial;
- m é a massa do corpo;
- g é a aceleração da gravidade local;
- h é a altura do corpo em relação a um referencial.

A unidade de energia potencial, no SI, é o joule (J).

FORÇA VIVA OU ENERGIA CINÉTICA

A ideia de "algo que dá vida ao corpo" propiciando seu movimento remonta aos gregos antigos.

O conceito moderno de energia, tal como o conhecemos hoje, tem cerca de duzentos anos. A expressão "energia cinética", definida no início do século XIX pelo físico francês Gaspard-Gustave Coriolis (1792-1843), só se consolidou entre os cientistas a partir de 1920. Antes disso, as expressões "força viva", defendida pelo matemático e filósofo alemão Gottfried Leibniz (1646-1716), e "força vital", difundida pelo químico sueco Jacob Berzelius (1779-1848), eram muito utilizadas para definir o conceito de energia cinética ou para designar uma essência que daria movimento a todo tipo de matéria.

Sistema Internacional de Unidades: conjunto padronizado de unidades de medida correspondentes às grandezas físicas fundamentais e suas derivações.

Tabatha Fireman/Redferns/Getty Images

A energia potencial gravitacional pode ser transformada em outras formas de energia. Durante a descida em uma rampa, a energia potencial gravitacional do *skate* é transformada na energia cinética do movimento do *skate*.

Chico Ferreira/Pulsar Imagens

Quanto maior a energia potencial elástica acumulada, maior a distância que a flecha pode atingir. Indígena da etnia Pataxó praticando arco e flecha em Porto Seguro (BA). Foto de 2019.

ENERGIA POTENCIAL ELÁSTICA

Sistemas flexíveis ou elásticos, sob a ação de uma força externa, deformam-se, mas voltam à forma original com o fim da ação. Dizemos que esses sistemas armazenam **energia potencial elástica**.

A energia potencial elástica de um sistema depende de dois fatores: da flexibilidade do material que constitui o corpo e do grau de deformação do corpo.

O ser humano utiliza essa propriedade dos sistemas elásticos há muito tempo – em arcos e flechas, por exemplo. O sistema composto da corda tensionada e do arco envergado pela ação do arqueiro, com a flecha devidamente encaixada, acumula energia potencial elástica. No instante em que a corda do arco é solta, a energia potencial elástica é transferida para a flecha, transformando-se em energia cinética. A flecha, assim, adquire movimento.

ID/BR

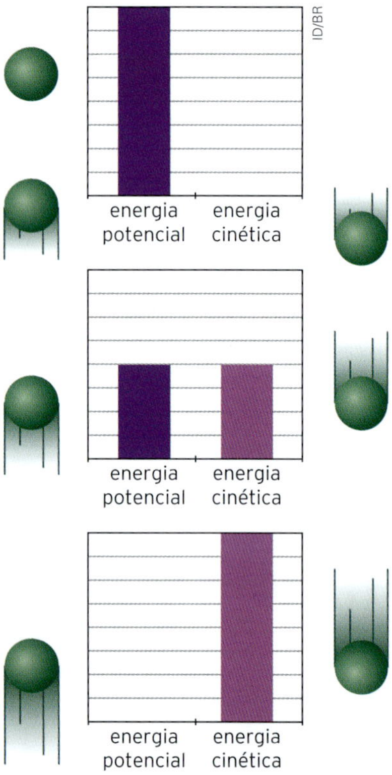

Durante a subida e a queda de um corpo, as energias potencial e cinética se transformam uma na outra.

ENERGIA MECÂNICA

A **energia mecânica** é composta de energia cinética e de energia potencial. Ela pode estar na forma de energia cinética, de energia potencial ou de ambas.

ENERGIA MECÂNICA
- Energia cinética
- Energia potencial

Se nenhuma força provocar perda de energia, a energia mecânica se conserva. Por exemplo, enquanto um objeto lançado para cima sobe, sua velocidade vai diminuindo. Isso ocorre porque sua energia cinética vai se transformando em energia potencial gravitacional.

Quando toda a sua energia cinética é transformada em energia potencial gravitacional, ele para e começa a cair em seguida. Enquanto cai, sua energia potencial gravitacional vai se transformando gradativamente em energia cinética, por isso sua velocidade aumenta durante a queda.

ENERGIA LUMINOSA

A **energia luminosa** é uma forma de energia radiante que é percebida por nossos olhos. Uma vela queimando ou uma lâmpada acesa emitem energia luminosa, o que permite a iluminação de um ambiente.

A energia luminosa pode ser transformada em eletricidade, nas chamadas células fotoelétricas, ou em energia química, como ocorre nas plantas, nas algas e em certas bactérias durante o processo de fotossíntese. Nesse processo, os organismos fotossintetizantes produzem alimento e eliminam gás oxigênio.

Assista a **Terra e energia** e relacione a energia luminosa mostrada nesse recurso com as diferentes fontes dessa energia.

ENERGIA NUCLEAR

A matéria é composta de diferentes elementos fundamentais, chamados **átomos**. Esses elementos têm um **núcleo**, que, por sua vez, é composto de partículas ainda menores. A **energia nuclear** é aquela acumulada nos núcleos dos átomos.

Quando ocorre uma **fissão nuclear**, um núcleo se divide em núcleos de massa menor. Na **fusão nuclear**, dois ou mais núcleos atômicos se unem para formar um só núcleo de massa maior.

A energia liberada nesses dois processos pode ser transformada em energia térmica. Essa energia pode ser utilizada para aquecer água e produzir eletricidade, entre outras aplicações. A energia gerada em usinas nucleares provém da fissão nuclear. A fusão nuclear libera uma quantidade muito grande de energia, mas ainda não foram desenvolvidos processos que permitam usar essa fonte de energia em grande escala de modo seguro.

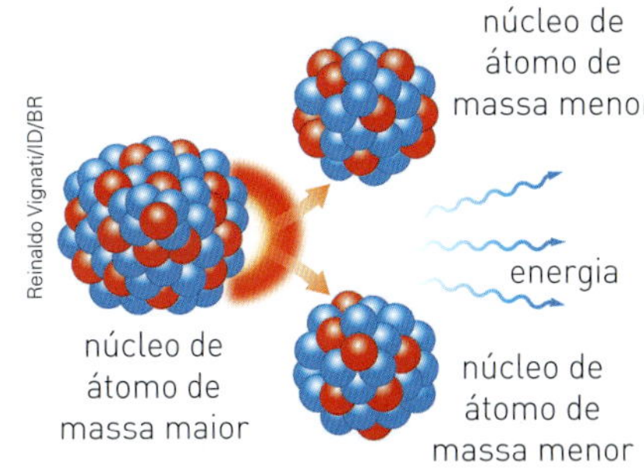

▲ **Esquema da fissão nuclear, na qual átomos de massa maior se dividem em átomos de massa menor. (Representação sem proporção de tamanho e em cores-fantasia.)**

ENERGIA QUÍMICA

Para realizar atividades diárias, precisamos de energia, que obtemos dos alimentos. Essa energia, presente nas ligações químicas entre os átomos que constituem a matéria, é denominada **energia química**. Durante o processo de digestão, essa energia vai sendo liberada e transformada em calor, movimento, novas ligações químicas, etc.

As pilhas, as baterias e os combustíveis – como carvão mineral, gasolina, etanol, biomassa e outros – armazenam energia química. Esta pode ser convertida em outras formas de energia, como a elétrica e a térmica.

ENERGIA TÉRMICA

Os átomos podem formar agregados, ou seja, agrupamentos de átomos. A **energia térmica** está associada ao movimento dos átomos e de seus agregados, ou seja, ela está relacionada à energia cinética dessas partículas.

Quanto maior a temperatura de um corpo, maior sua energia térmica.

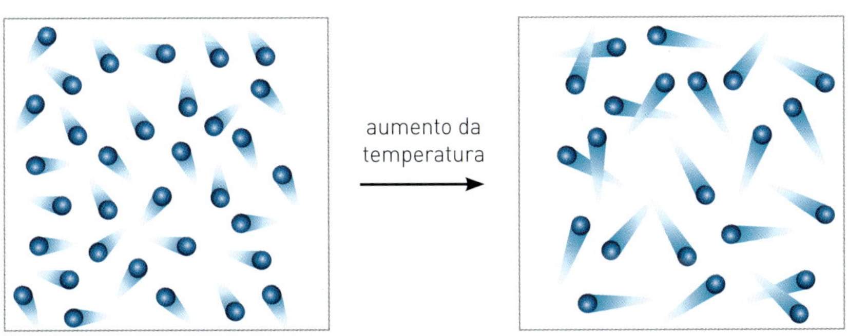

▲ **Quanto maior a agitação das partículas, maior é a temperatura de um corpo. (Representação sem proporção de tamanho e em cores-fantasia.)**

CIDADANIA GLOBAL

ÔNIBUS ELÉTRICOS

Os ônibus elétricos foram utilizados no Brasil pela primeira vez em 1949.

Apesar de não emitirem gases poluentes, os ônibus elétricos apresentavam desvantagens, como a necessidade de uma rede elétrica própria em todo o trajeto e a impossibilidade de circular em situações de queda de energia na rede.

No Brasil, os ônibus elétricos desse tipo, conhecidos como trólebus, só circulam hoje no estado de São Paulo – nos municípios de São Paulo e Santos e em um sistema intermunicipal que interliga a capital paulista e os municípios de Santo André, São Bernardo do Campo, Mauá e Diadema.

Os ônibus elétricos movidos a bateria apresentam maior mobilidade que os trólebus e também não produzem gases poluentes e são silenciosos. Veículos desse tipo circulam hoje em Bauru (SP), Brasília (DF), Campinas (SP), Maringá (PR), Santos (SP) e Volta Redonda (RJ).

- **Além dos ônibus, há outros meios de transporte movidos a eletricidade, como o metrô e o veículo leve sobre trilhos (VLT). Pesquise como esses meios de transporte podem complementar o sistema de ônibus de uma cidade para oferecer deslocamentos rápidos, seguros e com baixa emissão de poluentes.**

Transformações de energia

Veja **energia de um pêndulo** e analise a transformação de energia durante o movimento.

No dia a dia, observamos uma série de transformações de energia. Você é capaz de reconhecê-las? Nesta atividade, você vai investigar a transformação de energia utilizando um ioiô, que funcionará como um **simulador**.

ATENÇÃO! Manipule os materiais com cuidado durante a atividade.

Material

- 2 tampas de garrafa PET
- 1 parafuso médio (ele deve ser mais longo que as duas tampas juntas)
- chave de fenda
- folhas coloridas de EVA
- fita adesiva dupla-face
- caneta
- tesoura com pontas arredondadas
- 50 cm de barbante

Como fazer

A

Ilustrações: Leandro Lassmar/ID/BR

B

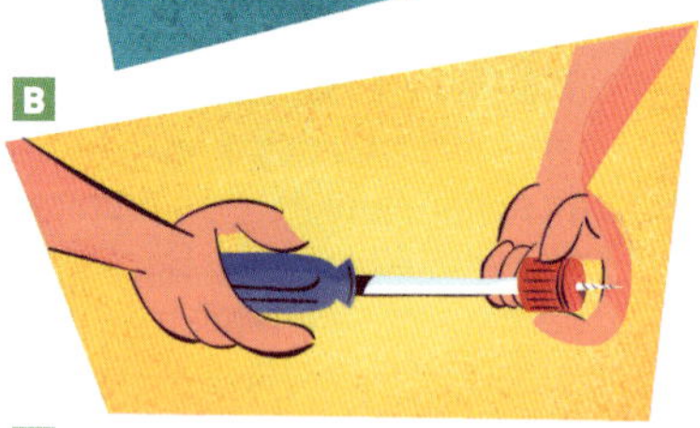

C

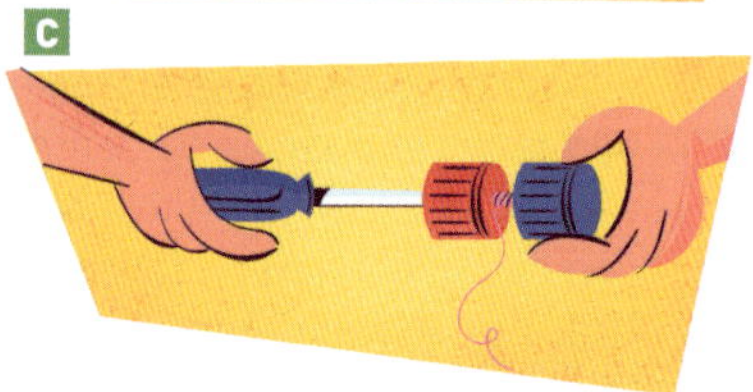

1. Utilize as tampas de garrafa para desenhar dois círculos no EVA, que serão utilizados para decorar seu ioiô.
2. Com o auxílio do professor, utilize a chave de fenda e o parafuso para fazer um furo bem no centro das duas tampas (figura **A**).
3. Em uma das tampas, prenda o parafuso até que mais da metade dele atravesse a tampa (figura **B**).
4. Prenda, com um nó, uma ponta do barbante ao parafuso (figura **C**).
5. Prenda a outra tampa ao parafuso, unindo as duas tampas. Deixe um espaço entre elas para enrolar o barbante.
6. Recorte os dois círculos que você desenhou na folha de EVA. Com a fita adesiva dupla-face, cole-os na parte externa de cada tampa. Seu ioiô está pronto!
7. Enrole o barbante no parafuso com cuidado para que não ocorra sobreposição entre uma volta e outra subsequente. Depois, solte o ioiô e observe o que acontece.

Para concluir

1. O que acontece com o ioiô quando você o solta? Que tipo de energia está relacionado ao movimento observado?
2. Que tipo de energia o ioiô apresenta antes de entrar em movimento e que tipo de energia ele adquire durante a queda?
3. O que ocorre com a energia cinética do ioiô quando ele atinge o ponto mais baixo da trajetória?

ATIVIDADES

Acompanhamento da aprendizagem

Retomar e compreender

1. Uma pessoa lança uma bola de borracha para baixo a uma determinada altura do solo. A bola repica e sobe verticalmente até certa altura e, depois, começa a cair. Observe, a seguir, a imagem que representa essa situação e responda à questão.

Bruno Badain/ID/BR

- Quais são as formas de energia envolvidas nos movimentos realizados pela bola?

2. No caderno, associe os tipos de energia indicados com as definições apresentadas.

a) Energia cinética.

b) Energia potencial gravitacional.

c) Energia potencial elástica.

d) Energia mecânica.

e) Energia química.

f) Energia térmica.

g) Energia luminosa.

h) Energia nuclear.

I. Energia armazenada em sistemas que se deformam, mas voltam à forma original.

II. Energia associada ao movimento das partículas que compõem a matéria.

III. É a energia do movimento.

IV. Energia composta de energia potencial e energia cinética.

V. Energia captada pelas folhas de uma planta para realizar a fotossíntese.

VI. Energia armazenada por um sistema do tipo Terra-objeto.

VII. Energia armazenada nas ligações entre átomos.

VIII. Energia liberada em uma fusão nuclear.

3. Apesar de os carrinhos de montanha-russa não terem qualquer tipo de motor, eles são capazes de atingir grande velocidade utilizando somente a energia mecânica para se movimentar.

- Explique qual é a origem da energia utilizada pelos carrinhos para se movimentar.

Aplicar

4. Suponha que um carro de brinquedo de 2 kg se desloque à velocidade de 1 m/s.

Bruno Badain/ID/BR

a) Qual é a energia cinética desse brinquedo?

b) O que acontece com a energia cinética, se o carrinho tiver o dobro da massa?

5. Uma caixa-d'água de 500 L está instalada no forro de uma casa, a 6 m do solo. Sabendo que 500 L de água equivalem a 500 kg, responda ao que se pede.
Dado: aceleração da gravidade = 9,8 m/s^2.

a) Calcule a energia potencial gravitacional armazenada nessa caixa-d'água. Considere que a massa da caixa-d'água vazia é desprezível e que ela está completamente cheia.

b) Que transformação de energia ocorrerá quando a água descer pelo cano de saída da caixa-d'água? Justifique sua resposta.

CAPÍTULO

2 TRANSFORMAÇÃO E CONSERVAÇÃO DE ENERGIA

PARA COMEÇAR

A energia está presente em todos os fenômenos que observamos no dia a dia. Ela aquece os corpos, movimenta os automóveis e ilumina as cidades. Como podemos identificar as transformações de energia?

CONSERVAÇÃO DE ENERGIA

Em qualquer processo, a energia é transferida de um sistema a outro sem ser destruída nem criada – ela pode ser apenas transformada. Por exemplo, a energia cinética da água em movimento pode ser transferida para um gerador, que a transforma em energia elétrica, que, por sua vez, é conduzida pela rede de distribuição e se transforma em energia radiante (luz) nas lâmpadas de nossa residência. Outro exemplo são os alimentos: a energia química armazenada neles é transformada em energia térmica (calor) e energia cinética (movimento) por nosso organismo. Assim, quando precisamos de energia para alguma atividade, ela só pode ser obtida de uma forma de energia já existente, por meio de transformações adequadas.

Como a energia não é criada nem destruída, as quantidades de energia não se alteram ao longo de um processo. De acordo com o **princípio da conservação de energia**, sempre temos, ao final de qualquer processo, a mesma quantidade de energia que tínhamos no começo desse processo.

▼ A energia cinética do vento é convertida em energia elétrica por meio de geradores. Aerogeradores do Parque Eólico da Pedra do Sal, em Parnaíba (PI). Foto de 2022.

Chico Ferreira/Pulsar Imagens

TRANSFORMAÇÕES DE ENERGIA

Podemos dizer que quase toda a energia utilizada pelos seres vivos tem origem nas reações de fusão nuclear ocorridas no interior do Sol. Essas reações transformam, por exemplo, a energia nuclear em energia térmica e luminosa.

A energia emitida pelo Sol percorre o espaço na forma de luz, ultravioleta, infravermelho e outras formas de radiação, e incide sobre a Terra, tornando-se uma fonte primária de energia. Ela ilumina o planeta e aquece a atmosfera.

A energia luminosa é absorvida por seres como plantas e algas, que realizam a fotossíntese, transformando essa energia em energia química, que fica armazenada nas células e nos tecidos.

A energia química também está presente nos combustíveis, como a gasolina, o etanol e o biodiesel. Quando acionamos o motor de um automóvel, ele transforma a energia química em energia cinética, que fará o carro se deslocar.

Veja **lâmpada de Moser** e analise como a criatividade o ajudou a economizar energia elétrica.

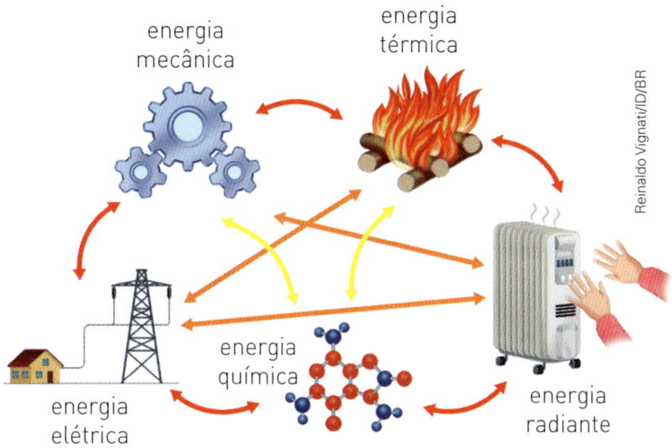

Reinaldo Vignati/ID/BR

▲ A energia não é criada nem destruída; ela se transforma, passando de um corpo para outro ou de um lugar para outro. (Representação sem proporção de tamanho e em cores-fantasia.)

DISSIPAÇÃO DE ENERGIA

As máquinas utilizam a transformação da energia para gerar **energia útil**, que as fará funcionar. Porém parte dessa energia é transformada em formas de energia que não são úteis à máquina, constituindo a **energia dissipada**. Em uma lâmpada, por exemplo, a energia elétrica é convertida em energia térmica e energia luminosa. Como usamos a lâmpada para iluminar um ambiente, a energia térmica é considerada energia dissipada.

CIDADANIA GLOBAL

AS BICICLETAS ELÉTRICAS ESTÃO MUDANDO O TRANSPORTE NAS CIDADES

[...] A cada dia que passa, a tecnologia em torno das bicicletas elétricas está se tornando comercialmente viável [...], em produção e consumo.

[...]

Quanto mais as pessoas mudarem de veículos movidos a combustíveis fósseis para veículos elétricos, maior será a redução nas emissões de carbono. [...]

As bicicletas elétricas ocupam menos espaço para andar e estacionar. Também é bom para áreas urbanas que estão ficando mais densas. Estudos também mostram que o ciclismo reduz as emissões de dióxido de carbono em cerca de 20 000 toneladas por ano.

[...]

Na Holanda, país conhecido pelo incentivo à prática no uso da bicicleta, uma em cada três novas compras de bicicletas no ano passado [2021] foi elétrica. [...] [Quarenta por cento] dos compradores optaram por este meio de transporte para substituir as viagens de carro.

Cidades como Copenhague, Portland, Munique e Amsterdã estão trabalhando há anos para garantir que as pessoas possam andar de bicicleta elétrica com segurança pelas cidades. Essas cidades estão considerando o ciclismo como um método eficaz de transporte.

[...]

Como bicicletas elétricas estão mudando o transporte nas cidades. *Sopa cultural*, 16 fev. 2022. Disponível em: https://sopacultural.com/como-bicicletas-eletricas-estao-mudando-o-transporte-nas-cidades/. Acesso em: 24 maio 2023.

- A bicicleta elétrica é uma alternativa sustentável para diminuir a queima de combustíveis fósseis. Ela também pode ser associada ao uso de ônibus e metrô. Dê exemplos de mudanças que podem ser feitas nas cidades para viabilizar a bicicleta elétrica como meio de transporte em conjunto com outros tipos de transporte público.

ATIVIDADES

Acompanhamento da aprendizagem

Retomar e compreender

1. O que diz o princípio da conservação de energia?

2. Cite três tipos de transformação de energia que estão ocorrendo no ambiente em que você se encontra neste momento.

3. Cite as transformações energéticas que ocorrem quando você anda de bicicleta.

4. A imagem a seguir representa, de forma simplificada, o funcionamento de uma usina termelétrica.

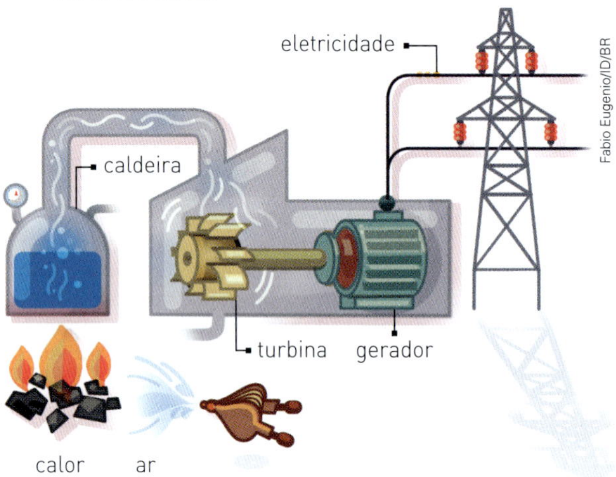

Representação sem proporção de tamanho e em cores-fantasia.

- Quais são as transformações de energia que ocorrem na caldeira, na turbina e no gerador?

Aplicar

5. Leia o texto a seguir e, depois, responda às questões.

> [...]
>
> • Quando abrimos o registro, a água entra na caixa do chuveiro com muita pressão. A pressão da água ao sair do chuveiro é diferente da pressão [com] que ela entra na caixa do chuveiro; parte dessa pressão inicial se acumula dentro do chuveiro.
>
> • A água acumulada pressiona o diafragma (membrana de borracha). O diafragma tem contato com alguns dispositivos elétricos dentro do chuveiro [...] [e] pode acioná-los. Quando o diafragma sobe, em função da pressão da água, aciona estes dispositivos elétricos localizados na parte superior do chuveiro, que é conectada à rede de energia. Neste ponto a corrente elétrica é acionada, ligando o chuveiro.
>
> • A corrente elétrica percorre a resistência, fazendo com que ela se aqueça; assim a água que está próxima a essa resistência aquecida também se aquece.
>
> • No fim, quando o registro é fechado, a água que resta no chuveiro escorre, fazendo com que o diafragma volte à sua condição original, interrompendo o contato com a parte superior do chuveiro e, consequentemente, interrompendo a passagem de corrente elétrica.
>
> Henrique Mattede. Como funciona um chuveiro elétrico. Mundo da Elétrica. Disponível em: https://www.mundodaeletrica.com.br/como-funciona-um-chuveiro-eletrico/. Acesso em: 27 abr. 2023.

a) De qual transformação de energia o texto trata?

b) Cite outros dois aparelhos elétricos que realizam o mesmo tipo de transformação que ocorre no chuveiro elétrico.

6. Leia o texto a seguir e responda à questão.

> O mundo bateu um recorde: de toda eletricidade gerada em 2021, 10% veio de energia eólica e solar, e fontes limpas representaram 38% do fornecimento total de energia – superando até o carvão.
>
> [...] 50 países estavam gerando mais de 10% de sua energia a partir de energia eólica e solar, com as transformações mais rápidas acontecendo na Holanda, Austrália e Vietnã.
>
> [...]
>
> Angela Dewan. Energias eólica e solar batem recorde de 10% do que é gerado no mundo, diz relatório. *CNN Brasil*, 30 mar. 2022. Disponível em: https://www.cnnbrasil.com.br/business/energias-eolica-e-solar-batem-recorde-de-10-do-que-e-gerado-no-mundo-diz-relatorio/. Acesso em: 27 abr. 2023.

- Que tipo de energia está envolvido na transformação de energia eólica em energia elétrica?

O princípio da conservação de energia

Cada passo no desenvolvimento da ciência está inserido no momento histórico e social que também os cientistas estão vivendo. Um exemplo disso foi a construção do conceito de energia. O texto a seguir apresenta um breve panorama desse processo.

A origem do conceito de energia

Etimologicamente, a palavra grega [...] *energeia* deu origem à sua forma latina *energia*. Porém, esse termo[,] ao ser introduzido por Aristóteles na [obra] *Metafísica*[,] assume um significado muito diferente do que [lhe] atribuímos atualmente [...]. Na analogia do mármore convertido em estátua pelas mãos do escultor, o escultor joga fora parte da pedra para fazer emergir a forma, isto é, "[...] a matéria é a parte potencial atualizada pela 'energia' da forma; sendo matéria e forma inseparáveis" [...]. Percebe-se que desde o seu primeiro uso, na filosofia, a palavra *energia* carece de uma definição precisa, apelando-se para exemplos concretos e analogias na sua clarificação. Não encontramos referências do que veio em seguida, apenas que a "[...] ideia de energia é, depois, difundida e no mundo cristão ela surge associada a Deus, é da ordem da divindade" [...].

Sandra Standbridge/Shutterstock.com/ID/BR

▲ A manutenção da vida depende do fluxo de energia que ocorre na cadeia alimentar e das transformações de energia realizadas pelos organismos.

[...]

[...] desde o seu emprego na filosofia aristotélica, a ideia de transformação já estava associada à energia. Implícita à transformação estavam as ideias de atividade e movimento. Essas ideias aparecem em alguns filósofos materialistas e espiritualistas do século XVIII [...]. Ao contrário de Descartes, que considera o movimento proveniente de Deus, os materialistas consideram o movimento como um atributo da matéria, que possui sua própria energia. A energia está presente em todos os acontecimentos do universo, em diferentes manifestações. "Para os materialistas este 'movimento', esta energia, de todo o universo deriva da interação, através de trocas de energia entre os corpos constituintes do universo" [...]. Os filósofos espiritualistas também creem que o dinamismo do universo é explicado por meio de fluxos e transformações de energia. Todavia, para estes, há, no universo, uma energia, que está além da matéria, que anima toda a natureza e os seres [...].

[...]

Luciano C. Gomes. A história da evolução do conceito físico de energia como subsídio para o seu ensino e aprendizagem – parte I. *Caderno Brasileiro de Ensino de Física*, v. 32, n. 2, p. 407-441, ago. 2015. Disponível em: https://periodicos.ufsc.br/index.php/fisica/article/view/2175-7941.2015v32n2p407/29993. Acesso em: 27 abr. 2023.

Em discussão

1. De acordo com o texto, que ideias estavam associadas ao conceito de energia desde os escritos de Aristóteles?
2. Os filósofos materialistas e os filósofos espiritualistas discordavam em relação à fonte de energia que permitia o movimento. Explique qual era a base dessa discordância e como ela pode ser associada à influência que o contexto social exerce sobre o pensamento científico.

ATIVIDADES INTEGRADAS

Retomar e compreender

1. Copie no caderno o organizador gráfico a seguir e complete-o com os tipos de energia.

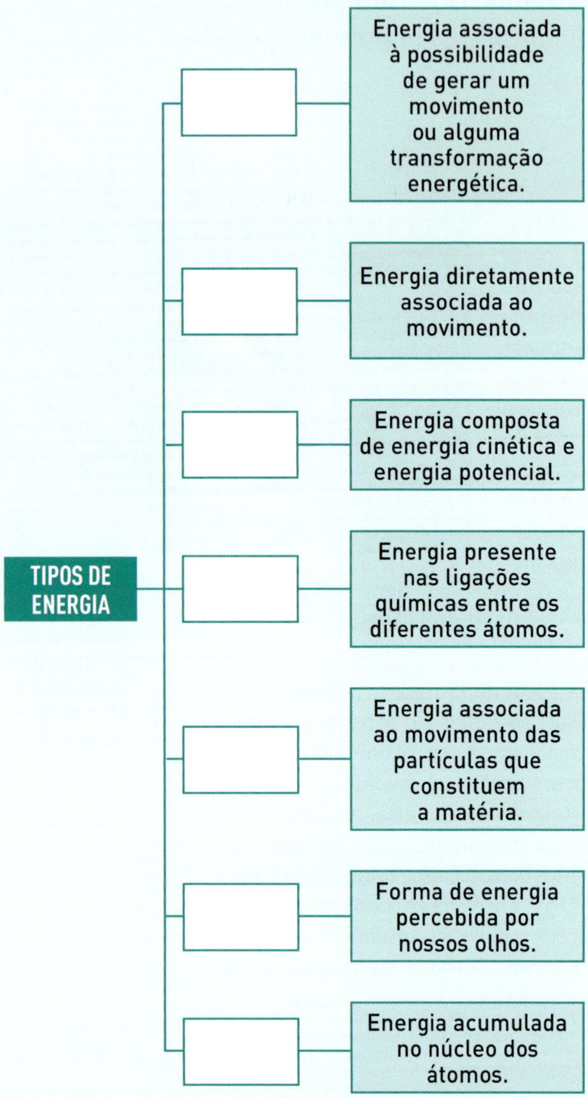

2. Observe a foto e responda às questões.

Memory Stockphoto/Shutterstock.com/ID/BR

a) Que tipo de energia está relacionado ao movimento de um carro?

b) Quanto mais rápido um carro se movimenta, maiores são os danos que ele provoca, em caso de colisão. Explique por que isso acontece.

3. Que tipo de energia está relacionado às mudanças de fase da água, desde gelo até vapor?

4. O atleta Usain Bolt foi o vencedor da prova de 100 metros rasos nas Olimpíadas do Rio, em 2016. Ele completou essa distância em 9,81 s.

Jean-Marie Hervio/KMSP/DPPI/AFP

Usain Bolt (à esquerda, de uniforme preto e amarelo) em competição no Rio de Janeiro (RJ). Foto de 2016.

- Que transformação de energia ocorreu no corpo do atleta durante essa prova?

Aplicar

5. Suponha que uma pedra de 100 g seja elevada a uma altura de 1 m.

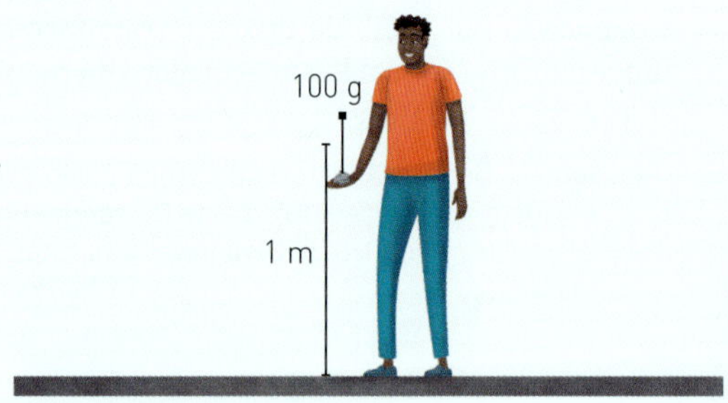

Bruno Badain/ID/BR

Dado: aceleração da gravidade = 10 m/s^2.

a) Quanta energia potencial gravitacional essa pedra armazena?

b) Suponha que a mesma pedra seja abandonada do alto de um prédio de 40 m de altura. Calcule a quantidade de energia potencial gravitacional transformada em energia cinética durante a queda.

6. Calcule a energia cinética para as seguintes situações:
   a) Uma ave de 100 g de massa voando a 10 m/s.
   b) Um elefante de 1 tonelada de massa deslocando-se a 18 km/h.
   c) Um avião de 5 toneladas de massa voando a 180 km/h.

7. Observe a tabela a seguir. Trata-se do rótulo de uma embalagem de alimento. Nele, é possível identificar o valor energético de uma porção de 10 g em duas unidades de energia distintas: quilocaloria (kcal), que equivale a 1 000 cal, e quilojoule (kJ), que equivale a 1 000 J. Com base nesses dados, responda às questões.

INFORMAÇÃO NUTRICIONAL - Porção de 10 g (1 PORÇÃO)		
Quantidade por porção		%VD*
Valor energético	55 kcal 231 kJ	3
Proteinas	2,0 g	1
Carboidratos	3,0 g	3
Gorduras totais	5,0 g	9
Gorduras saturadas	0,0 g	4
Gorduras trans	0,0 g	**
Fibra alimentar	0,0 g	0
Sódio	0,0 mg	0

Informação obrigatória contida em todos os rótulos abaixo da tabela nutricional:
* % devalores diários com base em uma dieta de 2.000 kcal a 1400 kJ.
Seus valores diários podem ser maiores ou menores dependendo de sua necessidades energéticas. ** VD não metabólico.

   a) Qual é a relação entre essas unidades, ou seja, uma caloria equivale a quantos joules?
   b) Qual o valor calórico, em kilojoules, de uma cumbuca com 25 g desse alimento?

8. Uma modalidade esportiva que envolve muitos conceitos de Física é o salto com vara. Observe a imagem e responda às questões.

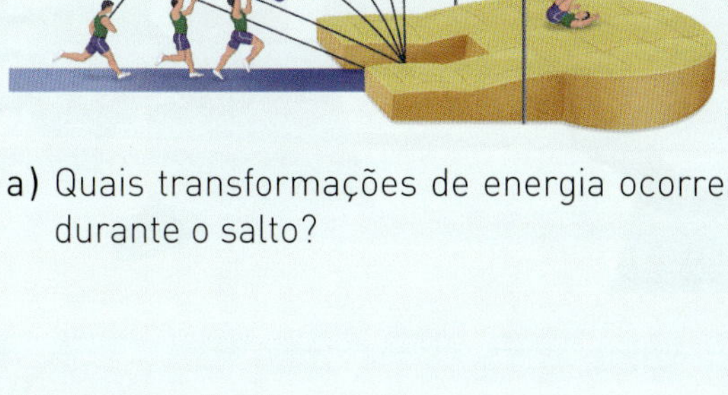

Reinaldo Vignati/ID/BR

   a) Quais transformações de energia ocorrem durante o salto?
   b) Nas Olimpíadas de Tóquio, de 2021, o atleta brasileiro Thiago Braz ganhou a medalha de bronze no salto com vara, ao saltar 5,87 m. Sabendo que a massa do atleta é 75 kg, calcule a energia potencial gravitacional acumulada durante o salto. **Dado**: $g = 10\ m/s^2$.

Analisar e verificar

9. O texto a seguir mostra como uma solução criativa ajudou a diminuir o problema da falta de energia elétrica em escolas de Gana, um país da África. Leia o texto e, depois, responda às questões.

> Como levar luz para as crianças que vivem metade de suas vidas [...] na escuridão? A organização sem fins lucrativos Empower Playgrounds surgiu com uma solução: criou uma série de gira-giras que geram e armazenam energia elétrica quando acionados. Ou seja, eles geram energia conforme as crianças brincam.
>
> Eles foram instalados em várias escolas de Gana. Muitas delas sofrem com problemas de energia e quase nenhuma tem *playgrounds*. Mas, como estudos feitos pela organização apontam que uma criança saudável entre 8 e 12 anos gera cerca de 150 watts por hora enquanto brinca, os novos gira-giras foram criados para canalizar essa energia e armazená-la em baterias.
>
> Além de ser usada para abastecer as escolas, essa energia também pode carregar uma série de lanternas de LED que são distribuídas entre as crianças para que elas as levem para casa e estudem depois do anoitecer – em Gana os dias e as noites duram exatamente 12 horas, o que significa metade do dia na escuridão para quem não tem energia elétrica. Cada lanterna consegue funcionar por 50 horas com uma única recarga.
>
> [...]
>
> Em Gana, crianças geram energia elétrica enquanto brincam. *Catraca Livre*, 4 maio 2020. Disponível em: https://catracalivre.com.br/criatividade/em-gana-criancas-geram-energia-eletrica-enquanto-brincam/. Acesso em: 25 maio 2023.

   a) Que tipo de energia está relacionado com o funcionamento do corpo humano?
   b) Que transformação a energia do movimento do brinquedo sofre para que seja possível carregar baterias?

9 INDÚSTRIA, INOVAÇÃO E INFRAESTRUTURA

Retomando o tema

Nesta unidade, você estudou o tema do Desenvolvimento Urbano Orientado ao Transporte Sustentável (Dots).

Agora, verifique o que você aprendeu sobre esse tema respondendo às questões a seguir.

1. Que meios de transporte público sustentáveis, rápidos e seguros existem nas cidades? Qual ou quais desses há no município onde você mora?
2. Você considera que o sistema de transporte público do município onde você mora é bem integrado? Explique.
3. SABER SER Quais políticas públicas poderiam ser implantadas e incentivadas no município onde você mora para promover a mobilidade de forma sustentável, impactando menos o ambiente e atendendo às necessidades da população?

Geração da mudança

Criem um painel sobre o desenvolvimento das cidades e a qualidade de vida, com enfoque no Dots. Para isso, vocês podem seguir estas orientações:

- Com o auxílio do professor, escolham uma parede livre da escola e peçam autorização à direção escolar para a montagem do painel.
- Recortem duas faixas de papel *kraft* de 1 m de largura e 3 m de comprimento. Posicionem o papel de modo que o painel tenha 2 m de altura e 3 m de largura.
- Façam um esboço do que seria uma cidade com boa qualidade de vida para seus habitantes, incluindo moradias, transporte, serviços e áreas de lazer.
- Reúnam-se em grupos de quatro estudantes. Cada grupo ficará responsável pela criação de uma parte desse painel. Lembrem-se de que as partes devem estar em harmonia para mostrar como seria a cidade idealizada por vocês.
- Afixem o painel na parede, utilizando fita-crepe ou fita dupla-face.

Autoavaliação

Matheus Costa/ID/BR

PRODUÇÃO E CONSUMO DE ENERGIA

UNIDADE 4

PRIMEIRAS IDEIAS

1. Você sabe de onde provém a energia elétrica que utiliza no dia a dia?
2. De que maneira a falta de energia elétrica em sua residência ou na escola em que você estuda pode afetar suas atividades diárias?
3. Você já deve ter lido ou visto reportagens sobre os impactos causados pela variação do preço do barril de petróleo. Por que o petróleo é tão importante para os países? Que relação ele tem com a produção de energia?
4. Você já ouviu falar em energia limpa? O que isso significa?

Conhecimentos prévios

Nesta unidade, eu vou...

CAPÍTULO 1 Fontes de energia

- Compreender que as atividades humanas demandam energia de vários tipos.
- Relacionar a produção e o consumo de combustíveis com os processos de geração de energia.
- Identificar e classificar fontes de energia renováveis e não renováveis.
- Construir um modelo de aquecedor solar a fim de refletir sobre o uso da energia do Sol e sua aplicação no cotidiano.
- Avaliar o impacto socioambiental da produção de energia em diferentes matrizes energéticas.
- Relacionar medidas que diminuam o uso de energia oriunda de fontes não renováveis.

CAPÍTULO 2 Geração de energia elétrica

- Listar os usos da energia elétrica e incentivar atitudes que contribuam para sua economia.
- Identificar os tipos de usinas geradoras de energia elétrica.
- Compreender como a energia elétrica é produzida.
- Avaliar as vantagens e as desvantagens de algumas fontes de geração de energia elétrica.
- Conhecer o quadro energético do Brasil.
- Relacionar as fontes de energia limpa com o respeito à natureza.

CIDADANIA GLOBAL

- Avaliar o uso de energia proveniente de fontes renováveis e de não renováveis.
- Argumentar a favor da integração entre as fontes renováveis de energia de modo a atender à demanda de energia elétrica.

Christian Rizzi/Fotoarena

LEITURA DA IMAGEM

1. Quais elementos retratados nesta foto mais chamaram sua atenção? Por quê?
2. Um dos componentes de uma usina hidrelétrica é a barragem que represa a água, antes de ela atravessar a usina, para formar um lago. Identifique na foto onde fica o lago de Itaipu.
3. Quando o nível da água de uma represa ou de um lago sobe muito, uma estrutura chamada vertedouro funciona como uma grande torneira, por onde o excesso de água é liberado, evitando transbordamentos. A foto mostra o vertedouro de Itaipu aberto e liberando o excesso de água. Identifique na imagem qual parte da usina é o vertedouro.

CIDADANIA GLOBAL

7 ENERGIA LIMPA E ACESSÍVEL

A usina hidrelétrica de Itaipu é administrada por uma empresa pública chamada Itaipu Binacional. A empresa é denominada binacional porque a usina foi construída e é operada de maneira conjunta por Brasil e Paraguai. Além da geração de energia hidrelétrica, a Itaipu Binacional investe no desenvolvimento de outras fontes renováveis de energia, como o biogás.

- Quais argumentos podem ser usados para justificar a necessidade de utilizar várias fontes renováveis de energia em conjunto para suprir as necessidades energéticas do Brasil?

Veja **projetos em energias limpas** e responda por que o Brasil apresenta um grande potencial para o uso dessas fontes de energia.

A energia elétrica produzida apenas em Itaipu seria suficiente para atender toda a demanda de energia dos estados do Rio Grande do Sul, Paraná, Santa Catarina e Rio de Janeiro. No entanto, em períodos de estiagem, o nível do lago de Itaipu diminui e a usina passa a gerar menos energia. Vista aérea da usina, localizada em Foz do Iguaçu (PR). Foto de 2015.

CAPÍTULO 1

FONTES DE ENERGIA

PARA COMEÇAR

Todas as atividades realizadas pelos seres vivos necessitam de uma fonte de energia. De onde vem a energia que você utiliza para se deslocar até a escola ou para usar o computador? Essas fontes de energia estarão sempre disponíveis para a humanidade?

A ENERGIA E AS ATIVIDADES HUMANAS

Durante muito tempo, a humanidade utilizou principalmente o esforço físico das pessoas e a tração animal para realizar atividades cotidianas. Para o cultivo da terra, por exemplo, os arados eram puxados pelos agricultores ou por animais de criação, como bois.

Com o passar do tempo e o surgimento de outros modos de produção e de organização do espaço, diversos equipamentos agrícolas começaram a ser fabricados para facilitar o trabalho humano. Os arados manuais ou puxados por animais foram sendo substituídos por tratores, que têm melhor desempenho e aliviam a carga de trabalho de pessoas e animais.

Para que máquinas e inúmeros aparelhos funcionem, eles precisam de uma fonte de energia. Atualmente, parte da população do planeta adota um modo de vida que demanda o consumo de grande quantidade de energia. Essa demanda é direcionada, sobretudo, à produção de energia elétrica e à queima de combustíveis usados nos meios de transporte.

▼ As máquinas agrícolas, que substituíram parte do trabalho manual na lavoura, obtêm energia para seu funcionamento da queima de combustível. Plantação de algodão em Correntina (BA). Foto de 2019.

lourencolf/Shutterstock.com/ID/BR

ENERGIA E COMBUSTÍVEIS

O desenvolvimento das sociedades humanas e a evolução tecnológica impuseram, cada vez mais, a necessidade de transportar pessoas e produtos de um local para outro. Por isso, os meios de transporte tornaram-se tão importantes.

Atualmente, os combustíveis fósseis são os mais utilizados nos meios de transporte. A queima desses combustíveis produz gás carbônico, que está relacionado ao aquecimento global. Diversas pesquisas têm se destinado ao desenvolvimento de motores movidos a eletricidade, a hidrogênio ou a energia solar como alternativas não poluentes ou, ao menos, pouco poluentes.

Veja, no quadro a seguir, algumas características das fontes de energia utilizadas atualmente em veículos automotivos.

combustível fóssil: combustível constituído de uma mistura de materiais resultantes da transformação de restos orgânicos (de animais e plantas) que se acumularam na crosta terrestre ao longo de milhões de anos.

FONTES DE ENERGIA DE VEÍCULOS AUTOMOTIVOS

Fonte de energia	Origem	Vantagens	Desvantagens
Gasolina	Líquido derivado do petróleo.	Alto teor energético; relativamente barata.	Produz gás carbônico e outros gases poluentes.
Diesel	Líquido derivado do petróleo.	Alto teor energético; mais econômico que a gasolina.	Produz gás carbônico e outros gases poluentes.
GNV	Gás naturalmente acumulado em rochas porosas no subsolo.	Abundante no Brasil; baixa emissão de enxofre e de monóxido de carbono.	Há poucos locais para abastecimento. Abastecimento demorado.
Etanol	Biocombustível obtido de vegetais (cana-de-açúcar e milho).	Menos poluente que os derivados do petróleo; mais barato que a gasolina e o *diesel*.	Baixo rendimento. Sua produção pode ocupar áreas que poderiam ser destinadas ao plantio de alimentos.
Eletricidade	Bateria recarregável que acumula energia elétrica fornecida por usinas.	Seu uso não polui o ar.	Custo elevado. Baixo rendimento. Tem pouca autonomia e há poucos postos de recarga.

Fontes de pesquisa: Produtos. Petrobras. Disponível em: https://petrobras.com.br/pt/nossas-atividades/produtos/; Ângelo Tiago de Miranda. Fontes de energia (2): carvão, petróleo, gás, água e urânio. *UOL Educação*, 17 jan. 2017. Disponível em: http://educacao.uol.com.br/geografia/fontes-de-energia-2-carvao-petroleo-gas-agua-e-uranio.jhtm. Acessos em: 19 maio 2023.

CIDADANIA GLOBAL

INCENTIVO AO USO DO BIOGÁS

A razão pela qual Itaipu enfatiza a geração de biogás [...] está relacionada às características da região [Região Sul]. Trata-se de uma região fortemente dedicada à agropecuária, [...] com o cultivo de milho e soja integrado à produção de carnes de aves e de suínos, e de laticínios. Essas atividades têm um forte impacto ambiental, principalmente em termos de geração de resíduos. Se esse resíduo animal não é tratado corretamente, acumula-se nos rios [...].

[...]

[...] A geração de energia de biomassa consiste basicamente no uso do biogás liberado pela decomposição de matéria orgânica – em biodigestores – para acionar motogeradores. A energia produzida é suficiente para cobrir todas as demandas de energia da propriedade, ou, pelo menos, para garantir o fornecimento durante o horário de pico, quando os custos de energia são mais altos.

[...]

Itaipu Binacional. Diretoria de Coordenação. *Assegurar o acesso confiável, sustentável, moderno e a preço acessível à energia para todas e todos*. Central Hidrelétrica de Itaipu: Itaipu Binacional, 2019. p. 25. Disponível em: https://www.itaipu.gov.br/sites/default/files/af_df/Estudo_de_caso_Itaipu_ODS_7.pdf. Acesso em: 19 maio 2023.

- Explique por que o tratamento de resíduos mencionado no texto pode ser considerado uma forma de gerar energia renovável.

FONTES DE ENERGIA RENOVÁVEIS E NÃO RENOVÁVEIS

As fontes de energia podem ser classificadas em dois grupos: fontes de energia renováveis e fontes de energia não renováveis.

FONTES NÃO RENOVÁVEIS

Classifique as **fontes de energia**.

As fontes de energia que existem em quantidades finitas na natureza e que não podem ser recompostas em um intervalo de tempo relativamente curto são consideradas **não renováveis**. As principais fontes de energia não renováveis em uso no Brasil são as descritas a seguir.

Petróleo

O petróleo é, atualmente, a fonte de energia mais importante das sociedades industriais. Dele se originam combustíveis como a gasolina e o *diesel*, utilizados nos meios de transporte. Além disso, o acesso a essa fonte de energia é motivo de disputas econômicas e conflitos entre diversos países.

Ilustrações: Leandro Lassmar/ID/BR

O carvão mineral é um combustível fóssil extraído do subsolo pela exploração de minas. Ele foi o primeiro combustível utilizado em grande escala nas indústrias. Assim como a queima do petróleo, a queima do carvão mineral acarreta inúmeros impactos ambientais, como poluição do ar e, consequentemente, alterações climáticas.

Carvão mineral

Gás natural

O gás natural é extraído de jazidas subterrâneas, semelhantes às jazidas de petróleo. Ele é utilizado como combustível em indústrias, residências e veículos. Embora seja menos poluente que o petróleo e o carvão mineral, a queima do gás natural também libera gases que poluem o ar.

Os materiais usados na produção de energia nuclear são compostos de elementos muito específicos, como o urânio. A energia liberada por esse tipo de composto é muito superior a qualquer outra fonte de energia fóssil. Uma pastilha de urânio de 3 gramas libera energia equivalente a 3 barris de petróleo ou a 1 tonelada de carvão ou, ainda, até 2,5 toneladas de lenha. Não emite poluentes atmosféricos, mas seus resíduos são extremamente tóxicos.

Nuclear

FONTES RENOVÁVEIS

São consideradas **renováveis** as fontes provenientes de recursos naturais que não se esgotam com o uso ou que levarão muito tempo para se esgotar, como o vento e o Sol. Outros recursos são considerados renováveis porque podem ser repostos em curto período de tempo, como a biomassa de plantas.

Hídrica

A energia cinética do movimento da água pode ser usada como fonte de energia. Esse movimento acontece em função da gravidade da Terra e pode ser aproveitado para fazer girar turbinas de usinas hidrelétricas ou rodas-d'água, por exemplo.

Ilustrações: Leandro Lassmar/ID/BR

Eólica

A energia cinética presente no movimento do ar (vento) é chamada de energia éolica. Essa abundante fonte de energia renovável é utilizada desde a Antiguidade para a navegação ou para fazer girar as pás de moinhos.

Solar

Os raios de luz e o calor emitidos pelo Sol podem ser usados como fontes de energia. Essa energia pode ser captada por painéis solares que são utilizados para o aquecimento de água ou para gerar eletricidade, por exemplo.

Biomassa

A energia da biomassa provém de vegetais, além dos resíduos da atividade agropecuária, da indústria alimentícia, entre outros. Ao ser transformada, a energia química da biomassa pode ser convertida em um combustível que é utilizado de diversas formas.

Construindo um aquecedor solar

O Sol é a maior fonte de energia em nosso planeta. Mas de que modo essa energia pode ser utilizada? Nesta atividade, você vai construir um **modelo** de aquecedor solar e refletir sobre como a energia do Sol pode ser aproveitada no cotidiano.

Material

- 1 assadeira de alumínio retangular pequena (coletor)
- 1 pedaço de plástico filme suficiente para cobrir a bandeja
- 1 lata (de leite em pó) vazia (reservatório)
- 3 m de mangueira plástica com diâmetro de 1 cm. (Corte dois pedaços de 70 cm de comprimento e reserve o restante.)
- 4 pedaços de tubo fino de metal, mais fino que a mangueira plástica, cada um deles medindo 3 cm de comprimento
- tinta preta fosca (de preferência *spray*, pois seca mais rápido)
- massa epóxi
- martelo
- prego
- máscara cirúrgica descartável

Como fazer

ATENÇÃO !
Cuidado com os materiais perfurocortantes.

1 Usando o prego e o martelo, o professor fará dois furos na lateral da lata (imagem **A**), um próximo ao fundo e outro próximo à tampa. Depois, ele fará dois furos na bandeja de alumínio na parte lateral, um em cada extremidade do mesmo lado (imagem **B**). Esses furos servirão para a passagem da mangueira.

A

B

Fotografias: Sérgio Dotta Jr./ID/BR

2 Usando a máscara cirúrgica, pinte o interior da asadeira com a tinta preta. Se possível, aplique duas demãos de tinta e aguarde um período para a secagem entre as aplicações.

3 Encaixe os tubos finos de metal nos furos da lata e da bandeja fixando-os com a massa epóxi. Tome o cuidado de colocar a massa dos dois lados dos furos para fazer a vedação (imagem **C**).

4 Passe o pedaço de mangueira por dentro da bandeja, posicionando-o em forma de serpentina. Encaixe um lado do pedaço de mangueira em um furo da bandeja de alumínio, e o outro do outro lado, no furo da extremidade oposta da lateral da bandeja (imagem **D**).

5 Cubra a bandeja com algumas voltas de plástico filme, para que ela fique como uma estufa.

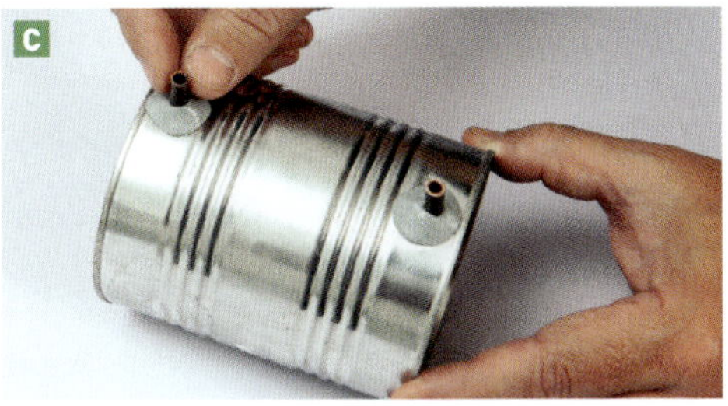

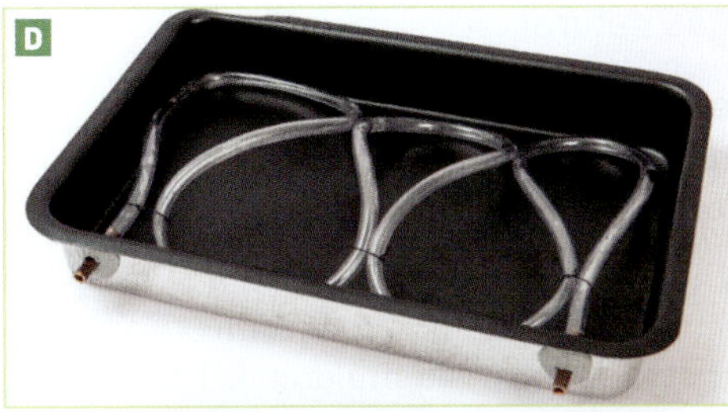

Fotografias: Sérgio Dotta Jr./ID/BR

6 Conecte os dois pedaços de mangueira de 70 cm aos tubos de metal da lata e da bandeja.

7 Coloque água na lata até que as mangueiras fiquem completamente cheias, sem nenhuma bolha de ar. A lata não precisa ficar cheia até a borda, mas o nível de água deve ficar acima do local em que está acoplado o pedaço de mangueira da parte superior.

8 Exponha o aquecedor à luz do Sol de modo que o reservatório (a lata) fique em uma parte mais alta que o coletor (a bandeja) (imagem **E**).

Para concluir

1. Descreva com suas palavras o funcionamento do equipamento montado.
2. Elabore uma hipótese para explicar por que a água quente "sobe" para o reservatório (lata).
3. Quais são os usos possíveis desse tipo de aquecedor solar? Quais vantagens ele apresenta em relação a outras formas de aquecimento? E quais limitações?
4. Existem alternativas ou adaptações que poderiam ser propostas para o equipamento montado? Reúna-se com os colegas para fazer um esquema propondo melhorias no aquecedor solar produzido.

ATIVIDADES

Acompanhamento da aprendizagem

Retomar e compreender

1. Classifique as diferentes fontes de energia a seguir em renováveis ou não renováveis.

a) Energia do carvão mineral.

b) Energia eólica.

c) Energia solar.

d) Energia do petróleo.

e) Energia nuclear.

f) Energia da biomassa.

g) Energia do gás natural.

2. Leia o trecho a seguir, sobre geração de energia, e responda às questões.

> As usinas termelétricas podem funcionar com diversos combustíveis, como, por exemplo, gás natural, petróleo e carvão mineral. [...] Porém, existem também as usinas que utilizam fontes renováveis para a queima, que é o caso das usinas termelétricas à biomassa.
>
> [...] No Brasil utilizam-se amplamente os resíduos orgânicos e agrícolas, como o bagaço da cana de açúcar e o biogás. É uma fonte renovável, que permite reutilizar materiais e apresenta baixo custo e pouco impacto ambiental. [...]
>
> Usinas termelétricas à biomassa crescem e se consolidam na matriz energética. *Jornal da USP*, 1º abr. 2022. Disponível em: https://jornal.usp.br/campus-ribeirao-preto/serie-energia-usinas-termeletricas-a-biomassa-crescem-e-se-consolidam-na-matriz-energetica/. Acesso em: 30 maio 2023.

a) Qual é a fonte de energia citada no texto que não é de origem fóssil? Classifique essa fonte de energia em renovável ou não renovável.

b) Quais são os benefícios do uso de resíduos como fonte de energia?

Aplicar

3. Leia o texto e observe o esquema. Em seguida, faça o que se pede.

O pré-sal é uma camada da crosta localizada em grandes profundidades, sob as águas oceânicas, abaixo de uma espessa camada de sal. No final de 2007, foi encontrada uma extensa reserva de petróleo e de gás natural na camada pré-sal, em uma faixa que se estende por 800 km entre os estados do Espírito Santo e de Santa Catarina.

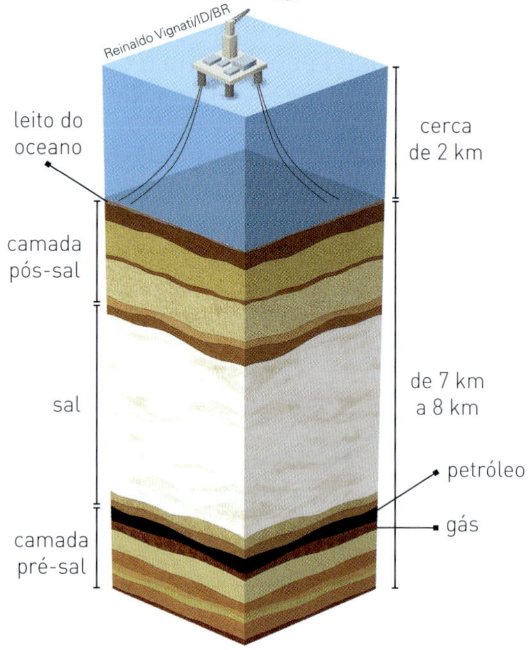

Representação sem proporção de tamanho e em cores-fantasia.

- Cite as vantagens e as desvantagens da extração de recursos na camada de pré-sal. Considere, em sua resposta, aspectos sociais, econômicos e ambientais.

4. Leia o trecho de notícia a seguir e responda às questões.

> Além da pandemia, a primavera britânica de 2020 foi marcada por um fato inédito em quase 140 anos: por mais de 67 dias, o país europeu não queimou um grama sequer de carvão [mineral] na geração de sua eletricidade. Toda a demanda foi atendida por fontes renováveis, especialmente energias solar e eólica [...].
>
> Reino Unido está há mais de dois meses sem queimar carvão para gerar energia. *Notícia Sustentável*, 12 ago. 2020. Disponível em: https://www.noticiasustentavel.com.br/reino-unido-carvao-energia/. Acesso em: 20 maio 2023.

a) O carvão mineral é uma fonte de energia renovável ou não renovável? Explique.

b) Cite uma vantagem relacionada à eliminação da queima do carvão mineral para gerar eletricidade.

c) Dê exemplos de fontes de energia que poderiam ser utilizadas no lugar do carvão mineral.

CAPÍTULO

2 GERAÇÃO DE ENERGIA ELÉTRICA

PARA COMEÇAR

A energia elétrica é usada diariamente por grande parte da população brasileira. Mas você já se perguntou como a energia elétrica é produzida a partir das fontes de energia que foram estudadas no capítulo anterior?

ENERGIA EM NOSSAS RESIDÊNCIAS

A energia elétrica começou a ser utilizada no século XIX na iluminação e para o funcionamento de equipamentos.

A partir de então, seu uso se intensificou, e mais aparelhos movidos a eletricidade foram sendo desenvolvidos, como os diversos eletrodomésticos presentes em nosso dia a dia – geladeiras, televisores, máquinas de lavar roupas, entre outros.

Atualmente, sobretudo nos centros urbanos, há uma imensa demanda por energia elétrica, o que resulta em grande dependência dessa forma de energia no funcionamento de residências, fábricas, hospitais, escolas, etc.

No entanto, nem todos têm acesso a esse recurso. Segundo estimativa do Instituto de Energia e Meio Ambiente (Iema), só nos estados da Amazônia Legal aproximadamente 1 milhão de brasileiros não têm acesso à energia elétrica.

Neste capítulo, você conhecerá a origem da energia elétrica que utilizamos e os impactos que a produção desse tipo de energia pode causar ao ambiente e à sociedade.

▼ O fornecimento de energia elétrica a comunidades isoladas melhora a qualidade de vida e possibilita o desenvolvimento de novas fontes de renda. Aldeia Jamari da etnia Uru-eu-wau-wau, no município de Jaru (RO). Foto de 2020.

André Dib/Pulsar Imagens

TERMELÉTRICA ABASTECIDA POR GÁS DE ATERRO SANITÁRIO

Um aterro sanitário em Nova Iguaçu, na Baixada Fluminense (RJ), transforma o gás produzido pelo lixo em energia elétrica e já abastece mais de 60 mil casas.

[...]

O aterro aproveita [...] [o gás gerado pela decomposição] de restos de comida, frutas, legumes e verduras. Esse gás é transportado por vários dutos até [...] a maior termelétrica do estado do Rio movida a gás do lixo. A energia gerada já abastece as residências.

[...]

"Essa tecnologia faz que o aterro se torne bioenergético. Com isso você reduz [...] aproximadamente 70 mil toneladas de gás carbônico por mês, o que representa a geração de 45 mil carros por mês ou o plantio de 500 mil árvores por mês", diz Milton Pilão Júnior, [engenheiro especialista em soluções ambientais].

André Trigueiro. Termelétrica abastecida por gás de aterro sanitário abastece mais de 60 mil casas em Nova Iguaçu. *G1*, 21 ago. 2019. Disponível em: https://g1.globo.com/rj/rio-de-janeiro/noticia/2019/08/21/termeletrica-abastecida-por-gas-de-aterro-sanitario-abastece-mais-de-60-mil-casas-em-nova-iguacu.ghtml. Acesso em: 20 maio 2023.

- Faça uma pesquisa sobre as usinas termelétricas instaladas no Brasil e responda:
  - a) Como essas usinas garantem a oferta de energia em épocas de estiagem?
  - b) Que combustíveis são usados na maioria dessas usinas?
  - c) Que mudanças podem ser feitas para que o Brasil use suas termelétricas de forma mais sustentável?

USINAS GERADORAS

A maior parte da energia elétrica que consumimos é produzida em **usinas**. Nessas usinas, turbinas giram e transformam a energia cinética em energia elétrica.

A principal diferença entre os tipos de usina geradora está na forma de fazer a turbina girar. Existem quatro formas principais: pela energia térmica, pela energia gravitacional, pela energia nuclear ou pela energia cinética dos ventos (nas usinas eólicas). Cada uma dessas formas apresenta vantagens e desvantagens que devem ser consideradas na definição da política energética de um país.

TERMELÉTRICAS

Nas **usinas termelétricas**, a queima de combustíveis, como lenha, carvão mineral, derivados do petróleo, biomassa, entre outros, transforma a energia química em energia térmica. O calor liberado aquece um reservatório de água e gera vapor de água em alta pressão, o qual movimenta a turbina. A turbina, acoplada a um gerador, transforma a energia cinética em energia elétrica.

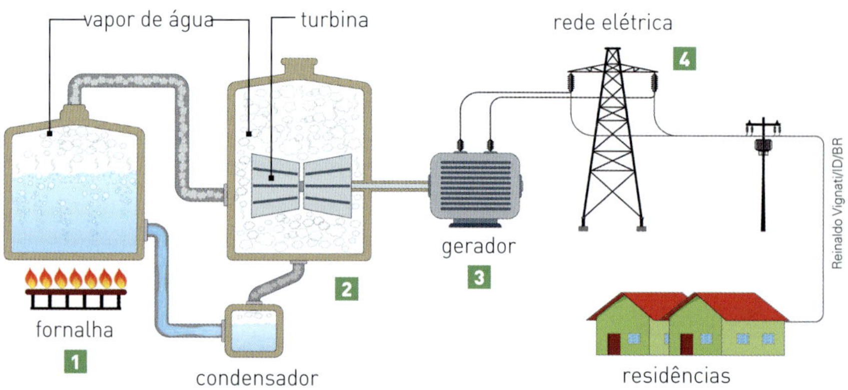

1 A queima de combustível transforma a água em vapor.

2 O vapor movimenta a turbina.

3 A movimentação da turbina aciona o gerador, produzindo energia.

4 A energia produzida é enviada à rede elétrica.

▲ **Representação esquemática do funcionamento de uma usina termelétrica. (Representação sem proporção de tamanho e distância entre os elementos e em cores-fantasia.)**

Fonte de pesquisa: Dia a Dia Educação. Secretaria da Educação do Estado do Paraná. Disponível em: http://www.ciencias.seed.pr.gov.br/modules/galeria/detalhe.php?foto=1702&evento=4. Acesso em: 20 maio 2023.

O investimento inicial para a instalação de uma usina termelétrica costuma ser inferior ao investimento em outros tipos de usina. No entanto, a longo prazo, o impacto ambiental é grande, pois as usinas termelétricas usam principalmente combustíveis fósseis, ou seja, fontes de energia não renováveis, e a queima desses combustíveis emite grande quantidade de gases de efeito estufa, que, consequentemente, contribuem para intensificar o aquecimento global.

HIDRELÉTRICAS

O princípio do funcionamento de uma **usina hidrelétrica** é a utilização do movimento da água para gerar eletricidade. Para isso, a água é contida por uma barragem, formando um reservatório de água em um desnível. Dutos permitem que a água escoe, momento em que acontece a transformação de energia potencial em cinética, que, posteriormente, será transformada em energia elétrica.

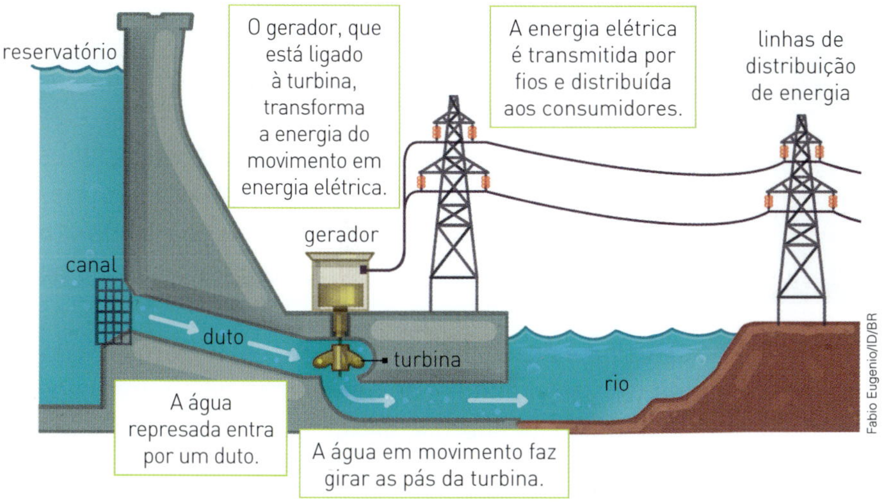

Esquema do funcionamento de uma usina hidrelétrica. (Representação sem proporção de tamanho e distância entre os elementos e em cores-fantasia.)

Fonte de pesquisa: Dia a Dia Educação. Secretaria da Educação do Estado do Paraná. Disponível em: http://www.geografia.seed.pr.gov.br/modules/galeria/detalhe.php?foto=1417&evento=3. Acesso em: 20 maio 2023.

O IMPACTO DAS USINAS HIDRELÉTRICAS

É um estrago e tanto. Na área que recebe o grande lago que serve de reservatório da hidrelétrica, a natureza se transforma: o clima muda, espécies de peixes desaparecem, animais fogem para refúgios secos, árvores viram madeira podre debaixo da inundação... E isso fora o impacto social: milhares de pessoas deixam suas casas e têm de recomeçar sua vida do zero num outro lugar. No Brasil, 33 mil desabrigados estão nessa situação [...]. [...]

Suzana Paquete. Qual o impacto ambiental da instalação de uma hidrelétrica? *Superinteressante*, 18 abr. 2011. Disponível em: https://super.abril.com.br/mundo-estranho/qual-o-impacto-ambiental-da-instalacao-de-uma-hidreletrica/. Acesso em: 20 maio 2023.

As usinas hidrelétricas utilizam uma fonte renovável para a geração de energia. O processo de transformação de energia hidráulica em energia elétrica emite menos poluentes atmosféricos que as termelétricas, entretanto a construção da barragem da represa e a instalação da usina demandam alto investimento financeiro. O alagamento de extensas áreas para a construção dos reservatórios também gera grandes impactos ambientais, econômicos e sociais, afetando os ecossistemas e a população do entorno, além de a produção de energia nessas usinas depender do volume de água dos rios.

Veja **usinas hidrelétricas e geração de energia**. Analise se esse é o tipo mais adequado de usina geradora de energia renovável a ser utilizado em todas as regiões brasileiras.

Barragem da usina hidrelétrica de Furnas em São José da Barra (MG). Foto de 2018.

NUCLEARES

As **usinas nucleares** funcionam com o mesmo princípio de uma usina termelétrica, na qual o vapor de água em movimento faz girar as turbinas, que estão ligadas a um gerador. Entretanto, na usina nuclear, a fonte de calor usada para produzir vapor sob pressão é um material radioativo, em geral o urânio.

Dado Galdieri/Bloomberg/Getty Images

No Brasil, existem duas usinas nucleares em funcionamento na cidade de Angra dos Reis (RJ). Foto de 2016.

Apesar de não precisar de grandes áreas para sua instalação, a usina nuclear demanda alto custo de implantação, manutenção e operação, pois requer mão de obra qualificada.

O funcionamento da usina nuclear não emite gases poluentes na produção de energia elétrica. No entanto esse processo gera resíduos radioativos, que podem ocasionar contaminação do ambiente. Além disso, não há ainda um método de descarte completamente seguro do lixo radioativo.

Esse tipo de usina é muito utilizado em países da Europa, mas observa-se uma tentativa mundial de diminuir ou de limitar o uso dessa forma de geração de energia, devido ao risco que oferece.

PARA EXPLORAR

***Perdendo o medo da radioatividade*, de Felipe Damasio e Aline Tavares. São Paulo: Autores Associados, 2010.**

O livro traz informações sobre o uso da tecnologia nuclear, com uma linguagem simples e clara. Nos capítulos 7 e 8, em especial, os autores abordam as fontes de energia renováveis e não renováveis.

EÓLICAS

Nas **usinas eólicas**, a energia cinética dos ventos é utilizada para girar uma turbina ligada a um gerador, que transforma a energia cinética em energia elétrica.

A energia eólica é uma forma de produção de energia limpa e de fonte renovável. No entanto a dependência de seu funcionamento em relação à quantidade e à velocidade dos ventos é uma desvantagem. Além disso, apesar de não emitir poluentes, ela causa impactos ambientais como poluição sonora e interferência nas rotas migratórias de aves.

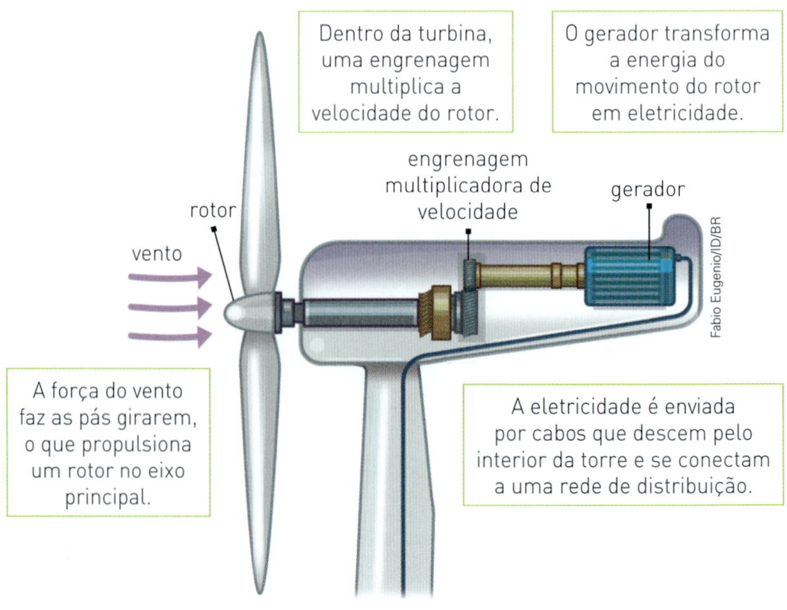

Esquema de funcionamento de uma turbina eólica, uma forma de geração de energia considerada limpa. (Representação sem proporção de tamanho e em cores-fantasia.)

Fonte de pesquisa: Pedro Reis. Como funciona um aerogerador. Portal Energia – Energias Renováveis, 14 abr. 2016. Disponível em: https://www.portal-energia.com/funcionamento-de-um-aerogerador/. Acesso em: 20 maio 2023.

5. Os gráficos a seguir mostram a matriz elétrica de diferentes países ao longo de algumas décadas. As barras representam a composição da matriz elétrica de cada país. Para responder às questões a seguir, analise cada gráfico atentamente.

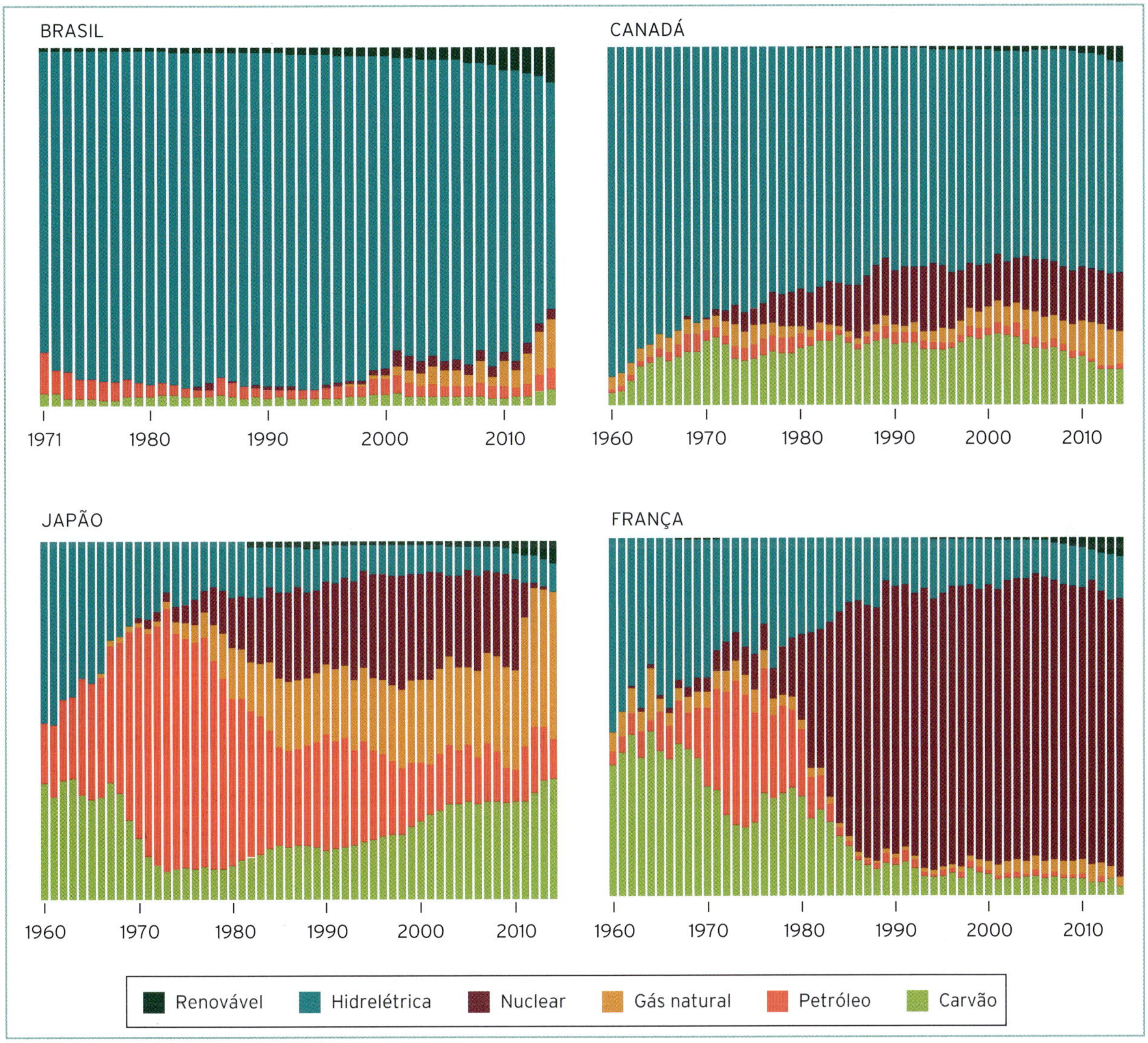

ID/BR

Fonte de pesquisa: Rodolfo Almeida; Gabriel Zanlorenssi. Hidrelétricas, carvão, petróleo: como cada país gera sua energia elétrica. *Nexo Jornal*, 27 mar. 2018. Disponível em: https://www.nexojornal.com.br/grafico/2018/03/27/Hidrel%C3%A9tricas-carv%C3%A3o-petr%C3%B3leo-como-cada-pa%C3%ADs-gera-sua-energia. Acesso em: 2 fev. 2023.

a) Qual é o país cuja matriz **elétrica** apresenta mais fontes de origem renovável, considerando que a energia hidrelétrica também é renovável?

b) Qual país teve sua matriz **elétrica** mais modificada ao longo dos anos? Explique sua resposta.

c) Analise, no gráfico referente ao Brasil, as alterações relacionadas ao uso de hidrelétricas e de gás natural a partir de 2000. Com base nessa análise, faça uma pesquisa sobre a matriz **elétrica** brasileira e procure explicar essas alterações.

d) Em 2011, aconteceu um acidente na usina nuclear de Fukushima, no Japão. É possível verificar, analisando o gráfico, como esse acidente afetou a matriz **elétrica** do país? Explique.

Energia limpa em expansão

O impacto gerado pelas atividades humanas tornou urgente a adoção de matrizes limpas de energia. A energia limpa é um conceito que se aplica à energia obtida de fontes que não lançam poluentes na atmosfera e que apresentam impacto ambiental localizado.

Apesar de o nome sugerir a ausência de resíduos, a geração de energia que não causa nenhum impacto ambiental ainda não é realidade. As usinas hidrelétricas e eólicas são exemplos de fontes de geração de energia limpa, pois, ainda que provoquem impactos ambientais, não interferem na poluição em escala global.

Os trechos de notícias a seguir mostram exemplos de estudos e de iniciativas que têm como foco a energia proveniente de fontes renováveis.

Resíduos de madeira podem ser utilizados para geração de energia limpa

Um estudo mostra como gerar energia limpa a partir de resíduos. Serragem, caroços de frutas, palha de arroz e cavacos de madeira são os materiais que podem ser usados nesse processo de modo econômico e ecológico. José Roberto Cardoso, professor da Escola Politécnica (Poli) da USP e membro do Instituto dos Engenheiros Eletrônicos e Eletricistas, conta ao *Jornal da USP no Ar 1ª Edição* alguns aspectos da geração de energia limpa. "Ela é oriunda das biomassas, ou seja, resíduos do ser humano que podem ser queimados e gerar energia", explica.

No estudo, segundo Cardoso, a energia será gerada a partir de resíduos de madeireiras legalizadas. "O foco do projeto não é apenas gerar energia, mas há uma real preocupação com o meio ambiente, o impacto social dessa energia gerada e a segurança da produção dela ao longo do tempo", destaca. Para ser gerada a energia[,] a biomassa – no caso a serragem ou o cavaco de madeira – é queimada e produz um gás de baixo poder calorífico que é utilizado para movimentar um motor a combustão. [...]

Ele ainda reforça a ideia de que são necessárias melhores práticas ambientais, sociais e de governança do meio ambiente e, em especial, da Amazônia, principalmente em relação ao comércio legal da madeira. "Se você usar serragem de queima ou devastação ilegal da floresta não faz sentido algum porque não há reposição, reciclagem e não se obedece ao ciclo do carbono", critica.

[...]

Resíduos de madeira podem ser utilizados para geração de energia limpa. *Jornal da USP*, 12 ago. 2021. Disponível em: https://jornal.usp.br/atualidades/residuos-de-madeira-podem-ser-utilizados-para-geracao-de-energia-limpa/. Acesso em: 21 maio 2023.

Energia limpa e renovável chega à comunidade ribeirinha no Acre

Caro, precário, poluente e insuficiente. Assim era o fornecimento de energia elétrica da Vila Restauração, uma pequena comunidade ribeirinha [...] no Acre e próxima à fronteira com o Peru. Mas, [...] há cerca de nove meses, isso ficou para trás. [...]

[...]

O novo sistema [de geração de energia] alia inovação e sustentabilidade, permitindo a produção e o armazenamento de energia solar por meio de baterias de íon de lítio, tecnologia de ponta com baixo impacto ambiental e maior durabilidade. Assim, o excedente acumulado ao longo dos dias ensolarados é "estocado" para garantir o abastecimento durante a noite e em períodos chuvosos ou nublados.

[...]

Agora, a comunidade passa a ter acesso ininterrupto à eletricidade. [...]

Infraestrutura às comunidades

Até então, os moradores da Vila Restauração dispunham de energia por apenas 3 horas diárias, proveniente de um único gerador a *diesel* custeado pelos próprios residentes e pela prefeitura de Marechal Thaumaturgo – cidade mais próxima da comunidade, localizada a 557 quilômetros da capital[,] Rio Branco.

[...] A chegada da energia também facilita o estoque de alimentos e medicamentos, assim como ações de empreendedorismo. "Meu sonho é montar meu restaurante, porque eu acho que nasci para fazer comida. Eu amo. Com energia, tudo vai ser mais fácil", diz Maria Valcélia, habitante da Vila Restauração.

[...]

Arquivo/Energisa

▲ Linhas de transmissão de energia elétrica na vila Restauração (AC). Foto de 2021.

"O comércio ganhou fôlego com a chegada da energia elétrica. Além de poder armazenar produtos, passamos a contar com outros recursos. Temos a internet para usar Pix como forma de pagamento, o que estimula os negócios. A internet também vai dar suporte para as escolas, contribuindo [...] [para a] melhoria da aprendizagem dos alunos. [...]", conta Antônio Bandeira, de 27 anos, morador da Vila Restauração.

Energia limpa e renovável chega à comunidade ribeirinha no Acre. *Exame Solutions*, 17 nov. 2021. Disponível em: https://exame.com/negocios/energia-limpa-e-renovavel-chega-a-comunidade-ribeirinha-no-acre/. Acesso em: 21 maio 2023.

Para compreender

1. De que forma cada uma das iniciativas apresentadas nas reportagens utiliza a energia limpa?
2. De acordo com a segunda reportagem, de que forma o novo sistema de energia melhorou a vida da comunidade? Quais são os planos futuros de seus moradores?
3. Leia a tira, com a personagem Armandinho e sua amiga Fê, e explique por que a invenção nela mostrada apresenta vantagens ambientais, sociais e econômicas.

Armandinho, de Alexandre Beck

4. Reúna-se com os colegas para propor alternativas de energia limpa diferentes daquelas citadas nos textos e que poderiam ser exploradas. Avaliem se as opções são viáveis e o impacto que podem causar no ambiente.

Assista a **ambientes eletricamente sustentáveis** e relacione a importância de os locais de produção e de consumo de energia elétrica estarem próximos.

Retomar e compreender

1. Defina o que é fonte de energia. Dê exemplos de dois tipos de fontes de energia.

2. Copie no caderno o organizador gráfico a seguir e complete-o com as letras correspondentes a cada ilustração identificada em seguida.

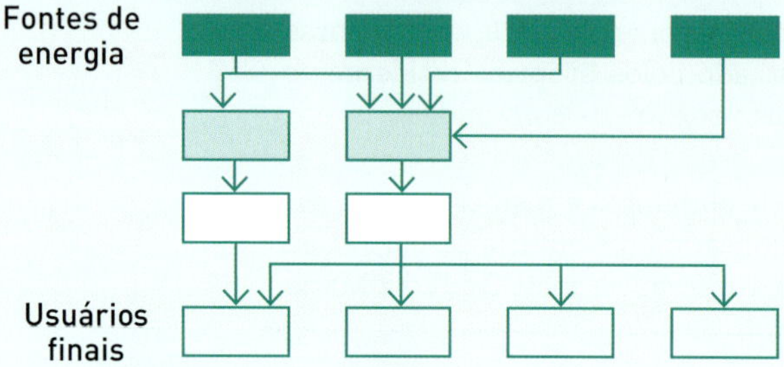

Ilustrações: Reinaldo Vignati/ID/BR

Aplicar

3. Observe o esquema de uma usina hidrelétrica e responda às questões.

Reinaldo Vignati/ID/BR

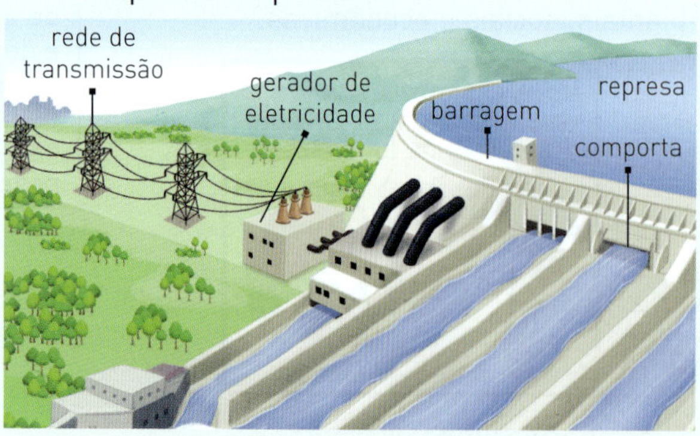

Representação sem proporção de tamanho e em cores-fantasia.

- O que aconteceria se a represa secasse? Que consequências isso poderia acarretar?

Analisar e verificar

4. Analise o gráfico a seguir, que mostra a participação de diferentes fontes de energia na produção de energia elétrica no Brasil no ano de 2021, e responda às questões.

Matriz elétrica brasileira (2021)

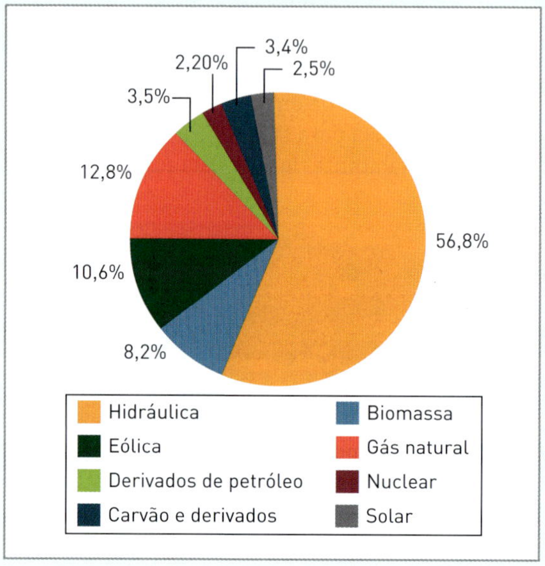

ID/BR

Fonte de pesquisa: Empresa de Pesquisa Energética (EPE). *Balanço energético nacional*: relatório síntese 2022, ano-base 2021. Rio de Janeiro: EPE, 2022. p. 34. Disponível em: https://www.epe.gov.br/sites-pt/publicacoes-dados-abertos/publicacoes/PublicacoesArquivos/publicacao-675/topico-631/BEN_S%C3%ADntese_2022_PT.pdf. Acesso em: 21 maio 2023.

a) Qual foi a fonte de energia que mais contribuiu para a geração de energia elétrica em 2021?

b) Qual foi a fonte de energia que contribuiu de maneira menos significativa para a produção de energia elétrica naquele ano?

c) Para a produção de energia elétrica em 2021, o Brasil utilizou mais fontes renováveis ou fontes não renováveis? Qual foi a porcentagem da energia gerada por esse tipo de fonte? Comente os impactos ambientais que esse tipo de fonte acarreta.

5. Ao se planejar a instalação de uma usina geradora de energia elétrica, seja ela hidrelétrica, termelétrica ou nuclear, vários fatores devem ser considerados. Cite alguns fatores que você considera que precisam ser avaliados nesse planejamento.

6. O mapa a seguir mostra a localização das termelétricas em funcionamento no Brasil em 2021. Elas fazem parte do Sistema Interligado Nacional, que é uma imensa rede de linhas de transmissão que atravessa o país conectando os pontos de geração de energia.

Brasil: Termelétricas em funcionamento por estado (2021)

Fonte de pesquisa: Nádia Pontes. Brasil tem recorde de geração de energia térmica. *Deutsche Welle*, 30 set. 2021. Disponível em: https://www.dw.com/pt-br/em-meio-%C3%A0-crise-h%C3%ADdrica-brasil-tem-recorde-de-gera%C3%A7%C3%A3o-de-energia-t%C3%A9rmica/a-59354895. Acesso em: 21 maio 2023.

Com o objetivo de diversificar a matriz elétrica do Brasil, são oferecidos incentivos para a utilização de usinas termelétricas, sobretudo as usinas que usam biomassa.

- Qual é a vantagem, para o ambiente e para a sociedade, de incentivar a utilização de usinas que empregam combustíveis renováveis, como a biomassa?

7. Leia o trecho de notícia a seguir e, depois, responda às questões.

> No *ranking* mundial de atividades econômicas que produzem os gases [...] [de] efeito estufa, a eletricidade e o aquecimento são os campeões. A queima de carvão, gás natural e petróleo para gerar eletricidade ou aquecer representa 25% das emissões de todo o mundo. É o seu banho, a geladeira, o *wi-fi*. Para gerar eletricidade, os países costumam usar termoelétricas. [...]
>
> Eletricidade é o setor campeão na emissão de gases do efeito estufa. *UOL Notícias*, 7 dez. 2015. Disponível em: https://noticias.uol.com.br/meio-ambiente/ultimas-noticias/redacao/2015/12/07/eletricidade-e-o-setor-campeao-na-emissao-dos-gases-do-efeito-estufa.htm. Acesso em: 21 maio 2023.

A preservação do ambiente e o uso de energia para o desenvolvimento das diversas tecnologias são duas situações diretamente relacionadas à vida das pessoas.

a) Você acredita que o aumento na oferta de aparelhos que funcionam com energia elétrica trouxe somente benefícios à sociedade? Discuta essa questão.

b) De que maneira é possível minimizar os impactos ambientais causados pelo alto consumo de energia elétrica?

CIDADANIA GLOBAL

UNIDADE 4

7 ENERGIA LIMPA E ACESSÍVEL

Retomando o tema

Nesta unidade, você estudou o tema da integração e da complementaridade entre as fontes de energia.

Agora, verifique o que aprendeu a respeito desse tema, respondendo às questões a seguir.

1. Você conheceu algumas das principais fontes de energia renováveis e não renováveis. Explique como a maior parte das fontes não renováveis pode ser substituída por fontes renováveis no Brasil.
2. Explique como é possível utilizar o lixo orgânico e os rejeitos da criação de animais para gerar energia.
3. Quais argumentos podem ser usados para justificar a necessidade de utilizar em conjunto várias fontes de energia renováveis para suprir as necessidades energéticas do Brasil?

Geração da mudança

Com base nas informações obtidas e na discussão realizada nesta seção, organizem uma roda de conversa. Essa conversa pode ser gravada e transformada em um *podcast* sobre o uso de energia obtida de fontes renováveis. A seguir, estão sugestões de temas para a discussão.

- O que são e quais são as fontes de energia renováveis e as não renováveis.
- A importância da integração entre várias fontes renováveis para suprir as necessidades atuais de energia.
- O uso de usinas termelétricas em épocas de estiagem e a necessidade de substituí-las por alternativas mais sustentáveis.

Autoavaliação

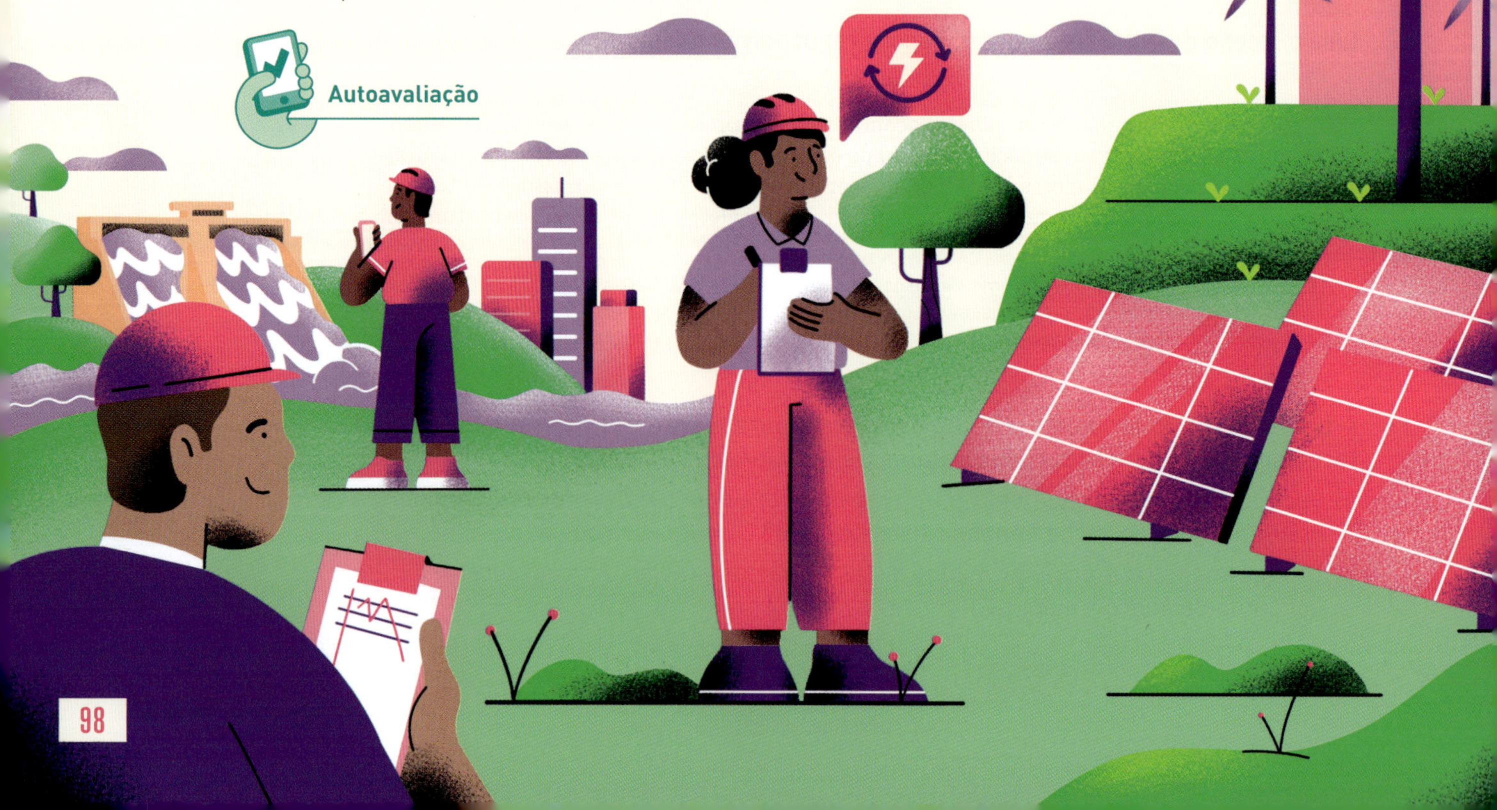

Matheus Costa/ID/BR

ENERGIA ELÉTRICA

UNIDADE 5

PRIMEIRAS IDEIAS

1. Você consegue perceber a existência da eletricidade em seu dia a dia? Em caso afirmativo, de que forma você a percebe?
2. Como a eletricidade pode ser conduzida de um local a outro?
3. Existem objetos na sala de aula que dependem de energia elétrica para funcionar? Se sim, quais?
4. De que forma é obtida a energia elétrica que você usa no dia a dia?

Conhecimentos prévios

Nesta unidade, eu vou...

CAPÍTULO 1 Eletricidade

- Compreender e explicar o que é eletricidade.
- Reconhecer o caráter elétrico dos materiais.
- Identificar formas de eletrização: por atrito, por contato e por indução.
- Conhecer alguns fenômenos elétricos, como os raios.
- Construir um eletroscópio.

CAPÍTULO 2 Eletricidade em movimento

- Identificar materiais bons e maus condutores de eletricidade.
- Entender o que é corrente elétrica e alguns efeitos de sua passagem por um corpo.
- Compreender conceitos como diferença de potencial, resistência elétrica e potência elétrica.
- Entender o efeito joule e sua relação com resistores.
- Construir e investigar um circuito elétrico.
- Reconhecer os cuidados necessários com as instalações elétricas.

INVESTIGAR

- Pesquisar e calcular o consumo de energia de diferentes eletrodomésticos em uma residência.
- Interpretar e avaliar o consumo de energia dos aparelhos e seu reflexo no consumo doméstico de energia elétrica.
- Discutir e apresentar estratégias de redução do consumo de energia elétrica em uma residência.

CIDADANIA GLOBAL

- Reconhecer o acesso à energia elétrica como direito básico e a importância desse acesso para a diminuição da pobreza.

Sergio Amaral/Ministério do Desenvolvimento Social/Governo Federal

LEITURA DA IMAGEM

1 Que elementos presentes na foto indicam que essa moradia tem acesso à energia elétrica?

2. O casal retratado na foto viveu nessa casa por muitos anos sem ter acesso à energia elétrica. Como você acha que deveria ser o dia a dia deles antes da chegada da energia elétrica? Quais dificuldades eles devem ter enfrentado?

CIDADANIA GLOBAL

1 ERRADICAÇÃO DA POBREZA

Em dezembro de 2022, de acordo com relatório publicado pela Agência Internacional para as Energias Renováveis (Irena), 733 milhões de pessoas em todo o mundo não tinham acesso à energia elétrica.

- Para colaborar de modo efetivo para a erradicação da pobreza até 2030, a Organização das Nações Unidas (ONU) incluiu, no Objetivo de Desenvolvimento Sustentável 1, o acesso à energia elétrica como um de seus principais temas. Em sua opinião, de que modo o acesso à energia elétrica contribui para a erradicação da pobreza?

Explore **eletricidade no mundo** e compare o acesso à energia elétrica em diferentes regiões do planeta.

Casa de moradores da comunidade Kalunga, em Teresina de Goiás (GO). Foto de 2014.

CAPÍTULO

1 ELETRICIDADE

PARA COMEÇAR

Os fenômenos elétricos são conhecidos há muitos séculos, mas as explicações científicas para esses fenômenos só começaram a ser elaboradas no século XVII. O que você sabe a respeito da eletricidade? Como ela está presente em seu dia a dia?

O QUE É ELETRICIDADE?

A **eletricidade** envolve um conjunto de fenômenos relacionados a cargas elétricas. De acordo com o modelo corpuscular da matéria, podemos afirmar, de maneira simplificada, que a matéria é composta de átomos, que, por sua vez, são constituídos de partículas menores: os prótons, os nêutrons e os elétrons. Prótons e elétrons têm cargas elétricas de sinais opostos: os prótons são considerados positivos, e os elétrons, negativos.

Os elétrons são responsáveis pela maioria das interações elétricas que observamos na natureza: a formação de moléculas, os relâmpagos, a emissão de luz pelas lâmpadas, entre outras. Essas partículas encontram-se na região externa do átomo e apresentam certa liberdade de deslocamento. Quanto mais afastado do núcleo estiver o elétron, maior será sua liberdade de deslocamento e, portanto, maior a possibilidade de ocorrência de interações elétricas com outros corpos.

Se um corpo tiver mais elétrons que prótons, sua carga elétrica total é negativa; se tiver menos elétrons que prótons, sua carga elétrica total é positiva. Cargas elétricas de mesmo sinal se repelem, e cargas elétricas de sinais opostos se atraem.

▼ Graças ao deslocamento de elétrons, a energia elétrica pode ser transmitida de centrais geradoras até grandes cidades, possibilitando a iluminação de casas, ruas e monumentos. Manaus (AM). Foto de 2020.

ELETRIZAÇÃO

Dizemos que um corpo está eletrizado quando ele possui excesso de uma carga (positiva ou negativa) em relação à outra.

A **eletrização** é o processo pelo qual um corpo eletricamente neutro se torna eletrizado por meio da transferência de cargas entre os corpos.

Ela pode ocorrer de três formas: por atrito, por contato ou por indução.

ELETRIZAÇÃO POR ATRITO

A **eletrização por atrito** ocorre quando dois materiais são friccionados um contra o outro.

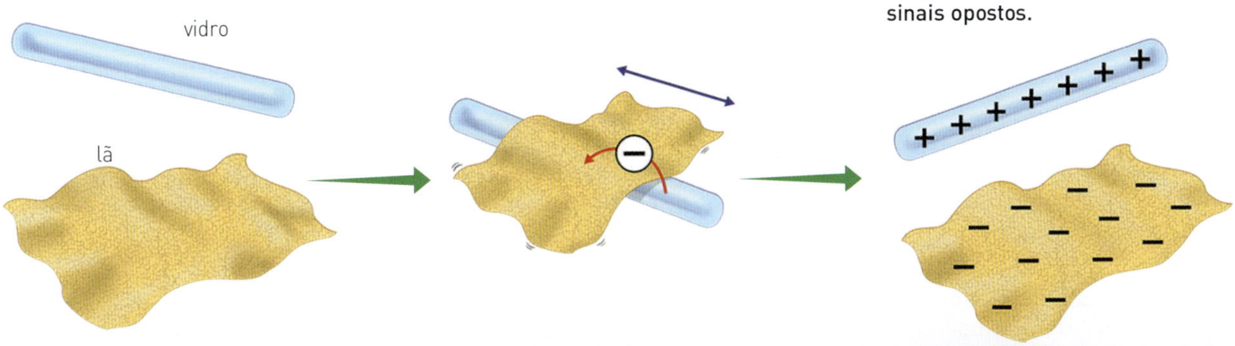

▼ Quando esfregamos um pedaço de lã em um bastão de vidro, os dois corpos se eletrizam com cargas de mesmo valor, mas de sinais opostos.

Reinaldo Vignati/ID/BR

Durante o atrito, ocorre a transferência de elétrons entre os corpos. O corpo que perde elétrons fica eletrizado positivamente, e o que ganha elétrons fica eletrizado negativamente.

O tipo de material que compõe o corpo define se ele ficará eletrizado positiva ou negativamente.

J.L. Bulcao/PansClicks/Brasil2/iStock/Getty Images

ELETRIZAÇÃO POR CONTATO

A **eletrização por contato** acontece quando um corpo eletrizado é colocado em contato com um corpo eletricamente neutro. Nesse caso, ocorre uma transferência de elétrons entre eles, e o corpo neutro se eletriza. Na eletrização por contato, os corpos sempre se eletrizam com cargas elétricas de mesmo sinal.

▲ Como cargas de mesmo sinal se repelem, as cargas da esfera **B** migram para o corpo neutro (esfera **A**). Se as esferas **A** e **B** forem constituídas do mesmo material e tiverem o mesmo tamanho, as cargas elétricas se distribuirão igualmente entre elas. Se o tamanho das esferas não for igual, a esfera de maior tamanho (nesse caso, a esfera **A**) ficará, ao final do processo de eletrização por contato, com mais cargas elétricas que a esfera menor (esfera **B**).

ELETRIZAÇÃO POR INDUÇÃO

Na **eletrização por indução** não há contato entre os corpos, ou seja, um corpo neutro é eletrizado pela aproximação de outro corpo que já está eletrizado e posteriormente se faz o contato com um terceiro corpo ou o aterramento do corpo que se quer eletrizar.

Ao aproximar um corpo eletrizado de um corpo neutro, ocorre (devido à atração e repulsão elétrica) a indução, que é a separação de cargas no corpo neutro.

O corpo eletricamente carregado é chamado de **induzido**, enquanto o corpo que induz a carga é denominado **indutor**. Quando se eletriza, o corpo induzido sempre fica com carga de sinal oposto ao da carga do corpo indutor.

Veja o exemplo de indução elétrica a seguir.

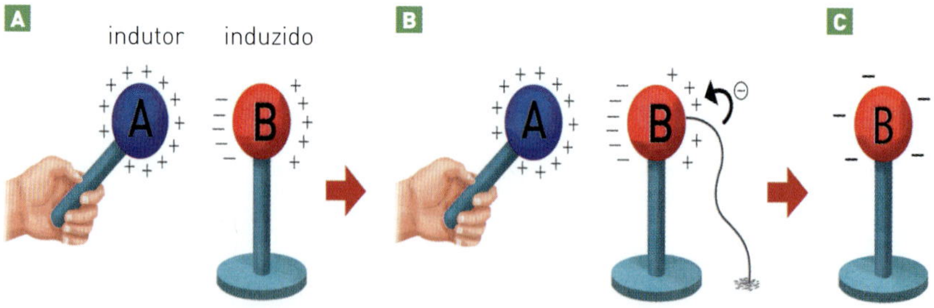

▲ **(A)** Um corpo carregado positivamente (indutor) é aproximado de um corpo inicialmente neutro (induzido). Devido à atração elétrica, as cargas negativas do induzido migram para o lado voltado para o indutor. **(B)** Se um fio terra for ligado ao induzido, um fluxo de elétrons da Terra sobe pelo fio e anula o efeito das cargas positivas. **(C)** Quando o indutor é afastado do induzido e o fio terra é removido, o induzido mantém-se carregado negativamente, e as cargas distribuem-se uniformemente por sua superfície.

CIDADANIA GLOBAL

REDE DE ENERGIA ELÉTRICA CHEGA AO OESTE DO PARÁ

Moradores das comunidades Santana do Tapará e Costa do Tapará, em Santarém, município do oeste do Pará, foram beneficiados [...] com a entrega do sistema de energia elétrica em área de várzea. [...]

[...]

[...] Edilene Ferreira de Souza, diretora da escola da comunidade, destacou que a chegada da energia gerou uma grande expectativa para a comunidade escolar [...]. "Vamos conciliar o uso da energia com o aprendizado dos alunos, a melhoria na qualidade de vida e os investimentos em recursos tecnológicos para [a] escola. [...]".

[...]

O presidente da Comunidade Costa do Tapará, Rinaldo da Costa Pereira, disse que [...] ["o] investimento [...] proporcionará melhoria na qualidade de vida, além da aquisição de eletrodomésticos, como liquidificador, televisão e geladeira, que antes era um sonho, e agora será uma realidade muito aguardada pelos moradores".

Aldirene Gama. Governo e prefeitura levam energia elétrica a comunidades de várzea em Santarém. *Agência Pará*, 9 mar. 2023. Disponível em: https://agenciapara.com.br/noticia/41895/governo-e-prefeitura-levam-energia-eletrica-a-comunidades-de-varzea-em-santarem. Acesso em: 9 maio 2023.

1. Busque na internet quais são os direitos sociais dos brasileiros e relacione a iniciativa mencionada no texto a eles.
2. Quais melhorias a energia elétrica proporcionou a essas comunidades?

Compare os diferentes **processos de eletrização**.

FENÔMENOS ELÉTRICOS

Algumas vezes, quando chove intensamente, pode haver interrupção do fornecimento de energia elétrica. Isso acontece por causa das descargas elétricas que ocorrem durante as tempestades e afetam a rede elétrica.

Explique **como se formam os raios**.

Em dias de tempestade, o atrito com o vento eletriza as nuvens. As nuvens eletrizadas induzem uma carga contrária na superfície da Terra. Essas cargas vão se acumulando até que ocorra uma descarga de elétrons entre as nuvens e o solo. Esse fenômeno recebe o nome de **raio**.

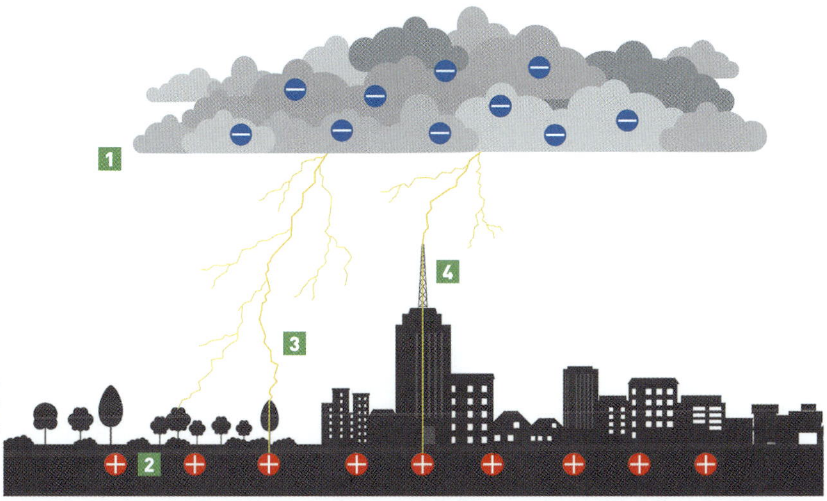

Reinaldo Vignati/ID/BR

1 O atrito entre as nuvens e o ar causa a eletrização das nuvens.

2 As nuvens eletrizadas induzem uma carga contrária na superfície da Terra.

3 As cargas vão se acumulando até que ocorra uma descarga de elétrons entre as nuvens e o solo.

4 O para-raios atrai os raios devido à ação das pontas do condutor metálico.

▲ **Esquema da formação de raios e do funcionamento de um para-raios. (Representação sem proporção de tamanho e distância entre os elementos e em cores-fantasia.)**

Durante essa descarga, os elétrons se movem rapidamente de um lugar para outro, fazendo o ar a seu redor se aquecer e emitir luz. Muitas vezes, os raios atingem o solo causando prejuízos materiais, ferindo ou matando animais e pessoas.

O Brasil é o campeão mundial na incidência de raios. O estado mais atingido é o Mato Grosso do Sul, por estar na área de encontro de uma massa de ar fria, vinda do sul, com uma quente, vinda da Amazônia. A menor incidência se dá no litoral do Nordeste, em Sergipe.

Marcelorpc/Shutterstock.com/ID/BR

▲ **A energia envolvida na produção dos raios é suficiente para manter uma lâmpada de 15 W acesa por mais de vinte anos. Rio de Janeiro (RJ). Foto de 2020.**

COMO FUNCIONA O PARA-RAIOS

O para-raios é uma haste de metal pontiaguda, que é ligada à terra por um fio condutor de cobre. Esse equipamento costuma ser instalado no topo de prédios e sua função é atrair e desviar as cargas elétricas, conduzido-as ao solo de forma segura por meio do fio terra.

Seu princípio de ação se baseia no poder de condução da haste de metal pontiaguda do para-raios, pois o excesso de carga tende a se concentrar na extremidade, gerando um campo elétrico mais intenso na ponta do que nas demais partes da haste, aumentando, assim, a probabilidade de esse sistema atrair descargas elétricas.

Construindo um eletroscópio

Você é capaz de identificar um corpo eletrizado? Nesta atividade, você vai construir um **eletroscópio**, instrumento que indica se um corpo está eletrizado ou não.

Material

- pedaço de arame fino de aproximadamente 10 cm de comprimento
- prego com a mesma espessura do arame
- martelo
- pedaço de fio de cobre de 1 cm
- pedaço de papel-alumínio do tamanho de uma folha de papel A4
- 1 pote transparente com tampa
- 1 bola de isopor maciça com aproximadamente 30 mm de diâmetro
- 1 tubo plástico de caneta esferográfica
- massa de modelar
- uma folha de papel-toalha
- tesoura com pontas arredondadas

ATENÇÃO !

Tome cuidado ao manipular o martelo e o prego, a fim de evitar lesões.

Como fazer

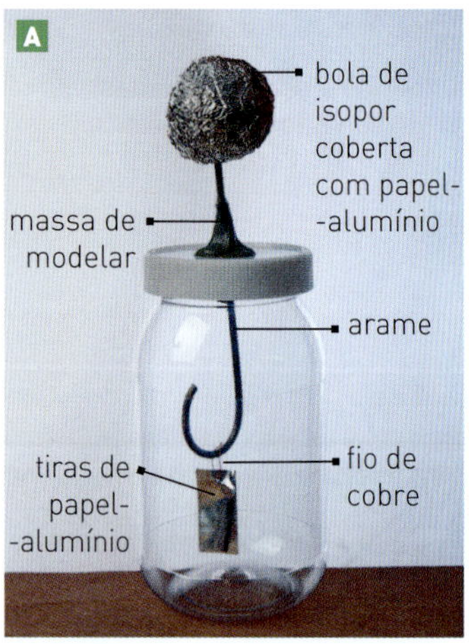

Alexandre Dotta/ID/BR

Marcelo Parducci/ID/BR

1. Peça ao professor que faça um furo no centro da tampa do pote.
2. Passe o arame pelo furo, deixando a maior parte de seu comprimento livre no interior do pote e apenas um pedaço de aproximadamente 4 cm na parte externa do pote.
3. Dobre, em forma de gancho, a ponta do arame que ficará dentro do pote. Utilize a massa de modelar para fixar o arame à tampa.
4. Corte duas tiras de papel-alumínio de aproximadamente 3 cm de comprimento e 1 cm de largura. Prenda essas duas tiras de papel-alumínio no pedaço de fio de cobre e pendure-as no gancho.
5. Com cuidado para que as tiras não caiam, coloque a tampa no pote e feche-o.
6. Cubra a esfera de isopor com papel-alumínio e prenda-a na ponta externa do arame (imagem **A**).
7. Finalizada a montagem, atrite o tubo de caneta com o papel-toalha (imagem **B**) e, em seguida, aproxime e afaste o tubo da esfera. Observe as folhas de papel-alumínio no interior do vidro.

Para concluir

1. Descreva o movimento que ocorre com as folhas de papel-alumínio no interior do recipiente durante o experimento. Explique por que isso acontece.
2. O número total de cargas do eletroscópio sofreu alguma alteração? Justifique sua resposta.

ATIVIDADES

Acompanhamento da aprendizagem

Retomar e compreender

1. Elabore um parágrafo explicando o que é eletricidade.

2. Joana recebeu um folheto com informações sobre os cuidados que devem ser tomados em dias de tempestade com raios. Leia-o e, depois, faça o que se pede.

Ilustrações: Rvector/Shutterstock.com/ID/BR

CUIDADOS FORA DE CASA

- Evite lugares abertos, como estacionamentos, praias e campos de futebol.
- Mantenha distância de objetos altos e isolados, como árvores, postes, quiosques e caixas-d'água.
- Afaste-se de objetos metálicos grandes e expostos, como tratores, escadas e cercas de arame.
- Não solte pipas e não carregue objetos pontudos, como canos e varas de pesca.

a) Com base em seus conhecimentos sobre raios, explique por que devemos tomar esses cuidados em uma tempestade.

b) Explique como funciona um para-raios.

3. Dois condutores esféricos de mesmo tamanho e material têm, inicialmente, 4 elétrons a menos (**A**) e 8 elétrons a mais (**B**).

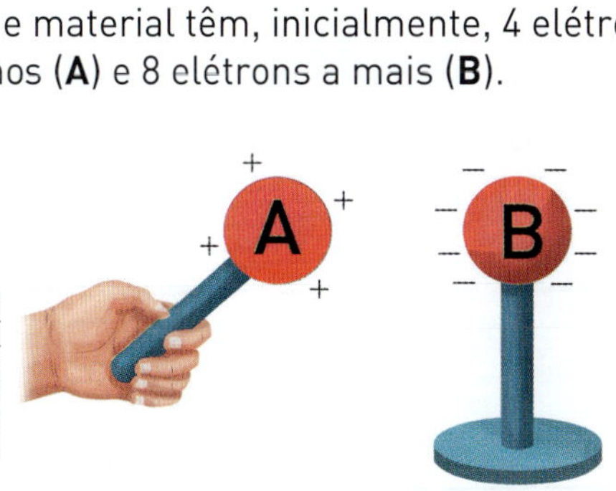

Bruno Badain/ID/BR

- Se esses condutores forem colocados em contato um com o outro, qual será a carga de cada um deles após o contato?

Aplicar

4. Uma pessoa fricciona uma régua contra o cabelo e depois a utiliza para atrair pequenos pedaços de papel. Ela observa que, após algum tempo, os pedaços de papel caem da régua.

Dorling Kindersley/uig/SPL/Fotoarena

- Explique por que os pedaços de papel são atraídos pela régua e depois se soltam dela.

5. Leia o texto a seguir e responda às questões.

O gerador de Van de Graaff é uma máquina eletrostática com uma correia de material isolante, que é movimentada por um pequeno motor e usada para transportar cargas elétricas acumuladas em uma esfera metálica. Esse gerador contém dois pentes metálicos, que respondem pela troca de carga entre a Terra e a correia, na parte inferior, e entre a correia e a esfera metálica, na parte superior.

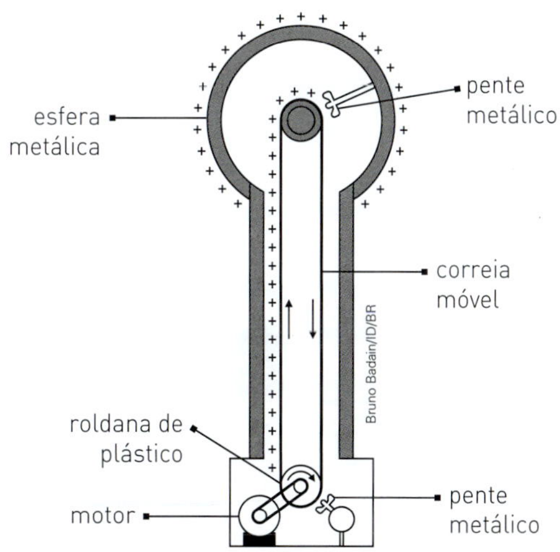

Bruno Badain/ID/BR

a) O que acontece com as cargas negativas nesse gerador eletrostático?

b) Em uma visita a um museu de ciências, Marina tocou em um gerador de Van de Graaff e seu cabelo ficou eriçado. Explique por que isso aconteceu.

CAPÍTULO

2 ELETRICIDADE EM MOVIMENTO

PARA COMEÇAR

Vimos que os corpos podem ser eletrizados. Mas será que todos os corpos são capazes de conduzir eletricidade? Como a eletricidade chega até nós?

BONS CONDUTORES E MAUS CONDUTORES

Em função de seu comportamento durante a passagem de cargas elétricas, os materiais podem ser classificados em bons condutores ou maus condutores de eletricidade.

Os materiais **bons condutores** de eletricidade recebem esse nome porque neles as cargas elétricas podem se mover com grande liberdade. Os metais, a água do mar, o corpo humano e a grafita são exemplos de bons condutores.

Já nos materiais **maus condutores** de eletricidade, também conhecidos como **isolantes**, as cargas elétricas não se movem com facilidade. São exemplos de maus condutores: borracha, algodão, vidro, madeira seca, plástico e água destilada.

Os **semicondutores** são cristais de condutividade elétrica intermediária entre bons e maus condutores de eletricidade, com larga aplicação na indústria de informática.

Supercondutores são materiais que apresentam condutividade elétrica superior à de materiais como o cobre e a prata (bons condutores elétricos).

▼ Os semicondutores são utilizados na fabricação de microprocessadores.

D-Wave Systems, Inc./CC0

CORRENTE ELÉTRICA

A **corrente elétrica** é o movimento ordenado de um grande número de partículas carregadas eletricamente.

No caso da eletricidade utilizada em residências e indústrias, são os elétrons que se movimentam pela estrutura da matéria.

Os elétrons estão em constante movimento. Eles se movem ao redor do núcleo de um átomo e das moléculas, e esse movimento é desordenado e caótico. No entanto, ao estabelecer um sistema fechado, interligando um material bom condutor elétrico (como um fio metálico) e uma fonte de energia (como uma pilha), os elétrons passam a apresentar o movimento ordenado característico da corrente elétrica, permitindo, por exemplo, que uma lâmpada se acenda.

Veja **direito à energia elétrica** e conheça os recursos que promovem o acesso a esse direito.

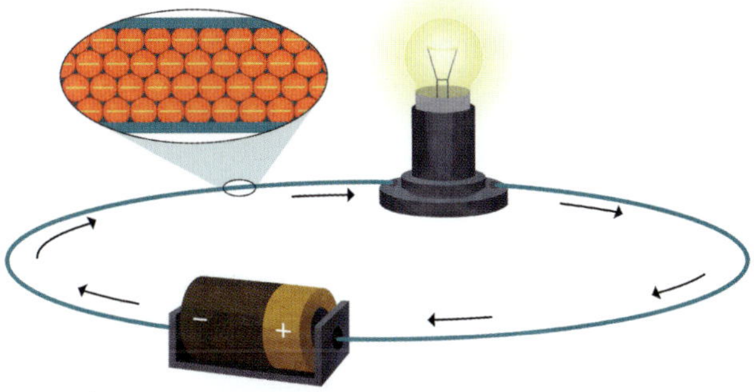

Bruno Badain/ID/BR

▲ **Esquema do movimento dos elétrons, indicado pelas setas, ao longo de um circuito elétrico composto de pilha e lâmpada. (Representação sem proporção de tamanho e em cores-fantasia.)**

A associação de estruturas feitas de materiais condutores permite que a corrente elétrica chegue a aparelhos que dependem de energia elétrica para seu funcionamento, como as lâmpadas retratadas nesta foto.

No Sistema Internacional de Unidades (SI), a corrente elétrica é medida em ampères, cujo símbolo é A.

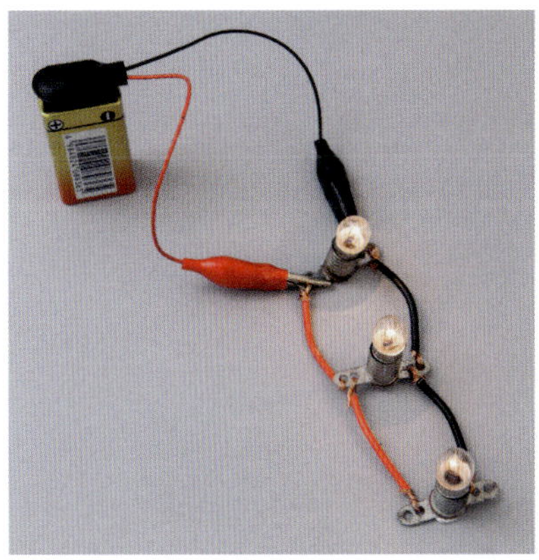

Sérgio Dotta Jr./ID/BR

▲ **O movimento ordenado de elétrons ao longo de fios condutores acende as lâmpadas.**

CIDADANIA GLOBAL

TARIFA SOCIAL

Lei n. 12 212, de 20 de janeiro de 2010

Art. 1º A Tarifa Social de Energia Elétrica, criada pela Lei n. 10 438, de 26 de abril de 2002, para os consumidores enquadrados na Subclasse Residencial Baixa Renda, caracterizada por descontos incidentes sobre a tarifa aplicável à classe residencial das distribuidoras de energia elétrica, será calculada de modo cumulativo, conforme indicado a seguir:

I – para a parcela do consumo de energia elétrica inferior ou igual a 30 (trinta) kWh/mês, o desconto será de 65% (sessenta e cinco por cento);

II – para a parcela do consumo compreendida entre 31 (trinta e um) kWh/mês e 100 (cem) kWh/mês, o desconto será de 40% (quarenta por cento);

III – para a parcela do consumo compreendida entre 101 (cento e um) kWh/mês e 220 (duzentos e vinte) kWh/mês, o desconto será de 10% (dez por cento);

IV – para a parcela do consumo superior a 220 (duzentos e vinte) kWh/mês, não haverá desconto.

Brasil. *Lei n. 12212, de 20 de janeiro de 2010*. Brasília: Presidência da República, [2010]. Disponível em: http://www.planalto.gov.br/ccivil_03/_ato2007-2010/2010/lei/l12212.htm. Acesso em: 10 fev. 2023.

- Qual é a importância de leis como essa? Justifique sua resposta.

> **CORRENTE ELÉTRICA E SAÚDE**
>
> De forma controlada, a corrente elétrica pode ser empregada em muitas áreas da saúde, como a fisioterapia e a medicina esportiva, que a utilizam para reabilitação e fortalecimento muscular. Em casos de parada cardíaca, profissionais da saúde podem usar um desfibrilador, aparelho capaz de restabelecer o ritmo cardíaco.

EFEITOS DA PASSAGEM DE CORRENTE ELÉTRICA POR UM CORPO

Quando uma corrente elétrica passa por um corpo, ela pode causar vários efeitos:

- **Efeito luminoso** – ao atravessar um gás, a corrente elétrica pode provocar emissão de luz, como no caso dos raios e das lâmpadas fluorescentes.
- **Efeito químico** – ao atravessar uma solução capaz de conduzir eletricidade, a corrente elétrica pode desencadear reações químicas. É o que acontece nos processos de revestimento de objetos com metal, como a cromagem, a douração, a galvanização, e em outros processos eletrolíticos.
- **Efeito térmico** – a passagem da corrente elétrica pelos materiais faz com que eles se aqueçam. É o que acontece na resistência dos chuveiros e ferros de passar roupa elétricos, por exemplo.
- **Efeito fisiológico** – ao atravessar um organismo vivo, além dos efeitos térmicos e químicos, a corrente elétrica pode atuar sobre os sistemas muscular e nervoso, provocando contrações musculares. Dependendo da intensidade e dos órgãos afetados, a corrente elétrica pode causar grandes danos e até levar o organismo à morte.

DIFERENÇA DE POTENCIAL

Para que o movimento dos elétrons seja ordenado e produza corrente elétrica, é necessário aplicar uma força e realizar trabalho sobre eles.

Toda carga elétrica é capaz de produzir uma força sobre outra carga próximo a ela. Como a intensidade dessa força varia de um ponto a outro no espaço, ela produz uma **diferença de potencial (ddp)**, que é responsável pelo movimento ordenado dos elétrons. A diferença de potencial também pode ser chamada **tensão elétrica**. No Sistema Internacional de Unidades, a ddp é medida em volts, cujo símbolo é V.

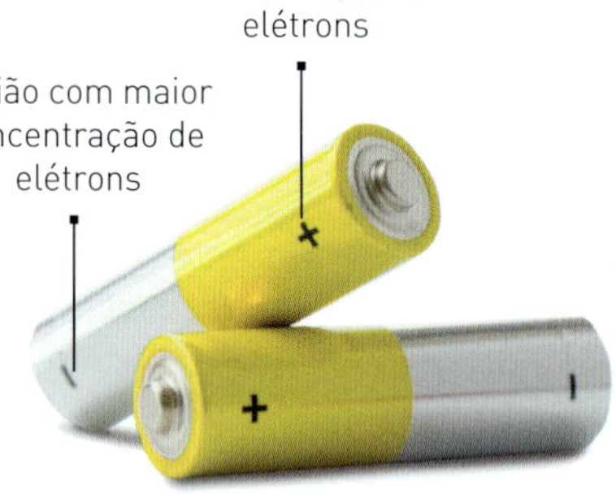

Kenishirotie/iStock/Getty Images

▲ **Nas pilhas alcalinas, há uma diferença de potencial entre as regiões das duas extremidades que permite a formação de corrente elétrica.**

Em uma pilha alcalina, por exemplo, a região com o sinal negativo é aquela onde há maior concentração de elétrons, e a região com o sinal positivo é aquela onde há menor concentração de elétrons.

Esse desequilíbrio produz a diferença de potencial necessária para que uma corrente elétrica se forme quando ligamos uma região da pilha à outra por meio de um fio com material condutor.

Um processo semelhante ocorre quando ligamos um aparelho na tomada: a tensão da rede elétrica aplica uma força sobre os elétrons, organizando seu movimento ao longo dos fios condutores. A tensão dos fios que chegam às casas tem 110 V ou 220 V.

RESISTÊNCIA ELÉTRICA

A **resistência elétrica** está associada à dificuldade que os elétrons encontram para se movimentar em um material. Ela pode ser comparada com o atrito: quanto maior a resistência elétrica, mais difícil a mobilidade dos elétrons.

Uma vez que não haja alteração de temperatura, a resistência elétrica varia de acordo com três fatores. Veja o esquema:

RESISTÊNCIA ELÉTRICA

- **Tipo de material**: Alguns materiais apresentam menor resistência elétrica que outros. O cobre, por exemplo, apresenta baixa resistência, enquanto a porcelana tem alta resistência elétrica.
- **Comprimento**: Quanto maior o comprimento do material, maior a resistência elétrica.
- **Espessura**: Quanto maior a espessura do material, menor a resistência elétrica.

No SI, a resistência elétrica é medida em ohms, cujo símbolo é a letra grega Ω.

POTÊNCIA ELÉTRICA

Os aparelhos elétricos geralmente transformam a energia elétrica em outras formas de energia. A grandeza que mede a rapidez com que essa transformação energética ocorre é a **potência elétrica**.

No SI, a potência elétrica é medida em watts, cujo símbolo é W.

Com base na potência de um aparelho elétrico, é possível descobrir seu consumo de energia elétrica. Para isso, devemos multiplicar o valor da potência elétrica, em watt (W), pelo intervalo de tempo de sua utilização, medido em hora (h). O valor encontrado representa a quantidade de energia elétrica consumida pelo aparelho e é medida em watt · h (Wh).

consumo de energia = potência · intervalo de tempo

O consumo de energia também pode ser medido em kWh, que equivale a 1 000 Wh, isto é: 1 kWh = 1 000 Wh.

Os eletrodomésticos são expostos nas lojas com etiquetas que informam o consumo elétrico do aparelho. O objetivo é orientar o consumidor no ato da compra. De acordo com a categoria presente na etiqueta (A, B, C, D, E, F e G), é possível comparar a **eficiência energética** de diversos produtos para verificar qual deles utiliza de forma mais eficiente a energia elétrica.

Modelo de etiqueta de eficiência energética presente nos equipamentos elétricos. Optar por um aparelho classificado como A pode representar uma economia de até 15% nos gastos com energia elétrica em relação a outro aparelho semelhante classificado como E.

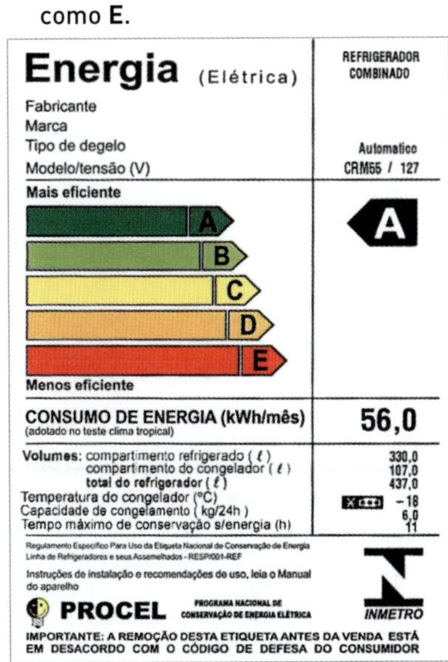

Inmetro/ID/BR

EFEITO JOULE E RESISTORES

Durante a passagem de cargas elétricas através dos materiais condutores, os elétrons colidem com a estrutura das partículas que formam a matéria, provocando sua agitação. Essa agitação pode se manifestar como energia térmica, ou seja, parte da energia elétrica se perde na forma de calor. Esse fenômeno é conhecido como **efeito joule**.

Esse é o princípio de funcionamento de alguns aparelhos elétricos que geram calor, como chuveiros e ferros elétricos. Esses aparelhos contêm um **resistor (ou resistência)**, composto de um material que resiste à passagem da corrente elétrica e amplia a perda de energia na forma de calor.

É a presença do resistor que possibilita, por exemplo, o aquecimento da água em um chuveiro elétrico ou que se assem alimentos em um forno elétrico.

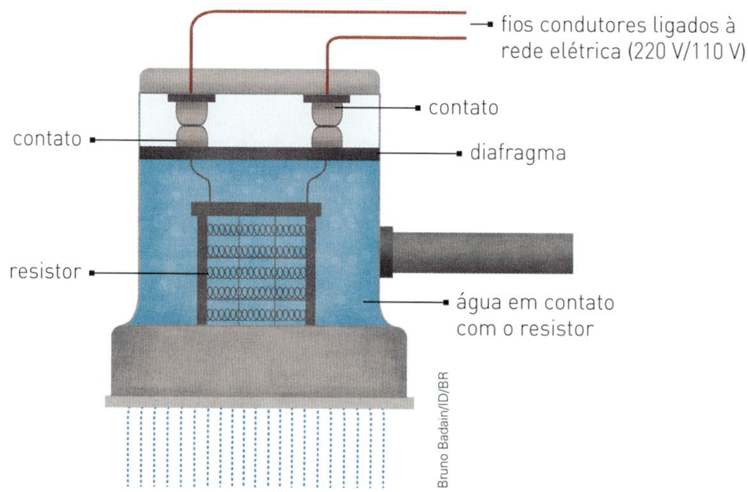

Os chuveiros elétricos têm resistores que aquecem a água quando ela passa por eles.

O funcionamento das **lâmpadas incandescentes** se dá pela passagem de corrente elétrica por um filamento de tungstênio, que se aquece e emite luz.

As **lâmpadas fluorescentes** emitem luz pela passagem de corrente elétrica por um gás. Elas são mais caras, mas também mais duráveis e eficientes que as lâmpadas incandescentes, e, portanto, são mais econômicas.

Apesar de a lâmpada incandescente (**A**) ser utilizada para iluminar, a maior parte da energia elétrica consumida (cerca de 95%) é transformada em calor. Comparativamente, a lâmpada LED (**B**) tem maior eficiência.

CIRCUITOS ELÉTRICOS

Um **circuito elétrico** é uma associação de elementos que pode ser percorrida por uma corrente elétrica.

Para fazer um aparelho elétrico funcionar, por exemplo, é necessário que ele receba energia elétrica. Para isso, usando um fio condutor, conectamos esse aparelho a uma tomada ou bateria e apertamos um botão interruptor. O acionamento desse botão completa a ligação entre os diversos elementos internos desse aparelho, o que permite a passagem da corrente elétrica. Esses elementos internos compõem o que chamamos de circuito elétrico.

Todo circuito elétrico conta com os seguintes elementos:

- um **aparelho**, como uma lâmpada, uma geladeira, entre outros;
- uma **fonte**, que vai fornecer a energia elétrica para que a corrente elétrica circule (a fonte pode ser a rede elétrica disponível na rua, uma bateria ou uma pilha, por exemplo);
- **fios de ligação**, como fios de metal, que conectam os elementos do circuito.

Os circuitos podem ser classificados em circuito **em série**, quando os elementos estão ligados sequencialmente, e em circuito **em paralelo**, quando os elementos estão dispostos de forma que todos recebam a mesma tensão elétrica.

Fotografias: Sérgio Dotta Jr./ID/BR

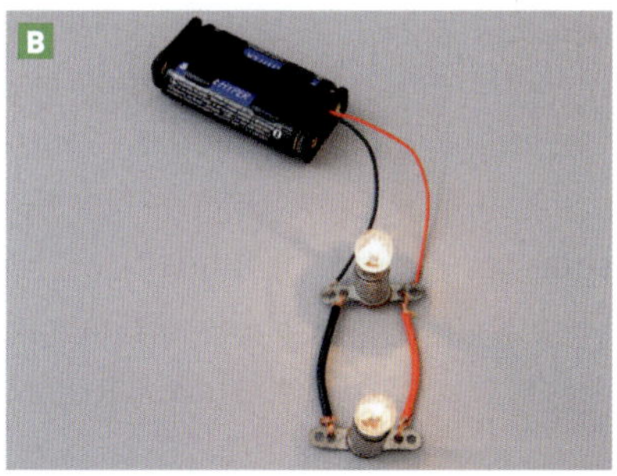

(A) Exemplo de circuito elétrico em série: a corrente elétrica sai da pilha, passa para uma lâmpada e, em seguida, para a outra.
(B) Exemplo de circuito elétrico em paralelo: a corrente elétrica sai da pilha e passa pelas duas lâmpadas ao mesmo tempo.

Quando um circuito elétrico está **aberto**, ele não permite a passagem de corrente elétrica. É o que acontece quando o interruptor (ou chave) é colocado na posição "desligado". O aparelho passa a funcionar quando o circuito está **fechado** e há contato entre as partes condutoras de energia, permitindo a passagem das cargas elétricas. É o que acontece quando colocamos o interruptor na posição "ligado".

Fotografias: Sérgio Dotta Jr./ID/BR

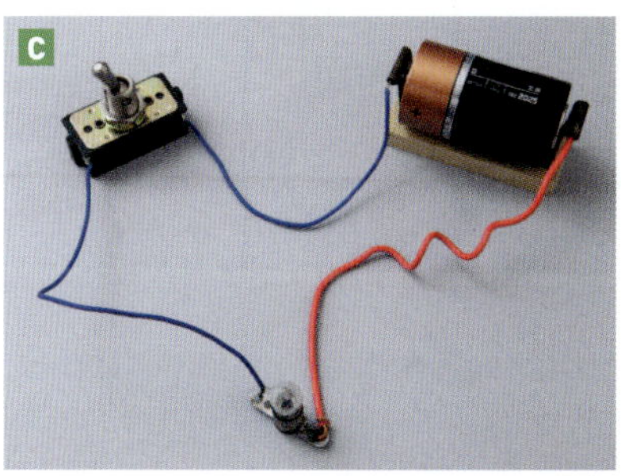

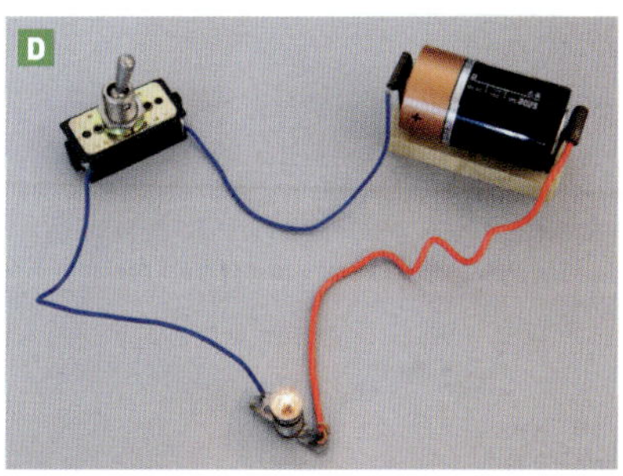

(C) Com o interruptor na posição "desligado", o circuito está aberto.
(D) Somente com o interruptor na posição "ligado" acontece a passagem de corrente elétrica.

PRÁTICAS DE CIÊNCIAS

Investigando um circuito elétrico

Chamamos de circuito elétrico um sistema composto de pelo menos uma fonte de energia elétrica e um dispositivo elétrico, ligados por fios. Como funciona um circuito elétrico? Como fazer para colocar uma lâmpada em um circuito de modo que ela acenda? O que acontece com o brilho de uma lâmpada quando a ligamos em um circuito com duas ou mais pilhas? Nesta atividade, você vai **investigar** um circuito elétrico para responder a essas questões.

ATENÇÃO !

Manipule os materiais com cuidado durante a atividade.

Material

- 2 pilhas de 1,5 V
- 2 lâmpadas de 1,5 V
- 50 cm de fio elétrico do tipo "cabinho" (mais fino e flexível)
- 1 resistência de 220 V de chuveiro elétrico comum
- 1 rolo de fita isolante

Como fazer

Experimento I – Acender a lâmpada

1. Organizem-se em duplas ou em trios.
2. O professor ficará responsável por cortar e descascar as pontas dos fios elétricos.
3. Utilizando uma pilha, uma lâmpada e dois pedaços de 10 cm de fio elétrico, construam um circuito elétrico, de modo que a lâmpada acenda.

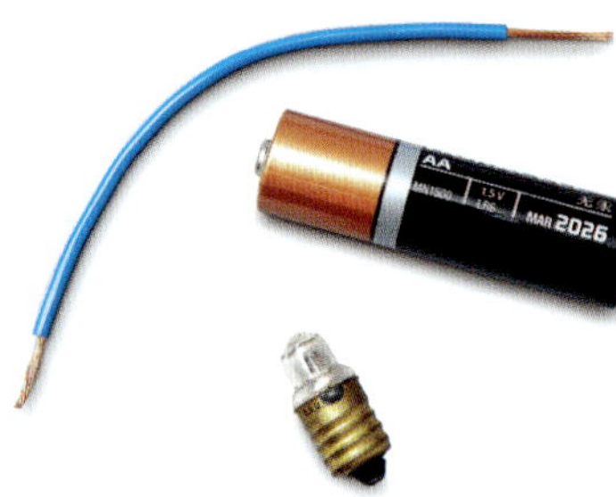

Fotografias: Sérgio Dotta Jr./ID/BR

4. Registrem suas tentativas no caderno, com desenhos ou esquemas.
5. Desenhem o circuito no qual a lâmpada acende.
6. Invertam os polos da pilha, fechem o circuito e observem o que acontece.
7. Repitam o procedimento, porém utilizando um pedaço de fio, uma pilha e uma lâmpada.
8. Registrem no caderno a configuração do circuito que acende a lâmpada.

Experimento II – Construir um circuito elétrico composto

1. Utilizando duas pilhas, dois pedaços de 15 cm de fio elétrico e uma lâmpada, construam um circuito elétrico, de modo que a lâmpada acenda.
2. Desenhem o circuito no qual a lâmpada acende.
3. Agora, utilizando duas pilhas, dois pedaços de 10 cm de fio elétrico e duas lâmpadas, construam um circuito elétrico, e liguem as lâmpadas em série, de modo que acendam.

4 Utilizando os mesmos materiais, desta vez liguem as lâmpadas em paralelo.

5 Desenhem a configuração do circuito que acende as lâmpadas nos dois casos.

Experimento III – Construir um circuito elétrico com regulador de corrente

1 Construam novamente o circuito elétrico utilizando uma pilha, dois pedaços de 10 cm de fio elétrico e uma lâmpada.

2 Utilizando outro pedaço de 10 cm de fio elétrico, conectem uma ponta dele à lâmpada e deixem a outra ponta solta.

3 Conectem uma das extremidades da resistência de chuveiro à ponta solta do fio ligado à pilha, estiquem a resistência com cuidado para não perder a espiral, e, com a fita isolante, prendam a ponta solta na superfície de apoio.

4 Utilizem a ponta solta do fio ligado à lâmpada para tocar a resistência. Comecem tocando a região próximo à emenda entre a resistência e o fio elétrico. Registrem o que vocês observaram.

5 Deslizem a ponta solta do fio pela resistência, afastando-a da região da emenda entre o fio e a resistência, e observem o que acontece com o brilho da lâmpada.

6 Façam o caminho contrário, deslizando a ponta solta do fio até aproximá-la novamente da pilha. Registrem o que vocês observaram.

Sérgio Dotta Jr./ID/BR

Para concluir

1. Expliquem como o circuito funciona, indicando qual é a fonte de energia do circuito e qual é a função da lâmpada e do fio elétrico nele.
2. O que acontece ao se inverter os polos da pilha? A polaridade da pilha faz diferença para o funcionamento das lâmpadas?
3. Comparem o brilho da lâmpada ligada a apenas uma pilha com seu brilho quando está ligada a duas pilhas. Expliquem por que ocorre essa diferença.
4. Comparem o brilho das lâmpadas ligadas em série com o brilho delas quando ambas estão ligadas em paralelo. Expliquem por que ocorre essa diferença.
5. Descrevam o que ocorre com o brilho da lâmpada conforme o fio elétrico desliza pela resistência de chuveiro. Expliquem por que isso acontece.

PARA EXPLORAR

***Pedro, o guardião da vida em*: segurança dentro de casa.**
A animação apresenta dicas para evitar acidentes com eletricidade dentro de casa.
Disponível em: https://www.youtube.com/watch?v=Zc9dM8gvcdc. Acesso em: 7 jun. 2023.

CUIDADOS COM AS INSTALAÇÕES ELÉTRICAS

As correntes elétricas oferecem riscos aos seres vivos. Por isso, o uso de equipamentos eletrônicos e o trabalho com instalações elétricas devem ser feitos com cuidado, respeitando as normas técnicas específicas e as orientações dos fabricantes.

Veja, a seguir, alguns cuidados que devem ser tomados em relação à corrente elétrica.

CUIDADOS COM A ELETRICIDADE

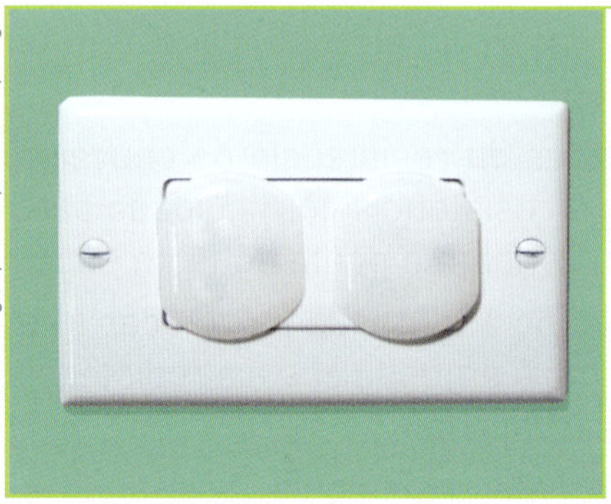
Luis Camargo/blphotocorp/iStock/Getty Images

Cobrir as tomadas com protetores especiais ou com fita isolante quando não estiverem em utilização, especialmente em casas com bebês que já andam ou engatinham ou com animais de estimação.

Standret/Shutterstock.com/ID/BR

Não empinar pipas próximo à rede elétrica.

ajt/iStock/Getty Images

Não ligar diversos aparelhos elétricos na mesma tomada.

Francescomoufotografo/Shutterstock.com/ID/BR

Desligar a chave geral quando precisar trocar uma lâmpada.

Francescomoufotografo/Shutterstock.com/ID/BR

Não mexer na parte interna das tomadas. Em caso de necessidade de manutenção, chamar um eletricista.

ATIVIDADES

Acompanhamento da aprendizagem

Retomar e compreender

1. Sobre os condutores de eletricidade, faça o que se pede a seguir.
   a) Indique quais são as características de um bom condutor de eletricidade.
   b) Indique quais são as características de um mau condutor de eletricidade.
   c) Classifique os materiais a seguir em bons condutores ou maus condutores de eletricidade.

cobre	isopor	madeira
alumínio	vidro	água pura
plástico	prata	água salgada
papel	grafita	borracha

2. Quando uma corrente elétrica percorre um condutor, há perda de energia. Nesse caso, a energia elétrica é transformada em qual tipo de energia?

3. Na embalagem de uma lâmpada LED, é possível observar as seguintes informações técnicas: 9 W e 127 V. Explique o significado dessas informações.

4. Indique qual imagem mostra um circuito em série e qual mostra um circuito em paralelo.

A B

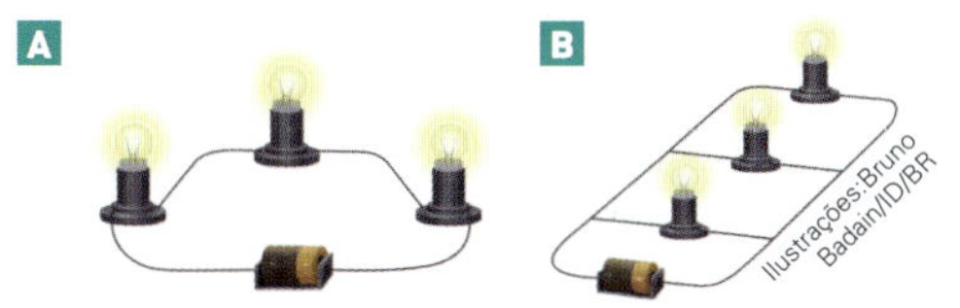

Aplicar

5. Uma lâmpada LED de potência 9 W e uma incandescente de potência 100 W ficaram acesas durante 2 horas.
   a) Qual delas consumiu mais energia elétrica?
   b) Qual será o consumo da lâmpada LED nesse tempo?

6. O quilowatt-hora (kWh) é a unidade de medida usada para a verificação do consumo de energia elétrica. Considerando que o valor do kWh seja R$ 0,78, responda às questões a seguir.
   a) Sabendo que a potência de um chuveiro elétrico em uma residência é 4 kW e que uma pessoa levou 15 minutos para tomar banho, calcule o consumo de energia elétrica desse banho, em kWh.
   b) Qual será o custo mínimo da energia elétrica utilizada nesse banho?
   c) Suponha que, nessa residência, morem quatro pessoas e que cada uma delas leva 15 minutos para tomar banho. Qual será o custo mínimo diário de energia elétrica desses quatro banhos?

7. O Sistema das Bandeiras Tarifárias é composto de quatro bandeiras, conforme descrito no quadro a seguir.

Bandeira	Alteração no valor da conta
Verde	O valor da conta não se altera.
Amarela	O valor da conta aumenta.
Vermelha (patamar 1)	O valor da conta aumenta um pouco mais.
Vermelha (patamar 2)	O valor da conta aumenta bastante.

Esse sistema está relacionado ao funcionamento de usinas hidrelétricas. Quando elas estão em pleno funcionamento, a bandeira está verde. Em períodos de seca, é necessário ativar as usinas termelétricas, o que aumenta o custo da geração de energia elétrica.

Analise o gráfico a seguir, que mostra o índice de chuvas de Altamira (PA), na região Amazônica, onde está construída a usina hidrelétrica de Belo Monte. Depois, responda à questão.

Altamira: Índice de chuvas, em mm

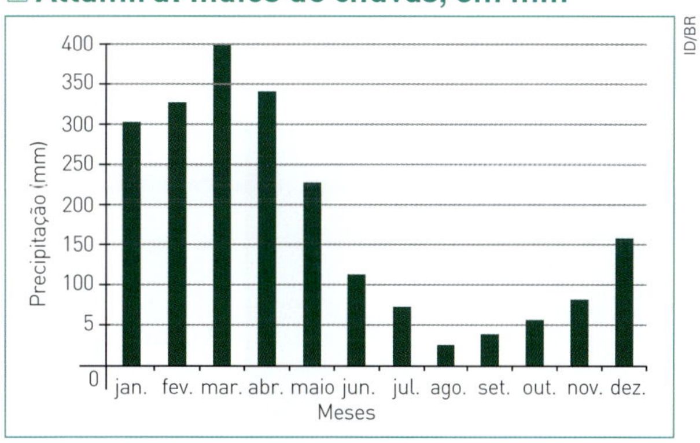

Fonte de pesquisa: Emerson Luis Hoffmann e outros. Variabilidade das chuvas no sudeste da Amazônia paraense, Brasil. *Revista Brasileira de Geografia Física*, v. 11, n. 4, p. 1259, 2018.

- Em que época do ano é mais provável que a tarifa cobrada seja a da bandeira vermelha? Justifique sua resposta.

Uma corrente de mudanças

Antes de a energia elétrica ser amplamente usada nas sociedades urbanas, houve muito debate sobre como essa energia deveria ser gerada e distribuída. Nesse cenário, aconteceu uma das disputas mais famosas no meio científico, protagonizada por duas figuras conhecidas na época: Thomas Alva Edison (1847-1931) e Nikola Tesla (1856-1943).

A guerra das correntes

[...]

"A disputa entre corrente alternada [CA] e corrente contínua [CC] começou como um conflito bem corriqueiro entre dois padrões técnicos, uma batalha entre dois métodos competindo para entregar essencialmente o mesmo produto: a eletricidade", afirma Tom McNichol, autor de *AC/DC: The Savage Tale of the First Standards War* (CA/CC: a história selvagem da primeira guerra dos padrões). "Mas a briga logo se transformou em algo maior e mais sombrio."

O que estava em jogo pode parecer um enigma para quem não é familiarizado com a terminologia da ciência elétrica. [O engenheiro elétrico Harold] Brown – secretamente patrocinado por Thomas Edison – queria provar que a corrente alternada era uma tecnologia, em suas próprias palavras, "amaldiçoada". Ele e Edison eram os cruzados da corrente contínua, um sistema de distribuição que eles consideravam muito mais seguro.

Do outro lado do debate estavam outros pesos-pesados do pioneirismo elétrico: o capitalista e inventor George Westinghouse e o sofrido gênio Nikola Tesla. Westinghouse havia sido pioneiro em divisar um sistema de distribuição de eletricidade por corrente alternada, concorrendo diretamente com Edison.

Roger Viollet/Getty Images

O inventor de origem sérvia Nikola Tesla foi um dos mais renomados cientistas na virada do século XIX para o século XX. Foto de 1896.

Tesla era um ex-funcionário de Edison que havia tornado o sistema de Westinghouse comercialmente viável, ao criar, entre outras melhorias, o primeiro motor de corrente alternada eficiente o bastante para ser usado na indústria.

[...]

As correntes

Corrente contínua é a que você aprende na escola: a eletricidade flui constantemente do polo negativo para o positivo. Isso é verdade para pilhas e baterias, mas não é como uma tomada funciona. Na corrente alternada, os polos são invertidos dezenas de vezes por segundo e a eletricidade corre em zigue-zague.

Parece contraintuitivo, mas é a forma mais natural como a energia elétrica pode ser gerada por movimento. Um gerador com ímãs fixos e um eixo móvel – um alternador – produz corrente alternada.

[...]

É possível transmitir eletricidade por uma distância muito maior por corrente alternada, usando cabos de alta voltagem e transformadores, que diminuem a voltagem para uso residencial. A corrente contínua perde poder demais com a distância e também exige cabos mais robustos – caríssimos, porque são de cobre puro.

Edison havia sido o primeiro a criar uma central elétrica em 1882, em Nova York, usando corrente contínua. A energia fluía direto do gerador para as casas, a baixa voltagem. Ele se gabava que qualquer um podia encostar a mão em qualquer parte de seu sistema recebendo (talvez) apenas um choque leve. Mas a distância máxima entre os clientes e a usina era de 800 metros.

O plano de Edison era que a eletricidade urbana funcionaria por um sistema de uma usina a cada poucos quarteirões. "Todo o aspecto do sistema de corrente contínua de Edison foi criado do zero por ele próprio ou seus colegas", afirma Jill Jonnes [autora de *Empires of light* (Impérios da luz)]. "É fácil imaginá-lo obstinadamente recusando incorporar as invenções dos outros, particularmente se ele pudesse convencer a si mesmo que a outra tecnologia era perigosa."

Westinghouse e Tesla acreditavam em grandes usinas longe da cidade, transmitindo por muitos quilômetros através da corrente alternada, em cabos de alta voltagem, diminuída para uso residencial em transformadores locais. Essa parte da alta voltagem – que, não é segredo, mata hoje tanto quanto então – seria o centro da campanha contra a corrente alternada.

[...]

Edison, no fundo, estava muito mais preocupado com Westinghouse, um concorrente direto nos negócios, do que com Tesla, de enorme presença midiática, mas sem os meios para tirá-lo do jogo. Sua paixão na briga que se seguiria é compreensível. "Fortunas e reputações estavam na linha, então não é surpresa que essa disputa tenha se tornado uma briga de egos tanto quanto de padrões", afirma Tom McNichol. "Líderes dos dois lados começaram a ver seu padrão como uma extensão de si próprios – eles antes aceitariam ter um braço cortado que abandonar seu padrão."

Biblioteca Pública de Detroit, EUA. Fotografia: ID/BR

Thomas Edison, inventor estadunidense que criou o primeiro modelo comercializável de lâmpada incandescente. Foto de 1911.

Tesla *versus* Edison: a disputada guerra das correntes. *Aventuras na História*, 9 set. 2019. Disponível em: https://aventurasnahistoria.uol.com.br/noticias/reportagem/historia-tesla-vs-edison-a-guerra-das-correntes.phtml. Acesso em: 18 mar. 2023.

Fim da disputa

A forma CA [corrente alternada] finalmente saiu-se vitoriosa pelos seguintes motivos: (a) o transformador CA possuía a tão necessária capacidade de converter facilmente níveis de tensão e de corrente com rendimento elevado; (b) os geradores CA eram inerentemente mais simples que os geradores CC [corrente contínua]; e (c) embora não tão versáteis naquela época, os motores CA eram mais simples e mais baratos que os motores CC.

Yolanda Vieira de Abreu; Marco Aurélio Gonçalves de Oliveira; Sinclair Mallet-Guy Guerra (org.). *Energia, sociedade e meio ambiente*. Málaga: Eumed.Net/Universidad de Málaga, 2010. p. 157.

Em discussão

1. É comum as pessoas acharem que a ciência e a tecnologia são imparciais e movidas por interesses puramente intelectuais ou técnicos. Após a leitura desses textos, é possível reconhecer outros aspectos e interesses envolvidos em uma controvérsia científica.
   - Identifique alguns dos interesses envolvidos na disputa que ocorreu, no passado, sobre o tipo de corrente elétrica a ser utilizado, selecionando trechos dos textos para embasar sua conclusão. Debata o assunto com os colegas.
2. Pesquise, em fontes confiáveis, outra controvérsia histórica relacionada ao desenvolvimento científico.

INVESTIGAR

Calculando o consumo dos equipamentos elétricos

Para começar

Uma característica bastante importante dos aparelhos elétricos é a velocidade com a qual eles são capazes de transformar a energia elétrica em outras formas de energia. Essa capacidade é chamada de potência.

A potência determina o consumo de energia elétrica. Potência e consumo são grandezas diretamente proporcionais, ou seja, quanto maior a potência, maior o consumo de energia desse aparelho.

Nesta atividade, você vai calcular o consumo de diferentes aparelhos eletrodomésticos.

O problema

Você sabe quais aparelhos consomem mais energia elétrica em uma casa?

A investigação

- **Procedimento**: coleta de dados.
- **Instrumento de coleta**: aparelhos elétricos encontrados em casa.

Prática de pesquisa

Parte I – Levantamento de dados

1 Forme grupo com três colegas. Vocês vão fazer um levantamento de equipamentos elétricos de casa e verificar o valor da potência elétrica deles.

2 Montem uma tabela com os aparelhos elétricos que terão seu consumo calculado. A tabela pode ser elaborada em um programa de planilha eletrônica, conforme o modelo a seguir.

Aparelho	Quantidade	Potência (em W)	Potência (em kW)	Tempo que o aparelho permanece ligado (em horas por dia)	Consumo diário (kWh)	Dias do mês	Consumo mensal (kWh)
Geladeira							
Televisão							
Chuveiro elétrico							
Total							

Parte II – Cálculo do consumo mensal de energia

1 Estimem o tempo que cada um desses aparelhos permanece ligado por dia e calculem o consumo diário de cada um.

2 Calculem o consumo mensal de cada um dos aparelhos e o consumo mensal de todos os aparelhos juntos.

Parte III – Interpretação dos dados

1 Construam um gráfico representando o consumo mensal de cada um dos aparelhos avaliados.

2 Comparem o valor calculado com o valor do consumo medido pela distribuidora de energia elétrica da região, presente na conta de energia elétrica.

Parte IV – Discussão dos resultados

1 Comparem os dados obtidos com os dos outros grupos. Verifiquem se os resultados foram semelhantes.

2 Com base nos resultados obtidos pelos grupos, discutam estratégias para reduzir o consumo de energia residencial.

Questões para discussão

1. Os resultados obtidos pelos grupos foram semelhantes? Entre os aparelhos analisados, qual consome mais energia elétrica?
2. Considerando o tipo de transformação de energia, quais aparelhos consomem mais energia elétrica?
3. Compare o valor de consumo mensal de energia elétrica calculado por vocês com o valor medido pela distribuidora de energia e verifique se são compatíveis.

Comunicação dos resultados

Apresentação dos resultados

Cada grupo vai montar uma apresentação na qual divulgarão a lista de aparelhos elétricos avaliados, os valores obtidos, os cálculos efetuados e os gráficos construídos.

Os grupos deverão discutir eventuais diferenças entre os resultados obtidos e os dados reais. Que aparelhos poderiam ter sido avaliados e ficaram de fora da coleta de dados? Que aparelhos poderiam ter sido desconsiderados?

A apresentação deverá contar também com uma estratégia de redução de consumo de energia para a casa analisada.

Ilustrações: Matheus Costa/ID/BR

ATIVIDADES INTEGRADAS

Retomar e compreender

1. Copie o diagrama a seguir no caderno e, depois, complete-o.

TIPOS DE ELETRIZAÇÃO

Um corpo eletrizado é colocado em contato com um corpo eletricamente neutro. Os corpos ficam com cargas iguais.	Ocorre a transferência de elétrons entre os corpos. O corpo que perde elétrons fica eletrizado positivamente, e aquele que ganha elétrons fica eletrizado negativamente.	Não há contato entre os corpos. O corpo que se torna eletricamente carregado é chamado de induzido, e o que induz a carga é chamado de indutor.

2. Pesquise em fontes confiáveis a história da descoberta da eletricidade. Apresente os resultados de sua pesquisa em uma linha do tempo, destacando nela eventos marcantes, desde a descoberta da eletricidade até suas aplicações atuais.

3. Para o funcionamento ideal dos aparelhos elétricos de uma residência, todos eles devem estar submetidos a uma mesma tensão de 127 V. Esses aparelhos devem compor um circuito em série ou circuito em paralelo? Justifique sua resposta.

Aplicar

4. Observe os esquemas de circuitos elétricos a seguir e, depois, faça o que se pede.

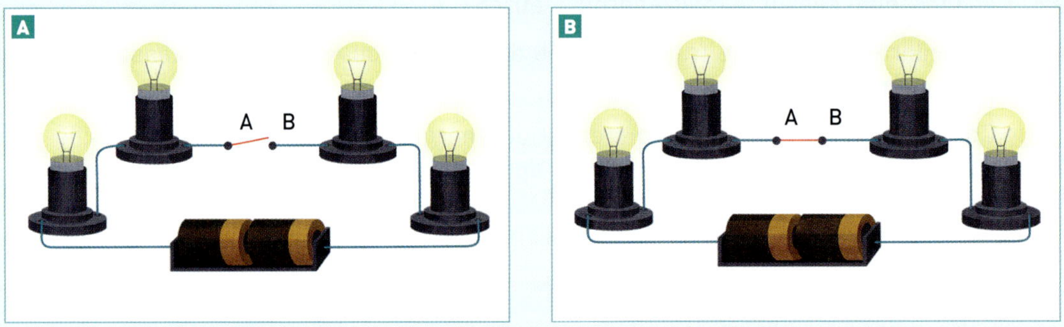

Ilustrações: Bruno Badain/ID/BR

a) Em qual circuito há passagem de corrente elétrica? Justifique.

b) No caderno, desenhe um circuito elétrico em paralelo, representando o mesmo número de lâmpadas dos circuitos mostrados nos esquemas.

5. Diariamente, um adulto deve ingerir entre 2 000 kcal e 3 000 kcal de energia por meio da alimentação. Considerando as informações a seguir, faça as transformações necessárias nos valores de energia e responda ao que se pede.

Dados: 1 cal = 4,2 J; 1 Wh = $3{,}6 \cdot 10^3$ J.

a) Quais são os valores de energia, em joule, que um adulto deve ingerir diariamente?

b) Suponha que um adulto pratique diariamente 30 minutos de atividade física, gastando cerca de 450 kcal ao fazer os exercícios. Calcule a quantidade de energia gasta, em joule, por essa pessoa se ela mantiver essa prática durante 30 dias.

c) Uma lâmpada de 100 W fica ligada durante 6 horas em um dia e consome 600 Wh de energia elétrica. Depois de converter a energia consumida de Wh para J, determine a razão entre esse valor e o maior valor de energia que um adulto deve ingerir diariamente.

Analisar e verificar

6. A imagem a seguir é a reprodução de parte de uma conta de energia elétrica. Leia as informações apresentadas nesta conta e faça o que se pede.

Dados da Conta

VENCIMENTO	TOTAL A PAGAR (R$)
12 MAI 2022	140,56
CONTA REFERENTE A ABR 2022	

Dados de Medição

Nº do medidor		8760040
Leitura anterior	25 MAR	53.692
Leitura atual	26 ABR	53.849
Próxima leitura	25 MAI	
Fator multiplicador		1,00000
Consumo do mês (kWh)		157,0
Número de dias		32

Histórico de Faturamento

Mês/Ano	kWh	Dias
abr/22	157	32
mar/22	160	30
fev/22	144	28
jan/22	153	33
dez/21	138	29
nov/21	161	29
out/21	184	32
set/21	172	31
ago/21	190	29
jul/21	211	32
jun/21	146	30
mai/21	173	30
abr/21	181	32

Enel Distribuição São Paulo. Fac-símile/ID/BR

a) Identifique as informações referentes ao consumo de energia elétrica. Qual é a unidade de medida usada para indicar o consumo?

b) Identifique o mês que apresentou maior consumo de energia elétrica.

c) Imagine que os moradores dessa residência tenham trocado seus aparelhos elétricos por outros de potência elétrica (W) menor e mantido o padrão de horas de uso dos equipamentos. A conta de energia elétrica nos meses seguintes apontará maior ou menor consumo de energia elétrica?

7. Leia o texto a seguir e faça o que se pede.

Classificação de consumo de energia em geladeiras vai mudar: entenda nova regra

[...] O Inmetro publicou [...] uma portaria que prevê a mudança, a partir de junho de 2022, da classificação de eficiência energética das geladeiras no país e cria, a partir de junho de 2022, três categorias novas nas etiquetas desses produtos.

[...]

As novas regras de classificação ocorrerão em três etapas. Na primeira delas, implementada em junho de 2022, serão criadas as subclasses A+, A++ e A+++, que representam ganhos de eficiência de consumo de energia de respectivamente 10%, 20% e 30%.

[...]

Quem optar por comprar, a partir de junho de 2022, um equipamento A+++ de duas portas com degelo automático (o chamado *frost free*) de volume interno útil na casa dos 350 litros, modelo que corresponde atualmente a cerca de 80% do mercado, vai economizar aproximadamente 13 kWh mensais.

[...]

Ivan Martínez-Vargas. Classificação de consumo de energia em geladeiras vai mudar: entenda nova regra. *O Globo*, 4 ago.2021. Disponível em: https://oglobo.globo.com/economia/defesa-do-consumidor/classificacao-de-consumo-de-energia-em-geladeiras-vai-mudar-entenda-nova-regra-25141108. Acesso em: 24 maio 2023.

- Sabendo que o valor do kWh é R$ 0,78, qual seria a economia, em reais, com o uso de uma geladeira A+++?

Criar

8. Cada cômodo de uma casa pode ser considerado um circuito elétrico.

a) Escolha um cômodo de sua casa e construa um mapa que indique a posição das tomadas, dos interruptores, das lâmpadas e dos aparelhos elétricos e eletrônicos.

b) Que tipos de transformação de energia elétrica são realizados pelos aparelhos presentes no cômodo que você escolheu?

c) Qual é a fonte de energia de cada aparelho? Qual é o valor da tensão elétrica (ou ddp) que alimenta cada aparelho?

9. SABER SER Os eletrodomésticos facilitam o trabalho doméstico e proporcionam muito conforto. Mas, para seu funcionamento, é necessário que estejam conectados a uma fonte de energia elétrica.

a) Você identifica alguma relação entre o acesso à energia elétrica e o exercício da cidadania? Explique.

b) As ligações elétricas clandestinas devem ser regularizadas pelo poder público, pois constituem uma prática criminosa. O que incentiva esse tipo de ação? Quem mais perde com essas ligações?

Retomando o tema

Nesta unidade, você estudou a relação entre o acesso à energia elétrica e a erradicação da pobreza.

Agora, verifique o que você aprendeu a respeito desse tema respondendo às questões a seguir.

1. Como o acesso à energia elétrica pode auxiliar na geração de renda de uma pessoa ou de uma comunidade?
2. Como o acesso à eletricidade pode melhorar a qualidade de vida de uma comunidade?
3. Qual é a importância de leis e da execução de obras de infraestrutura públicas ou da iniciativa privada para garantir o acesso de energia elétrica a toda a população?
4. Quais contribuições o acesso à eletricidade pode possibilitar para a erradicação da pobreza?

Geração da mudança

Organizem-se em grupos de três estudantes para trocar ideias e confeccionar cartazes físicos ou materiais digitais sobre a importância do serviço ininterrupto de energia elétrica para a redução da pobreza. Estas são algumas sugestões de temas para a discussão e a confecção dos cartazes:

- Direitos sociais e leis relacionados ao acesso à energia elétrica.
- O papel do poder público na garantia desse acesso, citando obras e ações.
- Iniciativas bem-sucedidas voltadas para o acesso à energia elétrica no Brasil ou no mundo.

Matheus Costa/ID/BR

UNIDADE 6

REPRODUÇÃO VEGETAL

PRIMEIRAS IDEIAS

1. Você já viu uma alga? Sabe onde as algas vivem e como se reproduzem?
2. O que deve acontecer quando plantamos um galho de planta na terra?
3. Você conhece plantas que não produzem nem flores nem sementes?
4. Os animais participam, de alguma forma, da reprodução das plantas?

Conhecimentos prévios

Nesta unidade, eu vou...

CAPÍTULO 1 Reprodução dos organismos

- Reconhecer a reprodução como uma das principais características dos seres vivos.
- Compreender os processos de divisão celular.
- Entender o que é reprodução sexuada e o que é reprodução assexuada.

CAPÍTULO 2 Algas e plantas sem sementes

- Identificar características e tipos de reprodução em algas.
- Reconhecer a evolução em grupos de plantas.
- Identificar algumas características das briófitas e das pteridófitas e conhecer os ciclos de vida e a diversidade desses grupos.
- Realizar um experimento para investigar se é possível obter protalos de uma folha de samambaia.

CAPÍTULO 3 Plantas com sementes

- Identificar características, conhecer a diversidade e compreender o ciclo reprodutivo das gimnospermas.
- Identificar as principais características das angiospermas e conhecer a diversidade desse grupo.
- Identificar as partes de uma flor e seu papel na reprodução das angiospermas.
- Compreender o ciclo reprodutivo das angiospermas.
- Associar a polinização à reprodução em angiospermas e aos agentes polinizadores.
- Compreender o papel de frutos e de sementes na reprodução de angiospermas e como se dá a dispersão de sementes.
- Analisar amostras de frutos e de sementes para identificar o modo de dispersão de algumas plantas.

CIDADANIA GLOBAL

- Conhecer o que são sementes crioulas, sua relação com a agricultura sustentável e a relevância dos povos tradicionais na proteção do patrimônio genético dessas sementes.
- Simular uma feira de troca de sementes a fim de conscientizar os estudantes do papel das sementes crioulas na produção de alimentos e nas práticas agrícolas sustentáveis.

Joshua Chew Photography/ iStock/Getty Images

LEITURA DA IMAGEM

1. Que estrutura dos vegetais você consegue identificar na foto?
2. Que função você acha que essa estrutura desempenha na planta?
3. Você consegue associar cada estrutura retratada na foto ao tipo de planta a que pertence? Se sim, indique um exemplo.

CIDADANIA GLOBAL

2 FOME ZERO E AGRICULTURA SUSTENTÁVEL

Produtos de origem vegetal são parte fundamental de uma alimentação saudável e garantia de obtenção de nutrientes essenciais à saúde humana. Contudo, a exploração excessiva de áreas de cultivo, o uso abusivo de agrotóxicos, as consequências das mudanças climáticas – como secas severas e cada vez mais frequentes, chuvas muito volumosas e frio intenso, em áreas em que esses fenômenos não eram comuns – têm colocado em risco a produção agrícola em todo o mundo. Diante disso, é fundamental proteger a biodiversidade e o patrimônio genético de sementes, desenvolvendo e implementando práticas agrícolas resilientes, sustentáveis e adaptadas às mudanças climáticas. Assim, é possível promover o acesso de todos a alimentos saudáveis.

- Nesse sentido, que ações podem ser realizadas a fim de sensibilizar a população para a importância de práticas agrícolas sustentáveis no enfrentamento dos desafios impostos pelas mudanças climáticas?

Veja **práticas de agricultura sustentável** e pesquise outros exemplos.

Nesta foto, é possível observar, espalhada sobre uma peneira, uma pequena amostra da biodiversidade de grãos cultivados no Brasil.

CAPÍTULO

1 REPRODUÇÃO DOS ORGANISMOS

PARA COMEÇAR

A reprodução é uma das características mais importantes dos seres vivos. Como ocorre esse processo? Todos os seres vivos se reproduzem da mesma forma?

REPRODUÇÃO E DIVISÃO CELULAR

A **reprodução** é o processo pelo qual seres vivos geram novos indivíduos. Essa é uma das principais características que distinguem os seres vivos da matéria não viva.

Em todos os seres vivos, para que a produção de novos indivíduos aconteça, é necessária a **divisão celular**. Nesse processo, uma célula origina novas células.

Cada célula eucarionte apresenta filamentos formados por DNA – o material genético – e proteínas. O conjunto desses filamentos é chamado de **cromatina**. Durante a divisão celular, a cromatina se condensa, e os filamentos passam a ser chamados de **cromossomos**.

Na maioria das espécies de seres vivos já descritas pela ciência, os cromossomos se encontram aos pares. Um dos cromossomos do par tem origem paterna, e o outro tem origem materna. Esses pares de cromossomos são chamados de **cromossomos homólogos**.

▼ Células de raiz de cebola em vários estágios de divisão celular. Foto ao microscópio de luz (uso de corantes, aumento de 1200 vezes).

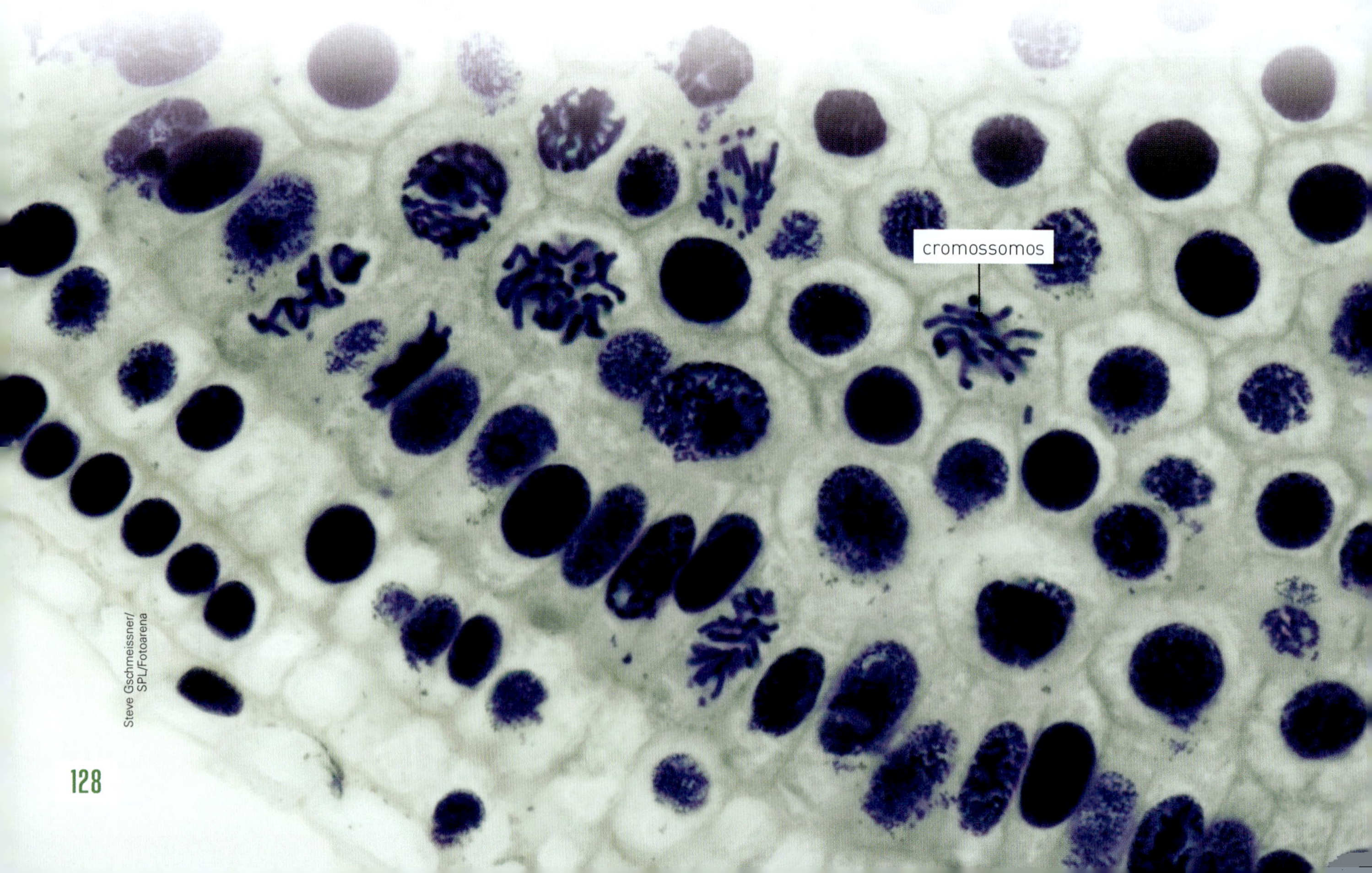

Steve Gschmeissner/SPL/Fotoarena

TIPOS DE DIVISÃO CELULAR

Antes de se dividir, uma célula precisa duplicar seu material genético. Assim, após a duplicação, cada filamento de DNA terá um novo filamento associado a ele. Nas células eucarióticas, esses filamentos duplicados são chamados de **cromátides-irmãs**.

Após a duplicação do material genético, a cromatina se condensa e, então, a célula inicia a divisão. Há dois tipos básicos de divisão celular: a mitose e a meiose.

MITOSE

Na **mitose**, uma célula, chamada de célula-mãe, dá origem a duas novas células, chamadas de células-filhas, que são idênticas à célula-mãe. Durante a divisão, as cromátides-irmãs se separam, e o material genético se distribui igualmente entre as células formadas.

Em seres unicelulares, a mitose é um processo de reprodução. Nos pluricelulares, ela é importante para o crescimento e a regeneração do organismo.

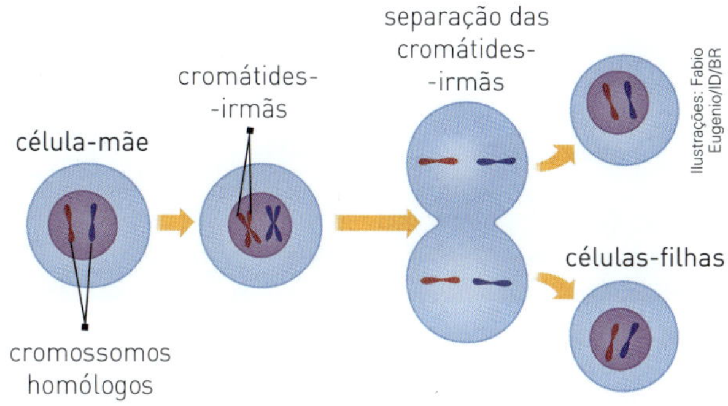

▲ **Esquema da mitose em célula com um único par de cromossomos. (Representação sem proporção de tamanho e em cores-fantasia.)**

MEIOSE

A **meiose** é o processo de divisão celular em que uma célula-mãe dá origem a quatro células-filhas. Cada uma das quatro células-filhas tem metade da quantidade de cromossomos da célula-mãe. Isso acontece porque, durante a meiose, ocorrem duas divisões celulares e apenas uma duplicação do material genético.

Na primeira divisão, os pares de cromossomos homólogos se separam. Na segunda divisão, o processo é parecido com o da mitose: ocorre a separação das cromátides-irmãs.

Com a meiose, os seres vivos formam esporos e gametas, células relacionadas à reprodução.

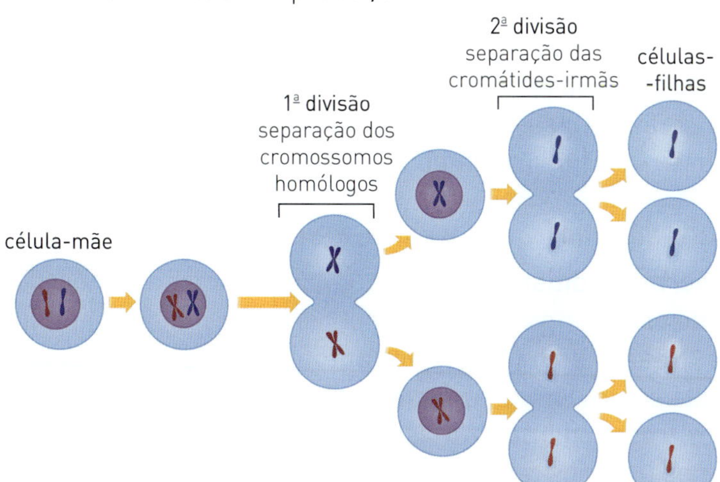

▲ Esquema da divisão celular por meiose em uma célula com um único par de cromossomos. (Representação sem proporção de tamanho e em cores-fantasia.)

VARIABILIDADE GENÉTICA

Os seres vivos, em geral, têm dois ou mais cromossomos em suas células. Como na meiose a separação dos cromossomos homólogos ocorre ao acaso, esse processo resulta em combinações genéticas sempre diversas nas células que se formam.

As células formadas na meiose participam da reprodução, ou seja, originam novos organismos. Assim, as combinações de cromossomos geradas na meiose contribuem para a variabilidade genética, isto é, permitem que os indivíduos de uma espécie apresentem diferenças entre si. Acredita-se que a variabilidade genética seja fundamental para a manutenção e a evolução de uma espécie.

TIPOS DE REPRODUÇÃO

A produção de novos indivíduos pode ocorrer por reprodução assexuada ou por reprodução sexuada. Ambos os processos são observados nos mais diversos grupos de seres vivos.

Laguna Design/SPL/Fotoarena

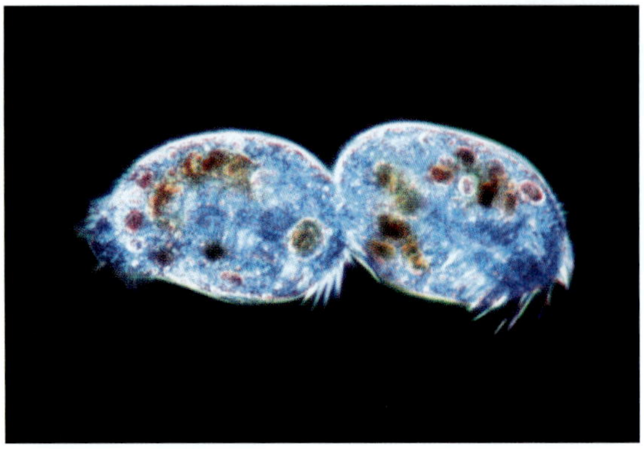

▲ A divisão binária ocorre em organismos unicelulares, como o protozoário da foto. Nesse processo, a única célula do indivíduo se divide em duas, formando dois novos organismos. Foto ao microscópio de luz.

REPRODUÇÃO ASSEXUADA

Na **reprodução assexuada**, os novos indivíduos são gerados a partir de um único genitor e sem a participação de células especiais. Eles são idênticos ao genitor, sendo denominados **clones**.

Esse tipo de reprodução não requer a presença de um parceiro para a troca de gametas nem para o acasalamento. Essa situação pode ser vantajosa quando há pouca probabilidade de se encontrar indivíduos da mesma espécie. Algumas das formas de reprodução assexuada mais comuns são a divisão binária, o brotamento, a esporulação e a multiplicação vegetativa.

Ruben Duro/Science Source/Fotoarena

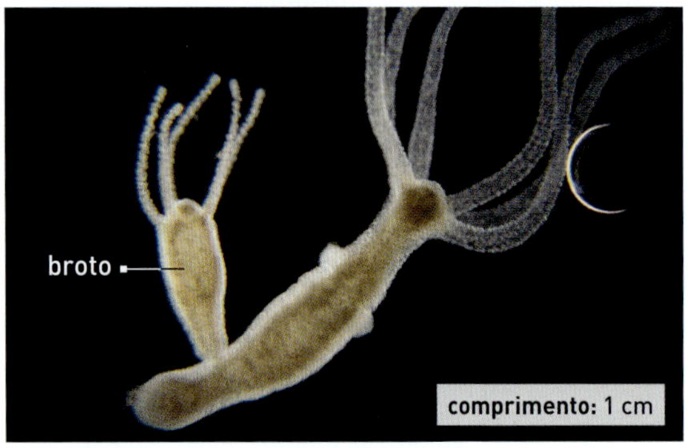

▲ No brotamento, um indivíduo jovem e de tamanho reduzido, chamado de broto, se desenvolve ligado ao genitor e depois se solta e adquire autonomia. Esse processo é observado em plantas, fungos, poríferos e cnidários, como a hidra (gênero *Hydra*) retratada nessa foto ao microscópio de luz.

REPRODUÇÃO SEXUADA

A **reprodução sexuada** ocorre com a participação de células especiais, denominadas células germinativas ou **gametas**. A união dos gametas é denominada **fecundação**. A célula resultante da fecundação, o **zigoto**, forma o embrião, que se desenvolve até formar um novo indivíduo.

Os gametas transportam apenas metade da carga genética encontrada nas células corporais do indivíduo. Essas células com metade da carga genética são denominadas **haploides**. A fecundação reúne as duas metades da carga genética, cada uma presente em um gameta, resultando em um zigoto com a carga genética completa. O desenvolvimento do embrião, gerado pela fecundação, dará origem a um indivíduo formado por células com a carga genética típica da espécie. Essas células são denominadas **diploides**, pois apresentam duas cópias de cada tipo de cromossomo.

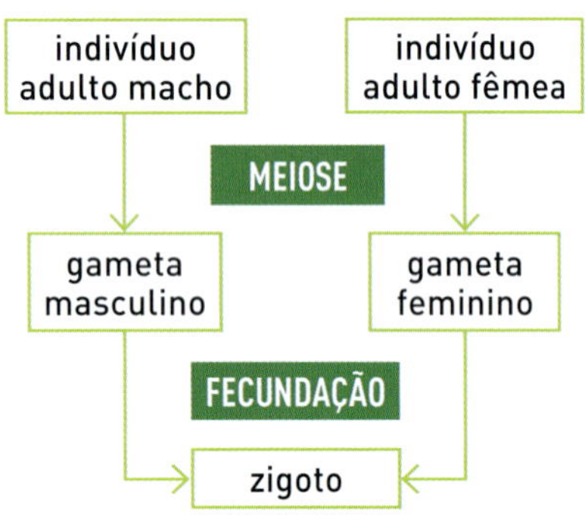

▲ O esquema representa a formação de gametas e a fecundação em muitos animais vertebrados. Os gametas são haploides, pois são produzidos por meiose, mas o zigoto e as demais etapas do ciclo de vida são diploides.

Hermafroditismo

O **hermafroditismo** ocorre quando um mesmo indivíduo é capaz de produzir gametas masculinos e femininos simultaneamente. Nesse caso, pode haver **autofecundação**, se o indivíduo fecundar a si mesmo, ou **fecundação cruzada**, quando dois indivíduos trocam gametas masculinos que serão usados para fecundar os próprios óvulos.

Muitas plantas são hermafroditas, assim como certas espécies de vermes nematódeos, moluscos e peixes.

ATIVIDADES

Acompanhamento da aprendizagem

Retomar e compreender

1. O que é reprodução? Qual é a importância desse processo para os seres vivos?
2. Copie a tabela a seguir no caderno e preencha-a com os aspectos corretos referentes a cada tipo de reprodução.

Características	Reprodução assexuada	Reprodução sexuada
Envolve meiose?		Sim.
Envolve gametas?		
Envolve troca ou mistura de material genético?	Não.	
Origina clones?		
Envolve acasalamento?		
Vantagem evolutiva		A variabilidade genética.
Desvantagem evolutiva		

3. Observe a imagem e faça o que se pede.

Fabio Eugenio/ID/BR

a) Que tipo de reprodução está representada na imagem? Descreva-a.

b) Pode-se afirmar que o animal gerado é um clone? Explique.

4. Leia o texto a seguir e responda às questões.

> O câncer de mama se caracteriza pela proliferação anormal, de forma rápida e desordenada, das células do tecido mamário. A doença se desenvolve em decorrência de alterações genéticas. Porém, isso não significa que os tumores da mama são sempre hereditários.
>
> Em seu funcionamento normal, o corpo substituiu as células antigas por células novas e saudáveis. As mutações genéticas podem alterar a habilidade da célula de manter sua divisão e reprodução sob controle, produzindo células em excesso, formando o tumor.
>
> [...]
>
> Câncer de mama. AcesSUS. Disponível em: https://www.fcm.unicamp.br/acessus/agravos-estudados/cancer-de-mama. Acesso em: 29 maio 2023.

a) Que tipo de divisão celular está relacionado à formação do câncer de mama?

b) Indique o trecho do texto que mostra a relação desse processo celular com o câncer.

c) De acordo com o texto, o que seria responsável por afetar o processo normal da divisão celular no caso de câncer?

5. Responda às questões a seguir.

a) O que são gametas?

b) Qual é a relação entre gametas e reprodução sexuada?

c) Dê dois exemplos de organismos que se reproduzem sexuadamente.

6. Como a meiose contribui para a variabilidade genética?
7. Todo indivíduo hermafrodita fecunda a si próprio? Explique.

Aplicar

8. As bactérias são abundantes em todos os tipos de ambiente. Um dos motivos para isso é seu eficaz modo de reprodução, a divisão binária.

a) Considere uma espécie de bactéria cujos indivíduos se dupliquem a cada vinte minutos. No caderno, calcule quantas bactérias existirão após 3 horas a partir de um único indivíduo e supondo que nenhuma bactéria morra durante o processo.

b) Levando em conta a resposta ao item **a**, relacione a grande capacidade de infecção de certas bactérias à dificuldade de o organismo combatê-las e evitar a doença causada por elas.

CAPÍTULO

2 ALGAS E PLANTAS SEM SEMENTES

PARA COMEÇAR

Os processos reprodutivos das algas e de muitas plantas ocorrem sem a formação de sementes. Como as algas e as plantas sem sementes se reproduzem?

ALGAS

As algas apresentam grande diversidade de aparência e de tamanho. São seres eucariontes e podem ser unicelulares ou pluricelulares. Todas são **autótrofas fotossintetizantes**, ou seja, produzem o próprio alimento por fotossíntese. Elas têm **clorofila** – pigmento verde envolvido no processo da fotossíntese –, mas também podem ter outros pigmentos, responsáveis pelas cores que caracterizam determinadas espécies.

O corpo das algas pluricelulares é formado por um **talo**, cujas estruturas lembram partes de uma planta, como caule e folhas. Esse talo, no entanto, não é constituído de órgãos ou de tecidos verdadeiros (como é o caso da maioria das plantas).

A maioria das espécies de algas é marinha ou de água doce, mas algumas se desenvolvem em ambientes terrestres úmidos. Sejam unicelulares, sejam pluricelulares, as algas podem se reproduzir de forma assexuada e sexuada.

▼ Algas da espécie *Macrocystis pyrifera* podem formar enormes florestas submersas em águas costeiras dos oceanos Pacífico e Atlântico. Seus talos podem chegar a 60 metros de comprimento.

Ethan Daniels/Shutterstock.com/ID/BR

REPRODUÇÃO ASSEXUADA

As algas unicelulares se reproduzem assexuadamente por **divisão binária**. Nas algas pluricelulares, a reprodução pode ocorrer por esporulação e por fragmentação do talo. Na **esporulação**, cada esporo flagelado é capaz de originar um novo indivíduo pluricelular. Na **fragmentação**, um ou mais pedaços que se separam da alga podem originar novos indivíduos.

Explique como as **algas podem ajudar no combate às mudanças climáticas.**

flagelado: dotado de flagelo, uma estrutura longa e móvel que permite o deslocamento na água.

REPRODUÇÃO SEXUADA

A reprodução sexuada é comum entre as algas. Nas pluricelulares, os processos sexuados são variados. Em certas espécies, os indivíduos adultos são formados por células haploides. Algumas dessas células formam gametas, os quais são lançados na água. Quando os gametas se unem, originam um zigoto diploide. O zigoto então se divide por meiose e cada célula haploide se desenvolve até formar uma alga adulta haploide.

Em outras espécies, a alga adulta é formada por células diploides. Algumas células sofrem meiose e originam gametas haploides, que são lançados no ambiente. Após a fecundação, o zigoto diploide se desenvolve em adultos diploides.

Em muitas espécies, como as do gênero *Ulva*, o ciclo de vida é alternante: em uma fase do ciclo, as algas adultas são haploides; em outra fase, as algas adultas são diploides.

RLS Photo/Shutterstock.com/ID/BR

▲ A *Ulva lactuca*, conhecida como alface-do-mar, é uma alga pluricelular de ambiente marinho.

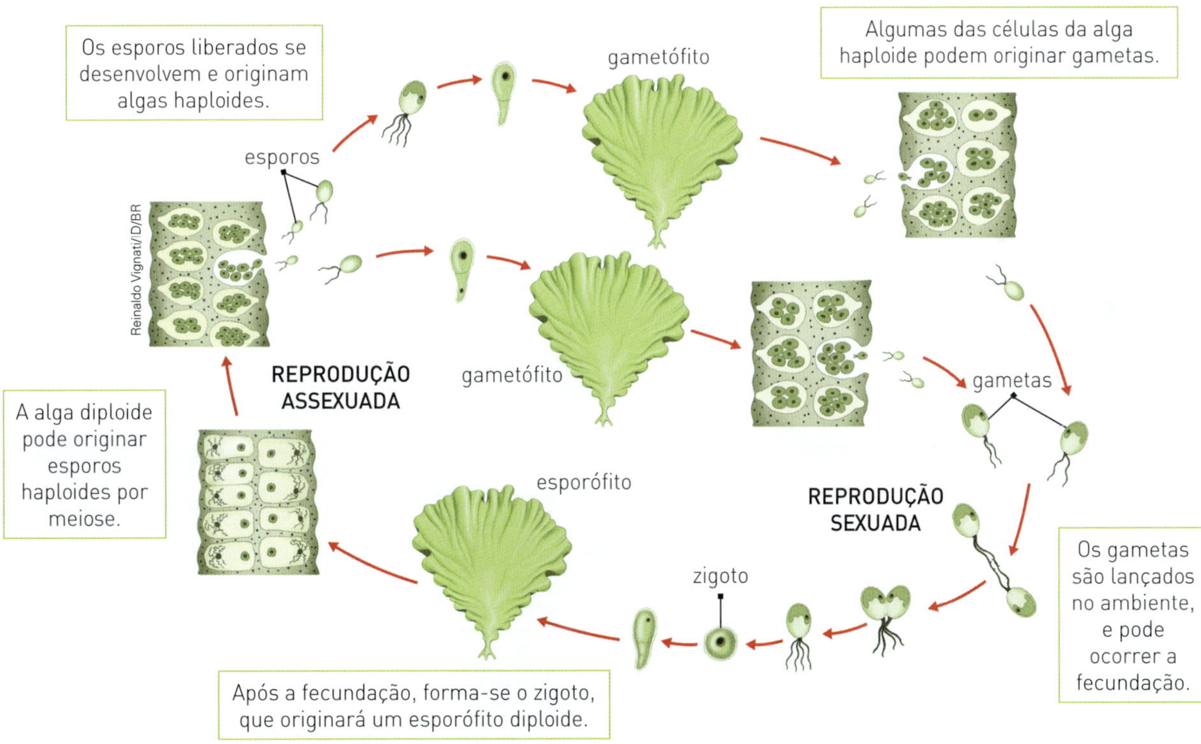

▲ **Esquema do ciclo de vida alternante de algas do gênero *Ulva*. O adulto diploide que produz esporos é denominado esporófito, e o adulto haploide que produz gametas é denominado gametófito. (Representação sem proporção de tamanho e em cores-fantasia.)**

Fonte de pesquisa: Peter H. Raven; Ray F. Evert; Susan E. Eichhorn. *Biologia vegetal*. 7. ed. Rio de Janeiro: Guanabara Koogan, 2007. p. 352-353.

EVOLUÇÃO DAS PLANTAS

Os biólogos acreditam que as plantas tiveram origem em um grupo de algas verdes que passou a se desenvolver no ambiente terrestre há cerca de 500 milhões de anos. Ao longo do tempo, várias características se estabeleceram e estão presentes até hoje em muitos grupos de plantas. Em geral, essas características têm relação com a adaptação das plantas ao ambiente terrestre, ou seja, à vida fora da água.

Veja, na imagem a seguir, mais detalhes sobre algumas dessas características.

GRUPOS DE PLANTAS

De acordo com a ausência ou a presença de determinadas características, as plantas são classificadas em quatro grupos: **briófitas**, grupo dos musgos; **pteridófitas**, grupo das samambaias; **gimnospermas**, grupo dos pinheiros; e **angiospermas**, grupo das plantas que têm flores e frutos, como o ipê e as roseiras.

▲ **Representação sem proporção de tamanho e distância entre os elementos e em cores-fantasia.**

Fonte de pesquisa: Jane B. Reece e outros. *Biologia de Campbell*. 10. ed. Porto Alegre: Artmed, 2015. p. 617.

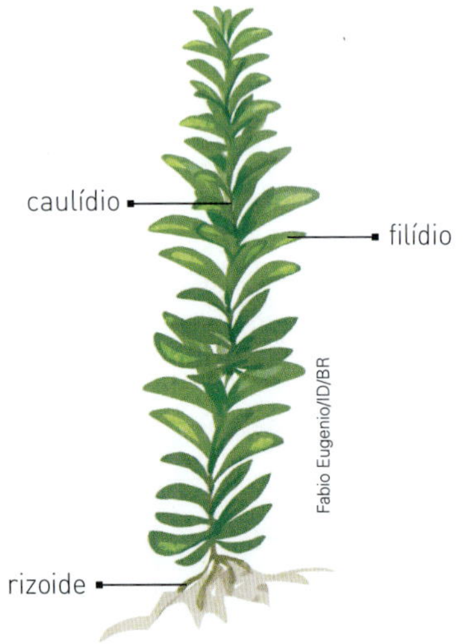

▲ **Esquema das estruturas do corpo de um musgo. Essas estruturas lembram raízes, caules e folhas, mas não são chamadas assim porque não têm vasos condutores em seu interior. (Representação sem proporção de tamanho e em cores-fantasia.)**

Fonte de pesquisa: Peter H. Raven; Ray F. Evert; Susan E. Eichhorn. *Biologia vegetal*. 7. ed. Rio de Janeiro: Guanabara Koogan, 2007. p. 380-381.

BRIÓFITAS

As **briófitas** são plantas **avasculares**, ou seja, não têm vasos condutores de seiva. A absorção de água e de sais minerais pode ser realizada por qualquer parte do organismo, e a distribuição dessas substâncias ocorre diretamente de uma célula a outra.

As briófitas são plantas de pequeno porte, que não ultrapassam alguns centímetros de altura ou de comprimento; em geral, ocupam ambientes úmidos e sombreados.

Na reprodução das briófitas, o gameta masculino precisa nadar para encontrar o gameta feminino. Assim, para que a fecundação seja possível, é necessário que haja água no ambiente.

O ciclo reprodutivo das briófitas é alternante: o **gametófito** produz gametas e se reproduz de modo sexuado dando origem ao **esporófito**. O esporófito produz esporos, que, uma vez liberados, podem germinar originando novos gametófitos.

Nas briófitas, o gametófito vive por mais tempo, sendo considerado a **geração duradoura**. O esporófito vive menos e depende de alimento e de água fornecidos pelo gametófito. Assim, o esporófito é a **geração transitória** das briófitas.

Esse ciclo de vida alternante, semelhante ao de certas algas verdes, reforça a ideia de que essas algas deram origem às plantas.

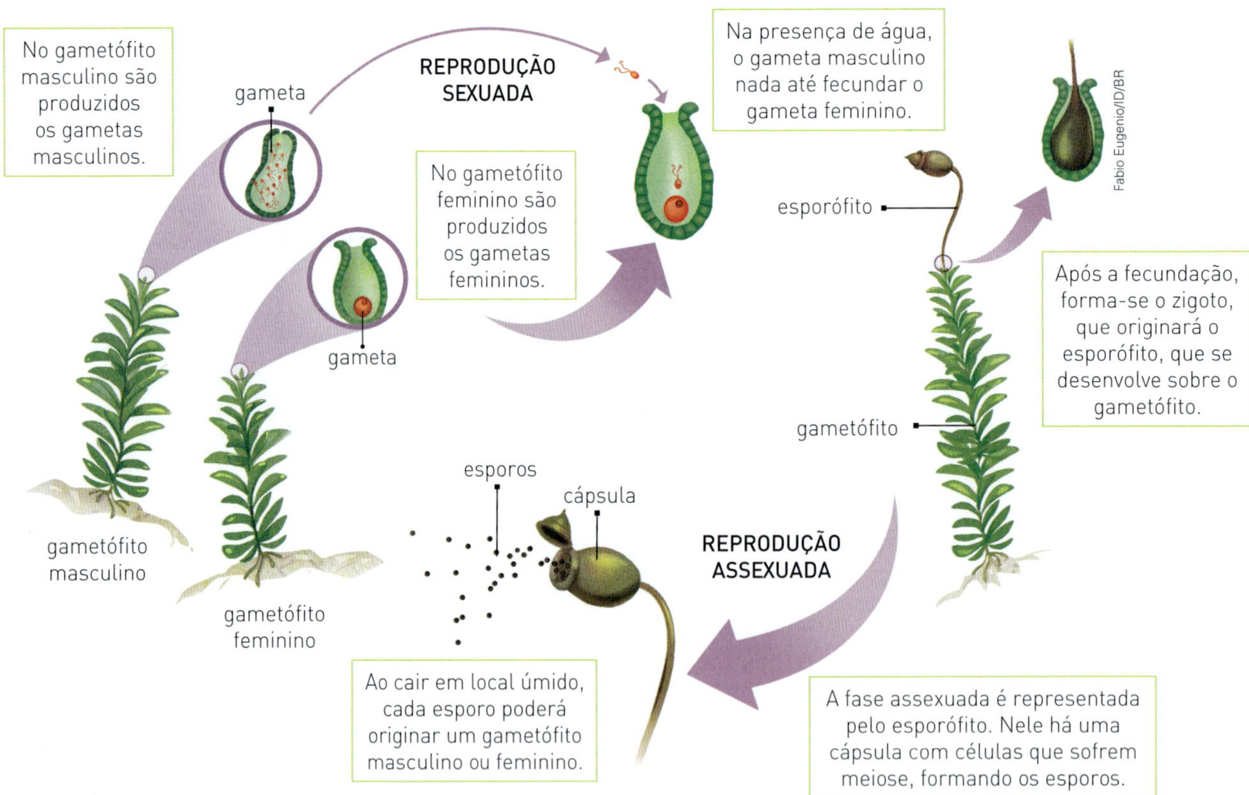

▲ **Esquema do ciclo reprodutivo de um musgo. Note que o ciclo completo inclui as fases de esporófito e de gametófito. (Representação sem proporção de tamanho e em cores-fantasia.)**

Fonte de pesquisa: Peter H. Raven; Ray F. Evert; Susan E. Eichhorn. *Biologia vegetal*. 7. ed. Rio de Janeiro: Guanabara Koogan, 2007. p. 380-381.

DIVERSIDADE DAS BRIÓFITAS

As briófitas podem ser reunidas em três grupos: musgos, hepáticas e antóceros.

Musgos

Os **musgos** formam o maior grupo de briófitas, com pouco mais de 12 mil espécies. No Brasil, são muito comuns nos ambientes naturais e urbanos. Crescem no solo, em barrancos, sobre troncos de árvores e até sobre rochas, muros e paredes, comumente em locais sombreados e úmidos. O gametófito de um musgo tem porte ereto, com altura entre 1 cm e 5 cm. Em geral, os gametófitos crescem lado a lado e, sobre eles, de tempos em tempos, crescem esporófitos – delicadas hastes cor de ferrugem.

Hepáticas

A maior parte das 9 mil espécies de **hepáticas** vive em ambientes terrestres, em locais muito úmidos ou sombreados; há também espécies de água doce. Os gametófitos das hepáticas são achatados e crescem espalhando-se rente à superfície. Os esporófitos se desenvolvem no interior de estruturas que produzem gametas femininos.

Antóceros

Os **antóceros** constituem o menor grupo de briófitas, com cerca de 100 espécies descritas. Seus gametófitos são semelhantes aos das hepáticas: são achatados e crescem de modo rasteiro em solo úmido ou sobre rochas nas margens de rios. Os esporófitos são longos e crescem com postura ereta.

A BAIXAS TEMPERATURAS

Nos ambientes tropicais, as briófitas vivem à sombra das plantas de maior porte. Existem lugares, porém, onde as briófitas são a vegetação dominante. É o caso da tundra, bioma típico das regiões árticas. Na tundra, os musgos podem ser abundantes a ponto de constituírem um elemento importante na dieta de alguns animais.

PARA EXPLORAR

Plantas terrestres, de George J. Shepherd.

Nesse capítulo de uma obra publicada pelo Ministério do Meio Ambiente, o autor trata, entre outros temas, da diversidade de plantas terrestres no Brasil e da importância econômica e ecológica de briófitas, pteridófitas, gimnospermas e angiospermas. Disponível em: https://antigo.mma.gov.br/estruturas/chm/_arquivos/Aval_Conhec_Cap7.pdf. Acesso em: 29 maio 2023.

A

Margaret Gaines/DanitaDelimont/Alamy/Fotoarena

B

Tony Wharton/Minden Pictures/Fotoarena

C

Daniel Vega/Age Fotostock/Easypix Brasil

▲ **(A)** Musgos com alguns esporófitos bem evidentes. **(B)** Em algumas hepáticas, as estruturas que produzem gametas lembram pequenos guarda-chuvas. **(C)** Antóceros com esporófitos bem desenvolvidos.

PTERIDÓFITAS

As pteridófitas são chamadas de **plantas vasculares** porque apresentam um sistema interno de **vasos condutores** que transportam água e nutrientes entre os vários órgãos da planta. Esse sistema de vasos possibilita que as pteridófitas atinjam tamanhos maiores que os alcançados pelas briófitas.

Os vasos condutores estão presentes em todos os órgãos da planta. Por isso, as pteridófitas apresentam raízes, caule e folhas verdadeiros.

Assim como nas demais plantas, o ciclo de vida das pteridófitas alterna entre as fases sexuada (gametofítica) e assexuada (esporofítica).

O **esporófito** corresponde à fase duradoura do ciclo de vida das pteridófitas. Nas samambaias, por exemplo, o esporófito é a planta que cultivamos em vasos. O **gametófito** é bem pequeno, com poucos milímetros, e tem vida curta. É necessária a presença de água na fase sexuada da reprodução.

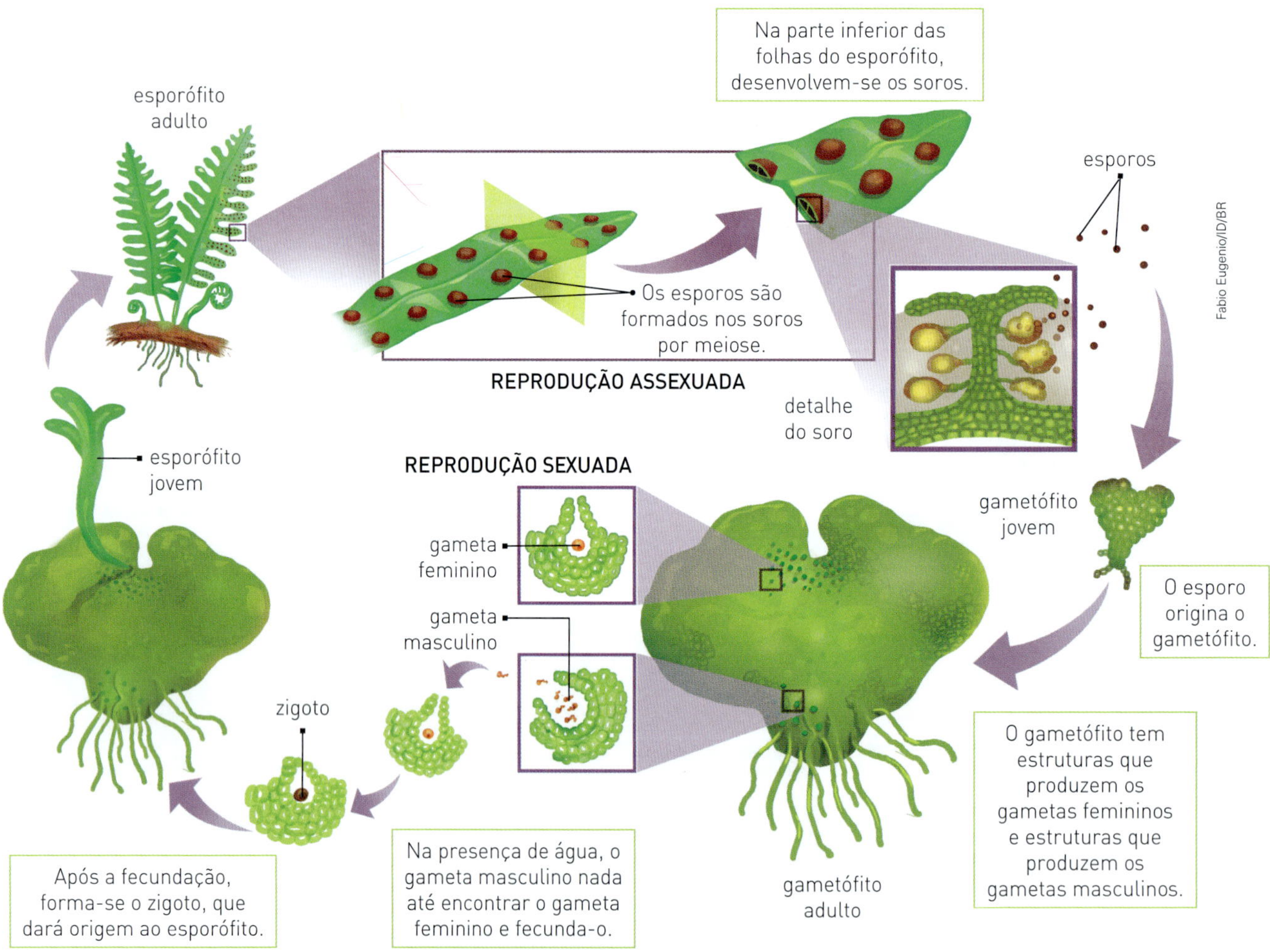

Esquema do ciclo de vida de uma samambaia. Nessas plantas, o esporófito é independente do gametófito. (Representação sem proporção de tamanho e em cores-fantasia.)

Fonte de pesquisa: Peter H. Raven; Ray F. Evert; Susan E. Eichhorn. *Biologia vegetal*. 7. ed. Rio de Janeiro: Guanabara Koogan, 2007. p. 380-381.

DIVERSIDADE DAS PTERIDÓFITAS

São conhecidas aproximadamente 12 mil espécies atuais de pteridófitas. Os principais grupos são as filicíneas, as licopodíneas e as equisetíneas.

Filicíneas

As **filicíneas** são as pteridófitas mais comuns, com cerca de 11 mil espécies. O grupo inclui samambaias, avencas, rendas-portuguesas, chifres-de-veado e a samambaiaçu (xaxim).

Atualmente, a maioria das filicíneas é de pequeno porte, mas algumas espécies podem ultrapassar os 10 metros de altura, como a samambaiaçu.

As filicíneas são as pteridófitas mais bem adaptadas ao meio terrestre. A maioria é encontrada em ambientes úmidos, mas há espécies que sobrevivem em ambientes mais secos, como a Caatinga.

Fabio Colombini/Acervo do fotógrafo

O caule da samambaiaçu (*Dicksonia sellowiana*) costumava ser coletado para a produção de vasos de xaxim. Atualmente, essa prática é proibida.

Licopodíneas

Há cerca de mil espécies de **licopodíneas** conhecidas. Elas são popularmente chamadas de licopódios e selaginelas. Todas são pequenas e encontradas apenas em locais úmidos.

Suas folhas têm formato de agulha ou escamas e recobrem praticamente toda a planta.

Equisetíneas

No passado, o grupo das **equisetíneas** tinha representantes que atingiam dezenas de metros de altura. Atualmente, ele é formado por apenas um gênero, com 15 espécies, o *Equisetum*. Todas são popularmente chamadas de cavalinhas e apresentam porte médio (por volta de um metro de altura).

ifeelstock/Alamy/Fotoarena

Todas as espécies de cavalinha pertencem ao mesmo gênero, *Equisetum*.

AS PTERIDÓFITAS DO PASSADO

Os registros fósseis indicam que as primeiras pteridófitas, que eram semelhantes aos atuais licopódios, surgiram há aproximadamente 400 milhões de anos.

Os licopódios atuais são de pequeno porte, mas seus ancestrais eram as maiores plantas de sua época, atingindo até 50 m de altura. No período Carbonífero, que durou entre 359 milhões e 299 milhões de anos atrás, eles ocupavam extensas áreas pantanosas.

As cavalinhas também têm ancestrais que atingiam grande porte (até 30 m de altura). Mas, ao contrário dos licopódios, os ancestrais das cavalinhas ocorriam em locais com menor umidade e, por isso, podiam colonizar mais ambientes.

Desde o Carbonífero, as samambaias já eram o grupo mais abundante e diversificado de pteridófitas e também apresentavam espécies arbóreas.

As pteridófitas do passado são importantes para o ser humano: muitas pteridófitas que formaram grandes florestas no período Carbonífero foram soterradas, e seus restos deram origem aos depósitos de carvão mineral.

Frederic Tournay/Biosgarden/Biosphoto/AFP

Os licopódios (*Lycopodium* sp.) formam o grupo mais antigo de plantas vasculares existentes atualmente.

Observando protalos de samambaia

É possível obter protalos a partir de uma folha de samambaia? Você vai fazer um **experimento** para responder a essa pergunta.

Material

- folha fértil (com soros maduros) de samambaia, que o professor vai distribuir
- 1 garrafa PET transparente de 2 L (ou maior), vazia e limpa, com tampa
- terra vegetal (o suficiente para encher $\frac{1}{4}$ da garrafa)
- areia ou cascalho (o suficiente para fazer uma camada de 5 cm de altura)
- folha de papel avulsa; lápis para as anotações; tesoura com pontas arredondadas; etiqueta
- 1 rolo de fita adesiva
- 1 recipiente com aproximadamente 500 mL de água limpa

Como fazer

ATENÇÃO !
Cuidado para não se ferir com a borda da garrafa.

1. Mantenha por 24 horas a folha fértil de samambaia em um local seco e quente, como o interior de um armário fechado.
2. O professor vai cortar a parte superior da garrafa a cerca de 25 cm da base. Guarde a parte cortada e a tampa.
3. Coloque a areia (ou o cascalho) no fundo da garrafa e, sobre essa camada, distribua a terra vegetal.
4. Despeje água em quantidade suficiente para encharcar a areia (ou o cascalho) do fundo, mas tome cuidado para não encharcar a terra vegetal.
5. Sacuda a folha fértil sobre a folha de papel. Provavelmente, vai cair um pó escuro da folha de samambaia, que são os esporos.
6. Espalhe os esporos sobre a terra. Não os cubra.
7. Tampe essa estrutura com a parte cortada da garrafa. Passe fita adesiva em torno da emenda para vedar bem, como na imagem desta página.
8. Cole a etiqueta, com nome e data da montagem, na parte de baixo da garrafa.
9. Deixe a montagem em um lugar quente e iluminado, mas que não receba luz solar diretamente.
10. A cada três dias, anote as alterações observadas.
11. Abra a montagem após 10 dias e observe. Se o aspecto da terra continuar igual, vede a montagem e abra-a novamente após mais 10 dias.

Leandro Lassmar/ID/BR

Para concluir

1. Qual é a utilidade da camada de areia ou de cascalho no fundo da garrafa?
2. Por que é importante vedar a garrafa?
3. Esse experimento poderia resultar na formação de uma samambaia? Explique.
4. Durante uma caminhada em um trecho de Mata Atlântica, qual estrutura seria mais provável de ser encontrada, o esporófito ou o gametófito? Justifique.

ATIVIDADES

Acompanhamento da aprendizagem

Retomar e compreender

1. Os biólogos, em geral, estabelecem que as plantas se originaram há cerca de 500 milhões de anos, a partir de um grupo de algas verdes. Embora compartilhem algumas características, plantas e algas são estruturalmente muito diferentes.

a) Compare o ciclo de vida de algas verdes, retratado na página 133, e o das briófitas, apresentado na página 136. Há alguma semelhança nesses ciclos que possa sustentar a hipótese da origem das plantas a partir das algas?

b) Como se explicam as diferenças encontradas nas estruturas corporais de algas e de plantas terrestres?

2. As figuras a seguir representam um musgo (**A**) e uma samambaia (**B**). Observe-as e, depois, faça o que se pede.

A

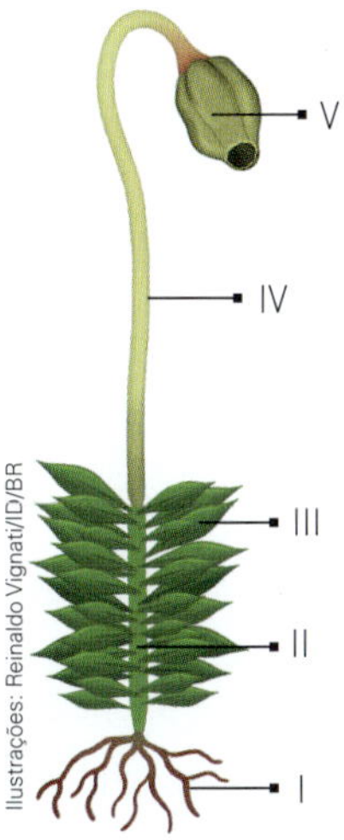

Ilustrações: Reinaldo Vignati/ID/BR

B

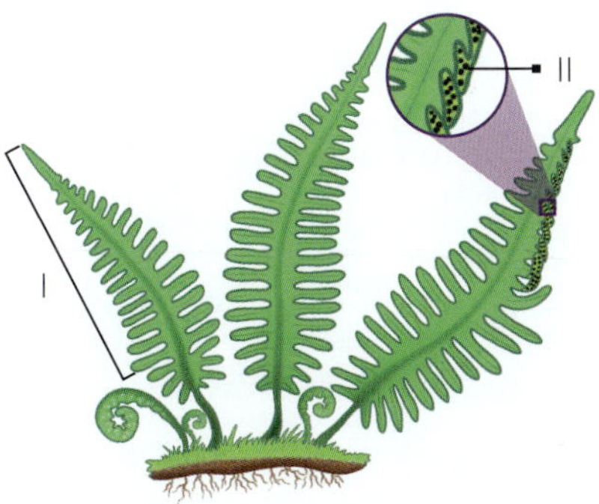

a) Identifique as estruturas numeradas nas figuras **A** e **B**.

b) Essas figuras mostram as fases gametofítica ou esporofítica de cada planta? Explique.

c) Explique por que, para os musgos, usamos as expressões rizoide, caulídio e filídio e, para as samambaias, raiz, caule e folha.

3. Sobre o ciclo de vida de briófitas e pteridófitas, responda:

a) O que significa dizer que o ciclo de vida dessas plantas é alternante?

b) É correto dizer que, em ambas, o esporófito é dependente do gametófito? Explique.

4. Os musgos são plantas de pequeno porte encontradas sobretudo em ambientes sem luz solar direta e com muita umidade. As samambaias também preferem ambientes sombreados, mas muitas espécies podem atingir vários metros.

a) Como se explicam as diferenças de tamanho entre as duas plantas?

b) Qual é a relação entre a preferência por ambientes úmidos e o ciclo de vida dessas plantas?

c) Nos musgos e nas samambaias, tanto o esporo como o zigoto podem formar indivíduos. Qual é a diferença entre o esporo e o zigoto?

Aplicar

5. Forme dupla com um colega para investigar a existência de musgos e de outras briófitas nos arredores da escola.

- Tracem um roteiro para percorrer e fiquem atentos aos locais em que há maior probabilidade de encontrar briófitas, como áreas sombreadas de jardins, muros e paredes úmidas, troncos de árvores, postes, etc.
- Anotem no caderno suas observações, identificando o local e a data correspondentes e produzindo desenhos das plantas. Se possível, levem uma lupa para facilitar a visualização das estruturas que compõem o corpo das plantas e fotografem o ambiente em que a briófita foi encontrada.
- Em sala de aula, compartilhem as informações com os colegas e o professor.

CAPÍTULO

3 PLANTAS COM SEMENTES

PARA COMEÇAR

A maior parte das plantas que conhecemos apresenta uma grande novidade evolutiva: a produção de sementes. Em algumas plantas, a semente é envolta em uma casca simples; em outras, é envolvida pelo fruto.

Você sabe qual é a função da semente nas plantas?

GIMNOSPERMAS

Na história da evolução das plantas, as sementes surgiram pela primeira vez nas **gimnospermas** (do grego *gymnos* = nu, despido, e *sperma* = semente). As **sementes** contêm um embrião e uma reserva nutritiva, a qual sustenta o embrião nas etapas iniciais de seu desenvolvimento.

As gimnospermas apresentam vasos condutores, e a maioria das espécies tem caule do tipo lenhoso, ou seja, que forma madeira. Por isso, algumas espécies desse grupo atingem dezenas de metros de altura, ficando entre os maiores organismos vivos do planeta. Os ciprestes, os pinheiros, as cicas e as sequoias são exemplos de gimnospermas.

Muitas espécies de gimnospermas foram introduzidas no Brasil como plantas ornamentais ou por seu valor econômico. No país, há apenas 22 espécies de gimnospermas nativas. A araucária, ou pinheiro-do-paraná, é a mais conhecida delas.

▼ Mata de araucária (*Araucaria angustifolia*) em Bom Jardim da Serra (SC). Foto de 2020.

André Dib/Pulsar Imagens

altura: 50 m

REPRODUÇÃO

Nas gimnospermas, a fase duradoura do ciclo de vida é o esporófito, que corresponde à parte visível da planta. O gametófito é muito reduzido e se desenvolve no interior dos **estróbilos**, estruturas de reprodução. Os estróbilos podem ser masculinos ou femininos. Na maioria das espécies atuais, os estróbilos têm forma de cone e são popularmente chamados de **pinhas**.

Veja, no esquema a seguir, que a reprodução desse grupo independe da presença de água no ambiente. Essa é uma característica que contribui para a vida nos ambientes terrestres.

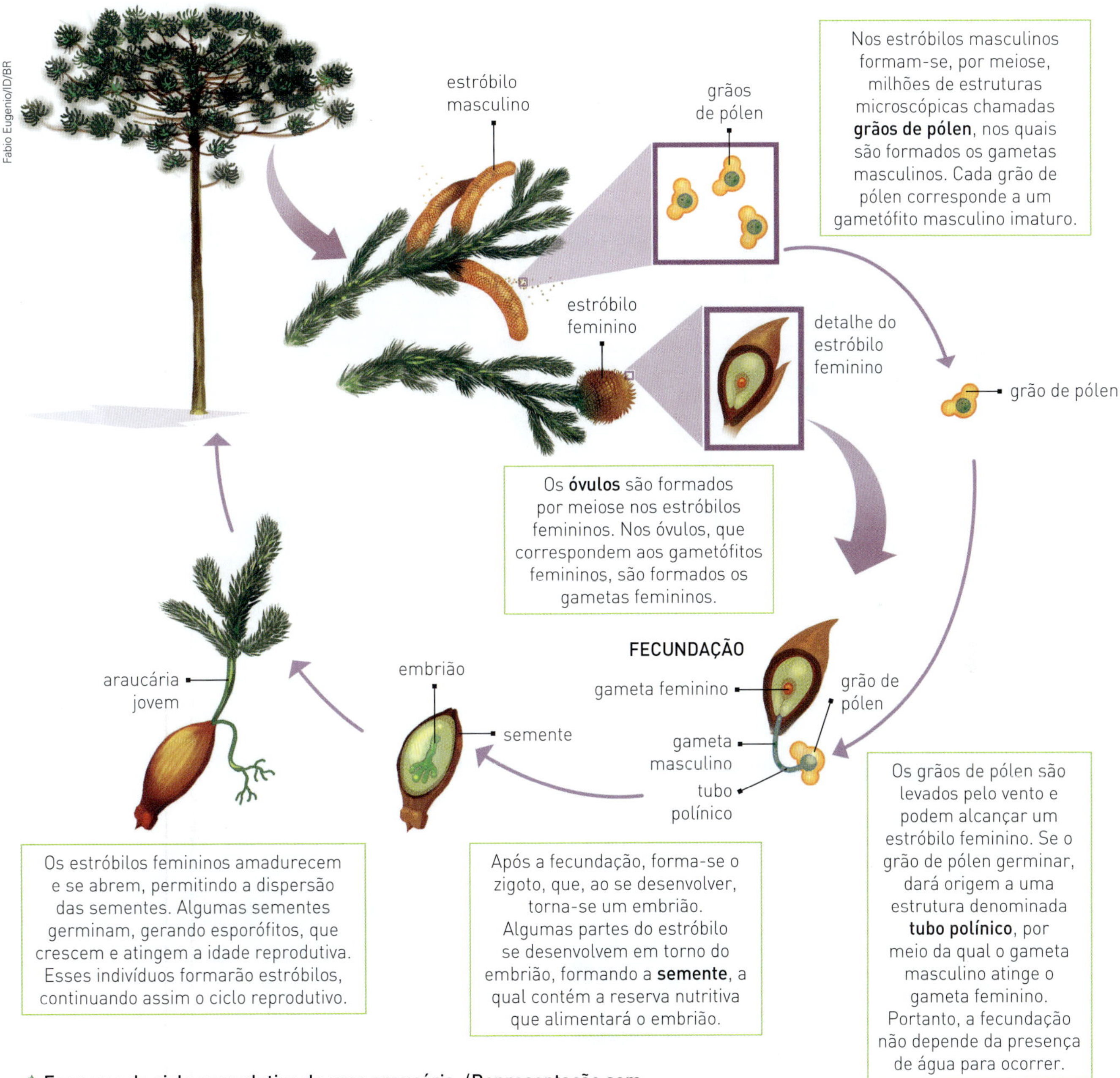

▲ **Esquema do ciclo reprodutivo de uma araucária. (Representação sem proporção de tamanho e em cores-fantasia.)**

Fonte de pesquisa: Jane B. Reece e outros. *Biologia de Campbell*. 10. ed. Porto Alegre: Artmed, 2015. p. 634.

DIVERSIDADE DAS GIMNOSPERMAS

Os quatro principais grupos atuais de gimnospermas são as coníferas, as cicadófitas, as ginkgófitas e as gnetófitas.

GIMNOSPERMAS

	Coníferas	Cicadófitas	Ginkgófitas	Gnetófitas
Características	Formas e tamanhos diversificados. Estróbilos em forma de cone.	Formato semelhante ao de palmeiras e samambaias. Estróbilos grandes.	Folhas em forma de leque. Sementes grandes e carnosas.	Formas e tamanhos diversificados. Encontradas em ambientes tropicais ou desérticos.
Exemplos	Araucárias, pinheiros, tuias, ciprestes, sequoias e cedros-do-líbano.	Cicas.	*Ginkgo biloba*.	*Welwitschia*, *Ephedra* e *Gnetum*.

Franck camhi-vision/OSTILL/iStock/Getty Images

▲ O cedro-do-líbano (*Cedrus libani*) é um exemplo de conífera, grupo com cerca de 550 espécies.

Ansani Nurwiki/iStock/Getty Images

▲ Há cerca de 50 espécies de cicadófitas. As cicas (*Cycas revoluta*) são comumente encontradas em praças e parques públicos.

Sima/Shutterstock.com/ID/BR

▲ A *Ginkgo biloba* é a única espécie existente de ginkgófita. Ela tem sido muito pesquisada como fonte de substâncias que podem ser usadas em medicamentos.

Evenfh/Shutterstock.com/ID/BR

▲ São conhecidas cerca de 70 espécies de gnetófitas. A *Welwitschia mirabilis*, encontrada em desertos africanos, tem apenas duas folhas, que crescem constantemente durante a vida da planta. Com o tempo, as folhas se rompem e ficam com aspecto desfiado.

ANGIOSPERMAS

As **angiospermas** (do grego *aggeîon* = vaso, envoltório, e *sperma* = semente) são o grupo de plantas mais bem-sucedido no ambiente terrestre. Além das sementes e da independência em relação à água para a reprodução, elas apresentam duas estruturas exclusivas que contribuíram muito para seu êxito evolutivo: a flor e o fruto.

Veja a **reprodução das angiospermas** e discuta com os colegas quais são as possíveis vantagens da reprodução assexuada.

A FLOR

Na **flor** estão as estruturas responsáveis pela reprodução dessas plantas. Veja, no esquema a seguir, as partes principais de uma flor.

Ilustrações: Erika Onodera/ID/BR

As **pétalas** são folhas modificadas. Em geral, são coloridas e atraem polinizadores.

As **sépalas** são as folhas mais externas e, em geral, são verdes. Sua principal função é proteger o botão floral, ou seja, a flor que ainda não abriu.

O **carpelo**, o órgão feminino da flor, abriga o ovário, onde estão protegidos os óvulos. Os óvulos são estruturas nas quais se formam, por meiose, os esporos femininos. O esporo dá origem ao gametófito feminino, que produz o gameta feminino.

Os **estames** são os órgãos masculinos da flor, que contêm as anteras. No interior das anteras, formam-se, por meiose, os esporos masculinos, que dão origem aos grãos de pólen. Estes correspondem aos gametófitos masculinos imaturos, que se desenvolvem e produzem gametas masculinos.

REPRODUÇÃO

O ciclo de vida das angiospermas também apresenta duas gerações que se alternam. O esporófito é a fase duradoura, ou seja, é a planta que vemos e que, quando adulta, produz flores. O gametófito é muito reduzido e se desenvolve dentro da flor.

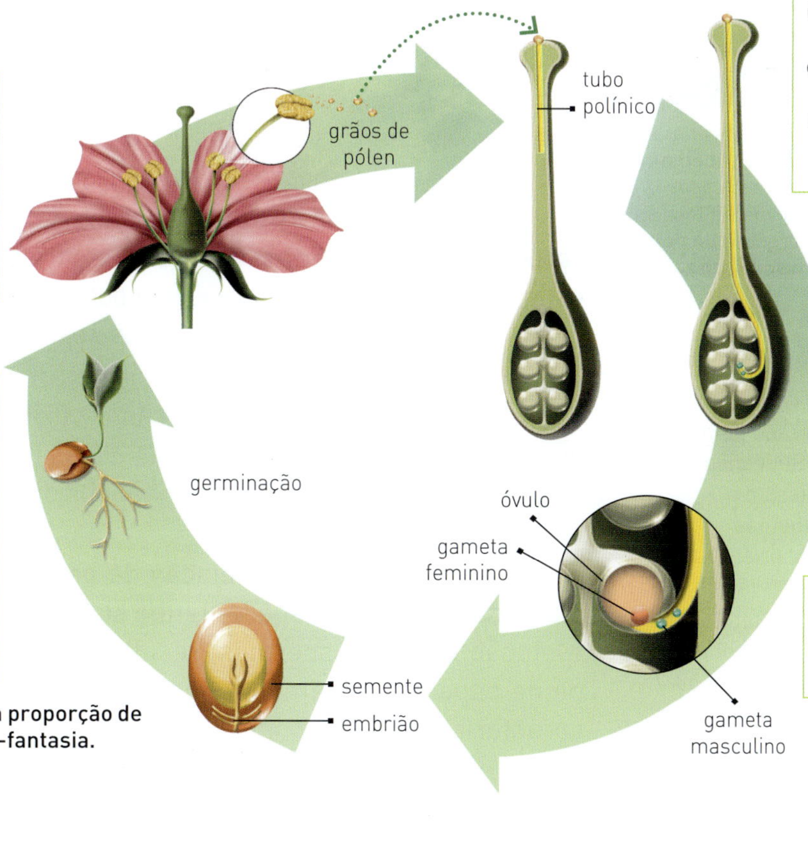

Para que a reprodução sexuada aconteça, é necessário que o grão de pólen chegue até os carpelos, onde os gametas femininos se formam.

Quando o pólen chega ao estigma, o tubo polínico e os gametas masculinos começam a se desenvolver. Os gametas chegam ao óvulo por meio do tubo polínico.

No óvulo, está o gameta feminino e, portanto, é onde pode ocorrer a fecundação.

Após a fecundação, o óvulo se desenvolve em semente, e o ovário, em fruto. Na semente, encontram-se o embrião e a reserva nutritiva, a qual alimentará a planta jovem no início de seu desenvolvimento.

▲ **Representações sem proporção de tamanho e em cores-fantasia.**

A polinização

A **polinização** é o transporte de pólen das anteras para o estigma de uma flor. Nas angiospermas, ela pode ocorrer por ação do vento, da água ou de animais, como moscas, abelhas, borboletas, aves e morcegos. O conjunto de características de cada flor, como perfume, cor, forma e tamanho, está associado ao tipo de polinizador dessa planta.

Nick Pecker/Shutterstock.com/ID/BR

▲ Os ramos que possuem as flores do milho (*Zea mays*) não são atrativas para os animais. A polinização é feita pelo vento.

Fabio Colombini/Acervo do fotógrafo

▲ Flor do maracujazeiro (*Passiflora* sp.) sendo polinizada por abelha-mamangava (gênero *Xylocopa*). Ao sugar o néctar, a abelha toca as anteras da flor, e os grãos de pólen ficam grudados em seu corpo.

PARA EXPLORAR

As abelhas e a agricultura

Esse *e-book*, publicado pela PUC do Rio Grande do Sul e disponível no *link* a seguir, discute a importância das abelhas para a produção de diversos cultivos agrícolas.

Disponível em: https://editora.pucrs.br/edipucrs/acessolivre/Ebooks//Pdf/978-85-397-0658-7.pdf. Acesso em: 31 maio 2023.

Polinização por agentes físicos

A polinização por agentes físicos, como o vento ou a água, depende muito do acaso, pois nem sempre o movimento desses agentes ocorre em direção às flores.

Algumas adaptações aumentam as chances de sucesso:

- estigmas grandes, com ampla superfície para receber os grãos de pólen;
- anteras apoiadas sobre hastes compridas e flexíveis, que balançam com o vento e favorecem a dispersão do pólen;
- produção de grande quantidade de pólen;
- grãos de pólen com formato que facilita sua flutuação no ar ou na água.

Flores polinizadas pelo vento são, em geral, pequenas, pálidas, não têm perfume e não produzem néctar. O milho, o esporão-de-galo e a grama são alguns exemplos.

Polinização por animais

Os animais polinizadores procuram as flores em busca de alimento, que pode ser o néctar (um líquido que contém açúcar e se acumula na base da flor) ou os grãos de pólen – esses alimentos são ricos em substâncias nutritivas. Como esse deslocamento dos polinizadores de uma flor para outra não depende do acaso, as chances de sucesso da polinização por animais são maiores quando comparadas à polinização por agentes físicos.

Quando o animal visita a flor, grãos de pólen aderem a seu corpo. Ao se deslocar para outra flor, ele transporta o pólen até o estigma dessa outra flor e realiza a polinização. Assim, o animal contribui para que sementes e frutos sejam formados.

As flores polinizadas por animais noturnos, como mariposas e morcegos, em geral são brancas ou exibem cores pálidas e emitem aroma forte no final do dia. Já as flores polinizadas por abelhas e borboletas, animais de hábitos diurnos, costumam ser coloridas e perfumadas.

Acredita-se que essa relação de benefício mútuo entre as plantas e seus polinizadores tenha sido um importante fator na evolução das angiospermas, resultando na enorme diversidade de espécies atualmente descritas, cada uma com sua flor característica.

Frutos e sementes

As angiospermas são encontradas em quase todos os ambientes do planeta. Isso se deve, entre outros motivos, ao fato de serem facilmente dispersas, sobretudo por causa de seus frutos e sementes.

Os frutos e as sementes das angiospermas começam a se desenvolver a partir de estruturas femininas da flor, logo após a fecundação.

Tanto o fruto como a semente podem ter características que favorecem o fenômeno da dispersão. Os frutos podem ser coloridos, suculentos e saborosos, por exemplo.

Blickwinkel/McPHOTO/MAS/Alamy/Fotoarena

▲ Ao se alimentar dos frutos da amoreira (gênero *Morus*), o estorninho-rosado (*Sturnus roseus*) atua na dispersão das sementes dessa espécie.

O fruto

As principais funções do **fruto** são proteger a semente e promover sua dispersão, ou seja, favorecer o transporte da semente para longe da planta-mãe.

O fruto se forma a partir do desenvolvimento do ovário da flor após a fecundação. Durante esse processo, a parede do ovário torna-se mais espessa e passa a ser chamada **pericarpo**.

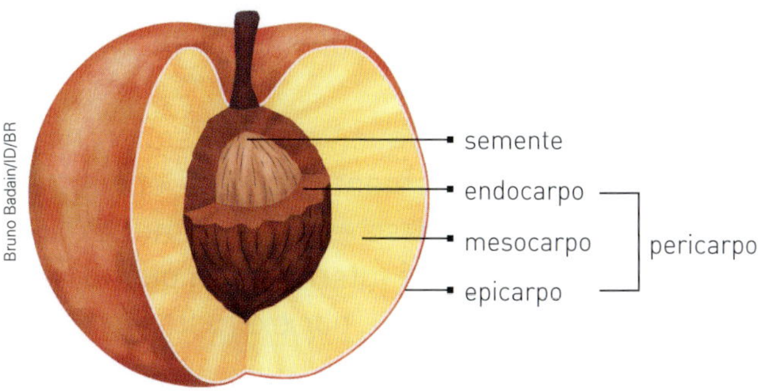

Bruno Badain/ID/BR

▲ O pericarpo é dividido em três partes: epicarpo, que é o revestimento externo do fruto; mesocarpo, que é a camada intermediária; e endocarpo, que corresponde à camada mais interna e que fica em contato com a semente. Em algumas espécies, o mesocarpo é carnoso e serve de alimento para animais. (Representação sem proporção de tamanho e em cores-fantasia.)

Os frutos apresentam enorme variedade de formas e tipos. De modo geral, eles podem ser classificados em carnosos ou em secos.

Os **frutos carnosos** apresentam mesocarpo macio e suculento e costumam ser nutritivos e saborosos. Exemplos: manga, goiaba, abacate e laranja. Os **frutos secos** não são macios ou suculentos, mas duros e fibrosos. Exemplos: a vagem do amendoim e o fruto da castanheira-do-pará.

Em alguns casos, um fruto específico pode ser a única fonte de alimento de determinada espécie de animal. Assim, caso a planta entre em extinção, essa espécie que dela se alimenta também tende a desaparecer.

PSEUDOFRUTOS

Em algumas espécies, além do ovário, outras partes da flor se desenvolvem e se tornam carnosas, formando um **pseudofruto** ou fruto falso.

Eakkapon Sriharun/Shutterstock.com/ID/BR

comprimento: 15 cm

▲ A parte avermelhada e suculenta do caju (*Anacardium occidentale*), utilizada para sucos e doces, é um pseudofruto, pois não se formou do ovário. O fruto verdadeiro é a parte de cor marrom. Ela contém a castanha, que é a semente.

FRUTOS SEM SEMENTES

Algumas vezes, o ovário se desenvolve sem que tenha ocorrido a fecundação. Como consequência, o fruto não contém sementes. É o caso da banana e da laranja-baía, por exemplo.

Baibaz/iStock/Getty Images

comprimento: 15 cm

▲ Os pontinhos pretos que vemos no interior da banana (gênero *Musa*) são óvulos que não se desenvolveram.

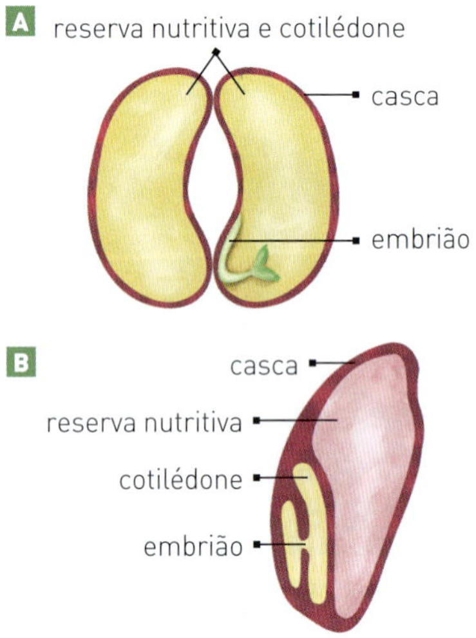

Ilustrações: Bruno Badain/ID/BR

(A) Esquema de semente com dois cotilédones. Em plantas com essa característica, os cotilédones armazenam as reservas nutritivas que serão usadas pelo embrião. (B) Esquema de semente com um cotilédone. Nesse caso, o cotilédone ajuda a transferir as substâncias da reserva nutritiva para o embrião. (Representações sem proporção de tamanho e em cores-fantasia.)

Andrew Syred/SPL/Fotoarena

Germinação da semente de canola (gênero *Brassica*). Na germinação, primeiro surge uma pequena raiz, depois um pequeno caule se desenvolve e, por último, surgem as folhas. A semente de canola tem cerca de 2 mm de diâmetro.

A semente

A **semente** tem origem no desenvolvimento de um óvulo após a fecundação. Ela é constituída de embrião, reserva nutritiva e casca.

O embrião é formado por um eixo e por uma ou duas folhas embrionárias chamadas **cotilédones**. Os cotilédones estão relacionados com a nutrição do embrião.

A **casca** é a parte mais externa da semente e lhe serve de proteção enquanto não ocorre a germinação. A germinação é o processo em que o embrião rompe o envoltório da semente e começa a se desenvolver em contato com o ambiente. As **reservas nutritivas** garantem a energia e as substâncias necessárias para que ocorra a germinação.

A maioria das sementes contém pouca umidade em seus tecidos, o que praticamente impede seu metabolismo. Ela não germina até que absorva certa quantidade de água do ambiente, o que possibilita a retomada do crescimento do embrião. Esse processo também depende de outros fatores ambientais, como temperatura, luminosidade e disponibilidade de gás oxigênio.

A resposta das sementes a esses e outros fatores depende de cada espécie. Algumas, como a alface e outras ervas, germinam apenas se estiverem expostas à luz. Para outras espécies, porém, a luz não interfere na germinação. Temperaturas abaixo de 5 °C ou acima de 45 °C impedem a germinação das sementes da maioria das espécies.

Existem sementes que, mesmo sob condições favoráveis, não germinam: são sementes que se encontram dormentes e podem permanecer nesse estado por muitos anos. Em algumas espécies, a dormência é interrompida quando a semente é alterada de alguma maneira – por exemplo, se é lavada ou tem sua superfície raspada.

Durante a germinação, a planta jovem utiliza as reservas nutritivas da semente para crescer e desenvolver raízes, caule e folhas, até ser capaz de produzir o próprio alimento pela fotossíntese.

CIDADANIA GLOBAL

SEMENTES CRIOULAS

Sementes crioulas são variedades locais selecionadas, cultivadas protegidas e trocadas por gerações de representantes da agricultura familiar, como povos quilombolas e indígenas. São sementes produzidas livres de insumos químicos, como agrotóxicos e fertilizantes, e de forma a manter a sua integridade genética. Em geral, são selecionadas as sementes adaptadas ao modelo de produção local e resistentes às variações do ambiente, assegurando a produção de alimentos saudáveis, a sustentabilidade dos sistemas naturais e dos sistemas cultivados – os agroecossistemas. Além de ser uma forma de agricultura sustentável, a produção das sementes crioulas promove a soberania alimentar, preservando o patrimônio genético e as riquezas ancestrais. Essa produção garante também a autonomia dos pequenos produtores rurais, pois a manutenção das próprias sementes tende a favorecer a redução de custos.

- Como os povos tradicionais e pequenos produtores rurais podem ser beneficiados com a produção e o cultivo das sementes crioulas?

Analisando frutos e sementes

Uma das características marcantes das angiospermas é a grande diversidade em suas estruturas reprodutoras e nas estratégias de dispersão de frutos e de sementes.

Você consegue identificar o modo de dispersão de uma semente com base na análise do fruto que a contém? Para tentar fazer isso na prática, você vai analisar **amostras** de frutos e de sementes de algumas plantas.

Material

- frutos e sementes de vários tipos
- 1 faca de cozinha pequena
- 1 martelo pequeno (para frutos e sementes de casca dura)
- 1 tábua pequena de cozinha
- papel-toalha
- materiais opcionais: lupa de mão, recipiente com água, máquina fotográfica, computador portátil

Aamulya/iStock/Getty Images

Como fazer

1. Formem grupos de três a cinco participantes.
2. Obtenham diferentes frutos e sementes em feiras ou em mercados. Se possível, coletem frutos de plantas ornamentais e também de ervas daninhas. Mas atenção: certifiquem-se de que as plantas manipuladas não oferecem riscos à saúde. Para isso, consultem o professor.
3. Elaborem uma tabela para organizar as características dos frutos e das sementes que vocês obtiveram. A tabela pode ser feita no caderno ou em uma planilha eletrônica.
4. Analisem o material observando aspectos como cor, aroma, tamanho, consistência e espessura da casca, textura, presença de espinhos, entre outros.

ATENÇÃO !

Cuidado para não se ferirem com a faca de cozinha e com o martelo.

Para concluir

1. Com base na análise das amostras de plantas, foi possível reconhecer o modo de dispersão de suas sementes (pelo vento, pela ingestão por animais, pela adesão ao corpo de animais ou pela flutuação)?
2. Os frutos podem ser classificados em duas categorias, de acordo com a consistência. Pense em outros critérios que poderiam ser utilizados para classificá-los.
3. Que papel o ser humano pode desempenhar na dispersão de sementes?

A dispersão das sementes

Uma das principais funções do fruto é promover a **dispersão** das sementes. Os frutos podem ser transportados pelo vento, pela água ou por animais. As características particulares de cada tipo de fruto facilitam o modo como ele é transportado.

Alguns frutos, por exemplo, têm apêndices em forma de asa ou semelhantes a fiapos de algodão, o que facilita sua dispersão pelo vento. Outros, como o coco-da-baía, têm estrutura fibrosa, que os ajuda a flutuar na água de rios e mares – a água, portanto, é seu agente dispersor.

Os frutos carnosos geralmente são coloridos e perfumados. Dessa forma, eles atraem animais que os utilizam como alimento. As sementes também são engolidas pelos animais e podem ser eliminadas com as fezes, muitas vezes longe da planta-mãe.

Em certos casos, os animais transportam os frutos acidentalmente. É o que acontece com os diversos tipos de carrapicho, frutos que têm espinhos ou produzem uma substância pegajosa e, assim, grudam nos pelos ou nas penas dos animais. Em algum momento esse fruto se desprende, geralmente longe da planta que o originou.

▲ O vento é o responsável por dispersar os pequenos frutos do dente-de-leão (*Taraxacum officinale*).

▲ Devido à sua estrutura fibrosa e ao seu centro oco, o fruto do coqueiro-da-baía (*Cocos nucifera*) é menos denso que a água e, por isso, pode flutuar.

▲ Frutos carnosos, como o sapoti (*Manilkara zapota*), atraem diversos animais, como os tucanos (*Ramphastos toco*). As sementes são eliminadas com as fezes do animal.

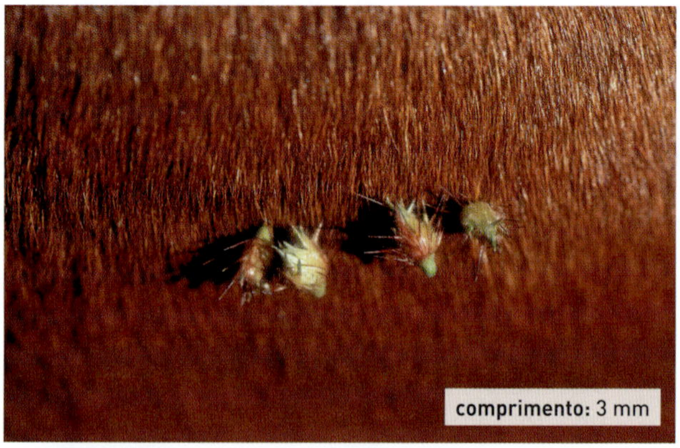

▲ O carrapicho (gênero *Cenchrus*) tem pequenos ganchos que grudam nos pelos ou nas penas dos animais e nas roupas.

DIVERSIDADE DAS ANGIOSPERMAS

Atualmente, há cerca de 300 mil espécies de angiospermas vivas e descritas pela ciência. Elas estão distribuídas em vários grupos, mas a maioria pertence a apenas dois deles: monocotiledôneas e eudicotiledôneas.

Monocotiledôneas

As sementes das **monocotiledôneas** (do grego *mono* = um) têm apenas um cotilédone, daí o nome desse grupo. Outras características desse grupo são as **raízes fasciculadas**, sem um eixo principal, e as **nervuras das folhas** – prolongamentos dos vasos condutores de seiva – dispostas paralelamente umas às outras. Nas monocotiledôneas, as partes das flores, como as pétalas e os estames, costumam ocorrer em múltiplos de três.

Cerca de 60 mil espécies de monocotiledôneas já foram descritas. Entre as mais conhecidas estão o milho, a cebola, o arroz, a banana, o lírio e as orquídeas.

GM-Studio/iStock/Getty Images

▲ As nervuras paralelas são típicas das monocotiledôneas.

Cassia Bars Hering/Shutterstock.com/ID/BR

▲ A flor-tigre (gênero *Tigridia*) tem suas partes florais em múltiplos de três.

Eudicotiledôneas

Nas **eudicotiledôneas**, as sementes têm dois cotilédones. As raízes são **axiais**, ou seja, é possível identificar um eixo principal, de onde partem ramos laterais. As nervuras das folhas são ramificadas. As partes das flores ocorrem em número de 4 ou 5, ou múltiplos desses números.

Cerca de três quartos das espécies de angiospermas descritas são eudicotiledôneas. A laranjeira, a roseira, a castanheira, a jabuticabeira e a margarida são alguns exemplos de espécies desse grupo.

Kool99/iStock/Getty Images

▲ Folhas de hortelã (gênero *Mentha*) com nervuras ramificadas.

Hanifah Kurniati/Shutterstock.com/ID/BR

▲ O hibisco (gênero *Hibiscus*) tem partes florais em múltiplos de cinco.

CIDADANIA GLOBAL

SEMENTES, O FUTURO DA SEGURANÇA ALIMENTAR

[...] das milhares de espécies de frutas e hortaliças cultivadas para alimentação, menos de 200 representam uma parte substancial dos alimentos produzidos no mundo. Mas o que aconteceria se as mudanças climáticas, as espécies invasoras, a poluição, a expansão das cidades ou a superexploração da terra fizessem com que essas espécies se enfraquecessem, reduzindo assim sua capacidade de produção ou de sobreviver no futuro?

[...] A diversidade é o "seguro de vida" da nossa alimentação. É a biodiversidade agrícola que mantém nossos sistemas alimentares fortes e resilientes diante dessas ameaças reais e perigosas.

Comunidades indígenas e locais em todo o mundo são os principais defensores da conservação da agrobiodiversidade. Eles têm amplo conhecimento tradicional sobre as diferentes variedades de culturas e como cultivá-las. No entanto, essas mesmas comunidades são muitas vezes vulneráveis, pois vivem em áreas particularmente expostas aos efeitos das mudanças climáticas ou onde os recursos foram degradados. [...]

Sementes: o "seguro de vida" da nossa produção alimentar. Organização das Nações Unidas para a Alimentação e a Agricultura (FAO), 14 jul. 2022. Disponível em: https://www.fao.org/brasil/noticias/detail-events/pt/c/1599751/. Acesso em: 31 maio 2023.

1. Qual é a relação entre a diversidade agrícola e a preservação dos conhecimentos tradicionais, como os dos indígenas?
2. As sementes crioulas na agricultura podem ajudar a enfrentar as ameaças das mudanças climáticas à produção agrícola alimentar? Explique.

ATIVIDADES

Retomar e compreender

1. Na tabela a seguir, estão organizados alguns aspectos observados nas gimnospermas e nas angiospermas. Copie-a no caderno e, depois, preencha os espaços com as características solicitadas para cada um desses grupos.

Característica	Gimnospermas	Angiospermas
Tipo de ciclo de vida	alternante	
Fase duradoura do ciclo		
Local da planta onde ocorre a fase gametofítica		
Produz sementes?		
Produz frutos?		
Principais agentes polinizadores		
Presença de vasos condutores de seiva		
Exemplos		

2. *Ginkgo biloba* é uma espécie de planta do grupo das gimnospermas que se popularizou devido a seus possíveis benefícios para a saúde, como a prevenção da perda de memória, por exemplo. Diante disso, muitos produtos fitoterápicos à base dessa planta têm sido amplamente comercializados. Em uma propaganda veiculada para divulgar um desses produtos, o rótulo do frasco continha a seguinte orientação:

"Recomenda-se consumir o chá do fruto de *Ginkgo biloba* duas vezes ao dia."

- Qual é o erro presente nessa orientação?

3. Observe a imagem a seguir, que representa um pinhão, e depois responda ao que se pede.

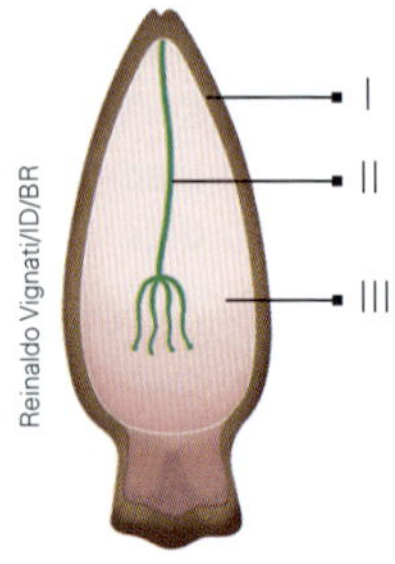

a) O pinhão corresponde a qual estrutura da planta?

b) Identifique e descreva a função das estruturas **I**, **II** e **III**.

4. Algumas flores têm apenas os órgãos femininos, enquanto outras, somente os masculinos. Há, ainda, flores completas, ou seja, que apresentam órgãos femininos e masculinos.

Observe a imagem a seguir, que representa uma flor, e faça o que se pede.

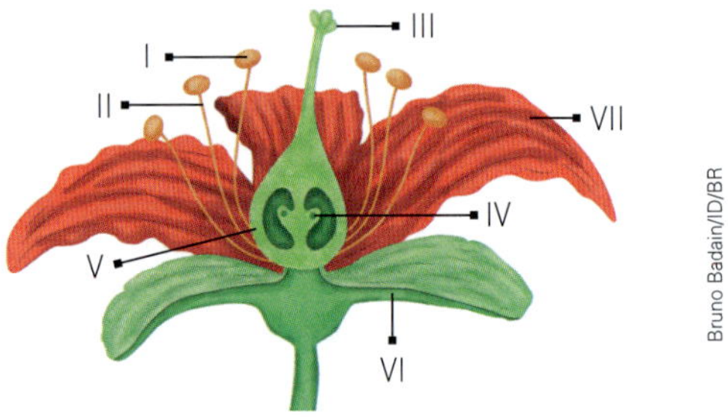

a) Identifique as estruturas numeradas de **I** a **VII**.

b) A flor representada na imagem é completa? Justifique sua resposta.

c) Qual é o órgão masculino da flor? Quais estruturas da imagem o compõem?

d) Qual é o órgão feminino da flor? Quais estruturas da imagem o compõem?

5. Leia o texto a seguir e responda às questões.

> A gralha-azul (*Cyanocorax caeruleus*) é uma ave com cerca de 40 centímetros de comprimento, de corpo azul e cabeça preta [...].
>
> [...] ela é uma das grandes responsáveis pela disseminação e formação de araucárias, pois pega os pinhões (semente[s] da árvore), enterra para depois comer, e muitas vezes acaba deixando no local. Dessa forma, novas árvores crescem [...].
>
> [...]
>
> [...] a gralha-azul [...] está presente [...] no Paraná, [...] no Rio de Janeiro, São Paulo, Santa Catarina e Rio Grande do Sul.
>
> Você sabe quem é a gralha-azul? *Curitiba na bagagem*. Disponível em: https://curitibanabagagem.com.br/voce-sabe-quem-e-a-gralha-azul/. Acesso em: 31 maio 2023.

a) Qual a importância do pinhão para a araucária? E para a gralha-azul?

b) Considere as sementes enterradas pela gralha-azul, que germinam, e as sementes (e seus embriões) que servem de alimento para essas aves. Quais os benefícios e os prejuízos para cada espécie, nas duas situações mencionadas no texto? Justifique.

6. Os grãos de pólen são estruturas relacionadas à reprodução que estão presentes apenas nas gimnospermas e nas angiospermas. Com base nessa afirmação, responda:

a) Qual é a diferença entre polinização e fecundação?

b) Qual é a relação entre polinização e fecundação?

c) Como os grãos de pólen, produzidos nas estruturas masculinas da planta, atingem as estruturas femininas?

Aplicar

7. Observe as imagens a seguir, que mostram o interior de um abacate e de um mamão.

comprimento: 15 cm

Olga_sova/Shutterstock.com/ID/BR

comprimento: 15 cm

Francois-Edmond/iStock/Getty Images

- O que se pode dizer sobre o número de óvulos presentes no ovário das flores dessas plantas?

8. As imagens a seguir representam sementes de duas plantas distintas. Observe-as e, depois, responda ao que se pede.

A

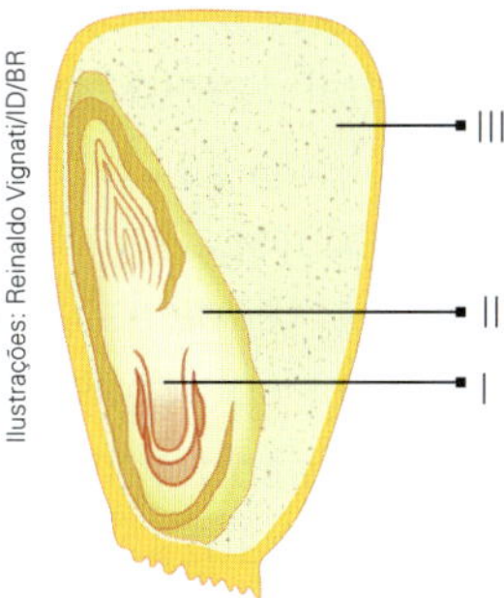

Ilustrações: Reinaldo Vignati/ID/BR

B

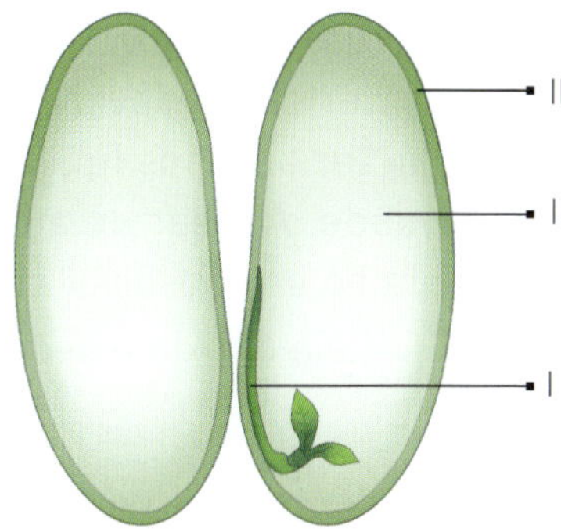

a) Identifique as estruturas numeradas nas imagens **A** e **B**.

b) Qual é a função da estrutura **II** em cada semente retratada?

c) Qual das imagens corresponde a uma semente de laranja e qual corresponde a uma semente de milho? Justifique.

9. Forme dupla com um colega para criar uma coleção de flores.

- Cuidadosamente, coletem flores recém-caídas em um jardim.
- Coloquem as flores coletadas entre folhas de jornal. Apoiem um livro sobre elas para que fiquem pressionadas. Deixem-nas assim durante uma semana.
- Tirem as flores do jornal e as montem em uma cartolina. Usem cola ou linha de costura para fixá-las.
- Após terem montado a coleção, exponham-na em um painel para que toda a escola possa conhecer a diversidade de angiospermas coletada por vocês.

Inovações tecnológicas na agricultura

Segundo estimativas da Organização das Nações Unidas (ONU), a população mundial deverá atingir, até 2050, a marca de 9,8 bilhões de pessoas. Para garantir a oferta de alimento a toda essa população e, ao mesmo tempo, a preservação dos recursos naturais, é fundamental conciliar conhecimentos científicos e tradicionais, técnicas milenares de agricultura e procedimentos agroecológicos, a fim de obter soluções inovadoras, eficientes e sustentáveis.

Pensando nisso, um grupo de pesquisadores desenvolveu um método para a realização de enxertos em monocotiledôneas. O enxerto (ou enxertia) consiste em implantar uma parte viva da planta de interesse (a que se quer propagar) em uma parte de outra planta que já esteja bem enraizada. Dessa forma, é possível proporcionar um desenvolvimento mais rápido e com características favoráveis da planta de interesse, torná-la mais resistentes às bactérias e aos fungos do solo e obter uma produção eficiente e de maior qualidade. Apesar de a enxertia ser uma técnica utilizada há mais de 2 mil anos, ela só era possível em eudicotiledônias.

Leia o texto a seguir.

Técnica de enxertia chega às monocotiledôneas e pode revolucionar agricultura

[...]

Uma equipe de agrônomos e biólogos do México, [do] Reino Unido e [da] Suécia fez uma descoberta envolvendo a tradicional técnica de enxertos de plantas que, segundo eles, tem potencial para revolucionar a agricultura mundial.

Enxertia é a técnica de unir o broto de uma planta com o suporte de outra, que fornece o sistema radicular, para que ambas continuem a crescer como uma só.

Até agora, os cientistas acreditavam que era impossível enxertar plantas do grupo conhecido como monocotiledôneas, porque elas não possuem um tipo de tecido específico, denominado câmbio vascular, em seu caule.

Mas Gregory Reeves e seus colegas comprovaram o contrário, combinando duas espécies de plantas desse grupo usando tecido embrionário de suas sementes. Até agora eles já confirmaram o funcionamento do enxerto na banana, arroz, trigo, abacaxi, cebola, agave-azul (fonte da tequila) e tamareira.

Eles descobriram que os tecidos da raiz e do caule retirados das sementes das monocotiledôneas – representando seus primeiros estágios embrionários – se fundem com eficiência, produzindo o enxerto.

Enxertia patenteada

A técnica permite que características benéficas, como resistência a doenças ou tolerância ao estresse, sejam adicionadas às plantas. A equipe já está trabalhando para combater o mal-do-Panamá, que destrói plantações de banana há mais de 30 anos.

Estima-se que existam 60 000 plantas no grupo das monocotiledôneas, muitas das quais são cultivadas em grande escala, como arroz, trigo e cevada.

"Nós conseguimos algo que todos diziam ser impossível. O enxerto de tecido embrionário tem potencial real em uma variedade de espécies semelhantes às gramíneas. Descobrimos que mesmo as espécies que são parentes distantes, separadas por um tempo evolutivo profundo, são compatíveis com o enxerto", disse o professor Julian Hibberd, da Universidade de Cambridge, no Reino Unido.

A enxertia tem sido amplamente usada desde a antiguidade em outro grupo de plantas, chamadas [eu]dicotiledôneas. Colheitas de pomares de [eu]dicotiledôneas, incluindo maçãs e cerejas, e colheitas anuais de alto valor, incluindo tomates e pepinos, são rotineiramente produzidas em plantas enxertadas porque o processo confere propriedades benéficas – como resistência a doenças ou floração precoce.

A expectativa é que um progresso semelhante possa agora ocorrer em todas as culturas de monocotiledôneas. A equipe de cientistas, contudo, patenteou a técnica e deverá cobrar pelo seu uso por meio de uma empresa que eles estão fundando com a ajuda da universidade.

Bigc Studio/Shutterstock.com/ID/BR

Enxertia de plantas arbóreas em ramos de limoeiro na agricultura orgânica.

Técnica de enxertia chega às monocotiledôneas e pode revolucionar agricultura. *Inovação Tecnológica*, 27 dez. 2021. Disponível em: https://www.inovacaotecnologica.com.br/noticias/noticia.php?artigo=tecnica-enxertia-monocotiledoneas-revolucionar-agricultura&id=010125211227#.Y3Y67uzMIWo. Acesso em: 31 maio 2023.

Para compreender

1. Responda às questões a seguir.
   a) Identifique exemplos de eudicotiledôneas e de monocotiledôneas citados no texto.
   b) Qual inovação permitiu aplicar a técnica de enxerto ao grupo das monocotiledôneas?
   c) Por que a expansão da técnica de enxertia para as monocotiledôneas tem potencial para revolucionar a agricultura mundial?
2. O enxerto é uma técnica de reprodução vegetal sexuada ou assexuada? Justifique.
3. Durante muito tempo, a técnica de enxertia só foi possível entre plantas eudicotiledôneas com certo grau de parentesco. Segundo os próprios cientistas, o uso dessa mesma técnica em monocotiledôneas parecia ser um feito impossível.
   - Você conhece exemplos semelhantes, de algum problema ou desafio que parecia insuperável e que foi solucionado com o aprimoramento científico? Se sim, essa inovação tecnológica gerou benefícios para a sociedade? Comente.

Veja **mandioca: raiz e alimento** e comente a importância da multiplicação vegetativa dessa planta para os seres humanos.

ATIVIDADES INTEGRADAS

Retomar e compreender

1. Reveja as características dos grupos estudados nesta unidade, considerando os mecanismos reprodutivos que se desenvolveram em cada um, e responda:
   a) Por que as briófitas e as pteridófitas são muito dependentes da água para a reprodução?
   b) Embora as gimnospermas e as angiospermas também apresentem ciclo alternante, por que, nesses grupos, o gameta masculino independe da água para alcançar o gameta feminino e fecundá-lo?

2. Copie, no caderno, este esquema sobre o ciclo reprodutivo das angiospermas e complete-o com os itens listados a seguir.

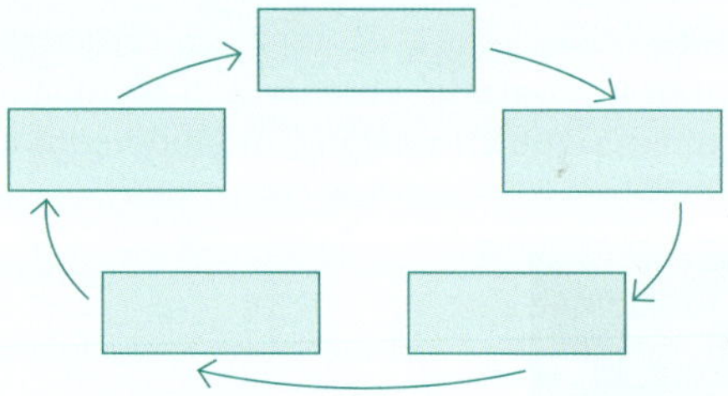

- Fecundação
- Desenvolvimento do esporófito
- Dispersão
- Formação de sementes e de frutos
- Desenvolvimento de flores

- Que etapa da reprodução sexuada (que muitas vezes envolve a ação de animais) poderia ser acrescentada ao esquema? Em qual posição ela estaria?

Aplicar

3. Observe a foto e, depois, faça o que se pede.

ernesto-photos/iStock/Getty Images

Abelha visitando flor de amendoeira (*Prunus* sp.).

   a) Que tipo de polinização você identifica na imagem?
   b) Compare a vantagem da polinização por animais com a polinização por agentes físicos.
   c) Imagine que uma espécie de abelha apresente peças bucais especializadas para sugar o néctar de uma única espécie de planta. O que aconteceria com essa espécie de abelha, se essa planta fosse extinta?

4. Na tira a seguir, as personagens Armandinho e Theo usam a palavra planta com diferentes significados: vegetal e desenho de um projeto arquitetônico.

Armandinho, de Alexandre Beck

Alexandre Beck. *Armandinho*. Disponível em: https://tirasarmandinho.tumblr.com/post/156274732374/tirinha-original . Acesso em: 1º jun. 2023.

   a) "Plantas de casa" são aquelas que se desenvolvem bem no interior de residências. Quais características uma planta deve ter para se desenvolver com sucesso no interior de uma residência?

b) Cite características de ipês e embaúbas que tornam necessário seu desenvolvimento em ambiente natural, e características de samambaias e violetas que permitem que sejam cultivadas dentro das casas.

5. Desenhe um organismo-modelo para cada grupo estudado: alga, briófita, pteridófita, gimnosperma e angiosperma. Indique as estruturas e os órgãos representados no desenho.

- Explique por que se considera que as pteridófitas, as gimnospermas e as angiospermas apresentam órgãos verdadeiros, e as algas e as briófitas não.

Analisar e verificar

6. As fotos **(A)** e **(B)** mostram, respectivamente, as cicas, que são gimnospermas, e as samambaiaçus, que são pteridófitas. A foto **(C)** retrata uma estrutura reprodutiva das cicas, e a foto **(D)**, estruturas presentes nas folhas das samambaiaçus.

A

Ivan Tihelka/Shutterstock.com/ID/BR

B

Beto Celli/Pulsar Imagens

C

David F.Tidwell/Shutterstock.com/ID/BR

D

The Gallery/Shutterstock.com/ID/BR

- Observe as fotos e, com base no que você aprendeu sobre as plantas, cite ao menos duas maneiras de diferenciar visualmente uma cica de uma samambaiaçu.

7. Durante um trabalho de campo, um estudante fotografou as folhas e as raízes de duas plantas. Nos dois casos, porém, ele se esqueceu de marcar qual folha correspondia a qual raiz.

João Bento da Silva/iStock/Getty Images

Folha I.

99Art/Shutterstock.com/ID/BR

Folha II.

Nandalal Sarkar/Shutterstock.com/ID/BR

Raiz A.

Ngukiaw/Shutterstock.com/ID/BR

Raiz B.

- Apenas por meio da observação das imagens, é possível associar cada folha à sua raiz correspondente? Explique.

Criar

8. Leia o texto a seguir e, depois, responda às questões.

> A ausência de abelhas em áreas rurais limita a produção de culturas agrícolas. É o que aponta um estudo [...] que alerta para o fato de que o declínio da população de polinizadoras trará graves impactos à segurança alimentar no mundo.
>
> Espécies selvagens de abelhas estão sofrendo com a falta de hábitat e floração natural, [com] o uso de agrotóxicos e pesticidas e com as variações de temperatura provocadas pela mudança climática. Abelhas criadas em apiários podem contar com alguma proteção, mas também são ameaçadas pelos mesmos fatores, além de doenças.
>
> Pesquisadores temem que cerca de três quartos das culturas agrícolas podem ser afetados com a ausência destes insetos [...].
>
> [...]
>
> Natasha Olsen. Ausência de abelhas ameaça produção na agricultura. *Ciclo Vivo*, 6 ago. 2020. Disponível em: https://ciclovivo.com.br/planeta/meio-ambiente/ausencia-de-abelhas-ameaca-producao-na-agricultura/. Acesso em: 18 jan. 2023.

a) A polinização por animais é um processo que envolve uma relação de benefício mútuo entre plantas e seus polinizadores. Quais são os benefícios dessa relação para as abelhas? E para as plantas? Como esse processo beneficia os seres humanos?

b) Junte-se a dois colegas e, com base nos fatores (mencionados no texto) que abalam a relação entre plantas e seus polinizadores, pensem em medidas que contribuam para a proteção e a preservação das abelhas.

Retomando o tema

Nesta unidade, você pôde conhecer a importância de promover práticas sustentáveis para a produção de alimentos saudáveis e acessíveis, e que assegurem a biodiversidade ambiental e agrícola.

Agora, verifique o que você aprendeu sobre esses temas respondendo às questões a seguir.

1. O que são sementes crioulas e de que maneira é possível preservar o patrimônio genético dessas sementes?
2. Como as sementes crioulas podem ajudar a desenvolver a agricultura sustentável em um mundo onde eventos extremos têm sido cada vez mais frequentes?
3. Que medidas podem contribuir para conscientizar as pessoas da importância de práticas agrícolas sustentáveis, como proteger a biodiversidade e o patrimônio genético de sementes?

Geração da mudança

- Você já visitou ou ouviu falar das feiras de trocas de sementes? Reúna-se em grupos e, com os colegas, faça uma busca na internet para obter informações sobre essas feiras – onde elas costumam acontecer, quem participa delas, que tipos de produto são apresentados nesses eventos, entre outras.
- Organizem um evento de trocas de sementes ou de mudas de plantas na escola para simular uma feira de troca de sementes. Com base nessa experiência, você e os colegas devem refletir sobre a importância das sementes crioulas, além de sensibilizar a comunidade escolar para práticas agrícolas sustentáveis.

Autoavaliação

Matheus Costa/ID/BR

REPRODUÇÃO ANIMAL

UNIDADE 7

PRIMEIRAS IDEIAS

1. Qual pode ser a relação entre o ambiente em que um animal vive e seu modo de reprodução?
2. Que tipos de reprodução os animais apresentam?
3. Por que algumas espécies protegem seus ovos?
4. Existe diferença entre os ovos de animais terrestres e os de animais aquáticos? Justifique.

Conhecimentos prévios

Nesta unidade, eu vou...

CAPÍTULO 1 Reprodução em invertebrados

- Descrever as principais características da reprodução de esponjas, cnidários, platelmintos, nematódeos, moluscos, anelídeos, aracnídeos, insetos, crustáceos e equinodermos.
- Desenvolver um índice de risco de exposição a parasitas humanos, a fim de avaliar a situação do bairro em que se localiza a escola em relação a esses riscos.
- Compreender que o conhecimento científico é passível de mudanças e que questionamentos sobre a natureza podem levar a descobertas que refutem ou alterem teorias já estabelecidas.
- Compreender a relação das comunidades tradicionais com os recursos naturais.

CAPÍTULO 2 Reprodução em vertebrados

- Descrever as principais características da reprodução de peixes, anfíbios, répteis, aves e mamíferos.
- Compreender o conceito de turismo sustentável e seus benefícios para as comunidades locais.

CIDADANIA GLOBAL

- Relacionar o modo de produção das comunidades tradicionais à sustentabilidade.
- Identificar estratégias de exploração econômica que associem o crescimento econômico local à preservação do meio ambiente e da cultura local.
- Estimular o consumo de produtos locais na comunidade escolar.

Bargais/Shutterstock.com/ID/BR

LEITURA DA IMAGEM

1. A foto retrata uma etapa do processo reprodutivo de um animal. Que etapa é essa?
2. Observando a foto, pode-se concluir que o período de reprodução dos peixes retratados é o mesmo para todos os indivíduos dessa população ou varia entre os indivíduos? Justifique sua resposta.
3. Você conhece outras espécies que apresentam um comportamento reprodutivo semelhante ao da foto? Em caso positivo, quais?

CIDADANIA GLOBAL

8 TRABALHO DECENTE E CRESCIMENTO ECONÔMICO

Defeso é o nome que se dá ao período em que atividades de caça, coleta e pesca esportivas ou comerciais ficam proibidas ou controladas. Esse período é determinado de acordo com a época de reprodução dos animais, com o objetivo de preservar as espécies, garantindo a manutenção das populações e o uso sustentável dos recursos naturais.

Porém, muitos pescadores dependem da pesca artesanal para garantir seu sustento. Para esses trabalhadores, em 2003, o governo federal brasileiro criou o seguro defeso, que lhes garante uma remuneração temporária, no valor de um salário mínimo, enquanto durar o defeso.

- Que outras estratégias, além do defeso, podem ser adotadas para associar o crescimento econômico à preservação do meio ambiente e da cultura regional?

Assista a **comunidades caiçaras** e compare o modo de vida delas com o de sua família.

A piracema é o período no qual algumas espécies de peixe se deslocam até a cabeceira do rio em busca de um local para se reproduzir.

CAPÍTULO

1 REPRODUÇÃO EM INVERTEBRADOS

PARA COMEÇAR

Os invertebrados podem ser de vida livre, viver fixos em um substrato ou ser parasitas. Há diferença entre o modo de reprodução dos invertebrados de vida livre e o dos parasitas?

ESPONJAS

Os **poríferos**, também conhecidos como esponjas, são animais exclusivamente aquáticos, encontrados geralmente em ambientes marinhos. Eles podem se reproduzir assexuada ou sexuadamente.

A reprodução assexuada pode ser por **fragmentação** ou por **brotamento** (neste caso, um broto formado na parede corporal do porífero se desprende e dá origem a um novo indivíduo).

Quanto à reprodução sexuada, na maioria das espécies de esponja, o mesmo indivíduo produz gametas femininos e gametas masculinos. Nas demais espécies, os gametas masculinos e os femininos são produzidos por indivíduos diferentes.

Em algumas espécies, tanto os gametas masculinos como os femininos são liberados na água e a fecundação é externa, mas, na maioria das esponjas, ela é interna: os espermatozoides são liberados na água e penetram em outra esponja, fecundando os óvulos. Em ambos os casos, os ovos se tornam larvas de vida livre. Após se fixarem em um substrato, as larvas dão origem ao adulto.

▼ Coral do gênero *Acropora* liberando gametas. Esse evento é sincronizado com outras colônias da mesma espécie. Cerca de uma semana após a liberação dos gametas, as larvas resultantes da fecundação são capazes de se fixar ao substrato e iniciar um novo coral. Foto de 2019.

CNIDÁRIOS

Assim como os poríferos, os **cnidários** também são animais exclusivamente aquáticos. Muitos cnidários apresentam duas formas corporais que se alternam durante seu ciclo de vida: medusa e pólipo. Outras espécies apresentam, ao longo de toda a vida, apenas uma dessas formas. As **medusas** são semelhantes a um guarda-chuva e, em geral, nadam ativamente. Os **pólipos** têm a forma de um cilindro com tentáculos na extremidade superior e a base pode estar fixa a um substrato.

Os cnidários podem se reproduzir de três formas:

- Por **reprodução assexuada** – essa forma de reprodução ocorre principalmente nos pólipos, por brotamento. Alguns brotos podem não se separar do animal do qual se originou, formando colônias.
- Por **reprodução sexuada** – nessa forma de reprodução, os gametas são produzidos em gônadas temporárias que se desenvolvem na parede corporal dos indivíduos adultos. Cada indivíduo – pólipo ou medusa – produz um tipo de gameta: espermatozoide ou óvulo. Os espermatozoides são liberados na água. A fecundação ocorre na água ou no interior da fêmea, dependendo da espécie. O ovo formado dá origem a uma larva, que nada ativamente.
- Por **alternância de gerações** – em muitos cnidários, a mesma espécie apresenta o pólipo, com reprodução assexuada, e a medusa com reprodução sexuada. Veja o esquema a seguir.

REGENERAÇÃO

A regeneração é um processo de recuperação ou de renovação do organismo após um dano.

Alguns animais têm grande capacidade de regeneração e podem até mesmo formar um novo indivíduo a partir de um punhado de células, como os poríferos e a hidra – cnidário de água doce –, ou de partes do corpo, como as planárias e as estrelas-do-mar.

Apesar de não ser uma estratégia reprodutiva, a regeneração, quando forma novos indivíduos, pode ser considerada uma forma de reprodução assexuada.

gônada: estrutura que produz gametas.

▼ **Ciclo de vida de um cnidário com alternância de gerações. Na fase de pólipo, ocorre a reprodução assexuada; na fase de medusa, ocorre a reprodução sexuada. (Representação sem proporção de tamanho e em cores-fantasia.)**

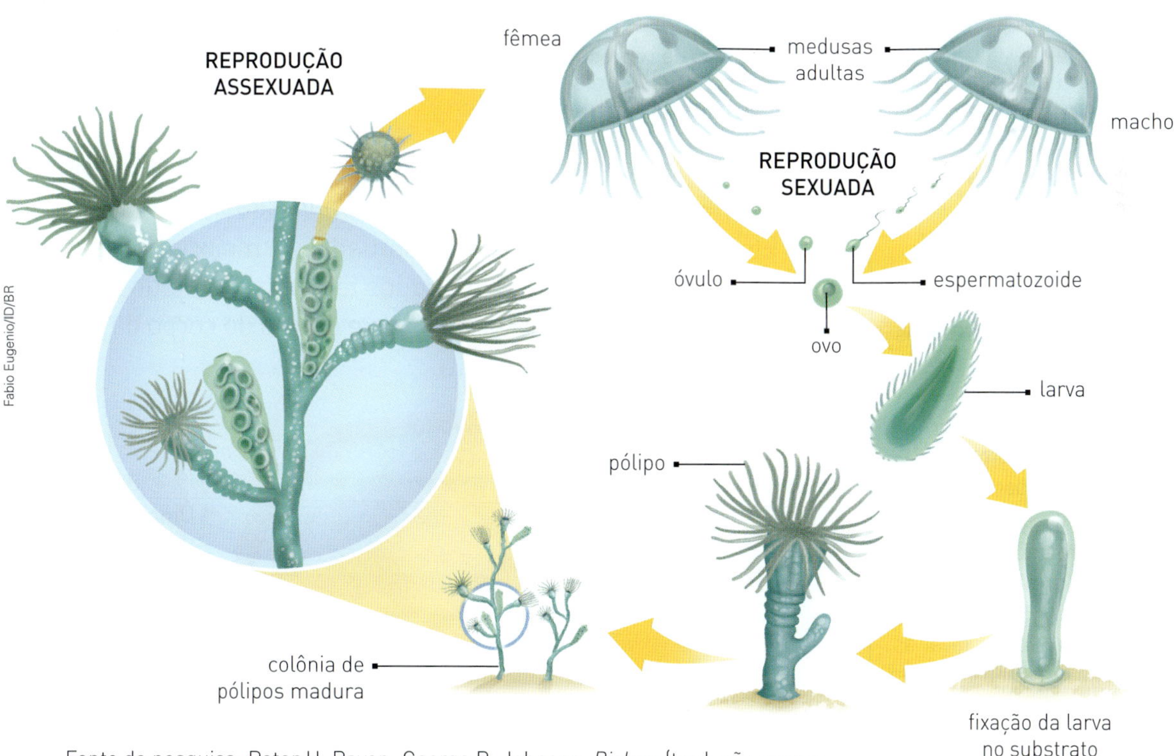

Fonte de pesquisa: Peter H. Raven; George B. Johnson. *Biology* (tradução nossa: Biologia). 6. ed. Boston: McGraw Hill, 2002. p. 888.

PLATELMINTOS E NEMATÓDEOS

Os **platelmintos** são animais de corpo mole e achatado. Eles podem ser de vida livre ou parasitas. A reprodução desses organismos pode ser sexuada ou assexuada.

As planárias, por exemplo, são platelmintos de vida livre e hermafroditas. Na reprodução sexuada, ocorre a **fecundação cruzada**, em que dois indivíduos trocam espermatozoides e um fecunda os óvulos do outro formando uma cápsula que contém ovos. Essa cápsula é geralmente fixada em folhas ou em rochas. Dos ovos, saem indivíduos jovens, semelhantes aos adultos. As planárias também podem se reproduzir assexuadamente por fragmentação.

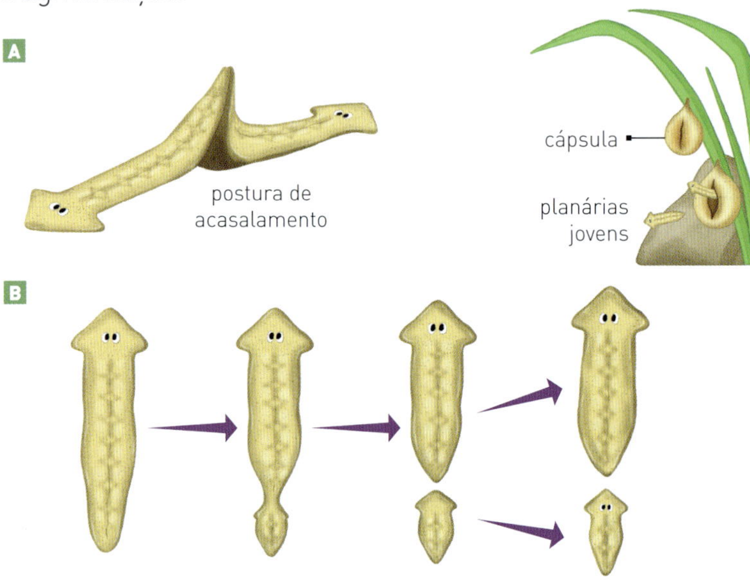

▲ Esquemas da reprodução sexuada (A) e da reprodução por fragmentação (B) em planárias. (Representações sem proporção de tamanho e em cores-fantasia.)

Os **nematódeos** são animais de corpo cilíndrico e alongado, com espécies de vida livre e espécies parasitas.

Eles apresentam reprodução sexuada, e a maioria das espécies tem sexos separados, com indivíduos fêmeas e indivíduos machos. A fecundação é interna, ou seja, ocorre dentro do corpo da fêmea.

Rattiya Thongdumhyu/Shutterstock.com/ID/BR

comprimento (macho): 30 cm
comprimento (fêmea): 40 cm

◄ Uma fêmea e um macho de lombriga (*Ascaris lumbricoides*). A fêmea é ligeiramente maior que o macho, e este tem uma espécie de gancho na extremidade posterior do corpo.

VERMINOSE

Verminose é o nome dado a toda doença causada por platelmintos ou nematódeos parasitas. Alguns dos principais platelmintos parasitas de humanos são o esquistossomo (*Schistossoma* sp.), causador da esquistossomose ou barriga-d'água, e as tênias (*Taenia* sp.). Entre os nematódeos, alguns dos principais parasitas são a lombriga (*Ascaris lumbricoides*) e o verme do amarelão (*Ancylostoma duodenale*).

O ciclo de vida desses parasitas pode incluir etapas de desenvolvimento em hospedeiros intermediários, no interior dos quais o parasita se reproduz assexuadamente. Por exemplo, o hospedeiro intermediário da *Taenia* pode ser o porco ou o boi, e os hospedeiros intermediários do *Schistossoma* são certos caramujos de água doce. Nesses dois casos, o ser humano é o hospedeiro definitivo, onde se reproduzem sexuadamente.

Em outros casos, não há hospedeiros intermediários. O ciclo de vida das lombrigas, por exemplo, envolve apenas um hospedeiro.

A eliminação de ovos e de larvas sempre se dá por meio das fezes do hospedeiro. Além disso, a capacidade reprodutiva dos vermes é enorme. Fêmeas da lombriga, por exemplo, podem botar mais de 200 mil ovos por dia.

Além do tratamento das pessoas contaminadas, o combate às verminoses deve incluir, práticas de higiene pessoal – como lavar as mãos antes das refeições e depois de defecar e lavar e/ou cozinhar bem os alimentos – e o acesso ao saneamento básico.

PRÁTICAS DE CIÊNCIAS

Avaliando o risco de exposição a verminoses

Muitas verminoses estão associadas às condições de vida das comunidades humanas. Medidas como saneamento básico e educação para as higienes pessoal e alimentar são fundamentais para impedir a disseminação dessas doenças.

Nesta atividade, você e os colegas, em grupo, vão desenvolver um **índice de risco** de exposição a parasitas humanos para avaliar a situação do bairro em que está localizada a escola em relação a esse risco.

Material

- computador com acesso à internet
- caderno e lápis para anotações

Como fazer

Procedimentos preliminares

1. Organizem-se em grupos de quatro a seis estudantes e pesquisem em livros, revistas ou *sites* os ciclos de vida das verminoses citadas nesta unidade.
2. Construam uma planilha para contabilizar os principais fatores de risco de exposição às verminoses relacionados ao saneamento básico. Veja o modelo a seguir.

Pesquisa de campo

1. Acompanhados de um adulto responsável, percorram o bairro onde se localiza a escola onde estudam e entrevistem alguns de seus moradores a respeito das condições de saneamento básico da região. Anotem as respostas no caderno.
2. Registrem, na planilha, a presença ou a ausência de cada fator: se estiver presente, anote o número 0; se ausente, anote o número 1. Quanto maior o total de pontos, maior o risco de exposição às verminoses.

Modelo de planilha

Fator relacionado ao saneamento básico	Presença do fator = 0 Ausência do fator = 1
Há rede de distribuição de água tratada no bairro?	
Há rede de coleta de esgoto no bairro?	
Há serviço de tratamento de esgoto no bairro ou no município?	
Outro fator	
Total de pontos	

Para concluir

1. Como você avalia o grau de risco de contrair verminoses na comunidade investigada?
2. Os principais fatores de exposição a verminoses intestinais estão relacionados ao saneamento básico, à conduta pessoal ou a ambos os fatores?
3. SABER SER Organizem uma apresentação dos dados coletados e uma proposta de ações concretas para reduzir o risco de contaminação por verminoses na comunidade.

Ernie Hounshell/Shutterstock.com/ID/BR

▲ **Lesmas-do-mar (*Hypselodoris bullocki*) copulando. Esses organismos são hermafroditas, ou seja, o mesmo animal pode produzir óvulos e espermatozoides. No entanto, os órgãos reprodutores impedem a autofecundação.**

MOLUSCOS

Os **moluscos** têm corpo mole, o qual pode, ou não, estar protegido por uma concha. Caramujos, mariscos, polvos e lulas são alguns representantes do grupo. A reprodução dos moluscos é sexuada. Há espécies com **sexos separados** e outras **hermafroditas**. A diversidade de modos de reprodução reflete a variedade de hábitats desses animais.

Nas espécies aquáticas, a fecundação pode ser externa – o ambiente aquático possibilita que os espermatozoides nadem até os óvulos. Nas espécies terrestres, a fecundação é interna, pois o meio dificulta a sobrevivência dos gametas e o deslocamento dos espermatozoides. O desenvolvimento pode ser direto ou incluir uma fase larval.

ANELÍDEOS

Os **anelídeos** são animais com o corpo segmentado em anéis, como as minhocas, as sanguessugas e os poliquetos. A forma de reprodução varia dependendo do grupo. A maioria dos poliquetos apresenta sexos separados, com fecundação externa e desenvolvimento indireto: do zigoto surge uma larva ciliada, microscópica e capaz de nadar livremente.

As minhocas e as sanguessugas têm uma estrutura reprodutiva chamada **clitelo**, formada pela fusão de anéis na região anterior do corpo. As minhocas são **hermafroditas**, e sua reprodução ocorre por **fecundação cruzada**, na qual dois indivíduos se unem pelas regiões anteriores, em sentidos opostos, e trocam espermatozoides entre si.

▼ **Esquema que mostra a reprodução das minhocas. (Representações sem proporção de tamanho e em cores-fantasia.)**

Fonte de pesquisa: Edward E. Ruppert; Robert D. Barnes. *Zoologia dos invertebrados*. 6. ed. São Paulo: Roca, 1996. p. 549.

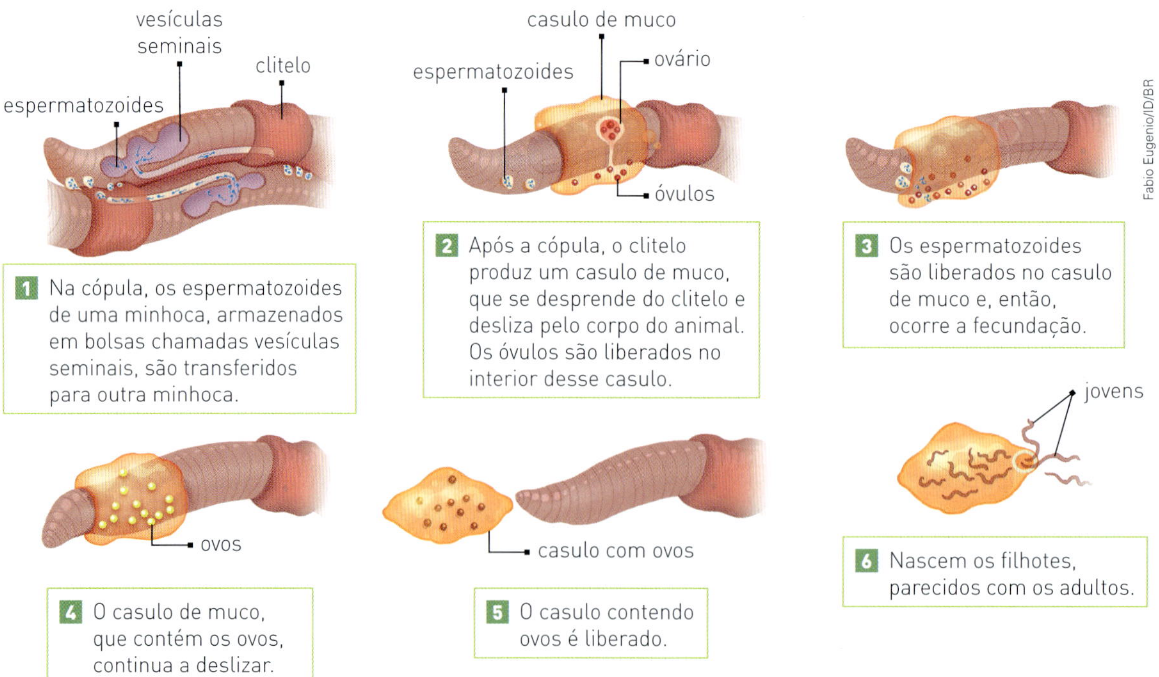

Fabio Eugenio/ID/BR

1 Na cópula, os espermatozoides de uma minhoca, armazenados em bolsas chamadas vesículas seminais, são transferidos para outra minhoca.

2 Após a cópula, o clitelo produz um casulo de muco, que se desprende do clitelo e desliza pelo corpo do animal. Os óvulos são liberados no interior desse casulo.

3 Os espermatozoides são liberados no casulo de muco e, então, ocorre a fecundação.

4 O casulo de muco, que contém os ovos, continua a deslizar.

5 O casulo contendo ovos é liberado.

6 Nascem os filhotes, parecidos com os adultos.

ARACNÍDEOS

Os **aracnídeos** são animais com **sexos separados**, fecundação interna e desenvolvimento direto, ou seja, sem fase larval.

As aranhas fêmeas depositam seus ovos no interior de abrigos de seda construídos por elas. Em algumas espécies, os abrigos fazem parte das teias.

INSETOS

Os **insetos** são animais tipicamente terrestres que apresentam sexos separados e têm fecundação interna. Eles podem ser classificados de acordo com seu desenvolvimento, que dependendo da espécie pode ser direto ou indireto, neste caso incluindo uma fase larval. Veja o esquema a seguir.

PARA EXPLORAR

Planeta Inseto

Composta de painéis interativos e exemplares de diversas espécies, entre outros recursos, essa exposição permanente do Museu do Instituto Biológico aborda a variedade, a evolução e a importância desses invertebrados.

Informações: https://planetainseto.com.br/contato/. Acesso em: 23 maio 2023.

Localização: Av. Dr. Dante Pazzanese, 64 – Vila Mariana – São Paulo (SP).

DESENVOLVIMENTO

Direto

Ilustrações: Fabio Eugenio/ID/BR

Indireto

Metamorfose incompleta

O ovo eclode e libera um indivíduo jovem denominado ninfa, com aspecto semelhante ao do adulto, porém com tamanho reduzido, sem asas e sexualmente imaturo. Exemplos: baratas, libélulas e gafanhotos.

Metamorfose completa

O ovo origina uma larva, que é bem diferente do inseto adulto. A larva tece um casulo, onde permanece imóvel e sem se alimentar, e se transforma em pupa. Após determinado tempo, o adulto emerge do casulo. Exemplo: borboletas.

Esquemas de desenvolvimento da traça-do-livro, um inseto que não sofre metamorfose; da barata, que apresenta desenvolvimento indireto com metamorfose incompleta; e da borboleta, que apresenta desenvolvimento indireto com metamorfose completa. (Representações sem proporção de tamanho e em cores-fantasia.)

Fontes de pesquisa: Maria C. Messias. *Vivendo com os insetos*. Rio de Janeiro: Bio-Manguinhos/Fiocruz, 2001. p. 14 e 24; Jane B. Reece e outros. *Biologia de Campbell*. 10. ed. Porto Alegre: Artmed, 2015. p. 705.

Veja **reprodução da borboleta** e elabore um organizador gráfico com as etapas desse processo.

Toxotes Hun-Gabor Horvath/Shutterstock.com/ID/BR

▲ Fêmea de camarão (*Neocaridina davidi*) carregando ovos embaixo do abdome.

Aquapix/Shutterstock.com/ID/BR

▲ Estrela-do-mar (*Leiaster speciosus*). Essa espécie é capaz de se regenerar a partir de um braço, desde que contenha parte do disco central.

CRUSTÁCEOS

Os crustáceos têm uma carapaça externa e vários pares de patas. A maioria das espécies é marinha, apresenta sexos separados, fecundação interna e desenvolvimento indireto, com a presença de diversas fases larvais. Em geral, os crustáceos cuidam dos ovos durante a incubação.

EQUINODERMOS

Os **equinodermos** são animais marinhos que apresentam esqueleto interno formado por placas calcárias, como as estrelas-do-mar e os ouriços-do-mar, entre outros. A reprodução da maioria das espécies é sexuada. A reprodução assexuada pode eventualmente ocorrer nas estrelas-do-mar pela regeneração de fragmentos corporais contendo parte do disco central.

Na maioria das espécies de equinodermos, os sexos são separados. Os adultos liberam gametas na água, e a fecundação é externa. Do ovo nasce uma larva, que nada livremente e origina um adulto jovem. O desenvolvimento embrionário dos equinodermos apresenta certas semelhanças com o de animais vertebrados, o que permite supor a existência, entre esses dois grupos, de um grau de parentesco evolutivo maior que o observado entre vertebrados e outros invertebrados.

CIDADANIA GLOBAL

POVOS TRADICIONAIS E PRODUÇÃO SUSTENTÁVEL

Você sabe quais são [os] povos e [as] comunidades tradicionais brasileiros? [...]

[...]

São pescadores artesanais, quebradeiras de coco babaçu, apanhadores de flores sempre-vivas, caatingueiros, extrativistas, para citar alguns [...].

Essas comunidades fazem uso dos recursos naturais, não apenas para seu sustento, mas também para reprodução cultural, social e religiosa [...].

Cada uma das comunidades tem uma prática de sistema tradicional de uso, que, de forma generalizada, é conhecida como Sistema Agrícola de Produção [...].

[...]

Além de terem pouco impacto ambiental, suas atividades contribuem para a manutenção e para a geração de biodiversidade, tanto da natureza quanto da "agrobiodiversidade", ou seja, de variedade de espécies dentro da atividade agrícola, fundamental para a segurança alimentar.

As produções dessas populações não ficam apenas para a subsistência. [...].

Atualmente, as feiras locais são importantes para que esses alimentos sejam comercializados.

[...]

No Brasil, o umbu, a castanha do Brasil e o pequi são exemplos de comidas que vêm desses povos e chegam até as cidades.

[...]

Vivian Souza. Gente do campo: descubra quais são os 28 povos e comunidades tradicionais do Brasil. *G1*, 29 jan. 2022. Disponível em: https://g1.globo.com/economia/agronegocios/agro-a-industria-riqueza-do-brasil/noticia/2022/01/29/gente-do-campo-descubra-quais-sao-os-28-povos-e-comunidades-tradicionais-do-brasil.ghtml. Acesso em: 23 maio 2023.

1. De acordo com o texto, qual é a relação das comunidades tradicionais com os recursos naturais?
2. De que forma essas comunidades podem contribuir para a preservação dos animais invertebrados?
3. O que é o Sistema Agrícola de Produção e qual é a importância desse sistema para as comunidades tradicionais?

ATIVIDADES

Acompanhamento da aprendizagem

Retomar e compreender

1. Muitos animais invertebrados apresentam processos assexuados de reprodução. Sobre esse tema, faça o que se pede a seguir.
   a) Cite exemplos de invertebrados que se reproduzem assexuadamente. Indique o tipo de reprodução assexuada observado em cada exemplo.
   b) Qual é a vantagem de um animal se reproduzir assexuadamente?
   c) Qual é a vantagem da reprodução sexuada?

2. Os animais apresentam dois tipos de desenvolvimento: o direto e o indireto. Qual é a diferença entre essas duas formas? Explique com exemplos.

3. Em alguns grupos de animais, como os moluscos, os modos de reprodução são muito diversificados. Explique por que isso acontece.

4. Observe esta foto de uma minhoca.

Liz Weber/Shutterstock.com/ID/BR

   a) Identifique a estrutura apontada pela seta.
   b) Qual é a função dessa estrutura?
   c) A presença dessa estrutura permite identificar se a minhoca da foto é macho ou fêmea? Explique.

5. Leia o texto e responda às questões.

> [...]
>
> Reprodução: A fecundação é um capítulo à parte. Pode variar de alguns minutos durante o voo ou até horas de um acasalamento pousado. O malabarismo de macho e fêmea para o ato forma a figura de um coração. Depois os ovos são depositados junto à água ou em alguma planta submersa. De duas a três semanas, surgem as larvas (ninfas). Começa o ciclo de vida aquática, que pode durar até cinco anos. Só depois disso, nasce a libélula.
>
> Libélula. Terra da gente. *G1*, 6 jan. 2015. Disponível em: https://g1.globo.com/sp/campinas-regiao/terra-da-gente/fauna/noticia/2015/01/libelula.html. Acesso em: 23 maio 2023.

   a) As libélulas realizam fecundação interna ou externa? Justifique sua resposta.
   b) Qual é a relação entre o tipo de fecundação e o ambiente em que esse inseto vive?

6. A imagem a seguir mostra uma larva de equinodermo. Em geral, os adultos desse grupo se locomovem lentamente, e muitos vivem fixos em substratos, mas as larvas podem nadar livremente.

Wim van Egmond/Visuals Unlimited, Inc./Imageplus

Larva de estrela-do-mar da espécie *Ophiura albida*. Foto ao microscópio de luz.

   - Para os equinodermos, qual é a vantagem de a larva nadar livremente?

Aplicar

7. A foto a seguir mostra alguns momentos da vida da borboleta (*Papilio glaucus*).

Mathise_s/iStock/Getty Images

   a) Quais etapas a imagem retrata?
   b) Indique os elementos da imagem que você utilizou para identificá-las.
   c) Quais são os estágios do ciclo de vida das borboletas?
   d) Faça uma pesquisa e responda: De que a borboleta se alimenta em cada etapa da vida e em qual fase ela não se alimenta?

A importância das evidências experimentais

Teorias científicas amplamente aceitas na atualidade nem sempre foram reconhecidas como válidas. Na verdade, qualquer teoria, antes de ser plenamente aceita pela comunidade científica, em geral, deve ser posta à prova, não apenas pelos cientistas que a promoveram, mas por outros membros da comunidade científica. As investigações e a busca de evidências são processos fundamentais que acabam reforçando ou enfraquecendo uma nova teoria.

Considerando o conhecimento científico sobre a reprodução nos animais, esse percurso não foi diferente. Até o século XVII, alguns filósofos e naturalistas acreditavam que os animais davam origem a outros seres vivos por geração espontânea ou pela fecundação, ou seja, não se conheciam as formas assexuadas de reprodução. As observações e os experimentos com hidras realizados pelo naturalista suíço Abraham Trembley (1710-1784) foram fundamentais para a construção do conhecimento científico, como se pode ler no texto a seguir.

Os estudos de Abraham Trembley sobre a hidra

Os estudos de Trembley deram visibilidade ao minúsculo e curioso pólipo de água doce, organismo até então conhecido apenas por alguns estudiosos [...]. Porém, a novidade maior não estava no organismo em si, hoje chamado hidra, mas na capacidade que possuía de formar novos organismos por regeneração. Fenômeno até então insuspeito, a reprodução por regeneração foi apresentada por Trembley com base em diversas e repetidas observações e experiências. A principal delas, mais repetida pelos outros, consistia em cortar os pequenos animais em duas partes, transversal ou longitudinalmente, do que resultava, em pouco tempo, a formação de dois novos animais perfeitos. Nessa época, eram bem conhecidos fenômenos regenerativos como o da reconstituição das patas de uma lagosta, estudada por René Antoine Ferchault de Réaumur (1683-1757) em 1712 [...]. Mas ninguém suspeitava que a regeneração fosse capaz de formar um novo organismo.

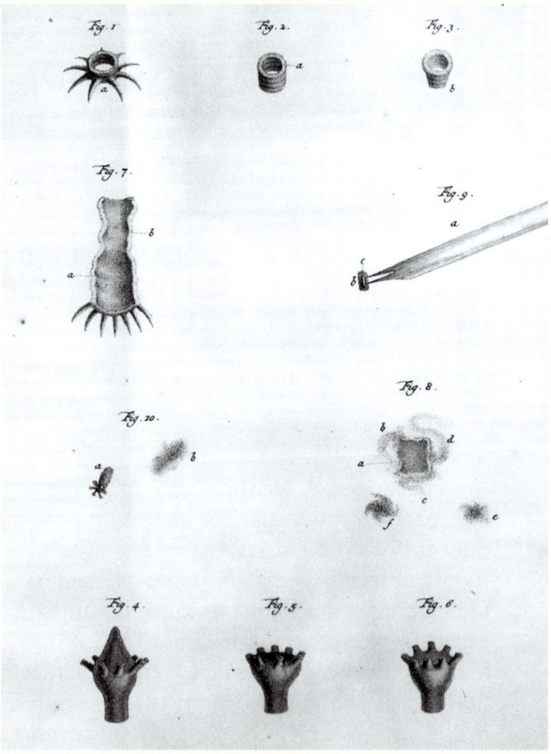

Pierre Lyonnet. *Mémoires pour servir à l'histoire d'un genre de polypes d'eau douce, à bras en forme de cornes*. Bélgica: A Leide/Chez Jean & Herman Verbeek, 1744. v. 1. p. 143. Fac-símile/ID/BR

Utilizando gravuras como esta, Abraham Trembley descrevia com precisão os experimentos da reprodução por regeneração mediante intervenções cirúrgicas. Esta imagem foi publicada em sua obra *Mémoires pour servir à l'histoire d'un genre de polypes d'eau douce, à bras en forme de cornes* (em tradução livre, Apontamentos para a história de um tipo de gênero de pólipo de água doce, com braços em forma de chifre).

[...]

No início de suas investigações, Trembley comunicou-as a Réaumur, solicitando sua opinião sobre a natureza daqueles organismos. Curioso em conhecer o organismo de que falava Trembley, Réaumur pediu exemplares em carta de 15 de janeiro de 1741. Trembley encaminhou uma primeira e malsucedida remessa de pólipos ao naturalista francês. Os animais chegaram mortos [...] [a] Paris, em 27 de fevereiro, possivelmente, como conjecturou Réaumur, por terem sido transportados em vasos selados com cera. [...]

O insucesso da remessa de animais vivos fez Trembley realizar testes em Haia, transportando pólipos em garrafas de vidro por algum tempo e a certas distâncias. Por fim, em 16 de março, enviou uma nova remessa de 15 organismos que, desta vez, chegaram vivos [...] [a] Paris, uma semana depois. De 22 a 25 de março Réaumur pode apresentar publicamente as observações de Trembley, assistidas não apenas pelos membros da Academia, como pela "corte e a cidade" [...]. Esse tipo de atividade produziu um grande impacto e foi bastante repetido em vários locais na Europa.

[...]

É certo que o sucesso na acreditação das novidades anunciadas por Trembley decorreu da sua grande habilidade experimental, [...] [pois os procedimentos e as técnicas utilizados por ele] foram cuidadosamente registrados e difundidos, nas cartas e nas publicações. Esse compartilhamento de *como* fazia sua pesquisa [...] permitiu que as observações e experiências pudessem ser repetidas e os fenômenos manifestos pelos pólipos pudessem ser testemunhados em qualquer lugar.

> Não é suficiente dizer que se viu tal coisa. Isso é nada dizer se, ao mesmo tempo, não se indique como se viu, se não se tornar os leitores capazes de julgar a maneira com que os fatos relatados foram observados. (Trembley, 1744, p. 2)

Contudo, talvez isso tudo não tivesse atingido as dimensões que atingiu se Trembley não tivesse fornecido, simultaneamente à comunicação dos seus achados, os próprios exemplares com os quais promoveu as repetições dos experimentos. [...]

Maria Elice Brzezinski Prestes; Lilian Al-Chueyr Pereira Martins. Observação e experimentação animal no século XVIII: os estudos de Abraham Trembley sobre a hidra. *Acta Scientiae*, v. 16, n. 2, p. 345-369, maio/ago. 2014. Disponível em: http://www.periodicos.ulbra.br/index.php/acta/article/view/964/956. Acesso em: 24 maio 2023.

Em discussão

1. De acordo com o texto, no século XVIII, o conhecimento científico considerava a existência apenas da reprodução sexuada nos animais, até Trembley anunciar suas descobertas que mudaram os rumos dessa ideia. A respeito disso, responda:

a) O que Trembley observou nos organismos que ele estudou?

b) Como ele comunicou suas observações à comunidade científica?

c) Procure saber como é feita a comunicação de resultados de experimentos à comunidade científica atualmente.

d) Que outra atitude, relacionada ao envio de exemplares vivos, foi fundamental para que suas ideias fossem amplamente aceitas pela comunidade científica?

2. A observação feita por Trembley no penúltimo parágrafo do texto citado revela a importância do questionamento das ideias e das teorias científicas para o avanço do conhecimento. Por que esse aspecto é importante?

CAPÍTULO

2 REPRODUÇÃO EM VERTEBRADOS

PARA COMEÇAR

O grupo dos vertebrados inclui os peixes, os anfíbios, os répteis, as aves e os mamíferos. Esses animais apresentam diferentes formas de reprodução. Como os vertebrados se reproduzem?

PEIXES

Os **peixes** se reproduzem de forma **sexuada**. A fecundação é externa na maioria dos peixes e pode ser interna nos peixes cartilaginosos e em algumas espécies de peixes ósseos.

Os peixes geralmente produzem milhares de ovos, o que aumenta a chance de alguns embriões chegarem à idade adulta.

Em algumas espécies, o desenvolvimento é direto; em outras, é indireto, ou seja, há o estágio de larva, chamada **alevino**, que se desenvolve fora do corpo da fêmea.

Algumas espécies – sobretudo as de peixes cartilaginosos – são **vivíparas**. Nesse caso, os embriões se desenvolvem no útero da fêmea e recebem alimento de variadas formas. Outras espécies de peixes cartilaginosos são **ovovivíparas**, ou seja, os embriões se desenvolvem em ovos que permanecem dentro do corpo da fêmea e os filhotes são liberados no ambiente.

Mas a maioria das espécies, principalmente as de peixes ósseos, libera os ovos no ambiente externo. Esses peixes são chamados de **ovíparos**. Muitas espécies constroem tocas ou ninhos, nos quais as fêmeas depositam os ovos.

▼ Ovos de peixe-palhaço (*Amphiprion ocellaris*). Os ovos contêm material nutritivo, que alimenta os alevinos durante seu desenvolvimento.

ANFÍBIOS

Os **anfíbios** são considerados um grupo de transição entre o ambiente aquático e o terrestre: sua reprodução ainda é dependente de água, embora passem a vida adulta em ambiente terrestre.

Na maioria dos anfíbios, a fecundação é **externa**. Os ovos formados após a fecundação se desenvolvem, dando origem a larvas aquáticas. Por isso, esses animais dependem da água para se reproduzir.

As larvas, chamadas **girinos**, sofrem **metamorfose** durante seu desenvolvimento. Na metamorfose, elas perdem as estruturas que permitiam sua sobrevivência na água, como a cauda, usada para nadar, e as brânquias, usadas para respirar.

Ao mesmo tempo, as larvas desenvolvem características que possibilitam a vida na terra: pernas, que permitem andar ou saltar, e pulmões, para respirar.

Observe, no esquema a seguir, as etapas que explicam o ciclo reprodutivo de um sapo.

PARA EXPLORAR

Instituto Rã-bugio

O Instituto Rã-bugio para Conservação da Biodiversidade é uma ONG ambientalista que desenvolve projetos e atua em escolas para promover a educação e a conscientização ambientais. O *site* da ONG traz informações e fotos de anfíbios e répteis da Mata Atlântica, além de aves, mamíferos e invertebrados. Disponível em: http://www.ra-bugio.org.br/. Acesso em: 23 maio 2023.

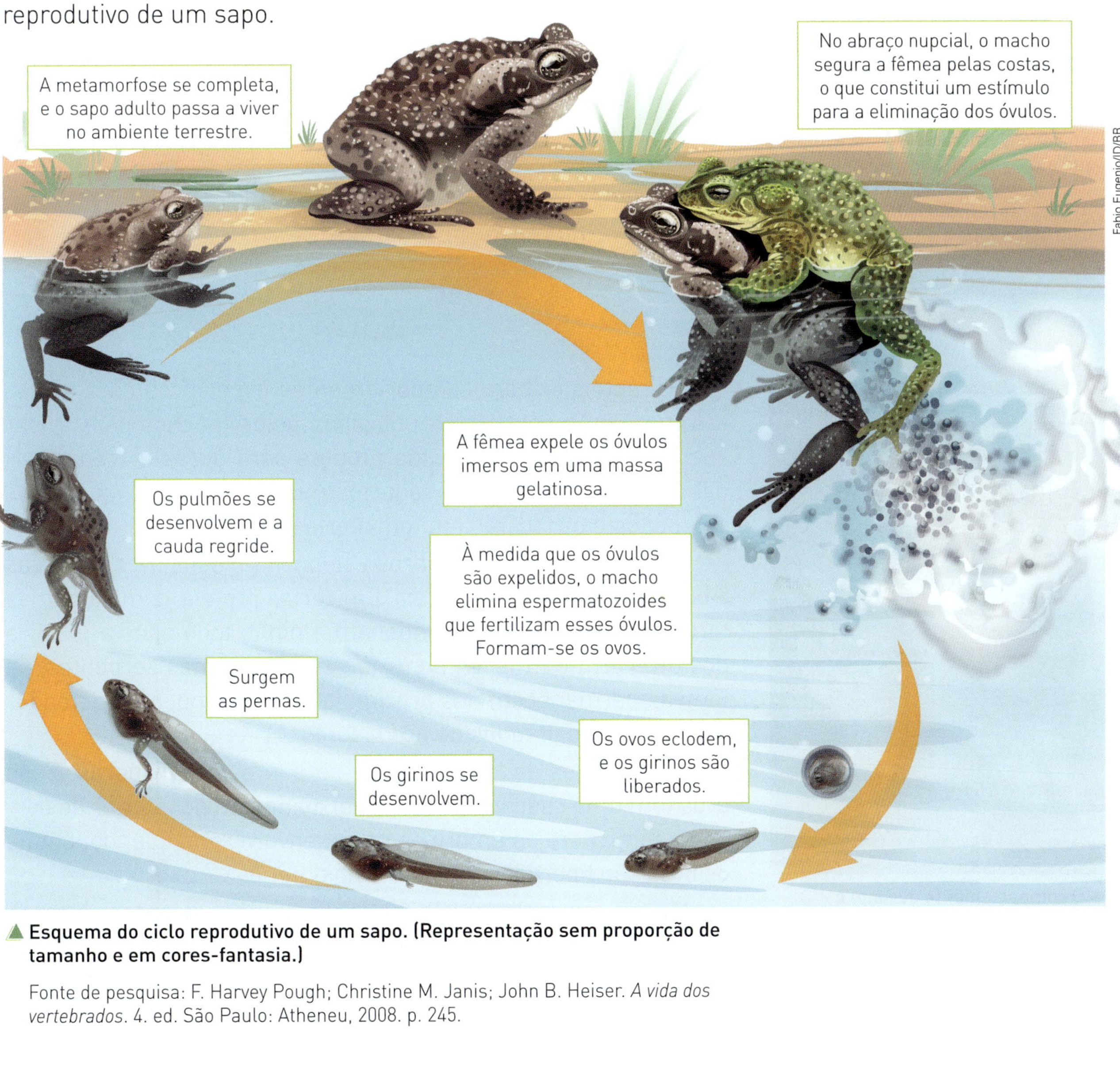

▲ **Esquema do ciclo reprodutivo de um sapo. (Representação sem proporção de tamanho e em cores-fantasia.)**

Fonte de pesquisa: F. Harvey Pough; Christine M. Janis; John B. Heiser. *A vida dos vertebrados*. 4. ed. São Paulo: Atheneu, 2008. p. 245.

RÉPTEIS

Spok83/Shutterstock.com/ID/BR

▲ Nos répteis, como esse lagarto (*Eublepharis macularius*), os filhotes se assemelham aos adultos.

Os **répteis**, as aves e os mamíferos formam o grupo dos **amniotas**. A principal característica desse grupo é a presença de uma membrana protetora durante o desenvolvimento embrionário, chamada de **âmnio**. Essa membrana protege o embrião contra o dessecamento.

Os répteis apresentam fecundação **interna**. O desenvolvimento embrionário ocorre em um **ovo** formado por várias camadas. A casca externa resistente confere proteção mecânica e proteção contra a perda de água. Além disso, essa casca é cheia de poros microscópicos, que permitem a troca de gases na respiração. Esse tipo de ovo permite que o desenvolvimento dos répteis ocorra em ambientes secos.

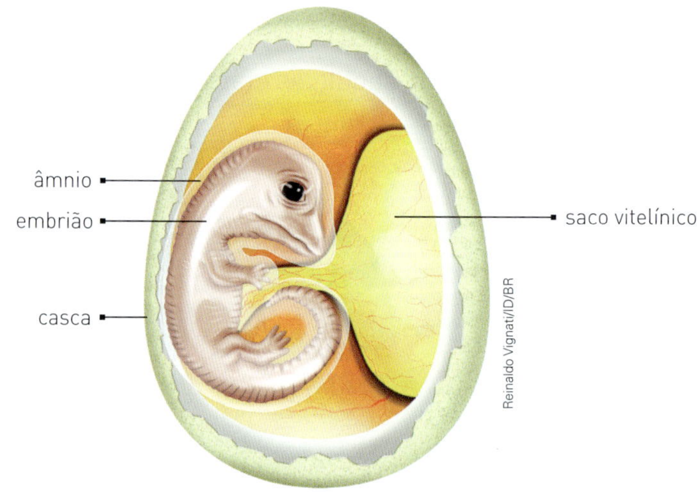

Reinaldo Vignati/ID/BR

O âmnio é a membrana que envolve o embrião protegendo-o do dessecamento. O saco vitelínico contém reserva nutritiva para o embrião durante seu desenvolvimento. A casca impede que ele se desidrate e permite trocas gasosas com o ambiente. (Representação sem proporção de tamanho e em cores-fantasia.) ▶

Fonte de pesquisa: Jane B. Reece e outros. *Biologia de Campbell*. 10. ed. Porto Alegre: Artmed, 2015. p. 729.

Nick Garbutt/Nature PL/Fotoarena

▲ O comportamento durante o acasalamento pode variar bastante entre as espécies. Casal de camaleões da espécie *Calumma brevicornis* copulando. O macho está à direita.

Os répteis exibem comportamentos específicos para o acasalamento. As estratégias utilizadas pelos machos para avisar suas parceiras quando estão prontos para acasalar são variadas: por exemplo, alguns lagartos mudam de cor, enquanto os crocodilos e os jacarés emitem alertas sonoros.

Muitos répteis são **ovíparos** e depositam seus ovos em tocas e buracos na terra ou na areia. Em certos répteis, como algumas tartarugas, as fêmeas abandonam o ninho logo após a postura dos ovos. Em outros, como os jacarés e algumas serpentes, as fêmeas permanecem nas proximidades do ninho, para defender os ovos contra ataques de predadores.

Há espécies de lagartos e de serpentes **ovovivíparas**. Seus ovos têm uma casca mais fina e permanecem no interior do corpo da fêmea até os embriões se desenvolverem, quando, então, os ovos são liberados no meio ambiente.

Muitas serpentes e alguns lagartos são **vivíparos**. Nesses animais, os embriões permanecem no corpo da fêmea até o momento de seu nascimento. A fêmea fornece matéria nutritiva e gases respiratórios para os embriões em formação.

AVES

As **aves**, assim como os répteis, pertencem ao grupo dos amniotas. Nos períodos de acasalamento, em geral os machos atraem as fêmeas com o canto, a exibição de penas de cores vibrantes, além de danças e voos complexos.

As aves apresentam fecundação **interna** e são **ovíparas**. O ovo é semelhante ao dos répteis: sua casca é dura e porosa, o que permite a entrada de ar, além de proteger o embrião de impactos e da desidratação. O saco vitelínico e o albúmen nutrem o embrião. O âmnio envolve e protege o embrião contra a desidratação.

O cuidado parental é comum entre as aves. Muitas espécies constroem ninhos para chocar seus ovos. No ninho, os pais protegem e alimentam os filhotes. O número de ovos em cada postura varia muito de uma espécie para outra. Quando o número de ovos é menor, é comum os filhotes receberem cuidados mais intensos, e os machos auxiliam as fêmeas nesses cuidados.

O tipo de cuidado parental também é diversificado. Em geral, um dos pais aquece os ovos sentando sobre eles, o que facilita o desenvolvimento embrionário. Mas há espécies em que os embriões são sensíveis a altas temperaturas; nesses casos, os ovos são cobertos com folhas secas e gravetos.

Patty Tse/Alamy/Fotoarena

Pazyuk/Shutterstock.com/ID/BR

▲ **(A) A fêmea do pinguim-imperador (*Aptenodytes forsteri*) coloca apenas um ovo, e o casal se reveza na busca de alimento e na tarefa de cuidar do ovo e do filhote. (B) No caso do pato-real (*Anas platyrhynchos*), a fêmea consegue proteger e cuidar de vários filhotes ao mesmo tempo.**

cuidado parental: qualquer comportamento dos pais (machos ou fêmeas) que aumente as chances de sobrevivência dos filhotes, até que estes possam viver com independência.

CIDADANIA GLOBAL

O QUE É TURISMO SUSTENTÁVEL?

Segundo a professora Juliana Medaglia Silveira, do Departamento de Turismo da UFPR (Universidade Federal do Paraná), como o conceito de sustentabilidade ultrapassa a área ambiental, o turismo sustentável é aquele que leva em consideração impactos sociais, ambientais e econômicos, bem como os grupos de interesse envolvidos na atividade.

No turismo massificado, observa ela, a dinâmica dos destinos, como horários do comércio e oferta da culinária, segue as demandas do turista e não as necessidades da comunidade local. No turismo sustentável, as escolhas são outras. Há preocupação, por exemplo, com consumo de produtos típicos, vindos de fornecedores locais. A hospedagem preza por espaços que fazem a gestão adequada de seus resíduos e empregam pessoas daquela região, de modo a respeitar as demandas da comunidade – tanto ambientais como sociais.

Dentro da sustentabilidade, é importante ainda que a atividade turística seja capaz de contribuir [para] a preservação e regeneração dos ambientes naturais e culturais com que estiver envolvida [...].

[...]

Antoniele Luciano. Novo jeito de viajar: turismo pode ajudar a proteger natureza e comunidades. *Ecoa UOL*, 26 fev. 2022. Disponível em: https://www.uol.com.br/ecoa/ultimas-noticias/2022/02/26/turismo-sustentavel-e-tendencia-e-vai-alem-do-meio-ambiente-entenda.htm. Acesso em: 23 maio 2023.

1. De acordo com o texto, qual é a diferença entre o turismo massificado e o turismo sustentável?
2. Em sua opinião, quais benefícios o turismo sustentável pode trazer para as comunidades locais e para a preservação dos vertebrados?

Em duplas, conversem e respondam: **Quem veio primeiro: o ovo ou a galinha?**

MAMÍFEROS

Os **mamíferos** apresentam fecundação **interna** e, na maioria das espécies, o embrião se desenvolve dentro do corpo da fêmea. Após o nascimento, os filhotes são alimentados com leite materno, produzido nas **glândulas mamárias** presentes nas fêmeas. Em muitas espécies, os machos costumam participar dos cuidados com a prole.

No início do desenvolvimento embrionário da maioria dos mamíferos, ocorre a formação da **placenta**, estrutura que possibilita a passagem de oxigênio e nutrientes diretamente do sangue da mãe para o sangue do embrião.

Os mamíferos são divididos em três grupos: os placentários, os marsupiais e os monotremados.

- **Placentários** – nesses animais, o embrião se desenvolve no útero materno e a placenta é bem desenvolvida. No útero, o embrião é envolvido pelo âmnio e liga-se à placenta pelo cordão umbilical. O período de gestação é relativamente longo. É possível estabelecer uma relação entre o período de gestação e o tamanho do animal: em ratos, a gestação dura 21 dias; em cães e gatos, 60 dias; e em elefantes, 22 meses.

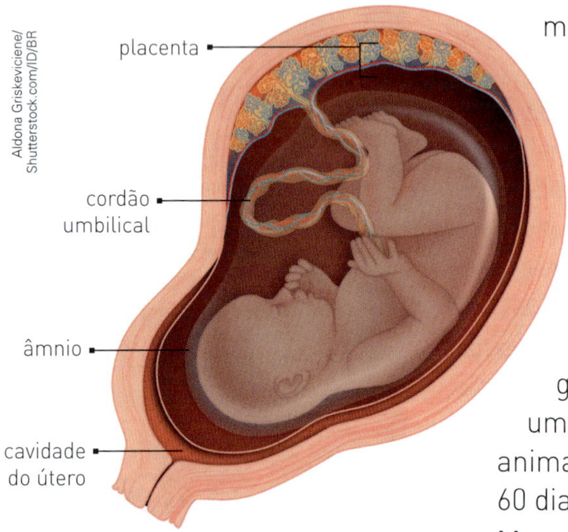

Nos mamíferos placentários, como os seres humanos, o embrião se desenvolve no útero materno e se liga à placenta pelo cordão umbilical. (Representação sem proporção de tamanho e em cores-fantasia.)

Fonte de pesquisa: Luiz C. Junqueira; José Carneiro. *Histologia básica*. 12. ed. Rio de Janeiro: Guanabara Koogan, 2013. p. 442.

- **Marsupiais** – nos animais desse grupo, o embrião também se desenvolve no útero materno. A placenta, pouco desenvolvida, transfere nutrientes da mãe para o embrião. A gestação é curta, e logo os embriões migram do útero para a bolsa marsupial, onde completam o desenvolvimento embrionário. O período marsupial é mais longo que o período de desenvolvimento intrauterino.

Nos marsupiais, como o canguru-vermelho (*Macropus rufus*), a amamentação se inicia no período em que o filhote passa a viver na bolsa marsupial.

- **Monotremados** – não têm placenta e são animais ovíparos. Logo, o desenvolvimento embrionário ocorre em ovos, semelhantes aos dos répteis e das aves. Os ornitorrincos e as equidnas representam esse grupo.

O ornitorrinco (*Ornithorhynchus anatinus*) (A) e a equidna (*Tachyglossus aculeatus*) (B) são exemplos de mamíferos monotremados.

ATIVIDADES

Acompanhamento da aprendizagem

Retomar e compreender

1. Observe a imagem e responda às questões.

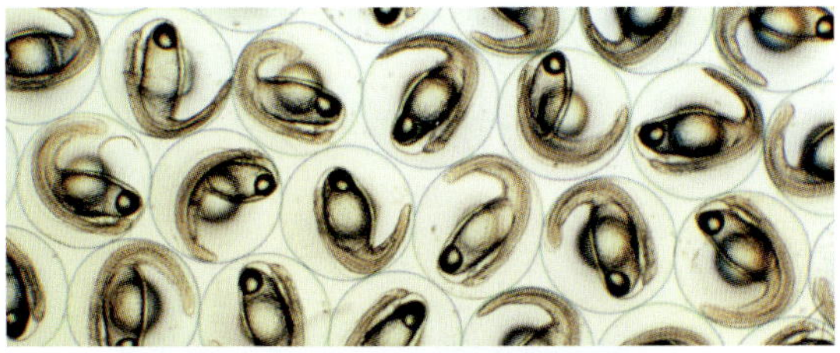

Sinclair Stammers/SPL/Fotoarena

Ovos com embriões do peixe *Anguilla japonica*. Foto ao microscópio óptico comum (aumento de cerca de 5 vezes).

a) Todas as espécies de peixe são ovíparas?

b) Na espécie mostrada na foto, os ovos eclodem dando origem a uma larva. Como se denominam as larvas de peixe?

c) Nessa espécie de peixe, o desenvolvimento é direto ou indireto? Explique.

d) Em todos os embriões, pode-se ver uma bolsa arredondada na região ventral. Qual é a função dessa bolsa?

e) Nessa espécie, as fêmeas produzem mais de 1 milhão de ovos em seu ciclo reprodutivo. Que vantagens o grande número de ovos produzidos pode conferir à espécie?

2. Qual é o significado do termo amniota? Quais grupos de animais podem receber essa denominação?

3. A figura a seguir representa esquematicamente um ovo de réptil. Observe-a e, depois, faça o que se pede.

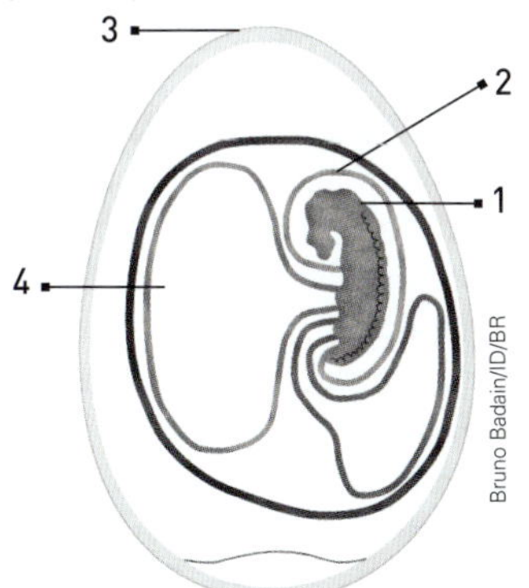

Bruno Badain/ID/BR

a) Identifique as estruturas correspondentes aos números de **1** a **4**.

b) Indique qual é a função da estrutura **3**.

c) Indique qual é a função da estrutura **4**.

4. Leia o texto a seguir e faça o que se pede.

> Quem nunca ouviu ou fez essa clássica pergunta: Quem veio primeiro, o ovo ou a galinha? [...]
>
> [...]
>
> Os répteis botam ovos e as aves que descendem deles também botam ovos, pois herdaram essa característica. Portanto, é possível concluir que o ovo surgiu antes da galinha.
>
> [...]
>
> Quem veio primeiro, o ovo ou a galinha? Universidade das Crianças UFMG. Disponível em: https://www.universidadedascriancas.fae.ufmg.br/perguntas/quem-veio-primeiro-o-ovo-ou-a-galinha/. Acesso em: 25 maio 2023.

- Cite duas características do ovo dos répteis que permitem que a reprodução desses animais ocorra em meio terrestre.

5. Muitas aves são conhecidas por apresentar, entre outras características, canto melodioso e penas coloridas. Essas características podem ser associadas a que tipo de comportamento das aves?

Aplicar

6. As imagens a seguir mostram diferentes estágios do ciclo de vida de um anfíbio. Observe-as e, depois, responda às questões.

IamTK/Shutterstock.com/ID/BR; Rudmer Zwerver/Shutterstock.com/ID/BR; AlasdairJames/iStock/Getty Images; DanielaAgius/iStock/Getty Images; lifeonwhite.com/GlobalP/iStock/Getty Images

a) Ordene as imagens de acordo com o estágio do desenvolvimento, do mais inicial até o mais avançado.

b) Como se denomina o indivíduo representado em **A**?

c) No estágio **A**, o animal respira por brânquias ou por pulmões? Explique.

d) No estágio **D**, o animal já está totalmente adaptado para a vida na terra? Justifique.

ATIVIDADES INTEGRADAS

Retomar e compreender

1. Em muitos cnidários, observa-se o ciclo de vida com alternância de gerações. Sobre esse tema, responda:
   a) O que caracteriza o ciclo alternante dos cnidários?
   b) Que outras formas de reprodução podem ser observadas entre os cnidários?

2. Na maioria das parasitoses, os vermes adultos se reproduzem no intestino do hospedeiro, produzindo grande quantidade de ovos, que são liberados com as fezes no ambiente.
   - A produção de muitos ovos oferece alguma vantagem ao parasita? Justifique.

3. As minhocas são animais hermafroditas, isto é, cada indivíduo é capaz de produzir gametas masculinos e gametas femininos.
   a) Existe alguma vantagem reprodutiva para espécies hermafroditas? Justifique sua resposta.
   b) Por que a troca de gametas é considerada uma característica vantajosa, mesmo em espécies hermafroditas?

4. Répteis, aves e mamíferos pertencem ao grupo dos amniotas. Sobre esse grupo, responda:
   a) Qual é sua principal característica?
   b) Qual é a relação dessa característica com a conquista do meio terrestre por animais desse grupo?

5. Copie no caderno o diagrama do ciclo de vida de um sapo e complete-o.

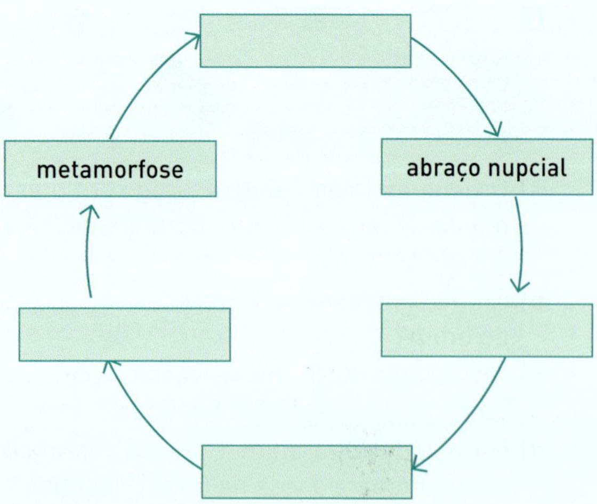

Aplicar

6. Observe a foto a seguir e faça o que se pede.

Sérgio Dotta Jr./ID/BR

▲ Ovitrampa.

   - Pesquise sobre a ovitrampa e explique como funciona essa tecnologia e por que ela é útil no combate à dengue.

Analisar e verificar

7. Leia o texto a seguir e, depois, responda às questões.

Estudo brasileiro [...] evidencia como os anfíbios são animais versáteis no que diz respeito a modos reprodutivos: seus ovos e larvas podem se desenvolver de pelo menos 74 formas diferentes.

[...]

No total, foram analisadas estratégias de 2 171 espécies de anfíbios, incluindo 80% das famílias desses animais existentes no mundo. O subgrupo dos anuros, composto de sapos, rãs e pererecas e com 7 315 espécies conhecidas, é o mais diverso e teve 2 012 espécies representadas no estudo. Não à toa, contabiliza 71 modos de reprodução, 56 deles exclusivos.

Além da diversidade, o fato de transitarem entre ambientes terrestres e aquáticos fez com que os anuros desenvolvessem as mais variadas estratégias reprodutivas. Em várias espécies de sapos-pipa (gênero *Pipa*), por exemplo, as fêmeas carregam os ovos nas costas no meio aquático e os filhotes saem prontos para a vida na água, sem que haja uma fase de girino.

No caso das pererecas-marsupiais (gênero *Fritziana*), as fêmeas, que são arborícolas, também carregam os ovos nas costas, mas na hora do nascimento de suas larvas procuram água acumulada em bromélias ou ocos de bambu, onde depositam os girinos, que concluem o desenvolvimento nesses ambientes aquáticos.

Endêmica da Serra do Japi, no Estado de São Paulo, a rãzinha-da-correnteza (*Hylodes japi*) deposita os ovos numa câmara subaquática construída no leito de pequenos riachos, comportamento antes registrado apenas em peixes.

[...]

Algumas espécies têm mais facilidade para se adaptar, pois desenvolveram mais de uma estratégia para a reprodução. Esse é o caso do sapo *Physalaemus spiniger*, endêmico do Brasil, que pode se reproduzir de três formas distintas. A depender das condições locais, o casal pode fazer um ninho de espuma numa lagoa, no chão úmido da floresta ou dentro de uma bromélia.

Essa plasticidade pode ser uma vantagem em cenários de mudanças climáticas, por exemplo. Se as lagoas usadas secam ou as bromélias são extintas, em tese a espécie poderia sobreviver trocando de um modo para outro. Porém, a maioria das espécies, que contam com apenas um dos 74 modos reprodutivos, é considerada ameaçada por alterações no ambiente e no clima.

[...]

André Julião. Anfíbios têm pelo menos 74 formas de se reproduzir, conclui levantamento. Revista *Galileu*, 8 out. 2021. Disponível em: https://revistagalileu.globo.com/Ciencia/Biologia/noticia/2021/10/anfibios-tem-pelo-menos-74-formas-de-se-reproduzir-conclui-levantamento.html. Acesso em: 23 maio 2023.

a) De acordo com o texto, quais motivos fazem com que os anuros apresentem grande variedade de estratégias reprodutivas?

b) No texto, são mencionadas diferentes estratégias reprodutivas dos anuros. Durante seu desenvolvimento, as espécies de sapo-pipa, por exemplo, não apresentam fase larval. Explique qual é a vantagem dessa estratégia de reprodução.

8. Leia o texto a seguir e faça o que se pede.

Ao brincar em uma praia, João encontrou um braço de uma estrela-do-mar. O garoto pensou que o animal havia morrido. Porém sua mãe lhe explicou que, se o braço da estrela-do-mar tivesse parte do disco central e fosse mantido no mar, depois de algum tempo, ele poderia originar uma nova estrela.

- A explicação da mãe de João está correta? Justifique sua resposta, considerando as características reprodutivas desse equinodermo.

9. As fotos a seguir mostram o ninho de um tico-tico e o ninho de uma tartaruga.

Enquanto as aves permanecem muito tempo no ninho sentadas sobre os ovos, as tartarugas deixam o ninho após a postura dos ovos.

Ninho de tico-tico.

Ninho de tartaruga.

a) Qual é a importância do comportamento de permanecer sobre os ovos?

b) No ninho de tico-tico, nota-se a presença de um número menor de ovos em relação ao ninho de tartaruga. Compare o investimento despendido com a prole nessas duas espécies.

c) Quais são as vantagens e as desvantagens dessas estratégias reprodutivas?

Criar

10. Os ovos de répteis e de aves contêm maior reserva nutritiva que os ovos de peixes e de anfíbios.

- Com base no que você estudou, formule uma hipótese para explicar esse fato.

CIDADANIA GLOBAL

UNIDADE 7

8 TRABALHO DECENTE E CRESCIMENTO ECONÔMICO

Retomando o tema

Nesta unidade, você compreendeu que a exploração econômica dos recursos naturais e culturais pode ser feita de forma sustentável.

Sobre esse tema, responda às questões a seguir.

1. Por que o modo de produção das comunidades tradicionais é considerado sustentável?
2. O que é o seguro defeso e qual sua relação com a pesca sustentável?
3. Em sua opinião, de que forma o turismo sustentável pode ajudar na preservação do meio ambiente e das comunidades tradicionais?
4. Quais estratégias podem ser adotadas para conciliar o crescimento econômico com a preservação do meio ambiente e a valorização da cultura regional?

Geração da mudança

- Organizem-se para a realização de uma feira de produtores locais na escola.
- Peçam a autorização da direção da escola e marquem um dia para a realização da feira.
- Convidem produtores locais a se inscrever para participar da feira.
- Organizem-se em grupos. Um grupo ficará responsável pela seleção dos produtores que vão participar da feira; outro grupo deve se responsabilizar pela montagem da feira; e um terceiro grupo fará a divulgação do evento.
- Ao selecionar os produtores, lembrem-se de diversificar os tipos de produto que serão expostos e vendidos.
- No dia da feira, cheguem mais cedo para organizar o espaço e receber os expositores.
- Após a feira, realizem uma pesquisa de satisfação com os produtores e avaliem, com a direção da escola, a possibilidade de tornar a feira um evento fixo no calendário escolar.

Autoavaliação

Matheus Costa/ID/BR

UNIDADE 8

REPRODUÇÃO HUMANA

PRIMEIRAS IDEIAS

1. Durante a adolescência, que mudanças ocorrem no corpo e no modo de perceber o mundo?
2. Você já notou algumas dessas mudanças em seu corpo ou na maneira como você vê mundo? Como você encara essas mudanças?
3. Como as mulheres engravidam? Como uma gravidez impacta a vida da futura mãe e do futuro pai?

Conhecimentos prévios

Nesta unidade, eu vou...

CAPÍTULO 1 Adolescência e sistema genital

- Conhecer e reconhecer as mudanças pelas quais os jovens passam na adolescência e na puberdade.
- Coletar, organizar e analisar dados de entrevistas sobre características vinculadas à adolescência.
- Identificar estruturas e características dos sistemas genitais masculino e feminino.
- Compreender o processo do ciclo menstrual.

CAPÍTULO 2 Reprodução

- Compreender como ocorrem a fecundação, a gravidez e o parto em seres humanos.
- Identificar as etapas de desenvolvimento do feto durante a gestação.
- Distinguir parto normal de cesariana, reconhecendo os benefícios do parto normal.
- Compreender as principais modificações pelas quais a assistência ao parto passou nos últimos tempos.

CIDADANIA GLOBAL

- Reconhecer a importância da assistência pré-natal para a saúde e o bem-estar do bebê e sua família.
- Compreender como o pré-natal do parceiro pode contribuir para a formação de uma sociedade mais igualitária.
- Relacionar índices de mortalidade materna e gestantes em estado de vulnerabilidade.
- Reconhecer pessoas próximas ou grupos do bairro sujeitos a condições de vulnerabilidade.
- Perceber que a falta de acesso a um pré-natal adequado é mais prevalente em grupos minoritários.
- Reconhecer a importância de estudos e levantamentos de dados sociais, econômicos e culturais para a proposição de políticas públicas.
- Reunir ações, serviços e programas de saúde voltados para gestantes em situação de vulnerabilidade e veicular essas informações na comunidade.

MBI/iStock/Getty Images

LEITURA DA IMAGEM

1. Que situação é retratada nesta foto? Descreva os elementos que fazem parte dela e procure justificá-los.
2. Em sua opinião, por que é importante que as gestantes realizem consultas, procedimentos e exames como o que está retratado na foto?
3. Busque imagens de exames de ultrassom e observe as informações que esse tipo de exame pode gerar.

CIDADANIA GLOBAL

10 REDUÇÃO DAS DESIGUALDADES

Segundo a Organização Mundial da Saúde (OMS), cerca de 830 mulheres morrem diariamente no mundo devido a complicações na gravidez e no parto. A mortalidade materna é um dos indicadores da qualidade de vida de uma população, e os índices atuais evidenciam que as mulheres e as adolescentes mais atingidas são aquelas com baixo poder econômico, pouca escolaridade ou que vivem em áreas de difícil acesso a serviços de saúde.

- Que ações podem ser tomadas no âmbito individual, coletivo e/ou de políticas públicas para possibilitar que gestantes em situação de vulnerabilidade tenham acesso igualitário a serviços básicos de saúde?

Relacione **o trabalho de parteiras tradicionais** e a promoção da saúde da mulher e do bebê.

Os exames de ultrassom fazem parte de um conjunto de medidas para o acompanhamento da gestante, conhecido como assistência pré-natal, que abrange desde o momento em que a gravidez é confirmada até o período do parto.

CAPÍTULO 1 ADOLESCÊNCIA E SISTEMA GENITAL

PARA COMEÇAR

A adolescência é uma fase importante da vida. As mudanças no corpo durante essa fase ocorrem da mesma maneira para todos?

Como essas mudanças preparam meninos e meninas para a vida adulta?

Veja **passagem para a vida adulta** e compare as diferentes situações mostradas com as que você vive no momento.

ADOLESCÊNCIA

A **adolescência** é uma fase de transição entre a infância e a vida adulta. Ela é marcada por mudanças no corpo, no comportamento e no modo de ver o mundo.

Em geral, a adolescência compreende o período entre os 12 e os 18 anos de idade, mas o ritmo em que essas mudanças acontecem não é o mesmo para todos. Em alguns jovens, elas ocorrem mais rapidamente; em outros, mais devagar. Mais cedo ou mais tarde, no entanto, todos passarão por transformações.

É comum o(a) adolescente se sentir angustiado(a) e com medo e ter sentimentos contraditórios. Nessa fase, o(a) jovem reflete sobre sua personalidade e sobre sua identidade perante o mundo. É comum, então, surgirem questionamentos a respeito de como as coisas são e por que não são de outro modo. Em geral, nesse fase, manifesta-se o interesse pela sexualidade.

As mudanças que ocorrem na adolescência também estão relacionadas à cultura e aos grupos de convivência dos jovens, o que inclui família, amigos e professores.

FG Trade/iStock/Getty Images

PUBERDADE

Enquanto a adolescência é mais determinada por comportamentos sociais, a **puberdade** é marcada por transformações do corpo. Trata-se de um período, no início da adolescência, no qual o corpo de meninos e meninas passa por mudanças que o tornam apto para a reprodução.

As estruturas que têm função reprodutora são as **características sexuais primárias**, e as **características sexuais secundárias** são aquelas não relacionadas ao sistema genital.

Nas meninas, as primeiras transformações no corpo se manifestam entre 8 e 13 anos de idade; nos meninos, elas ocorrem um pouco mais tarde: entre 11 e 14 anos. Essas transformações envolvem a produção de hormônios.

Em determinado momento, o hipotálamo, uma pequena região do cérebro, começa a produzir hormônios que chegam à hipófise, ativando-a. A hipófise, entre outras funções, exerce controle sobre outras glândulas e produz hormônios que agem sobre os ovários e os testículos.

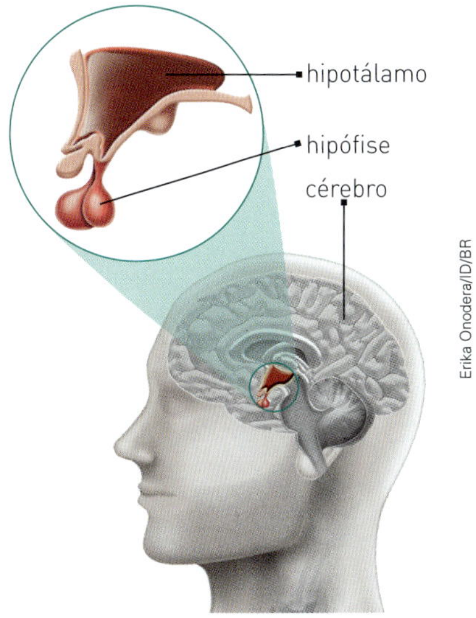

▲ **A hipófise e o hipotálamo são estruturas relacionadas morfológica e funcionalmente. (Representação sem proporção de tamanho e em cores-fantasia.)**

Fonte de pesquisa: Gerard J. Tortora; Bryan Derrickson. *Corpo humano*: fundamentos de anatomia e fisiologia. 10. ed. Porto Alegre: Artmed, 2017. p. 328.

hormônio: substância química produzida pelo sistema endócrino e transportada pela corrente sanguínea. Atua sobre a atividade metabólica de outras células do corpo.

púbico: referente à parte triangular no baixo abdome recoberta por pelos no adulto.

Puberdade feminina

Estimulados pela hipófise, os ovários passam a produzir o hormônio progesterona, que prepara o corpo para uma possível gravidez, e o hormônio estrógeno, que geralmente induz a manifestação das seguintes características sexuais primárias e secundárias:

- desenvolvimento dos órgãos genitais;
- aumento de estatura;
- desenvolvimento das mamas, com amadurecimento dos ductos de leite e deposição de gordura;
- crescimento de pelos nas axilas e na região púbica;
- alargamento dos ossos dos quadris;
- acúmulo de gordura nas coxas e nas nádegas.

Puberdade masculina

A puberdade nos meninos começa quando os testículos, sob estímulo de um hormônio produzido pela hipófise, passam a produzir o hormônio testosterona, que geralmente leva à manifestação das seguintes características sexuais primárias e secundárias:

- desenvolvimento dos órgãos genitais;
- aumento de estatura;
- mudança no tom de voz, que se torna mais grave;
- crescimento de pelos no rosto (barba e bigode) e no peito;
- aumento de massa muscular e alargamento dos ombros;
- crescimento de pelos nas axilas e na região púbica;
- crescimento dos testículos e do pênis.

▲ **As transformações físicas da puberdade fazem com que o corpo de uma criança se torne pouco a pouco como o de um adulto. Elas são causadas pela ação de hormônios produzidos nas glândulas sexuais: ovários e testículos.**

O que é adolescência?

O desenvolvimento humano pode ser dividido em quatro fases: infância, adolescência, idade adulta e velhice. Cada uma dessas fases tem características próprias.

A adolescência é uma fase de transição situada entre o fim da infância e o início da idade adulta. Ela tem início na puberdade e, geralmente, mantém-se por um tempo até a maturação do indivíduo.

Esse período de duração da adolescência é aceito por grande parte dos estudiosos. Mas o que será que as pessoas em geral entendem por adolescência? Para elas, quais são as características e o período de duração da adolescência?

Para tentar responder a essas perguntas, você e os colegas vão **coletar**, **organizar** e **analisar** dados obtidos por meio de entrevistas.

Material

- gravador de voz portátil ou *smartphone* que permita realizar gravações
- computador com programa de planilha eletrônica

Como fazer

Etapa I – Planejamento

1. O professor vai organizar a turma em cinco equipes.
2. Cada equipe ficará responsável por entrevistar um representante de um destes grupos:
   - profissionais da saúde (médicos, enfermeiros, auxiliares de enfermagem, entre outros);
   - psicólogos;
   - professores dos anos finais do Ensino Fundamental ou do Ensino Médio;
   - pessoas com idade entre 20 e 60 anos que não exerçam nenhuma das atividades listadas nos itens anteriores;
   - pessoas com idade entre 13 e 19 anos.
3. As equipes devem coletar os seguintes dados dos entrevistados:
   - Em sua opinião, com que idade a adolescência começa e com que idade ela termina?
   - Cite cinco palavras ou expressões que, em sua opinião, caracterizam a adolescência.

Etapa II – Coleta dos dados

1. Entrem em contato com as pessoas que serão entrevistadas e agendem o dia e o local para a entrevista.
2. Expliquem o objetivo da pesquisa e façam as perguntas, gravando cada resposta.

Etapa III – Organização dos dados

1. Para cada pergunta, construam uma tabela conforme o modelo a seguir, utilizando um programa de planilha eletrônica.

	Equipe 1	Equipe 2	Equipe 3	Equipe 4	Equipe 5
Idade de início da adolescência					
Idade de término da adolescência					

	Equipe 1	Equipe 2	Equipe 3	Equipe 4	Equipe 5
Palavras e expressões que caracterizam a adolescência					

2. Transcrevam as respostas dos entrevistados, completando as tabelas.

3. Construam um gráfico com os dados da tabela de idade de início e término da adolescência e um gráfico com os dados da tabela de palavras e expressões que caracterizam a adolescência; este deve mostrar a frequência com que cada palavra ou expressão surgiu nas entrevistas. Os gráficos podem ser de coluna ou de *pizza*.

4. Em um dia determinado pelo professor, compartilhem com a turma as respostas obtidas.

5. Preencham as tabelas com os dados obtidos pelas outras equipes.

Etapa IV – Comunicação dos resultados

1. A turma deverá montar um cartaz no qual apresentará o objetivo do trabalho, o método de coleta de dados, os resultados obtidos, a comparação com os dados obtidos pelas equipes e as conclusões a que chegaram.

2. A apresentação dos trabalhos deverá ser feita para toda a comunidade escolar.

Para concluir

1. Os grupos entrevistados citaram palavras e expressões semelhantes para caracterizar a adolescência? Se sim, quais foram mencionadas com maior frequência?
2. Há um consenso, entre os grupos entrevistados, em relação à idade que define o início e o término da adolescência? Quais foram as divergências?
3. Discutam como os resultados obtidos ajudam a entender o tema pesquisado e as semelhanças e as diferenças entre o senso comum e a visão de especialistas sobre esse tema.
4. Que outros temas poderiam ser estudados usando métodos semelhantes aos que vocês usaram nesta atividade prática?

CIDADANIA GLOBAL

PRÉ-NATAL DO PARCEIRO

[...]

[...] Nas Unidades Básicas de Saúde do Sistema Único de Saúde (SUS), os homens também têm o direito de cuidar de si ao mesmo tempo em que acompanham suas parceiras.

Dentro do eixo Paternidade e Cuidado da Pnaish [Política Nacional de Atenção Integral à Saúde do Homem], existe uma estratégia chamada Pré-natal do Parceiro, que busca sensibilizar gestores, profissionais da saúde, homens e mulheres sobre a importância do envolvimento dos pais [...] em todo o processo de planejamento reprodutivo, gestação, parto, puerpério e cuidados posteriores com o desenvolvimento da criança, dando oportunidade para a criação de vínculos mais fortes e saudáveis entre pais, parceiras(os) e filhas(os), contribuindo para uma sociedade mais igualitária.

Cartilha para pais: como exercer uma paternidade ativa. Brasília: Ministério da Saúde, 2018. p. 10. Disponível em: https://bvsms.saude.gov.br/bvs/publicacoes/cartilha_pais_exercer_paternidade_ativa.pdf. Acesso em: 5 jan. 2023.

- Em sua opinião, por que a estratégia Pré-natal do Parceiro pode contribuir para uma sociedade mais igualitária? Comente.

SISTEMA GENITAL MASCULINO

O sistema genital é formado por estruturas especializadas que têm função reprodutora, e esse sistema é diferente em homens e mulheres.

O **sistema genital masculino** é formado por pênis, escroto, dois testículos, epidídimo, ducto deferente, ducto ejaculatório, uretra e glândulas sexuais acessórias (glândulas seminais, próstata e glândulas bulbouretrais).

O **pênis** é o órgão que transfere as células reprodutoras masculinas (ou gametas masculinos), chamadas **espermatozoides**, para o sistema genital feminino. O pênis pode aumentar de tamanho, processo conhecido como ereção. Isso ocorre porque o pênis tem cavidades internas – os chamados corpos cavernosos e o corpo esponjoso – que se enchem de sangue.

A **uretra** passa pelo interior do pênis e conduz os espermatozoides até o ambiente externo. Ela abre-se na extremidade do pênis, na parte chamada glande, que é recoberta por uma pele frouxa, o prepúcio.

O **escroto** é uma bolsa de pele. Ele abriga os dois **testículos**, que são glândulas de forma ovalada nas quais são produzidos os espermatozoides. O escroto está localizado fora do corpo, suspenso por músculos. Essa localização contribui para manter a temperatura dos testículos adequada, ou seja, levemente mais baixa que a temperatura do corpo. Tal condição é necessária para a produção e a sobrevivência dos espermatozoides. Em dias frios, a musculatura do escroto contrai-se e aproxima os testículos do corpo; em dias quentes, ela relaxa, afastando-os.

Esquema do sistema genital masculino em visão frontal (A) e lateral (B). O pênis e o reto foram representados em corte. A uretra é um órgão do sistema urinário que conduz a urina da bexiga urinária (representada para facilitar a localização das demais estruturas) ao meio externo e que também faz parte do sistema genital masculino. (Representação sem proporção de tamanho e em cores-fantasia.)

A B

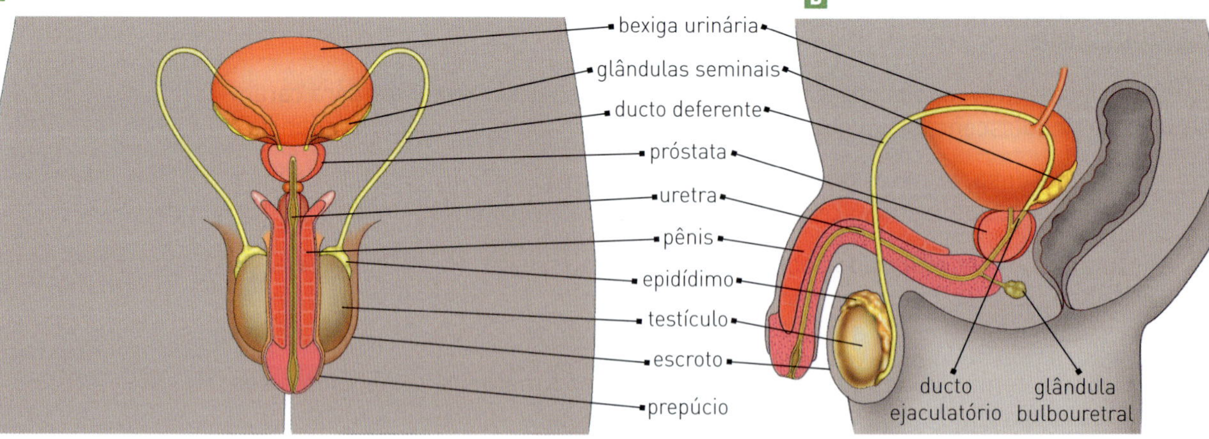

Hudson Calasans/ID/BR

Fonte de pesquisa: Johannes Sobotta. *Atlas de anatomia humana*. 23. ed. Rio de Janeiro: Guanabara Koogan, 2013. v. 1. p. 15; v. 2. p. 198.

PRODUÇÃO DE ESPERMATOZOIDES

Os **espermatozoides** são células especializadas em atingir o gameta feminino e fecundá-lo. Eles começam a ser produzidos durante a puberdade. O espermatozoide (ou gameta masculino) é formado por cabeça, peça intermediária e cauda.

Na puberdade, a **testosterona**, principal hormônio sexual dos homens, é secretada nos testículos por células especiais. Esse hormônio promove o desenvolvimento das características sexuais masculinas secundárias e estimula o início da produção de espermatozoides, que continuará por toda a vida fértil do homem.

Os espermatozoides são produzidos nos testículos, nas paredes dos **túbulos seminíferos**, estruturas com formato de tubos enrolados. Em seguida, passam para o **epidídimo**, órgão formado por um conjunto de túbulos localizado acima do testículo, onde amadurecem, adquirem mobilidade e podem ficar armazenados. Do epidídimo, passam para o **ducto deferente**, que também pode armazená-los por algum tempo.

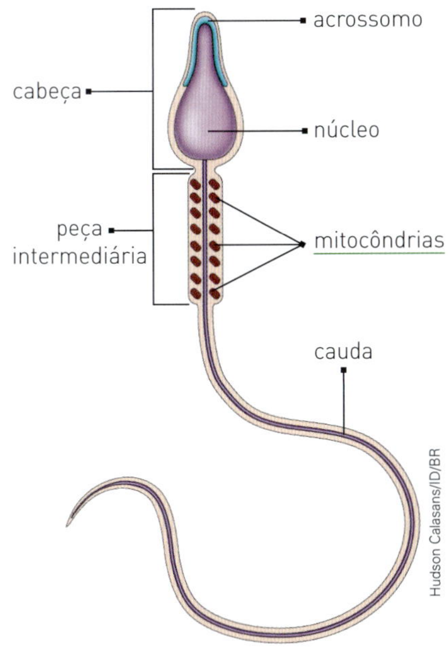

Esquema das partes de um espermatozoide. A cabeça contém o núcleo com o material genético e o acrossomo, vesícula que tem enzimas, substâncias que facilitam a fecundação, isto é, a entrada do núcleo do espermatozoide no gameta feminino. A peça intermediária contém mitocôndrias, que fornecem energia para a manutenção e o deslocamento do espermatozoide. A cauda possibilita esse deslocamento. (Representação sem proporção de tamanho e em cores-fantasia.)

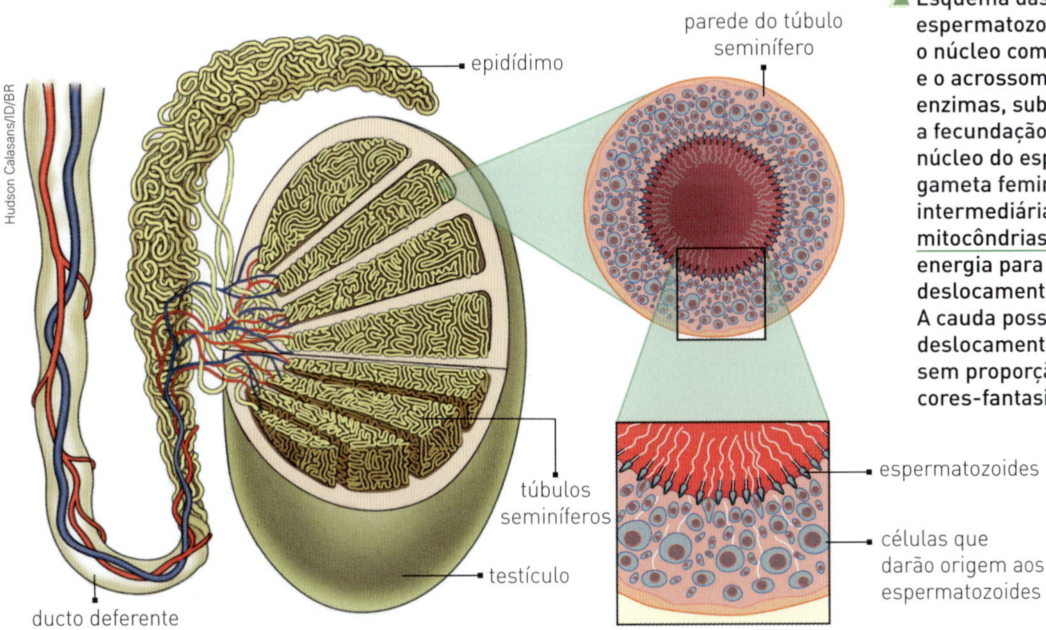

Esquema de um testículo em corte. Os vasos que o irrigam foram representados em vermelho e em azul. (Representação sem proporção de tamanho e em cores-fantasia.)

Fonte de pesquisa das imagens: Jane B. Reece e outros. *Biologia de Campbell*. 10. ed. Porto Alegre: Artmed, 2015. p. 1 022.

Antes de sair do corpo masculino, os espermatozoides passam pelo **ducto ejaculatório** e misturam-se a secreções das glândulas sexuais acessórias (**próstata**, **glândulas seminais** e **glândulas bulbouretrais**), que nutrem e aumentam a capacidade de movimento dos espermatozoides – o que é importante para que eles alcancem a célula reprodutora feminina. Essa mistura de espermatozoides com secreções das glândulas constitui o **sêmen** ou **esperma**.

mitocôndria: organela responsável pela liberação de energia na célula.

SISTEMA GENITAL FEMININO

O **sistema genital feminino** é formado internamente pelo útero, por dois ovários, duas tubas uterinas, pela vagina e pelos órgãos genitais externos, que, em conjunto, são chamados de pudendo feminino.

Saiba mais sobre esses órgãos a seguir.

OVÁRIOS, ÚTERO E TUBAS UTERINAS

Os **ovários** são glândulas de formato ovalado nas quais amadurecem as células reprodutoras femininas que darão origem aos óvulos ou gametas femininos e onde são produzidos os hormônios sexuais, como o estrógeno e a progesterona.

As **tubas uterinas** são tubos ocos revestidos internamente por uma mucosa com cílios. Há duas tubas, que começam no útero, uma de cada lado desse órgão, e terminam em uma abertura em forma de funil com franjas nas proximidades de cada um dos ovários.

mucosa: tecido de revestimento que produz um líquido viscoso capaz de reter microrganismos e outras partículas. A mucosa cobre cavidades do corpo que se comunicam com o exterior.

Na ovulação (processo que será abordado na próxima página), uma célula reprodutora feminina é liberada por um dos ovários e entra na tuba mais próxima. Por meio de contrações das paredes da tuba e do movimento dos cílios, a célula reprodutora feminina é conduzida ao útero.

O **útero** é um órgão oco com formato semelhante ao de uma pera. Ele é composto de espessas paredes musculares (o miométrio), recobertas internamente pelo endométrio, uma mucosa rica em vasos sanguíneos. É no útero que ocorre o desenvolvimento do feto durante a gravidez.

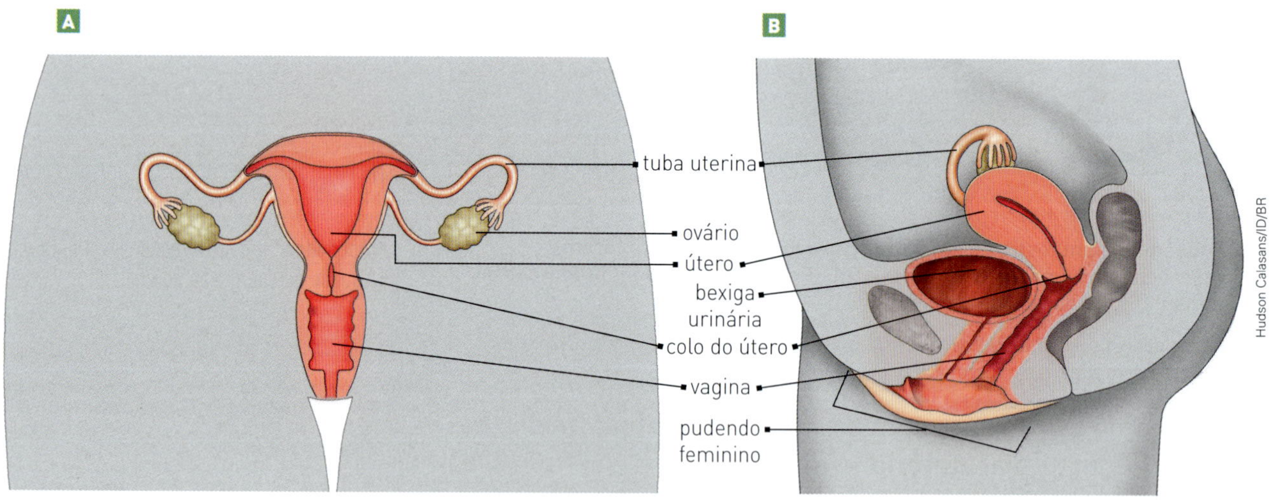

Esquema do sistema genital feminino em visão frontal (A) e lateral (B). Com exceção das tubas e dos ovários, as outras partes internas foram representadas em corte. Apesar de não fazer parte do sistema genital, a bexiga urinária foi representada para facilitar a localização das demais estruturas. (Representação sem proporção de tamanho e em cores-fantasia.)

Fonte de pesquisa: Jane. B. Reece e outros. *Biologia de Campbell*. 10. ed. Porto Alegre: Artmed, 2015. p. 1021.

VAGINA E PUDENDO FEMININO

A **vagina** é um canal tubular, de paredes musculares, que liga o colo do útero ao exterior do corpo. Na mulher adulta, esse tubo mede de 9 cm a 12 cm de comprimento. A vagina é o órgão que recebe o pênis durante o ato sexual. Por ela também passam o fluxo menstrual e o bebê, no parto normal.

O **pudendo feminino** é formado por dois conjuntos de dobras de pele localizadas ao redor das aberturas da vagina e da uretra (que faz parte do sistema urinário), também chamados lábios. As duas dobras mais externas, ou os lábios maiores, apresentam pelos púbicos e glândulas sudoríparas e sebáceas. Nas duas pregas mais internas, ou nos lábios menores, predominam glândulas sebáceas e não há pelos. Na junção dos lábios menores, está localizado um órgão erétil, o **clitóris**, cuja porção exposta, denominada glande, é extremamente sensível, por apresentar terminações nervosas. Na parte interna do canal da vagina, pode existir uma fina membrana, o **hímen**, que, em geral, se rompe durante a primeira relação sexual com penetração.

OVULAÇÃO

Os **ovócitos** são as células reprodutoras femininas. Elas começam a se formar nos ovários da menina ainda na fase fetal, isto é, quando ela está no útero materno. No entanto, o processo de meiose, que daria origem a células reprodutoras maduras, não se conclui; as células, denominadas **ovócitos primários**, permanecem assim por muitos anos.

A partir da puberdade, começa o amadurecimento dos ovócitos primários. Em geral, a cada período de cerca de 28 a 30 dias, mais de um ovócito primário continua o processo de divisão, mas somente um deles amadurece em **ovócito secundário**, que é liberado pelo ovário na tuba uterina. Esse processo é denominado **ovulação**.

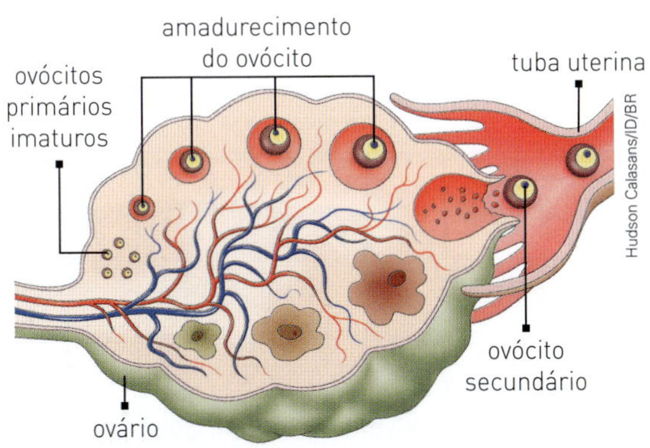

▲ **Representação da ovulação. Durante toda a vida reprodutiva da mulher, apenas cerca de quatrocentos ovócitos deverão passar pelo fenômeno de ovulação. A meiose do ovócito secundário, que dará origem ao óvulo, só se conclui se houver fecundação – o óvulo é o ovócito que foi fecundado por um espermatozoide. (Representação sem proporção de tamanho e em cores-fantasia.)**

Fonte de pesquisa: Gerard J. Tortora; Bryan Derrickson. *Corpo humano*: fundamentos de anatomia e fisiologia. 8. ed. Porto Alegre: Artmed, 2012. p. 580.

CIDADANIA GLOBAL

AMPARO A GESTANTES EM SITUAÇÕES DESFAVORÁVEIS

[...] As evidências mostram que a saúde reprodutiva, neonatal, mental e familiar se deteriora quando as mulheres têm empregos precários, falta de cobertura social durante a gravidez, moradia informal e insegura, baixa escolaridade, parceiro ausente do lar, risco psicossocial associado a apoio familiar insuficiente, sintomas depressivos, violência de gênero, abuso de substâncias e conflitos com a maternidade [...].

[...] a condição de maior vulnerabilidade social se associa a maiores níveis de estresse e de ansiedade na mãe antes e durante a gravidez e, em consequência, à maior incidência de prematuridade, [de] baixo peso ao nascer, desmame precoce, [de] qualidade deficiente do cuidado da criança, [...] de defasagem e de atraso no desenvolvimento infantil, [de] déficit de atenção e hiperatividade, [de] problemas na linguagem, [de] depressão [...] [entre outros].

[...]

Luz Angélica Muñoz e outras. Vivenciando a maternidade em contextos de vulnerabilidade social: uma abordagem compreensiva da fenomenologia social. *Revista Latino-Americana de Enfermagem*, v. 21, n. 4, jul./ago. 2013. Disponível em: https://www.scielo.br/j/rlae/a/mKR3r9RkPZJJBVMVJ5LFSxP/?format=pdf&lang=pt. Acesso em: 5 jan. 2023.

- Busque informações sobre programas e serviços públicos de saúde disponíveis a gestantes em unidades de saúde próximas. Verifique se nelas há programas voltados para gestantes em situação de vulnerabilidade social.

PARA EXPLORAR

Meu livrinho vermelho, de Rachel Kauder Nalebuff (org.). São Paulo: Galera Record, 2012.

O livro sobre menstruação reúne histórias de mulheres de todas as idades e de diferentes culturas ao redor do mundo.

CICLO MENSTRUAL

O **ciclo menstrual** corresponde a uma série de fenômenos que ocorrem no corpo feminino a partir da puberdade. Geralmente, cada ciclo dura entre 28 e 30 dias.

A menstruação dura, em média, de dois a seis dias. A primeira menstruação ocorre na puberdade e recebe o nome de menarca. Há mulheres com ciclos menstruais mais longos ou mais curtos, e aquelas com ciclo bastante irregular, principalmente na adolescência. Acompanhe um resumo desse ciclo.

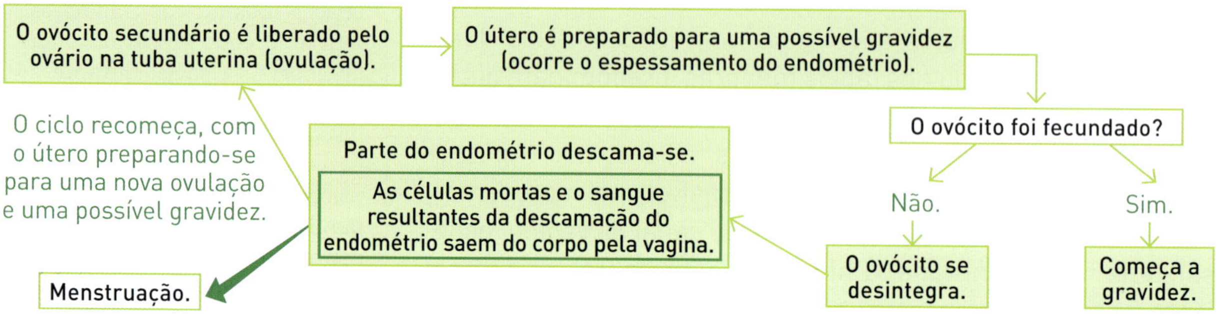

Para saber a duração do ciclo menstrual, o primeiro dia de sangramento menstrual é considerado o primeiro dia do ciclo. A partir dele, conta-se o número de dias até o primeiro dia da próxima menstruação. A ovulação ocorre aproximadamente 14 dias antes de cada menstruação. Portanto, se a menina tiver um ciclo menstrual de 28 dias, a ovulação deve ocorrer próximo do 14º dia. Mas, se o ciclo for irregular, é difícil indicar em que dia a ovulação ocorre.

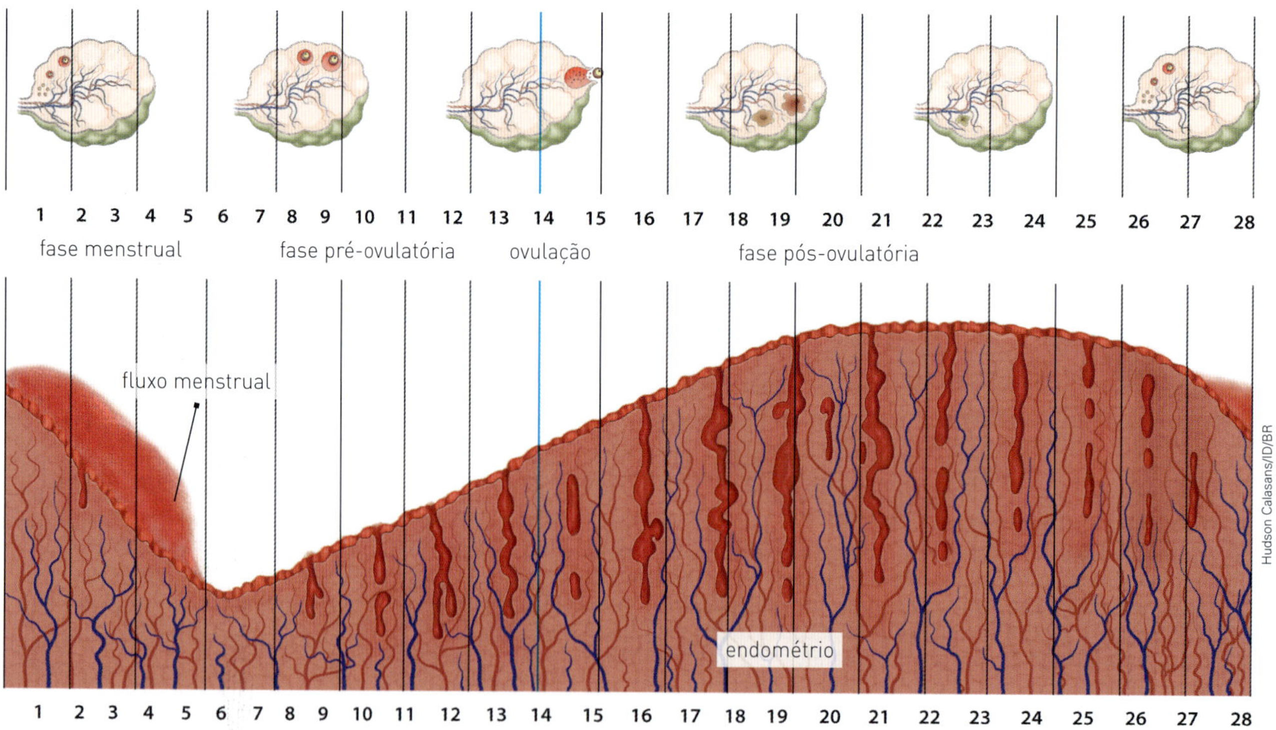

▼ Esquema das alterações no útero e no ovário ao longo do ciclo menstrual. Repare que, por volta do 14º dia, ocorre a liberação do ovócito pelo ovário. Após a ovulação, o endométrio atinge seu máximo desenvolvimento. (Representação sem proporção de tamanho e em cores-fantasia.)

Fonte de pesquisa: Gerard J. Tortora; Bryan Derrickson. *Corpo humano*: fundamentos de anatomia e fisiologia. 8. ed. Porto Alegre: Artmed, 2012. p. 586.

ATIVIDADES

Acompanhamento da aprendizagem

Retomar e compreender

1. Um estudante fez a seguinte afirmação:

   A fase de transição entre a infância e a vida adulta é a puberdade. Já a adolescência é um período no início da puberdade no qual o corpo de meninos e meninas muda, tornando-se cada vez mais parecido com o corpo de um adulto e apto para a reprodução.

   - A afirmação do estudante está correta? Justifique sua resposta.

2. Cite três mudanças que ocorrem no corpo dos meninos e três mudanças que ocorrem no corpo das meninas durante a puberdade.

3. Quais são os órgãos do sistema genital que produzem as células reprodutoras femininas? E as células reprodutoras masculinas?

4. A foto a seguir mostra um corte transversal dos túbulos seminíferos.

Cnri/SPL/Fotoarena

Foto ao microscópio eletrônico (imagem colorizada, aumento de cerca de 84 vezes).

   - Essa estrutura pertence ao sistema reprodutor masculino ou ao sistema reprodutor feminino? Justifique, explicando o que são esses túbulos.

5. Sobre os espermatozoides, faça o que se pede.

   a) Explique o que são espermatozoides e qual é a sua função.

   b) Descreva o caminho dos espermatozoides, desde a sua produção até saírem do corpo masculino.

   c) Indique quais são as glândulas sexuais acessórias masculinas e explique a importância delas.

6. A imagem a seguir mostra um ovócito (célula reprodutora feminina) e células foliculares ao redor dele.

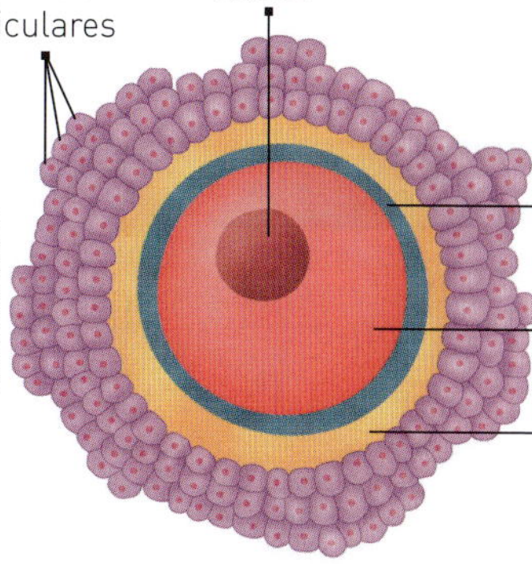

Bruno Badain/ID/BR

Representação sem proporção de tamanho e em cores-fantasia.

Fonte de pesquisa: Luiz C. Junqueira; José Carneiro. *Histologia básica*: textos e atlas. 12. ed. Rio de Janeiro: Guanabara Koogan, 2013. p. 431.

   a) Quando se inicia a produção das células reprodutoras femininas?

   b) O que é ovulação?

7. Leia o texto a seguir e responda às questões.

> Considera-se [...] precoce a puberdade que surge antes dos 8 anos em meninas e dos 9 anos em meninos. É causada pela circulação precoce dos hormônios sexuais no sangue. Isso ocorre porque a criança se expôs a algum hormônio (ex.: medicamentos) [...] ou porque suas glândulas passaram a produzir esses hormônios sexuais antecipadamente.
>
> Puberdade precoce. Observatório da Saúde da Criança e do Adolescente, 9 jun. 2020. Disponível em: https://www.medicina.ufmg.br/observaped/puberdade-precoce/. Acesso em: 26 jan. 2023.

   a) Quais são os hormônios sexuais?

   b) O sistema nervoso é responsável por atuar na ativação das glândulas sexuais durante a puberdade. Como se dá essa atuação?

Aplicar

8. A maneira de marcar a passagem para a vida adulta está relacionada com a cultura.

   - Formem grupos e pesquisem como os povos indígenas marcam essa passagem. Cada grupo vai pesquisar uma etnia.

CAPÍTULO 2

REPRODUÇÃO

PARA COMEÇAR

A reprodução envolve diversos processos, como a fecundação, a fixação do embrião no útero e a formação de anexos embrionários. Que mudanças ocorrem no corpo da mulher durante a gestação?

Como o bebê se desenvolve no útero até seu nascimento?

GRAVIDEZ

A **gravidez** ou **gestação** é o processo de desenvolvimento do bebê no útero. Ela se inicia com a fecundação e termina com o nascimento do bebê.

Durante a gravidez, o corpo da mãe passa por diversas transformações que o preparam para gerar um bebê. Algumas dessas mudanças estão associadas à ação dos hormônios da gravidez. Pouco a pouco, o novo ser se desenvolve no interior do útero, com o aumento de massa e a especialização de suas células.

A gestante deve fazer acompanhamento médico durante a gestação e realizar todos os exames pré-natais necessários. Os profissionais da saúde vão responder às suas dúvidas sobre a gravidez e o parto, além de lhe fornecer orientações específicas.

▼ A gravidez se encerra no momento do parto, ou seja, com o nascimento do bebê. Na foto de 2017, menina da etnia Paresi, da aldeia Wazeri, em Campo Novo do Parecis (MT), abraça a barriga da sua mãe, que está grávida.

Andre Dib/Pulsar Imagens

FECUNDAÇÃO

Na relação sexual, o sêmen do homem é depositado no interior da vagina da mulher. Depois, no interior do corpo feminino, pode acontecer o encontro entre o espermatozoide e o ovócito secundário. A **fecundação** ou **fertilização** compreende uma sequência de eventos na qual ocorre a penetração do espermatozoide no ovócito secundário.

A meiose do ovócito prossegue, originando o óvulo, cujo núcleo se funde ao núcleo do espermatozoide, formando um único núcleo: o **zigoto**, a primeira célula do futuro embrião.

Em geral, a fertilização ocorre em uma das tubas uterinas. Enquanto prossegue seu caminho em direção ao útero, o zigoto passa por diversas divisões celulares do tipo mitose, o que leva à formação de um grupo de células muito semelhantes entre si, que constituem o **embrião**. O zigoto passa a ser chamado de embrião a partir da primeira divisão celular.

A partir da segunda semana após a fertilização, as células do embrião começam a se diferenciar umas das outras, dando origem a conjuntos de células com funções distintas e definidas.

RELAÇÃO SEXUAL E SENTIMENTOS

A relação sexual está relacionada à reprodução, mas também envolve desejos, afetos, carinho e cuidado.

PARA EXPLORAR

Museu da Vida

Vinculado à Fundação Oswaldo Cruz, o espaço conta com equipamentos interativos, ambientes ao ar livre, fotos, documentos históricos e apresentações de espetáculos teatrais.

Informações: http://www.museudavida.fiocruz.br/. Acesso em: 23 jan. 2023.

Localização: Av. Brasil, 4365 – Manguinhos – Rio de Janeiro (RJ).

Telefone: (21) 2590-6747.

1 Na tuba uterina, os espermatozoides entram em contato com o ovócito secundário, dando início ao processo de fecundação.

2 Apenas um espermatozoide será capaz de penetrar no interior do ovócito secundário, que vai completar a meiose originando o óvulo. O núcleo do óvulo vai se fundir com o núcleo do espermatozoide, formando o zigoto.

3 Na tuba uterina, o zigoto é conduzido até o útero pelas células ciliadas e pelas contrações musculares. Durante esse trajeto, ele sofre mitoses consecutivas e passa a ser chamado de embrião.

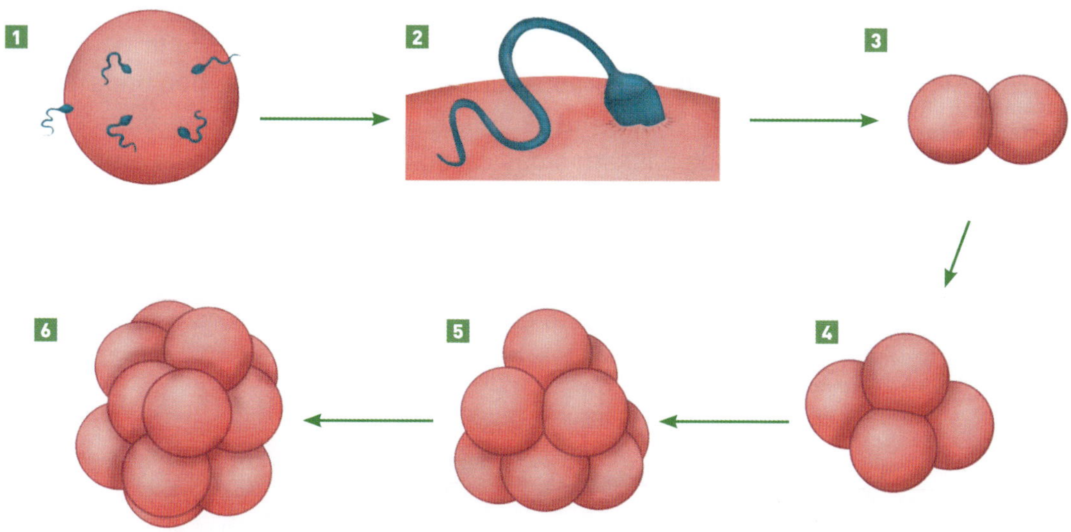

Bruno Badain/ID/BR

4 **5** **6** As consecutivas divisões celulares formam células indiferenciadas, ou seja, células iguais entre si e com capacidade de gerar qualquer tipo de célula especializada. Após quatro ou cinco dias da fecundação, o embrião chega ao útero; nesse momento, ocorre a fixação do embrião à parede uterina (nidação). As divisões celulares continuam, e as células que formam o embrião iniciam o processo de diferenciação celular.

▲ **Esquema da fecundação e das primeiras divisões celulares do embrião. (Representação sem proporção de tamanho e em cores-fantasia.)**

Fonte de pesquisa: Gerard J. Tortora; Bryan Derrickson. *Corpo humano*: fundamentos de anatomia e fisiologia. 8. ed. Porto Alegre: Artmed, 2012. p. 580.

FIXAÇÃO DO EMBRIÃO

Descreva o processo de fecundação e de **nidação**.

Em geral, aproximadamente cinco dias após a fertilização, o embrião chega ao útero e, cerca de dois dias depois, fixa-se à parede desse órgão. Esse processo é chamado **nidação**.

Com a fixação do embrião, tem início a gravidez. A gravidez leva à produção de hormônios que impedem a descamação do revestimento do útero, interrompendo o ciclo menstrual.

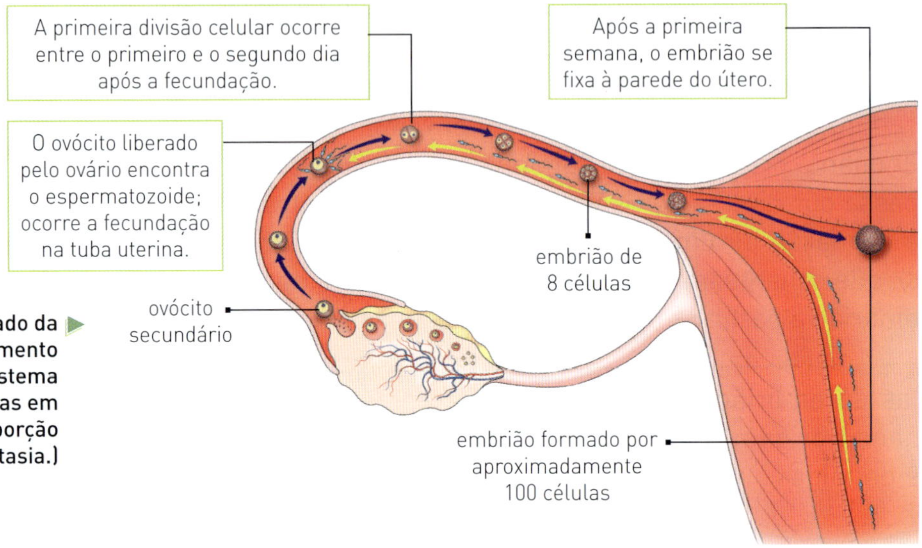

Esquema simplificado da formação e do desenvolvimento do embrião. As estruturas do sistema genital foram representadas em corte. (Representação sem proporção de tamanho e em cores-fantasia.)

ANEXOS EMBRIONÁRIOS

No início da gravidez, começa a se formar a **placenta**, estrutura que permite a troca de substâncias (nutrientes, gases respiratórios e resíduos) entre a mãe e o embrião.

A ligação entre o embrião e a placenta é feita pelo **cordão umbilical**. Essa estrutura contém uma veia, por onde passam gás oxigênio e nutrientes da mãe para o feto, e duas artérias, por onde passam o gás carbônico e os resíduos do embrião, que serão eliminados pela mãe.

Durante a gravidez, formam-se outras estruturas, como o **âmnio** ou **bolsa amniótica**, que é preenchido com o líquido amniótico e protege o feto contra choques mecânicos e desidratação.

Representação do feto e das estruturas que o protegem ou o alimentam. A maioria dos microrganismos da mãe não atravessa a placenta; porém, alguns vírus, bactérias e toxinas (como as presentes no cigarro e em outras drogas) são transmitidos da mãe para o bebê. (Representação sem proporção de tamanho e em cores-fantasia.)

Fonte de pesquisa das imagens desta página: Jane B. Reece e outros. *Biologia de Campbell*. 10. ed. Porto Alegre: Artmed, 2015. p. 1 028-1 029.

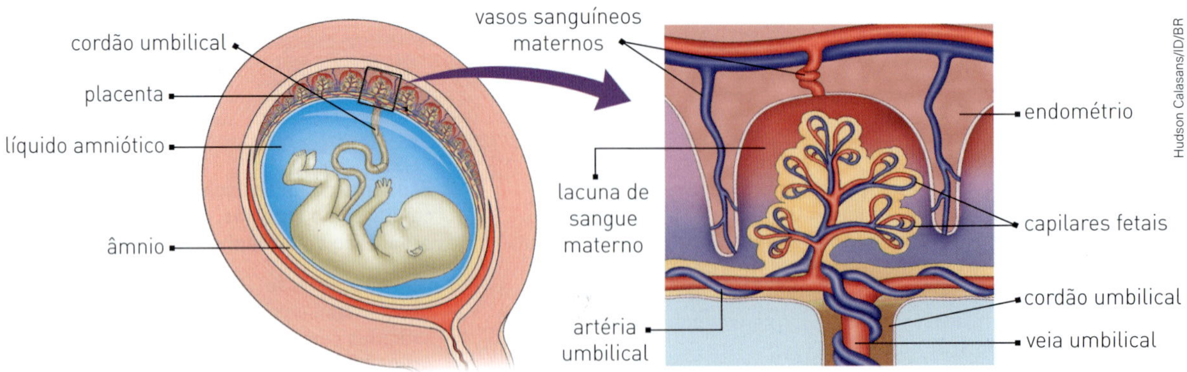

DESENVOLVIMENTO DO FUTURO BEBÊ

Em média, a gestação dos seres humanos dura quarenta semanas, contadas a partir da data da última menstruação da mulher. Até o final da oitava semana de gravidez, o futuro bebê é chamado de **embrião**. A partir daí, ele passa a ser chamado de **feto**. Observe, nas imagens a seguir, algumas etapas de seu desenvolvimento.

Esquema do desenvolvimento do bebê durante a gestação. (Representações sem proporção de tamanho e em cores-fantasia.)

Fontes de pesquisa: Beverly McMillan. *Human body*: a visual guide (tradução nossa: Corpo humano: um guia visual). New York: Firefly Books, 2006. p. 253; Johannes Sobotta. *Atlas de anatomia humana*. 22. ed. Rio de Janeiro: Guanabara Koogan, 2006. v. 2. p. 207.

Ilustrações: Hudson Calasans/ID/BR

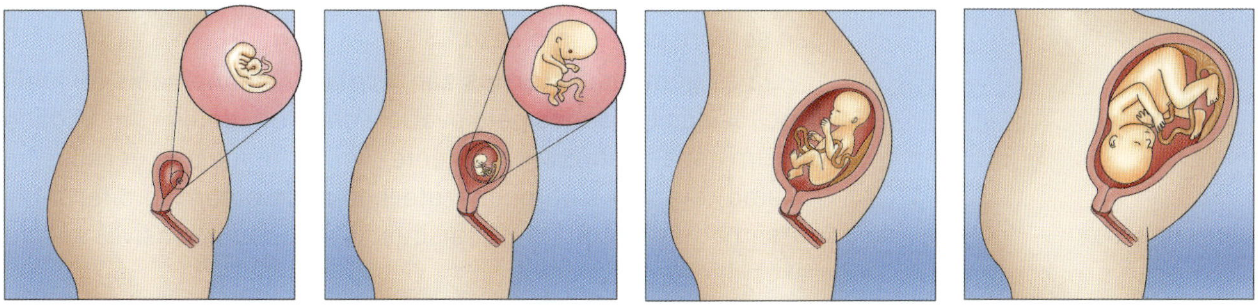

1 **1 a 4 semanas** – Inicia-se a formação dos vasos sanguíneos e do coração, que começa a bater. Forma-se um intestino primitivo e surgem os brotos dos membros (pernas e braços). O sistema nervoso começa a se desenvolver. O embrião mede cerca de 6 mm.

2 **9 a 12 semanas** – Células sanguíneas começam a se formar no fígado e depois no baço. Inicia-se a formação da urina, que é lançada no líquido amniótico. Os órgãos genitais começam a se diferenciar. O feto mede cerca de 9 cm.

3 **21 a 25 semanas** – Os alvéolos pulmonares estão abertos, mas o sistema respiratório ainda é imaturo. Nesse período, o feto mede cerca de 24 cm.

4 **36 a 40 semanas** – Em geral, o futuro bebê já está posicionado de cabeça para baixo. Ele está pronto para nascer; entretanto, o desenvolvimento de seu sistema nervoso só estará completo após o primeiro ano de vida.

baço: órgão que contém grande quantidade de células de defesa. Ele armazena hemácias, liberando essas células para o sangue, quando necessário.

CIDADANIA GLOBAL

ALTA DE MORTES MATERNAS NO BRASIL

[...]

Análise da Vital Strategies [organização mundial de saúde], com base em sistemas de informação do Ministério da Saúde, revela que, entre 2018 e 2021, a RMM [razão de mortalidade materna] entre [mulheres] brancas passou de 49,9 para 118,6 mortes por 100 mil nascidos vivos.

[...]

No mesmo período, entre as mulheres pretas, a RMM passou de 104 para 190,8 mortes por 100 mil, a maior entre todos os grupos. Entre as pardas, foi de 55,5 para 96,5, e entre as indígenas, de 99 para 149.

[...]

[...] Em 90% dos casos, são causas evitáveis. Por isso, é considerada uma das mais graves violações dos direitos humanos das mulheres.

[...]

[...] [A] diferença de acesso ao pré-natal entre brancas e negras vinha se reduzindo, mas com a pandemia tudo piorou. É urgente que haja políticas de fortalecimento da atenção primária e de ações voltadas ao cuidado das mães e mulheres negras", diz Rony Coelho, pesquisador do Ieps [Instituto de Estudos para Políticas de Saúde].

Uma outra pesquisa realizada na UFBA (Universidade Federal da Bahia) mostra que a cor da pele também interfere no acompanhamento de adolescentes grávidas. Enquanto 64% das meninas brancas têm acesso adequado ao exame pré-natal, esse índice cai para 50% entre as meninas negras e para 30% entre as indígenas, segundo dados preliminares da pesquisa sobre gravidez e maternidade na adolescência.

[...]

Cláudia Collucci. Alta de mortes maternas é marcada por iniquidades raciais e regionais. *Folha de S.Paulo*, 14 mar. 2023. Disponível em: https://www1.folha.uol.com.br/equilibrioesaude/2023/03/alta-de-mortes-maternas-e-marcada-por-iniquidades-raciais-e-regionais.shtml. Acesso em: 2 maio 2023.

1. O texto evidencia algum tipo de desigualdade relacionada à alta de mortes maternas no Brasil? Comente.
2. O Brasil é signatário de um acordo internacional para reduzir as mortes de gestantes e puérperas até 2030 a um patamar de 30 mortes por 100 mil nascidos vivos. Em sua opinião, como é possível atingir essa meta?

GRAVIDEZ MÚLTIPLA

Como você viu, um óvulo origina, em geral, apenas um embrião. Contudo, há situações em que podem ser gerados dois ou mais indivíduos em uma mesma gestação, denominados **gêmeos**.

Os **gêmeos idênticos** são formados pela divisão de um único embrião em dois ou mais agrupamentos independentes de células. Como os embriões resultantes da divisão se originaram do mesmo zigoto, as crianças nascem geneticamente idênticas e são sempre do mesmo sexo.

Já os **gêmeos fraternos** são formados quando dois ou mais ovócitos são liberados pelo ovário e cada um deles é fecundado por um espermatozoide diferente. Assim, ainda que gerados ao mesmo tempo, os gêmeos fraternos podem ser tão diferentes ou semelhantes quanto quaisquer irmãos e, inclusive, ser de sexos diferentes.

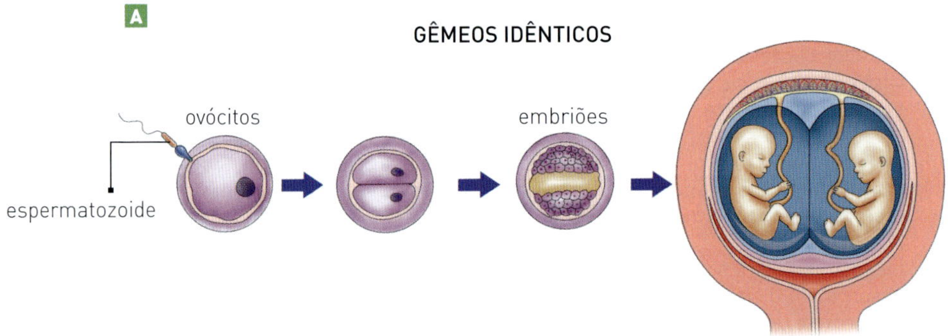

Ilustrações: Hudson Calasans/ID/BR

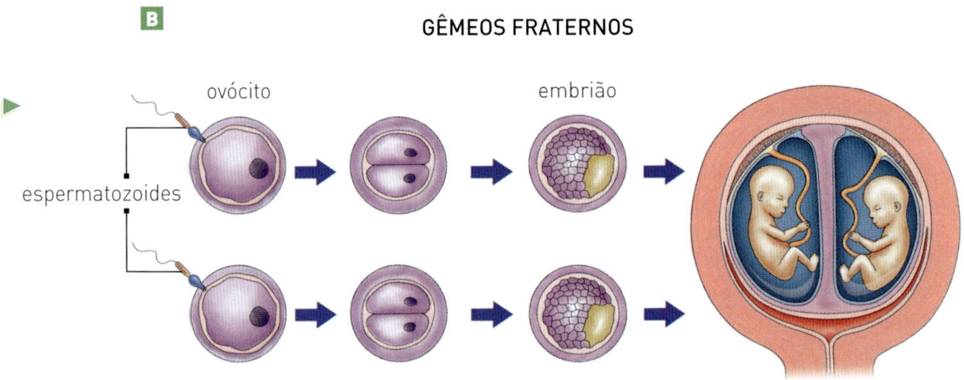

Esquema dos processos de formação de gêmeos idênticos (A) e formação de gêmeos fraternos (B). (Representações sem proporção de tamanho e em cores-fantasia.)

Fonte de pesquisa: Kent M. Van de Graaff. *Anatomia humana*. 6. ed. Barueri: Manole, 2003. p. 787.

REPRODUÇÃO ASSISTIDA

A fertilização *in vitro* ou reprodução assistida é uma técnica em que a fecundação é feita em laboratório e, então, o embrião é transferido para as tubas uterinas ou para o útero. Esse é um dos procedimentos que possibilitam que casais inférteis – ou seja, aqueles que têm dificuldade para gerar uma gravidez viável – tenham filhos.

Contudo, ainda que venham se aprimorando ao longo dos anos, há atualmente poucos estudos sobre a segurança das técnicas de reprodução assistida para a saúde da mulher e das crianças geradas. É comum, por exemplo, o uso de embriões congelados e a estimulação da ovulação com o uso de medicação à base de hormônios, liberando diversos ovócitos.

PARTO

Quando o bebê já está pronto para nascer, o útero começa a se contrair esporadicamente. No momento em que essas contrações se tornam regulares, tem início o **trabalho de parto**.

Aos poucos, as contrações vão ficando mais fortes, o intervalo entre elas diminui e o colo do útero começa a dilatar. Durante o trabalho de parto, ocorre também o rompimento da bolsa amniótica.

Qual é a importância do **amparo às gestantes** em situação de vulnerabilidade?

1 As contrações empurram o feto para a saída do útero. Contrações musculares, pouco a pouco, também abrem o colo uterino, e a bolsa amniótica se rompe.

2 As contrações tornam-se mais intensas e frequentes, impelindo o feto pelo canal vaginal, em direção ao exterior. Assim, ocorre o parto.

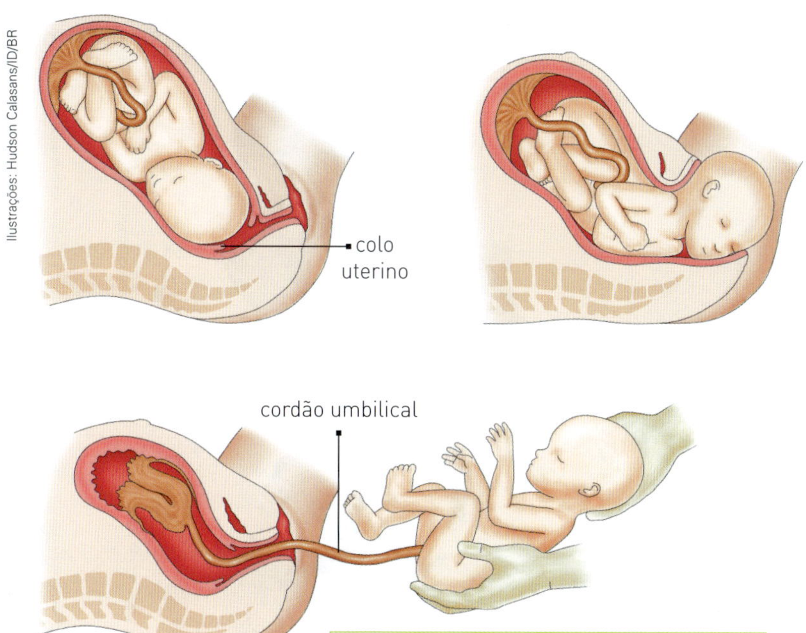

3 Uma vez que o feto é expulso, corta-se o cordão umbilical. As contrações também ajudam a expulsar a placenta.

▲ **O esquema mostra como ocorre o parto normal. (Representações sem proporção de tamanho e em cores-fantasia.)**

Fonte de pesquisa: Jane B. Reece e outros. *Biologia de Campbell*. 10. ed. Porto Alegre: Artmed, 2015. p. 1 031.

PARTO NORMAL E CESARIANA

O **parto normal**, mostrado nesse esquema, apresenta vários benefícios. Em geral, o risco de infecções é baixo, as contrações uterinas estimulam a produção do hormônio ocitocina, o que aumenta as contrações uterinas durante o trabalho de parto e induz a liberação de leite. Além desses benefícios, a recuperação da mãe é melhor e mais rápida.

Quando o parto normal não é possível, porém, como nas situações em que ele oferece risco para a mãe e para o bebê, pode ser feita uma **cesariana**. Nesse tipo de parto, o bebê e a placenta são retirados do útero em um procedimento cirúrgico.

A GRAVIDEZ E O LEITE

As glândulas mamárias são especializadas na produção de leite e estão localizadas nas mamas ou seios. Nas mamas, existe uma área circular chamada de aréola e, em seu centro, estão as aberturas de saída dos ductos de leite. Além de alimento, o leite materno fornece anticorpos ao bebê, aumentando sua imunidade.

No entanto, alguns componentes tóxicos presentes, por exemplo, no cigarro são transmitidos da mãe para o bebê pelo leite e podem ser prejudiciais para a saúde do bebê.

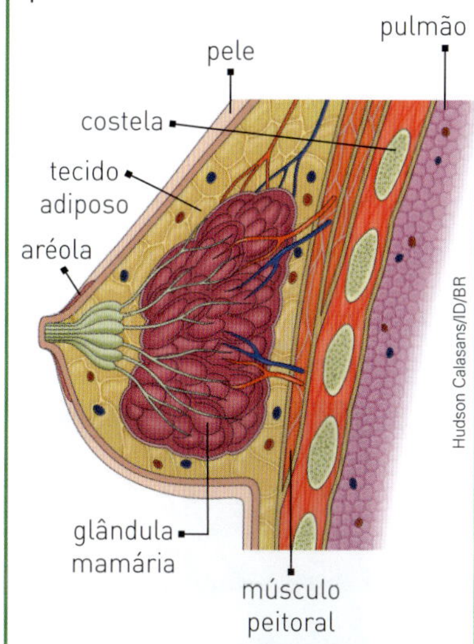

▲ **Esquema das partes de uma mama. A produção de leite pelas glândulas e sua saída são reguladas por hormônios produzidos durante a gravidez, a amamentação e pela sucção do bebê. (Representação sem proporção de tamanho e em cores-fantasia.)**

Fonte de pesquisa: Gerard J. Tortora; Bryan Derrickson. *Corpo humano*: fundamentos de anatomia e fisiologia. 10. ed. Porto Alegre: Artmed, 2017. p. 576.

ATIVIDADES

Retomar e compreender

1. No caderno, defina cada um dos conceitos:

a) gravidez;

b) fecundação;

c) nidação;

d) parto.

2. Observe os órgãos do sistema genital feminino, no esquema a seguir, e responda às questões.

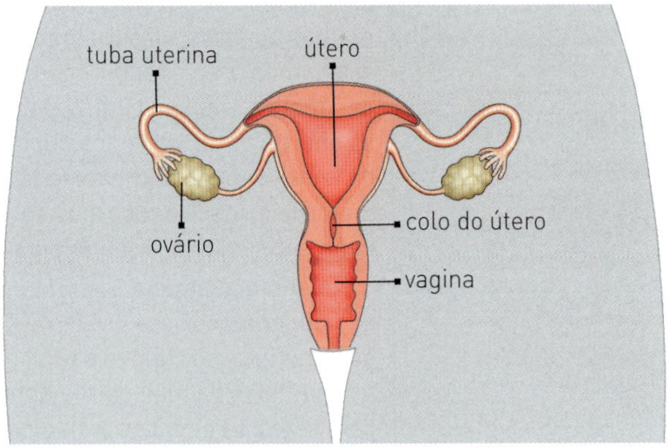

Hudson Calasans/ID/BR

a) Em que órgão ocorre a ovulação? Explique como esse processo ocorre.

b) Em que órgão geralmente ocorre a fecundação?

c) Em que órgão ocorre a nidação?

3. Explique o que é embrião e o que é feto.

4. Observe a foto a seguir e, depois, responda às questões.

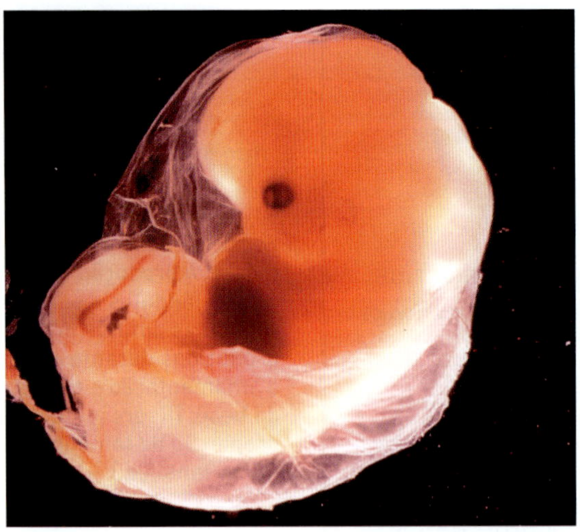

Science Pictures Ltd/SPL/Fotoarena

Embrião humano com cerca de oito semanas. Nessa idade, o embrião mede cerca de 4 centímetros de comprimento e tem menos de 10 gramas.

a) Quais estruturas protegem e nutrem o embrião que a imagem retrata?

b) Explique o que é placenta.

c) O embrião da foto corresponde ao estágio inicial, intermediário ou final da gravidez?

d) Que informações permitiram a você chegar à resposta ao item anterior?

5. Os seres humanos pertencem ao grupo dos mamíferos. Cite as características da reprodução humana que confirmam essa afirmação.

6. As fotos a seguir mostram dois tipos de gêmeos.

A

Lopolo/Shutterstock.com/ID/BR

B

DragonImages/iStock/Getty Images

a) Identifique cada tipo de gêmeo retratado.

b) Por que as gêmeas da foto **A** são fisicamente quase idênticas, enquanto os gêmeos da foto **B** são fisicamente diferentes? Justifique.

7. Indique a ordem dos acontecimentos em um parto normal.

I. Após a expulsão do feto, corta-se o cordão umbilical.

II. Acontece o parto.

III. As contrações tornam-se mais intensas e frequentes, impelindo o feto para o exterior.

IV. As contrações uterinas começam a empurrar o feto para a saída do útero. O colo uterino se dilata e o âmnio se rompe.

Aplicar

8. As imagens a seguir retratam etapas do desenvolvimento do bebê durante a gestação.

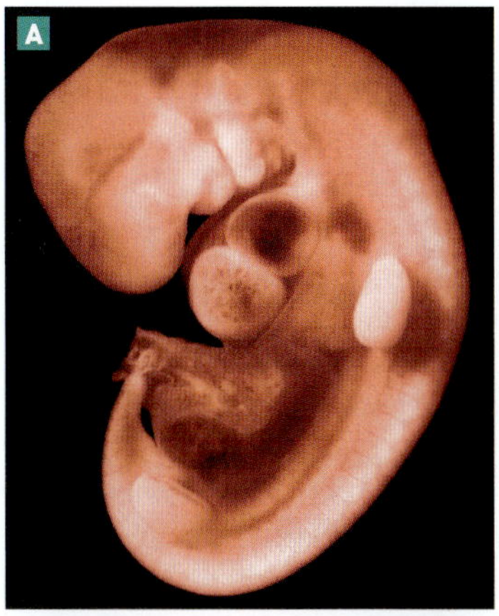

Omikron/Science Source/Fotoarena

Embrião humano com 4 semanas.

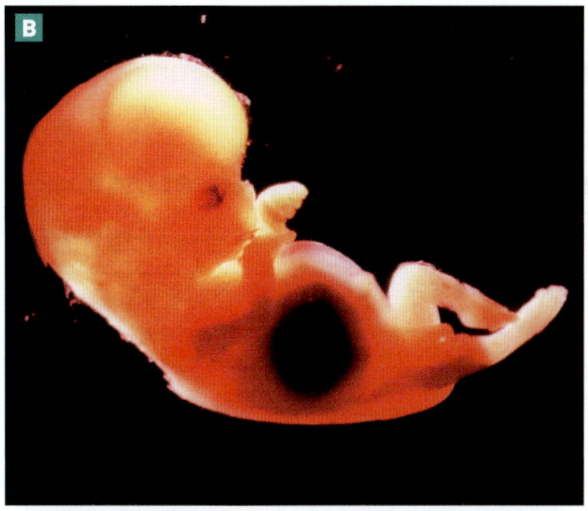

Science Pictures Ltd/SPL/Fotoarena

Feto humano com 12 semanas.

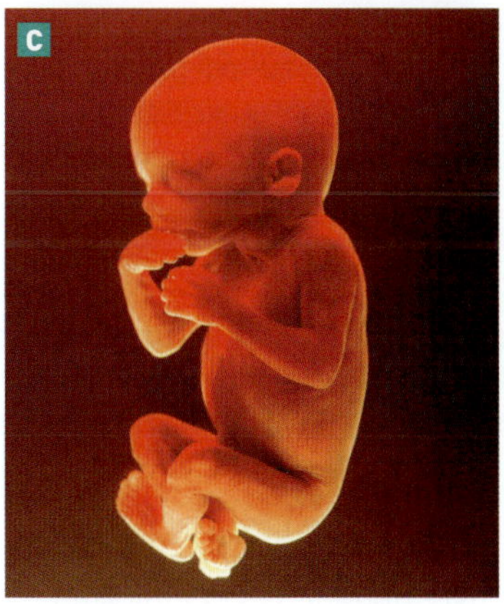

James Stevenson/SPL/Fotoarena

Feto humano com 24 semanas.

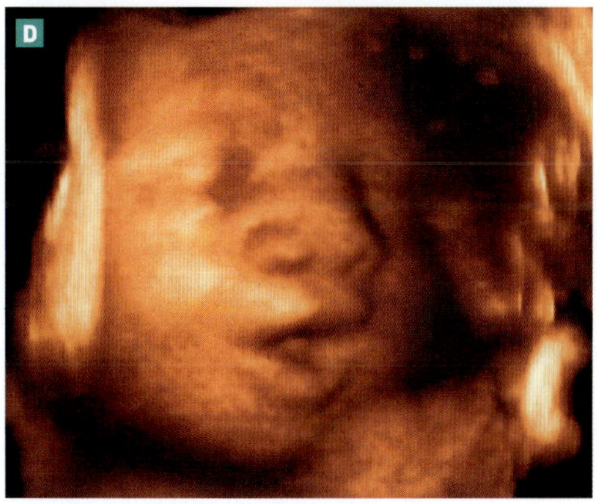

Dr Najeeb Layyous/SPL/Fotoarena

Feto humano com 36 semanas.

- No caderno, monte uma linha do tempo dos principais acontecimentos e das características do futuro bebê (incluindo o tamanho dele) nas etapas do desenvolvimento embriológico retratadas nas imagens.

9. Segundo a Organização Mundial da Saúde (OMS), o número de cesarianas deve corresponder a um percentual entre 10% e 15% do total de partos; no Brasil, esse percentual chega a 55%, o que coloca o país no segundo lugar em número de cesarianas no mundo.

a) Consulte, em publicações impressas ou digitais, quais são os benefícios do parto normal em relação à cesariana.

b) Em que situações o parto cesárea é recomendado?

Criar

10. É recomendado às grávidas que não consumam bebidas alcoólicas nem fumem durante a gestação. Com base nisso, faça o que se pede a seguir.

a) Elabore um esquema ilustrativo que explique por que essa recomendação faz sentido.

b) Converse com uma mulher com a qual você convive e que já tenha passado por uma gestação e pergunte a ela que cuidados tomou durante a gravidez.

A assistência ao parto ao longo do tempo

A assistência ao parto passou por uma série de modificações ao longo da história humana. De uma prática caseira, realizada por parteiras, tornou-se uma especialidade médica, na maioria das vezes realizada em hospitais.

O cuidado ao parto na história

O parto, até o século XVII[,] era considerado um assunto de mulheres, era resolvido de modo caseiro, havia a presença de uma parteira experiente e, geralmente, da mãe da parturiente. [...]Normalmente, [...]os médicos eram chamados apenas ocasionalmente, em casos de partos difíceis, mas, ainda assim, nesta época, o poder de decisão continuava sendo da mulher, sua família e/ou amigas [...].

A mudança de concepção começou quando passou a existir o fórceps, instrumento criado para extrair os bebês em casos de partos difíceis que poderiam resultar em mortalidade materna e perinatal [...]. Assim, nos meados do século XVI, início do século XVII, aos poucos, as parteiras foram perdendo lugar[,] com o surgimento da figura do cirurgião na assistência ao parto [...] [,] e as mulheres foram desapropriadas de seus saberes, de sua função como parteiras [...]. Pode-se dizer que o fórceps salvou muitos bebês e mães, numa época em que a cesariana resultava em grande número de mortalidade, pois [...] era uma alternativa à cesariana.

Juntamente com a cesariana, surge a medicalização do parto[,] como o uso da anestesia. Um século depois, a cesariana já não representava mais tanto perigo de óbito materno e passou a ser enfatizada para os nascimentos no Brasil [...]. [...]

[...]

Com a chegada do século XX, com a institucionalização da assistência e o predomínio do parto hospitalar, o cuidado à mulher e à família sofreu várias modificações. A apropriação do saber médico, nesta área, culminou com o estabelecimento da medicalização do corpo feminino [...]. [...]

[...]

A obstetrícia moderna fez com que partos difíceis e que culminavam na morte da parturiente ou [de] seu bebê passassem a ser mais seguros, quando realizados em hospitais e com equipes especializadas em situações de risco no nascimento, porém, a recomendação para que todos os partos fossem hospitalizados e medicados acarretou no distanciamento da parturiente de sua família [...]. [...]

[...]

[...] no Brasil, distintas políticas vêm solicitando uma assistência integral e humanizada à mulher. Um avanço no processo de parturição é a conquista da presença de um acompanhante junto à parturiente [...]. [...]

Cláudia Tomasi Vendrúscolo; Cristina Saling Kruel. A história do parto: do domicílio ao hospital; das parteiras ao médico; de sujeito a objeto. *Disciplinarum Scientia*, Santa Maria, Universidade Franciscana, v. 16, n. 1, p. 95-107, 2015. Série Ciências Humanas. Disponível em: https://periodicos.ufn.edu.br/index.php/disciplinarumCH/article/view/1842/1731. Acesso em: 15. mar. 2023.

A institucionalização da assistência e o predomínio do parto hospitalar trouxeram benefícios, como o desenvolvimento de técnicas de assepsia e a possibilidade de se optar pela anestesia e pela cirurgia durante o trabalho de parto, contribuindo para ampliar as chances de sobrevivência da mãe e do bebê, mas, em contrapartida, levaram a um significativo aumento no número de cesarianas. Tais procedimentos, como em toda cirurgia, também oferecem riscos de infecção, de hemorragia e de reações à anestesia.

Em função disso, vários países têm apresentado ações e propostas de retorno ao parto natural. No Brasil, o governo federal vem tomando várias medidas para reduzir o número de cesarianas, como o treinamento de equipes de maternidades para oferecer o parto normal humanizado.

Além de oferecer um atendimento mais acolhedor, o parto humanizado utiliza técnicas que auxiliam na evolução do trabalho de parto e evita práticas desnecessárias que não o beneficiam.

Parto humanizado

O retorno ao parto normal e à humanização do parto é um processo que vem ganhando força, embora apresente limitações. [...] A Organização Mundial da Saúde (OMS) preconiza o parto humanizado como um elemento importante para a promoção da saúde. [...] [As práticas do parto humanizado] contribuem para a redução da mortalidade materna e neonatal, da violência obstétrica e das vergonhosas taxas de cesarianas brasileiras.

A mulher tem autonomia para decidir como quer parir. Ela escolhe a melhor posição e tem apoio para se movimentar, comer, beber, tomar banho. Pode reduzir a luminosidade do ambiente, ouvir músicas e contar com o suporte do pai da criança ou de outras pessoas, como a doula (mulher que presta o serviço de assistência à parturiente).

O trabalho dos envolvidos é no sentido de garantir que ela esteja em um ambiente seguro, acolhedor e tranquilo. Humanizar, no trabalho médico, também é respeitar a individualidade do paciente. Como define a própria OMS, saúde não é apenas ausência de doenças, mas bem-estar físico e psicológico.

[...]

Além disso, dados e relatos sobre violência obstétrica – caracterizada por assédio moral ou físico, cortes e procedimentos invasivos realizados sem a autorização da mulher e outros tipos de violência – são frequentes. 25% das mulheres afirmaram já ter sofrido com tal.

De acordo com a pesquisa *Nascer no Brasil: Inquérito Nacional sobre o parto e nascimento*[,] com coordenação da Escola Nacional de Saúde Pública e Fiocruz, 73% das mulheres que participaram da pesquisa não tiveram acesso a procedimentos não medicamentosos para o alívio da dor, como banho quente; apenas 26,6% dos recém-nascidos tiveram contato com a pele da mãe logo após seu nascimento e 40,9% das mães [...] [amamentaram] o bebê ainda em sua primeira hora de vida.

Vitória Greve. Os desafios do parto humanizado no Brasil, país líder em cesáreas no mundo. *Cotidiano UFSC*, 4 jul. 2017. Disponível em: http://cotidiano.sites.ufsc.br/os-desafios-do-parto-humanizado-no-brasil-pais-lider-em-cesareas-no-mundo/. Acesso em: 23 jan. 2023.

Em discussão

1. De acordo com o primeiro texto, quais foram as principais mudanças na assistência ao parto ao longo da história? Em sua opinião, essas mudanças foram positivas ou negativas? Justifique sua resposta.
2. Explique o que é parto humanizado. Selecione e copie no caderno um trecho do segundo texto que aponta as vantagens desse tipo de parto.
3. Converse com mulheres com as quais você convive e que já passaram pela experiência do parto. Pergunte se mudariam algo relacionado a essa experiência.

ATIVIDADES INTEGRADAS

Retomar e compreender

1. No caderno, copie o diagrama de Venn, reproduzido a seguir, e preencha-o com as mudanças ocorridas durante a adolescência exclusivamente no corpo dos meninos e no corpo das meninas, bem como as mudanças que ocorrem em ambos.

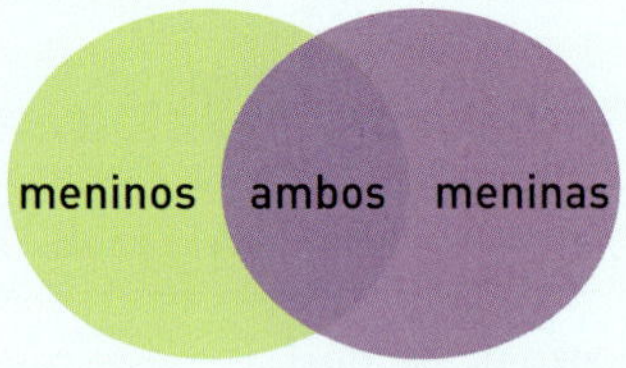

2. Em termos biológicos, o que a puberdade representa?

3. Sobre gravidez múltipla, responda:
   a) Como são formados os gêmeos idênticos? E os gêmeos fraternos?
   b) Podemos afirmar que gêmeos fraternos são tão diferentes quanto irmãos gerados em diferentes gestações? Explique.

4. Observe este esquema de um espermatozoide e responda às questões a seguir.

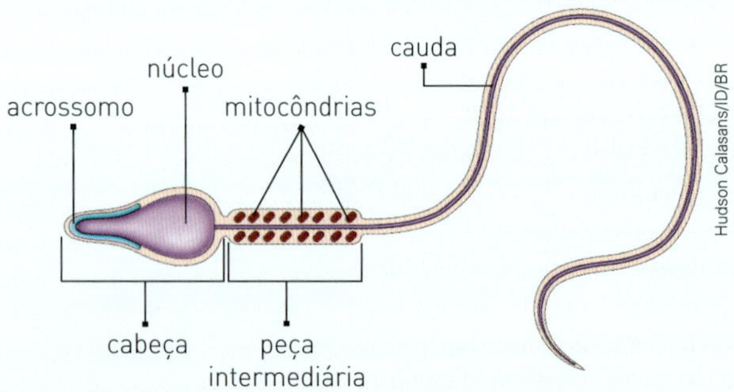

Representação sem proporção de tamanho e em cores-fantasia.

   a) Qual organela do espermatozoide facilita a fecundação? E qual organela garante seu deslocamento? Comente.
   b) Descreva o caminho que os espermatozoides percorrem até atingir o ovócito secundário, a partir do órgão em que são produzidos.

5. A puberdade é uma fase que se inicia com a produção dos hormônios sexuais.
   - Quais hormônios estão relacionados à manifestação das características sexuais secundárias nos meninos? E nas meninas?

6. O que é trabalho de parto? Quais mudanças ocorrem no corpo da mulher durante esse processo?

7. O que é ciclo menstrual? Qual é sua relação com a reprodução humana?

8. Leia o texto a seguir e, depois, responda às questões.

> [...] O embrião vai assumindo gradativamente o aspecto humano (morfogênese), influenciado pelo desenvolvimento de órgãos (organogênese) como coração, fígado e encéfalo. Ao final da 8ª semana, o embrião apresenta cerca de 3 cm de comprimento, possui aspecto humano e tem formado o esboço de todos os sistemas orgânicos.
>
> Evelise M. Nazari; Yara M. R. Müller. *Embriologia humana*. Florianópolis: Biologia/EAD/UFSC, 2011. p. 88. Disponível em: https://uab.ufsc.br/biologia/files/2020/08/Embriologia-Humana.pdf. Acesso em: 28 fev. 2023.

   a) Quais estruturas são responsáveis por fornecer nutrientes, permitir trocas gasosas e eliminar resíduos durante a gravidez?
   b) Que estrutura conecta o embrião ao corpo da mãe?

9. Nos homens, a uretra desempenha função tanto no sistema urinário quanto no sistema genital. Essa afirmação está correta? Explique.

Aplicar

10. A vasectomia é um procedimento que consiste na ligadura dos ductos deferentes.
    a) Explique por que esse procedimento é considerado um método anticoncepcional.
    b) Cite outro método anticoncepcional que você conhece e explique seu modo de ação.

11. Quais são suas principais dúvidas sobre ciclo menstrual e gravidez? Reúnam-se em grupos e busquem informações para esclarecer essas dúvidas, em fontes de consulta como *sites* especializados e livros sobre o corpo humano e a saúde da mulher, profissionais da saúde, entre outras.

Analisar e verificar

12. As transformações durante a adolescência ocorrem em outras partes do corpo além do sistema genital. Pesquisas recentes mostram que o cérebro também muda até a vida adulta. Leia o texto, observe as imagens e responda às questões.

> [...]
>
> "A maturação do cérebro humano segue pela adolescência e pode continuar até a idade adulta", diz a neurocientista Sarah-Jayne Blakemore, da Universidade de Londres. "Dez anos atrás, sabíamos pouco sobre o cérebro adolescente. Avançamos muito graças às novas tecnologias de imagem, feitas por ressonância magnética", acrescenta.
>
> [...]
>
> [...] Uma das mudanças mais visíveis nessas sequências de imagens ocorre na chamada massa cinzenta, a região mais exterior do órgão, que é constituída pelos corpos celulares dos neurônios. Ao contrário do que se possa imaginar, a massa cinzenta diminui ao longo da adolescência.
>
> Essa diminuição, no entanto, não representa uma perda de neurônios, cujo número, em geral, pouco muda. Ela ocorre devido a uma grande perda de sinapses (conexões entre os neurônios mediadas por substâncias químicas chamadas de neurotransmissores). As sinapses começam a aumentar durante a gestação e atingem o pico aos 6 meses de vida do bebê. Na adolescência, o quadro muda.
>
> "No começo dessa fase, há um grande número de sinapses, mas, quando se inicia a transição para a fase adulta, ocorre uma morte programada de sinapses, que refina as conexões", diz a neuropsicóloga Cláudia Berlim de Mello, da Universidade Federal de São Paulo (Unifesp). "Essa perda de algumas sinapses – e consolidação de outras – acontece de acordo com o uso", explica. Ou seja, sinapses usadas com frequência são reforçadas, enquanto as que deixam de ser usadas são perdidas, de modo que as opções feitas nessa fase da vida ajudarão a formar o cérebro do adulto.
>
> Gilberto Stam. Como funciona o cérebro do adolescente. Revista *Educação*, 17 nov. 2016. Disponível em: http://www.revistaeducacao.com.br/como-funciona-o-cerebro-do-adolescente/. Acesso em: 23 jan. 2023.

neurônio: célula do sistema nervoso constituída de corpo celular, axônio e dendritos.

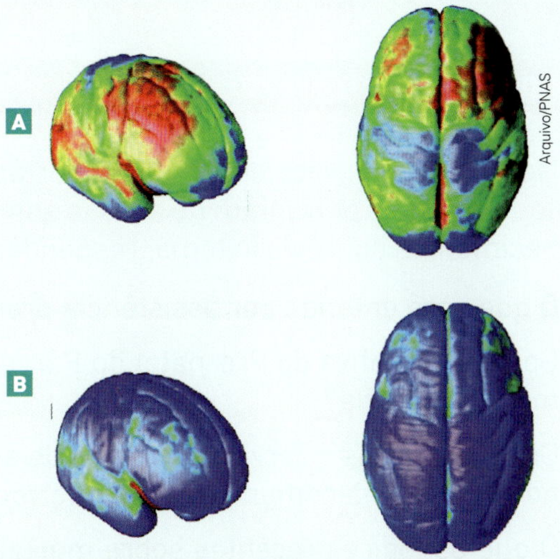

Detalhes de imagens colorizadas feitas por ressonância magnética mostram o processo de desenvolvimento do cérebro. As áreas em vermelho (A) indicam maior quantidade de sinapses, e as áreas em azul (B), menor quantidade de sinapses.

a) De acordo com o texto, as pesquisas mostram quais mudanças no cérebro?

b) Com base no texto, quais imagens devem estar retratando o cérebro de um adolescente? E o de uma criança? Explique.

Criar

13. SABER SER Leia o texto a seguir e faça o que se pede.

O aleitamento materno é uma prática comum nas comunidades indígenas do Brasil. Em geral, as populações indígenas ribeirinhas e rurais têm a prática da amamentação mais enraizada do que as das áreas urbanas.

As práticas culturais dos povos indígenas se refletem nos hábitos de amamentação. As mães da etnia Tapayuna, por exemplo, usam uma espécie de tipoia para carregar as crianças e amamentá-las o dia todo. Já as crianças da etnia Kaingang costumar mamar no peito de mais de uma mãe, segundo a tradição, até quando quiserem.

a) Por que é importante incentivar as mães a alimentar os bebês com leite materno?

b) Qual é a importância de se promover campanhas de saúde que valorizem as tradições culturais de cada povo indígena?

10 REDUÇÃO DAS DESIGUALDADES

Retomando o tema

Nesta unidade, você estudou a importância de se reduzir as desigualdades que muitas gestantes enfrentam no acesso aos serviços de saúde. Agora, verifique seus conhecimentos sobre esse tema, respondendo às questões a seguir.

1. O que você entende por assistência pré-natal? Por que ela é importante?
2. Como a iniciativa do Pré-natal do Parceiro pode contribuir para uma sociedade mais igualitária?
3. Cite programas e serviços públicos de assistência à mulher gestante oferecidos no bairro ou na comunidade em que você vive.
4. O que os índices recentes sobre mortalidade materna revelam sobre o acesso das gestantes à assistência pré-natal no Brasil?
5. Quais ações podem assegurar o direito das gestantes em situação de vulnerabilidade a serviços básicos de saúde?

Geração da mudança

Para contribuir para a saúde de gestantes em situação de vulnerabilidade e reduzir os índices de mortalidade materna, o acesso à informação é fundamental.

- Reúnam-se em grupos. Selecionem as informações sobre programas e serviços públicos de assistência às gestantes que vocês identificaram na atividade do boxe *Cidadania global*, na página 191.
- Utilizem as informações que reuniram para elaborar folhetos, cartazes, *podcasts* ou outros tipos de material que vocês julgarem mais adequados para informar as gestantes do bairro em que vocês vivem.
- Em dia combinado com o professor, apresentem o material que elaboraram à comunidade escolar e pensem em estratégias para divulgá-lo nas comunidades externas à escola.

Matheus Costa/ID/BR

UNIDADE 9

SAÚDE E SEXUALIDADE

PRIMEIRAS IDEIAS

1. Casais que não desejam ter filhos utilizam métodos anticoncepcionais. Você conhece alguns desses métodos? Quais?
2. Com frequência, as instituições públicas de saúde lançam campanhas incentivando o uso de preservativos. Qual é a importância do uso de preservativos?
3. O universo infantil é quase todo dividido em "coisas de menino" e "coisas de menina". Em sua opinião, essa divisão faz sentido? Justifique.

Conhecimentos prévios

Nesta unidade, eu vou...

CAPÍTULO 1 Métodos anticoncepcionais e ISTs

- Reconhecer que a gravidez demanda responsabilidade e altera a vida dos pais.
- Identificar as características gerais de alguns métodos anticoncepcionais e sua eficácia na prevenção da gravidez.
- Compreender que os preservativos não só têm alta eficácia contra a gravidez, como também previnem a transmissão de infecções sexualmente transmissíveis (ISTs).
- Descrever algumas ISTs, seus sintomas, os modos de transmissão e as formas de preveni-las.

CAPÍTULO 2 Sexualidade e responsabilidade

- Reconhecer a importância de me cuidar.
- Identificar os riscos e as dificuldades de uma gravidez precoce.
- Compreender o que é sexualidade, sexo biológico, gênero, identidade de gênero e orientação sexual e distinguir esses termos.
- Refletir sobre a importância do respeito às diferenças de gênero e à orientação sexual.
- Discutir os papéis da escola, tanto no auxílio ao desenvolvimento de argumentos quanto na criação de propostas de combate à LGBTfobia.
- Reconhecer os comportamentos de risco e os problemas relacionados à saúde física e mental na adolescência.

CIDADANIA GLOBAL

- Discutir a alta incidência de ISTs que ocorre entre jovens e adolescentes.
- Reconhecer a importância da saúde mental para jovens e adolescentes.
- Discutir formas de melhorar o acesso de jovens e adolescentes à saúde.

Jacob Lund Photography/iStock/Getty Images

LEITURA DA IMAGEM

1. Observe a foto. Você considera positiva ou negativa a atitude dos jovens nela retratados? Justifique sua resposta.
2. Você já se colocou em situações de risco por pressão do grupo de amigos? Em caso positivo, descreva como você se sentiu nessa situação.

CIDADANIA GLOBAL

3 SAÚDE E BEM-ESTAR

Em 1989, a Assembleia Geral das Nações Unidas adotou a Convenção sobre os Direitos da Criança. Esse documento, ratificado pelo Brasil em 1990, reconheceu crianças e adolescentes como sujeitos sociais e detentores de direitos e garantias próprias. No Brasil, o Estatuto da Criança e do Adolescente (ECA), promulgado em 1990, também visa assegurar direitos a essa parcela da população, além de promover sua proteção integral e prioritária por parte da família, da sociedade e do Estado. Na área da saúde, por exemplo, o artigo 11 do ECA estabelece o acesso universal de crianças e adolescentes aos serviços do Sistema Único de Saúde (SUS).

- Em sua opinião, quais ações devem ser adotadas para garantir que o direito de crianças e adolescentes à saúde seja respeitado?

De que forma os **padrões de beleza** afetam a autoimagem dos adolescentes?

A adolescência é uma fase em que os vínculos sociais se fortalecem e as amizades se tornam muito importantes.

CAPÍTULO 1

MÉTODOS ANTICONCEPCIONAIS E ISTs

PARA COMEÇAR

A sexualidade deve ser exercida com segurança e responsabilidade, por isso, é necessário estar bem-informado(a). Que método anticoncepcional é também eficiente na prevenção de infecções sexualmente transmissíveis (ISTs)?

GRAVIDEZ E RESPONSABILIDADE

Ter um filho, em especial na adolescência, altera significativamente a vida dos pais. Mulheres e homens têm o direito de decidir de forma livre e responsável se querem, ou não, ter filhos.

O planejamento reprodutivo é um direito de todos, adolescentes, jovens e adultos, e deve ser feito sob orientação de um profissional da saúde, que vai ajudar na escolha do método anticoncepcional mais indicado para cada situação.

MÉTODOS ANTICONCEPCIONAIS

Os métodos usados para evitar a gravidez são chamados de **métodos anticoncepcionais**. Vamos conhecer alguns deles.

MÉTODOS HORMONAIS

Nesses métodos, a gravidez é evitada pelo uso de medicamentos contendo um ou mais hormônios combinados. A **pílula anticoncepcional**, medicamento de uso oral, geralmente é composta de dois hormônios similares aos produzidos pelos ovários, o estrógeno e a progesterona, que impedem a ovulação. Quando seguido corretamente, a eficácia desse método é muito alta. No entanto, é importante considerar que a pílula pode causar efeitos colaterais e só deve ser usada com a orientação de um médico especialista.

▼ Métodos anticoncepcionais como contraceptivos hormonais, preservativos e dispositivos intrauterinos visam impedir a fertilização do ovócito pelo espermatozoide.

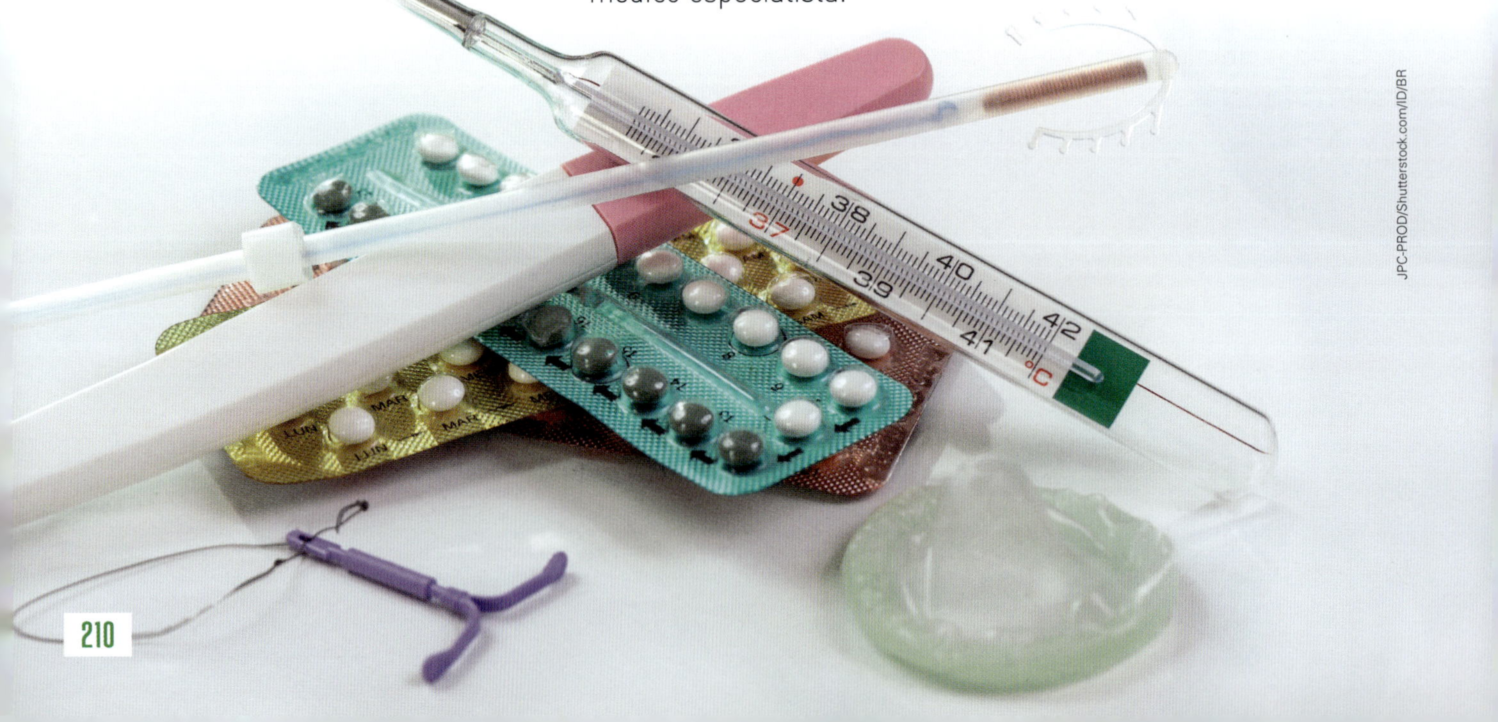

JPC-PROD/Shutterstock.com/ID/BR

MÉTODOS DE BARREIRA

Funcionam como um obstáculo físico que impede a chegada dos espermatozoides ao ovócito. Entre os métodos de barreira, há o **diafragma**, um anel flexível envolvido por uma borracha fina, que deve ser introduzido na vagina, e há também os **preservativos**, que podem ser tanto para o homem (preservativo masculino) quanto para a mulher (preservativo feminino).

Os preservativos apresentam alta eficácia e são o único método preventivo contra a transmissão de infecções sexualmente transmissíveis (ISTs), pois impedem o contato entre as mucosas e os fluidos corporais.

A

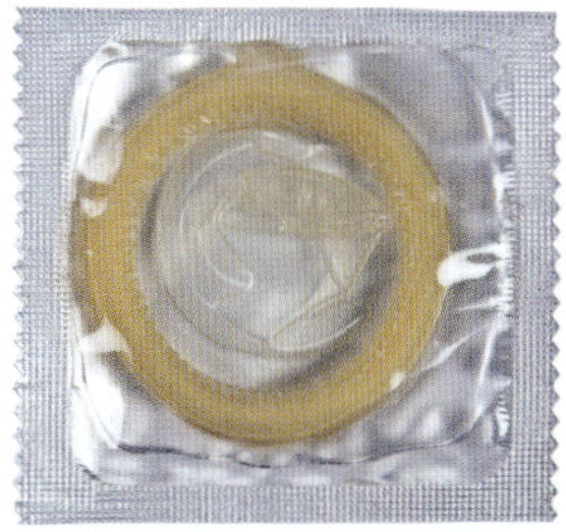

energyy/iStock/Getty Images

B

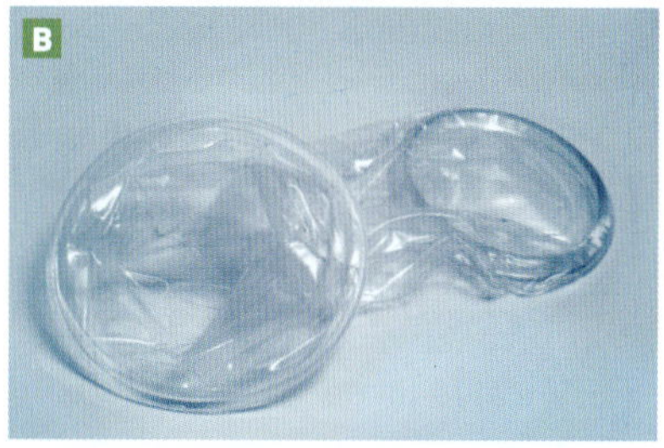

nito/Shutterstock.com/ID/BR

▲ O preservativo masculino **(A)**, em geral feito de látex (borracha fina), deve ser colocado no pênis já ereto. O preservativo feminino **(B)**, geralmente de poliuretano (material plástico bem fino e macio), assemelha-se a uma bolsa com uma extremidade fechada, que deve ser introduzida na vagina, e outra aberta, na qual há uma argola que permanece fora do corpo da mulher.

MÉTODOS COMPORTAMENTAIS

São métodos pelos quais se procura evitar a gravidez por meio de mudanças no comportamento sexual. São exemplos a **tabelinha**, que consiste em evitar relações sexuais durante o período fértil da mulher, ou seja, em dias próximos à ovulação, e o **coito interrompido**, que consiste em retirar o pênis da vagina antes da ejaculação.

São métodos de baixa eficácia, pois os ciclos menstruais podem apresentar irregularidades e as secreções eliminadas pelo pênis antes da ejaculação podem conter espermatozoides.

MÉTODOS CIRÚRGICOS

São métodos que, mediante uma cirurgia, impedem a fecundação e, portanto, a gravidez. Também são chamados de métodos irreversíveis. Os mais comuns são a ligadura tubária e a vasectomia. Na **ligadura tubária**, as tubas uterinas podem ser cauterizadas, cortadas e ter as extremidades amarradas com fios cirúrgicos, ou bloqueadas com a utilização de anéis cirúrgicos, impedindo, assim, a chegada dos espermatozoides ao ovócito.

Na **vasectomia**, é feita uma ligadura (amarração com fios cirúrgicos) dos ductos deferentes. Esse procedimento impede que os espermatozoides produzidos nos testículos cheguem à uretra.

MÉTODOS INTRAUTERINOS

Nesses métodos, um dispositivo é colocado no útero por um médico. O mais conhecido é o **dispositivo intrauterino** (**DIU**).

O DIU é um método altamente eficaz, de longo prazo, e causa poucos efeitos colaterais. Seu mecanismo de ação ainda não é totalmente conhecido – acredita-se que ele cause alterações no útero que afetam a mobilidade dos espermatozoides e impedem a nidação (fixação no útero) do óvulo fecundado. Alguns dispositivos liberam um hormônio que impede o desenvolvimento do endométrio.

A

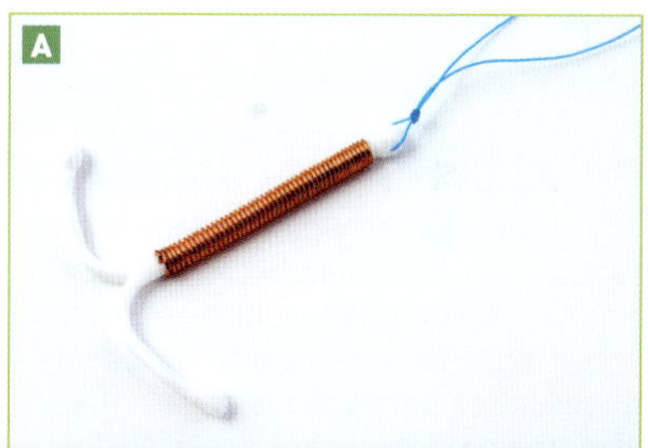

Lalocracio/iStock/Getty Images

B

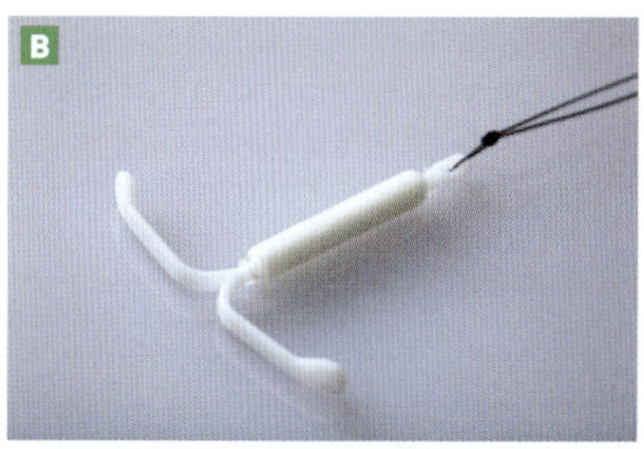

Image Point Fr/Shutterstock.com/ID/BR

▲ O DIU é formado por uma estrutura de plástico com um fio de cobre enrolado **(A)**. Existe também o sistema intrauterino (SIU) ou DIU hormonal, que age liberando hormônio na cavidade uterina **(B)**.

CIDADANIA GLOBAL

ISTs ENTRE JOVENS

[...] dados do *Boletim Epidemiológico HIV/Aids* revelaram aumento de 64,9% das ISTs entre jovens de 15 a 19 anos e de 74,8% para os de 20 a 24 anos, entre 2009 e 2019. Para a infectologista Fabiana Lopes Custódio, médica do Centro de Saúde Escola Dr. Joel Domingos Machado [...], o crescimento se deve a uma falsa sensação de segurança que essa parcela da população sente, principalmente por não ter vivenciado as epidemias de HIV e aids na década de 1980.

[...]

Apesar do acesso à informação, um outro estudo divulgado pela [Sociedade Brasileira de Urologia] SBU [...] revelou ainda que 41,67% dos jovens não conversam sobre sexo, sendo a família e a escola pouco acessadas para busca de informações. [...]

Ainda de acordo com a pesquisa, 15% dos jovens de 12 a 18 anos já tiveram alguma relação sexual, mas 44% não usaram preservativo na primeira vez e 35% não usam ou raramente usam a camisinha. [...]

[...]

Tainá Lourenço. Infecções sexualmente transmissíveis entre jovens preocupam especialista. *Jornal da USP*, 9 abr. 2021. Disponível em: https://jornal.usp.br/atualidades/infeccoes-sexualmente-transmissiveis-entre-jovens-preocupam-especialista/. Acesso em: 27 jan. 2023.

1. Em sua opinião, campanhas de conscientização sobre as ISTs podem contribuir para mudar o comportamento dos jovens? Por quê?
2. O SUS oferece testagem gratuita e tratamento adequado para ISTs, além de vacinas que protegem contra essas doenças. Descubra quais vacinas para prevenir ISTs estão disponíveis no SUS.

INFECÇÕES SEXUALMENTE TRANSMISSÍVEIS

As **infecções sexualmente transmissíveis (ISTs)**, também conhecidas como doenças sexualmente transmissíveis, são aquelas que podem ser transmitidas de uma pessoa para outra pelo contato sexual. As ISTs podem ser causadas por vírus, bactérias, fungos ou protozoários. Conheça algumas delas.

SÍFILIS

A **sífilis** é causada pela bactéria *Treponema pallidum*. O primeiro sintoma é o aparecimento de caroços e de feridas abertas e indolores, conhecidas popularmente como cancro, nos órgãos genitais. No estágio inicial da infecção, o tratamento é feito com o uso de antibióticos. Em estágios mais avançados da infecção, a doença pode atingir o sistema nervoso central e deixar sequelas graves, podendo até causar a morte.

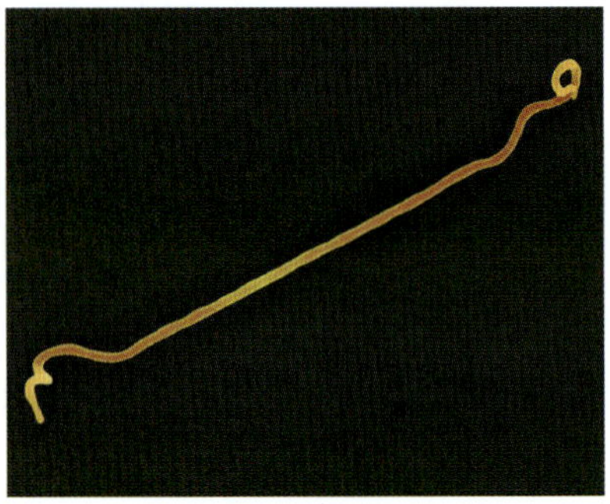

Dennis Kunkel Microscopy/SPL/Fotoarena

▲ Bactéria *Treponema pallidum*. Foto ao microscópio eletrônico (imagem colorizada, aumento de cerca de 9 000 vezes).

A transmissão ocorre durante o ato sexual, por transfusões de sangue e da mãe para o bebê durante a gestação ou o parto. Bebês contaminados durante a gestação podem apresentar malformações cerebrais, alterações ósseas e cegueira. A prevenção é feita com o uso de preservativos, o acompanhamento pré-natal e a adoção de medidas de controle nas transfusões de sangue.

GONORREIA

A **gonorreia** é causada pela bactéria *Neisseria gonorrhoeae*. Os homens infectados podem sentir dor e dificuldade para urinar, além de notar a presença de pus amarelado saindo pela uretra. Nas mulheres, observa-se corrimento vaginal com pus. O tratamento é feito com antibióticos. Se a infecção não for tratada, ela pode atingir o útero, os ovários e as tubas uterinas, nas mulheres, e o epidídimo e os testículos, nos homens, causando esterilidade.

A transmissão ocorre por via sexual ou da mãe para o bebê durante o parto. A prevenção é feita com o uso de preservativo nas relações sexuais e com acompanhamento durante o pré-natal.

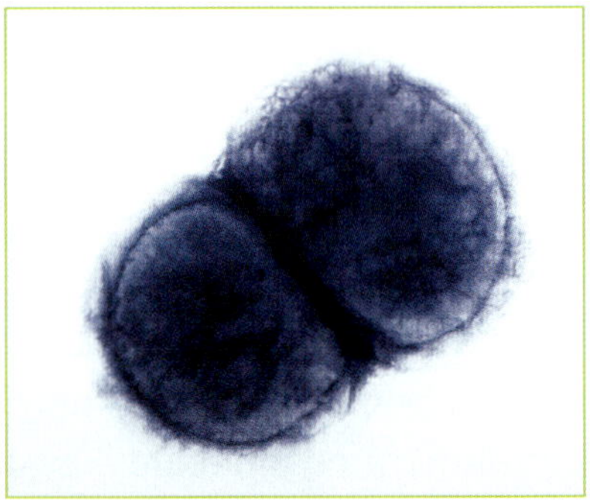

Richard J. Green/Science Source/Fotoarena

▲ Bactéria *Neisseria gonorrhoeae*. Essa bactéria ocorre tipicamente aos pares. Foto ao microscópio eletrônico (imagem colorizada, aumento de cerca de 130 000 vezes).

CONDILOMA ACUMINADO

Condiloma acuminado é uma doença causada pelos vários tipos de **HPV** (sigla em inglês para papilomavírus humano). Muitas vezes, não apresenta sintomas ou eles demoram muito tempo para aparecer. A infecção por alguns tipos de HPV aumenta o risco de desenvolvimento de câncer de pênis, câncer do colo do útero e câncer do ânus.

O HPV é transmitido, principalmente, durante a relação sexual. Além do uso de preservativo, a prevenção deve ser feita com a vacinação.

Secretaria da Saúde do Governo do Tocantins/Ministério da Saúde/Governo Federal

▲ Material de divulgação da campanha de vacinação contra HPV e outras doenças, promovida pela Secretaria da Saúde do Governo do Tocantins (TO) em 2021. A vacina contra o HPV faz parte do calendário nacional de vacinação e protege contra quatro tipos de vírus.

HEPATITE B

A **hepatite B** é uma doença infecciosa causada pelo vírus da hepatite B (HVB) e que afeta o fígado. A transmissão ocorre: por contato sexual; da mãe para o bebê durante a gestação, por parto ou amamentação; e por contato com sangue contaminado.

Entre os principais sintomas, estão cansaço, enjoo, vômito e icterícia. Se não for tratada, a infecção torna-se crônica e pode levar ao desenvolvimento de cirrose e de câncer de fígado. A prevenção é feita com a vacinação e com o uso de preservativo nas relações sexuais e de material esterilizado no dentista, na manicure e ao fazer tatuagens.

AIDS

A **aids** (sigla em inglês para síndrome da imunodeficiência adquirida) é causada pelo vírus HIV, que destrói as células do sistema imunitário, deixando o organismo mais vulnerável e suscetível a várias infecções oportunistas, que podem levar à morte. Não é possível ainda eliminar completamente o HIV, mas há medicamentos que inibem sua multiplicação, melhorando a qualidade de vida dos soropositivos.

A transmissão do HIV ocorre: por contato sexual; da mãe para o bebê durante a gestação, por parto ou amamentação; por transfusão de sangue; e pelo contato com agulhas e seringas contaminadas. A prevenção é feita, principalmente, com o uso de preservativos, com o acompanhamento pré-natal e com o controle do sangue nos bancos de sangue.

Veja a **história do HIV** e argumente sobre a importância das políticas públicas para o controle desse vírus no Brasil.

infecção oportunista: infecção que se manifesta quando a imunidade do organismo está baixa.

▼ A sequência de imagens, em corte longitudinal, mostra o HIV (retratado em verde e vermelho) saindo de um linfócito (retratado em branco). Foto ao microscópio eletrônico (imagem colorizada, aumento de cerca de 140 mil vezes).

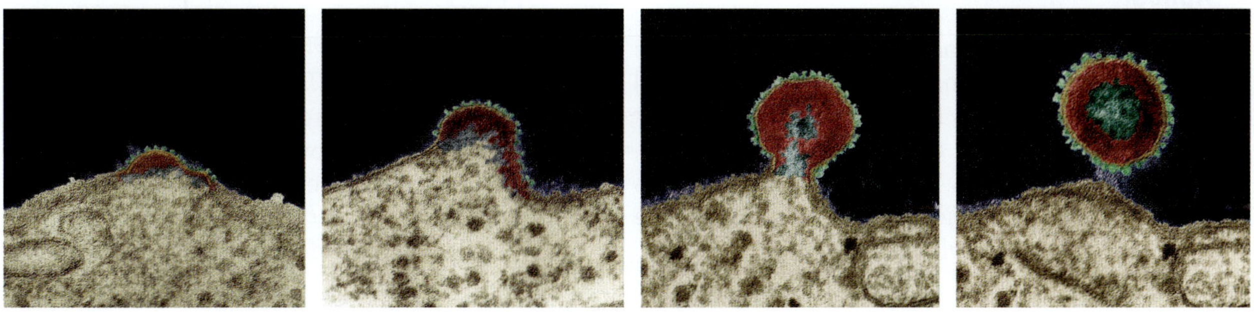

Eye Of Science/SPL/Fotoarena

ATIVIDADES

Acompanhamento da aprendizagem

Retomar e compreender

1. Observe as fotos a seguir e faça o que se pede.

I.

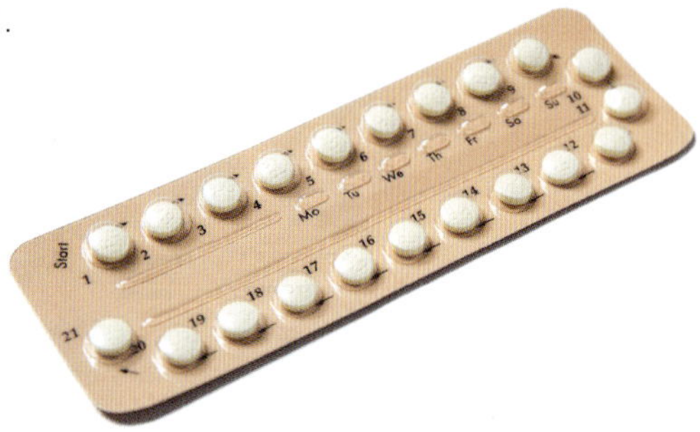

MikhalchukStudio/Shutterstock.com/ID/BR

Pílula anticoncepcional.

II.

Bowonpat Sakaew/iStock/Getty Images

Preservativo masculino.

III.

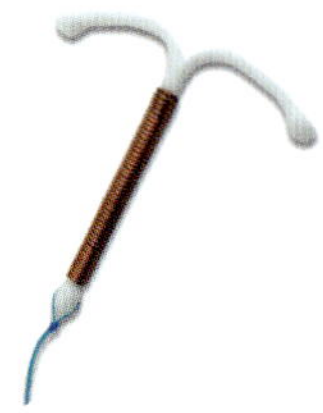

Lalocracio/iStock/Getty Images

DIU.

A. Método de barreira.

B. Método hormonal.

C. Método intrauterino.

a) Associe o método anticoncepcional mostrado em cada foto ao respectivo tipo, descrito em **A**, **B** e **C**.

b) Qual dos métodos mostrados nas fotos é o mais indicado para prevenir infecções sexualmente transmissíveis? Justifique.

2. Sobre as ISTs, faça o que se pede a seguir.

a) Explique o que são essas doenças.

b) Cite três exemplos de ISTs e seus principais sintomas.

c) Cite dois modos de prevenção às ISTs mencionadas no item anterior.

Aplicar

3. De acordo com dados da Unaids, programa conjunto da Organização das Nações (ONU) sobre HIV/aids, no Brasil novas infecções por HIV têm crescido entre a população jovem, com idade de 15 a 24 anos. Cite quais são as formas de contágio por HIV e o método de prevenção a esse vírus.

4. Observe a foto a seguir e responda às questões.

Ministério da Saúde/Governo Federal

Campanha Nacional de Combate à Sífilis, em 2021.

a) O que é sífilis congênita?

b) Como ocorre a transmissão da sífilis?

c) Cite duas formas de prevenir essa doença.

5. Leia o texto a seguir e responda às questões.

O papanicolau é um exame ginecológico que permite identificar inflamações, tumores em estágios iniciais no útero e infecção pelo HPV. Nesse exame, um profissional colhe células do colo do útero, que são enviadas para análise laboratorial.

a) O que é HPV?

b) Que IST ele pode causar?

c) Essa doença apresenta sintomas?

d) Qual é a importância de as mulheres fazerem o papanicolau?

e) Desde 2007, existe uma vacina anti-HPV que previne contra os quatro tipos de vírus mais relacionados ao câncer de colo do útero e à presença de verrugas genitais. Por que o uso de preservativo é necessário, mesmo que o indivíduo seja vacinado contra HPV?

6. De acordo com dados do Fundo de População das Nações Unidas (UNFPA), em 2020, 14% de todos os partos realizados no Brasil foram de mães com até 19 anos. Essa é uma das taxas mais altas da América Latina.

a) Forme dupla com um colega e pesquisem quais os métodos anticoncepcionais fornecidos pelo Sistema Único de Saúde (SUS).

b) Elaborem cartazes informativos sobre métodos anticoncepcionais identificados. Cada dupla poderá escolher um método anticoncepcional. Os cartazes deverão ser afixados nos corredores da escola.

CAPÍTULO

2 SEXUALIDADE E RESPONSABILIDADE

PARA COMEÇAR

Embora os jovens de hoje tenham mais autonomia e liberdade para conduzir sua vida sexual do que os de décadas atrás, ainda lhes falta abertura para conversar sobre esse assunto. Onde os jovens devem buscar informações sobre saúde sexual e reprodutiva?

CUIDANDO DE SI MESMO

As transformações físicas, sociais e emocionais que caracterizam a adolescência costumam vir acompanhadas de responsabilidades e muitas dúvidas. Por isso, é importante que o adolescente procure conversar com pessoas de sua confiança.

Todo adolescente tem o direito de ser atendido na rede de saúde pública. Os profissionais da saúde estão aptos a esclarecer dúvidas em relação às mudanças físicas e emocionais típicas dessa fase.

O início da vida sexual deve ser acompanhado de orientação sobre os métodos anticoncepcionais e de prevenção às ISTs. Muitos profissionais da saúde recomendam o uso da dupla proteção, que é o uso do preservativo masculino ou feminino associado a outro método anticoncepcional.

A escolha do método anticoncepcional deve ser orientada por um profissional da saúde e a responsabilidade pela prevenção de uma gravidez precoce deve ser do casal.

▼ Conversar com profissionais da saúde ajuda o adolescente a tirar dúvidas sobre as mudanças físicas e emocionais que ocorrem nessa fase.

Courtney Hale/iStock/Getty Images

GRAVIDEZ NA ADOLESCÊNCIA

O Brasil é um dos países do mundo com a maior taxa de gravidez na adolescência. De acordo com dados da Organização das Nações Unidas (ONU), de 2019, a cada sete bebês nascidos no país, um é filho de mãe adolescente.

Secretaria de Assistência Social e Habitação/Prefeitura de Mandirituba

▲ **Material de divulgação de campanha de prevenção à gravidez na adolescência, promovida pela Prefeitura de Mandirituba (PR) em 2023. No Brasil, de acordo com relatório de 2020 do Fundo de População das Nações Unidas (UNFPA, na sigla em inglês), são 53 gestações para cada mil adolescentes, acima da média mundial, de 41 gestações para cada mil adolescentes.**

A gravidez na adolescência traz riscos para a mãe e para o bebê, pois o sistema genital da adolescente ainda está imaturo. Segundo especialistas, o grupo de maior risco são as meninas na faixa entre 11 e 15 anos de idade.

A mortalidade neonatal é três vezes maior entre filhos de mães adolescentes quando comparada à de filhos de mães adultas. Geralmente, as adolescentes demoram para descobrir a gravidez e iniciar o acompanhamento pré-natal.

Por essas e outras razões, é muito importante refletir sobre quando começar a ter relações sexuais e como se prevenir de doenças e de uma gravidez precoce. A escolha do método anticoncepcional e seu uso correto devem ser compartilhados pelo casal, bem como a responsabilidade pelos cuidados e pela criação do bebê, no caso de uma gravidez.

Uma gravidez precoce pode ser resultado da não adoção de métodos anticoncepcionais, do uso incorreto do método escolhido e também da violência sexual. Nesse caso, é importante que, após sofrida a violência, a adolescente não tome banho e procure imediatamente um serviço de saúde, onde deverá receber atendimento médico e psicológico.

Quando a gravidez acontece, é preciso buscar auxílio dos familiares, que podem, com sua experiência, dar apoio emocional e ajudar os futuros pais a planejar como vão enfrentar essa nova fase da vida. Em situações como essa, é preciso evitar o isolamento e buscar informações e ajuda.

A gestante deve realizar os exames pré-natais necessários e ser acompanhada por um ginecologista obstetra durante toda a gestação. Esse profissional poderá responder às dúvidas sobre a gravidez e o parto, além de fornecer orientações específicas à paciente.

O governo federal, por meio do Ministério da Saúde, os governos estadual e municipal e certas organizações não governamentais (ONGs) desenvolvem programas de educação sexual e planejamento familiar para adolescentes, oferecendo, muitas vezes, apoio médico e psicológico às gestantes e a seus bebês. Informe-se sobre os serviços disponíveis na região em que você mora.

neonatal: que ocorre nas primeiras semanas de vida do bebê.

PARA EXPLORAR

A máscara em que você vive. **Direção: Jennifer Siebel Newsom. Estados Unidos, 2015 (97 min).**
O documentário aborda como a educação machista e o conceito de masculinidade predominante afetam psicologicamente crianças e jovens.

SEXUALIDADE

A **sexualidade** é uma característica humana bastante complexa que envolve aspectos biológicos, culturais, históricos e sociais.

Biologicamente, os seres humanos são divididos em homens, que carregam os cromossomos XY, e mulheres, que carregam os cromossomos XX. Esse é o chamado **sexo biológico**, que é determinado geneticamente no momento da fecundação. O sexo biológico determina algumas características biológicas, como o sistema genital e a produção de hormônios sexuais.

O **gênero** é um conceito relacionado à construção social do sexo biológico, ou seja, quando aspectos sociais, culturais e históricos definem os elementos que fazem parte dos universos feminino e masculino.

A **identidade de gênero** diz respeito a como a pessoa se identifica. O indivíduo que se identifica com o gênero correspondente ao sexo biológico é chamado **cisgênero**. Já o indivíduo que não se identifica com o gênero correspondente ao sexo biológico é denominado **transgênero**. Pessoas transgênero costumam assumir aspectos sociais e culturais relacionados ao sexo oposto.

A **orientação sexual** refere-se ao gênero pelo qual a pessoa se sente afetivamente e sexualmente atraída. Os **heterossexuais** (ou heteroafetivos) sentem atração por pessoas do gênero oposto. Os **homossexuais** (ou homoafetivos) sentem atração por pessoas do mesmo gênero. Os **bissexuais** (ou biafetivos) sentem atração por pessoas de ambos os gêneros.

A forma como os indivíduos expressam sua sexualidade depende de todos esses fatores associados.

Creas/Semtras/Prefeitura de Santarém

▲ Material de divulgação da campanha do Dia Internacional de luta contra a LGTfobia, promovida pela prefeitura de Santarém (PA) em 2021.

Veja **múltiplas dimensões da sexualidade humana** e discuta a importância de campanhas para combater a discriminação sexual.

CIDADANIA GLOBAL

SAÚDE MENTAL DE CRIANÇAS E ADOLESCENTES PIOROU NA PANDEMIA

Uma pesquisa feita pelo Instituto Gallup e pelo Fundo das Nações Unidas para a Infância (Unicef) chama atenção para o efeito da pandemia de coronavírus e do isolamento social em crianças e adolescentes.

[...] Os primeiros dados divulgados apontam que 22% dos adolescentes e jovens brasileiros de 15 a 24 anos se sentem deprimidos ou têm pouco interesse em fazer as coisas.

Além disso, [...] subiram os casos de transtornos mentais nesse período, e as sequelas nesses grupos podem reverberar por muitos anos. [...]

Os mais novos foram prejudicados pelo tempo que ficaram longe da escola e dos espaços de convivência, e, no Brasil, muitos não tiveram nem a tecnologia como aliada para manter os estudos e a troca social em dia.

[...]

"Temos uma estrutura de saúde consolidada no país, mas percebemos que ela não é suficiente para lidar com um trauma tão grande quanto o da pandemia. Os CAPS (Centros de Ação Psicossocial), que cuidam da saúde mental, não chegam a todos os municípios", lembra Gabriela [Gabriela Goulart Mora, oficial do Unicef do Brasil]. Esses são pontos de apoio importantes para famílias que percebem problemas em casa, segundo a especialista.

[...]

Fabiana Schiavon. Saúde mental de crianças e adolescentes piorou na pandemia, alerta Unicef. *Veja*,13 out. 2021. Disponível em: https://saude.abril.com.br/mente-saudavel/saude-mental-de-criancas-e-adolescentes-piorou-na-pandemia-alerta-unicef/. Acesso em: 30 jan. 2023.

- Os Centros de Ação Psicossocial (Caps) fazem parte do SUS. Qual é a importância da ampliação dessa rede no Brasil? Justifique sua resposta.

O papel da escola no combate à LGBTfobia

LGBTfobia é o nome dado à repulsa ou à aversão à população LGBTQIA+ (lésbicas, *gays*, bissexuais, transgêneros e outras identidades de gênero e orientações sexuais). É geralmente manifestada por meio de violência física, verbal, psicológica e sexual, mas também pode ser expressa de maneira velada, em atitudes preconceituosas.

Levantamento realizado pelo Observatório de Mortes e Violência contra LGBT+ revela que, em 2021, ao menos 316 pessoas morreram no Brasil vítimas de LGBTfobia. Apesar da gravidade do problema, ele ainda é pouco discutido nas escolas: de acordo com o *Anuário Brasileiro de Educação Básica 2021*, do movimento Todos Pela Educação, apenas 26% das instituições escolares abordaram o tema LGBTfobia em sala de aula.

Nesta atividade, você e os colegas vão realizar um **debate** para discutir o papel da escola no combate à LGBTfobia.

Como fazer

1. Organizem as carteiras em círculo e, com a mediação do professor, discutam: o impacto da LGBTfobia na vida das vítimas; o combate à LGBTfobia na sociedade; e o papel da escola no combate à LGBTfobia. Esse deve ser um momento de discussão livre, em que todos poderão expressar suas opiniões, relatar casos e propor soluções.
2. Com o auxílio do professor, organizem-se em grupos de quatro estudantes. Cada grupo vai pesquisar e reunir os seguintes materiais: textos jornalísticos sobre casos de LGBTfobia; estudos sobre as consequências da LGBTfobia na vida dos adolescentes; casos de LGBTfobia nas escolas; e campanhas contra a LGBTfobia.
3. Os materiais deverão ser trazidos à escola e compartilhados com os outros grupos. Se houver materiais em meios digitais, compartilhem os *links* para que todos possam ter acesso a eles.

Leandro Lassmar/ID/BR

4 Após a leitura dos materiais compartilhados, organizem-se em dois grupos de seis a oito estudantes. Um grupo será a favor de que a escola promova ações de conscientização e de combate à LGBTfobia e o outro grupo será contra a participação da escola no combate à LGBTfobia.

5 Nesta atividade, o objetivo principal é exercitar a argumentação sobre os temas propostos; por isso, a formação dos grupos independe da opinião pessoal de seus integrantes sobre o assunto debatido.

6 O restante da turma vai participar com perguntas dirigidas aos grupos.

7 Os grupos deverão se reunir e discutir os argumentos que vão utilizar para defender sua posição e as perguntas que serão feitas ao outro grupo. Registrem os argumentos e as perguntas para se orientar durante o debate.

8 A estrutura do debate será a seguinte:
- cada grupo apresenta seu posicionamento;
- o professor sorteia um grupo para iniciar a rodada de perguntas e estipula um tempo para as perguntas e as respostas;
- o outro grupo responde à pergunta, dentro do tempo determinado;
- por fim, o grupo que perguntou vai comentar a resposta.

9 Os grupos devem fazer várias rodadas de perguntas e de respostas. O professor vai definir o tempo total de duração do debate.

10 O restante da turma avaliará qual grupo melhor argumentou e defendeu seu posicionamento e escolher um dos grupos por votação.

Leandro Lassmar/ID/BR

11 Para finalizar a atividade, reúnam-se e discutam o papel da escola no combate à LGBTfobia. Se for possível, relatem casos de LGBTfobia no ambiente escolar e discutam a posição da escola nesses casos, seus erros e acertos. Elaborem sugestões para tornar o ambiente escolar mais inclusivo e tolerante.

Veja **os jovens e as redes sociais**. Que atitudes podem ser adotadas para desenvolver relações saudáveis e seguras nas redes sociais?

Para concluir

1. SABER SER Organizem-se no mesmo grupo que formaram anteriormente e proponham campanhas de combate à LGBTfobia na escola. Vocês podem compor uma música, confeccionar cartazes ou fazer um vídeo. Usem a criatividade.
2. Expressem a opinião de vocês sobre o papel da escola no combate à LGBTfobia. Utilizem argumentos que justifiquem esse posicionamento.

ATIVIDADES

Acompanhamento da aprendizagem

Retomar e compreender

1. Explique a diferença entre sexo biológico e gênero.

Aplicar

2. Qual é a recomendação de grande parte dos profissionais da saúde para a prevenção de gravidez precoce e de ISTs? Qual é sua opinião sobre essa recomendação? Justifique.

3. Leia o texto a seguir e responda às questões.

> A transfobia faz com que muitos jovens desistam de estudar. Os episódios de preconceito se repetem desde a infância.
>
> Um exemplo é o do estudante Gabriel Siqueira. Até no RG o nome social dele já foi colocado e mesmo assim o jovem ainda sofre preconceito diariamente ao chegar na faculdade [...].
>
> [...]
>
> Na escola, a mãe do Gabriel foi chamada e advertida porque ele não estava usando uniforme feminino.
>
> [...]
>
> Gabriel pensou em desistir, mas não desistiu. Muitos meninos e meninas transexuais, no entanto, acabam abandonando a escola [...]
>
> Juliano Dip. Transfobia afasta estudantes da escola. Band.com.br. *Boa tarde, São Paulo*, 16 maio 2022. Disponível em: https://www.band.uol.com.br/noticias/boa-tarde-sao-paulo/ultimas/transfobia-afasta-estudantes-da-escola-16511896. Acesso em: 29 mar. 2023.

a) Qual é o provável sexo biológico de Gabriel?

b) Com qual gênero Gabriel se identifica?

c) A escola espera que Gabriel se vista de acordo com qual gênero?

d) Em sua opinião, a atitude da escola foi correta? Justifique.

4. Observe a imagem a seguir e faça o que se pede.

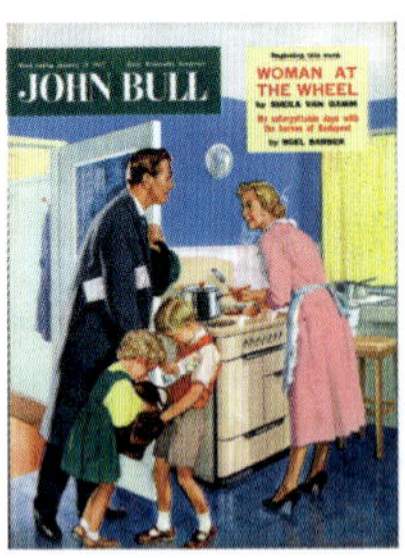

Coleção particular. Fotografia: The Advertising Archives/Bridgeman Images/Easypix Brasil

a) Descreva como a mulher e o homem são retratados na imagem.

b) As características associadas ao homem e à mulher, nessa imagem, podem ser consideradas estereótipos de gênero? Explique.

c) Pode-se afirmar que, atualmente, os papéis sociais de homens e mulheres sofreram mudanças? Explique.

5. Leia o texto a seguir e responda às questões.

> **Gravidez na adolescência**
>
> A gravidez na adolescência é um grave problema de saúde pública, que traz uma série de impactos físicos, psicológicos e sociais para a vida de meninas e bebês. Para as gestantes, esses impactos vão desde o desenvolvimento de problemas de saúde física e mental até a dificuldade de retomar os estudos e conseguir ingressar no mercado de trabalho. Além disso, a responsabilidade de criar a criança na maioria das vezes fica apenas com a menina e sua família, já que o abandono paterno é frequente nessa situação.
>
> Para a Organização Pan-Americana de Saúde (OPAS/OMS), a gravidez na adolescência continua sendo um dos principais fatores que contribuem para a mortalidade materna e infantil e para o ciclo de doenças e pobreza.
>
> No Brasil, o número de casos vem caindo nos últimos anos, mas ainda é muito alto: são mais de 380 mil por ano, sendo mais frequentes os casos a partir dos 15 anos. Na faixa entre 15 e 19 anos, inclusive, a média de nascimentos no país é 50% maior do que a média mundial.
>
> [...]
>
> Maiara Ribeiro. Gravidez na adolescência: quais são os impactos? Portal Drauzio Varella, 28 dez. 2022. Disponível em: https://drauziovarella.uol.com.br/saude-publica/gravidez-na-adolescencia-quais-sao-os-impactos/. Acesso em: 7 jun. 2023.

a) De acordo com texto, que problemas as jovens mães podem enfrentar?

b) Geralmente, as notícias e os filmes têm como foco a saúde e as mudanças na vida da mãe adolescente durante a gravidez e depois dela. E em relação à vida do pai adolescente? Discuta com os colegas essa questão.

Tecnologias para prevenção de ISTs

As infecções sexualmente transmissíveis (ISTs) estão entre os problemas que mais impactam os sistemas públicos de saúde e a qualidade de vida das pessoas no Brasil e no mundo. Para combatê-las, é preciso que haja uma organização dos serviços de saúde, com a ampliação desses serviços e a garantia de acesso a novas tecnologias de profilaxia e de tratamento das doenças. Conheça um exemplo de tecnologia relacionada à prevenção ao HIV no texto a seguir.

profilaxia: procedimentos e recursos utilizados para prevenir ou atenuar doenças.

PrEP e PEP: prevenção combinada no combate ao HIV

[...]

Durante anos, a prevenção ao HIV/Aids esteve restrita ao uso da camisinha – que ainda é um dos recursos mais relevantes, segundo os especialistas. No entanto, foram desenvolvidas tecnologias que reduzem as chances de contágio através do uso de medicamentos específicos.

Uma delas é a Profilaxia Pré-exposição (PrEP), indicada para pessoas que não vivem com o HIV.

A utilização diária de uma combinação de dois medicamentos antirretrovirais [...], que apresentam composição similar aos utilizados no tratamento do vírus, reduz em mais de 90% as chances de uma pessoa se infectar quando exposta ao HIV.

[...]

[...] A PrEP é disponibilizada de forma gratuita pelo Sistema Único de Saúde (SUS). [...]

[...]

[...] Diferentemente da PrEP, a Profilaxia Pós-Exposição (PEP) é um recurso emergencial para pessoas que possam ter sido expostas à infecção, seja por situações como relações desprotegidas, rompimento da camisinha, violência sexual ou acidentes ocupacionais por profissionais da saúde.

[...] [A] medida também considera o uso de medicamentos antirretrovirais para reduzir o risco da infecção. Nesse caso, são utilizados comprimidos que fazem parte do tratamento comum do HIV [...].

O tratamento tem duração de 28 dias e deve começar o mais rápido possível, logo que seja identificada a possibilidade de contágio. O prazo máximo para início do tratamento é de 72 horas após a exposição.

[...] A Profilaxia Pós-Exposição também é oferecida gratuitamente pelo SUS.

Lucas Rocha. PrEP e PEP: como funciona a prevenção combinada no combate ao HIV. *CNN Brasil*, 1º dez. 2021. Disponível em: https://www.cnnbrasil.com.br/saude/prep-e-pep-como-funciona-a-prevencao-combinada-no-combate-ao-hiv/. Acesso em: 6 jun. 2023.

Para compreender

1. Caracterize as tecnologias de combate à aids citadas no texto.
2. A relação sexual desprotegida é a principal forma de contrair ISTs.
   a) Em sua opinião, a curiosidade, a imaturidade e as cobranças sociais podem levar os jovens a adotar tal comportamento de risco, ou seja, um comportamento que pode comprometer sua saúde física e mental? Comente.
   b) Busque informações sobre os efeitos colaterais de medicamentos antirretrovirais e justifique por que o uso de preservativos é a forma mais adequada de prevenção ao HIV.
3. O Sistema Único de Saúde (SUS) oferece testes rápidos e gratuitos para ISTs, como HIV, sífilis e hepatites B e C, especialmente no atendimento de casos caracterizados como PEP. Qual é a importância de realizar os testes nesses casos?

ATIVIDADES INTEGRADAS

Retomar e compreender

1. Copie o diagrama a seguir no caderno e complete-o corretamente.

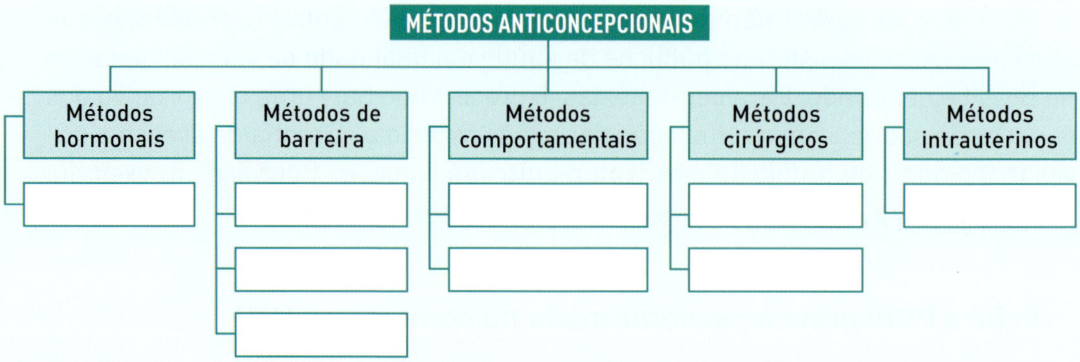

2. Qual é o único método anticoncepcional que protege contra as ISTs?
3. A vacinação é uma forma de prevenção contra quais ISTs?

Aplicar

4. Organizem-se em duplas e escolham uma IST. Em seguida, elaborem um cartaz informativo sobre os modos de transmissão e de prevenção dessa IST.

Analisar e verificar

5. Leia o texto a seguir e, depois, faça o que se pede.

> [...]
>
> A paternidade ativa envolve ações e cuidado físico e emocional ao filho. Trata-se de desenvolver e manter uma relação que vai além do sustento financeiro. Além disso, é compartilhar com a parceira a decisão de ter ou não filhos e qual a melhor hora para tê-los. "Esse envolvimento traz como possibilidade melhor qualidade de vida e a criação de vínculos afetivos mais fortes e saudáveis para todos(as)", como destaca a *Cartilha para pais: como exercer uma paternidade ativa*, do Ministério da Saúde.
>
> [...]
>
> Letícia Mouhamad e Giovanna Fischborn. Paternidade ativa: eles também sentem a pressão de criar uma criança. *Correio Braziliense*, 14 ago. 2022. Disponível em: https://www.correiobraziliense.com.br/revista-do-correio/2022/08/5028268-paternidade-ativa-eles-tambem-sentem-a-pressao-de-criar-uma-crianca.html. Acesso em: 30 jan. 2023.

a) De acordo com o texto, quais são os benefícios de pais participativos?

b) Em uma roda de conversa, discuta com os colegas sobre o papel dos homens na prevenção à gravidez precoce e sobre a paternidade ativa.

6. Em nossa sociedade, homens e mulheres, desde a infância, são tratados de maneiras diferentes e, frequentemente, as mulheres saem em desvantagem. Reúna-se com os colegas para responder às questões a seguir.

a) Existem profissões exercidas majoritariamente por homens? Há também profissões exercidas majoritariamente por mulheres? Citem exemplos e conversem sobre eles.

b) Como é feita a divisão do trabalho doméstico na casa de vocês? Há tarefas que só as mulheres ou só os homens executam? Essa divisão lhes parece justa?

c) Vocês estranhariam se uma amiga quisesse ser mecânica de automóveis? E se um amigo quisesse trabalhar como babá? Por quê?

d) Na opinião de vocês, homens e mulheres têm os mesmos direitos e as mesmas oportunidades? Justifiquem.

7. **Você acha que a noção de gênero masculino e feminino pode influenciar na formação da identidade de uma pessoa?**

Criar

8. **Leia o texto a seguir e, depois, responda às questões.**

Historicamente, a proporção de casos de HIV entre homens sempre foi maior do que entre as mulheres. Os dados [...] do Boletim Epidemiológico HIV/Aids, divulgado no início de dezembro [2021], não apenas reforçam essa estatística, mas também surpreendem pelo aumento na última década [2010].

Entre 15 e 19 anos de idade, os jovens tiveram um aumento de 29% no número de casos. Na faixa etária seguinte, dos 20 aos 24 anos, o crescimento foi de 20,2%. No caso das mulheres, no mesmo período, foram registradas quedas em todas as faixas etárias. A mais expressiva foi entre os 30 e 34 anos, com uma redução de 61,1%.

[...]

Na avaliação do infectologista Fernando Vieira de Souza, do Instituto de Infectologia Emílio Ribas, os dados demonstram que as mulheres estão se cuidando mais, enquanto os homens continuam se expondo ao risco, sem tomar as medidas de prevenção.

"Uma das hipóteses é que esse homem jovem não se preocupa com a doença porque ele sabe que existe tratamento. Mas, apesar de os medicamentos estarem disponíveis para todos, nem todo mundo consegue tomar essas drogas, pois além de casos de intolerância, há risco de outros efeitos adversos, como lesão renal ou hepática em decorrência do uso prolongado", alerta.

Fernanda Bassette. HIV/Aids no Brasil: há crescimento entre homens, mas redução entre mulheres. *Viva Bem UOL*, 22 dez. 2021. Disponível em: https://www.uol.com.br/vivabem/noticias/redacao/2021/12/22/hivaids-no-brasil-ha-crescimento-entre-homens-mas-reducao-entre-mulheres.htm?cmpid=copiaecola. Acesso em: 17 abr. 2023.

a) Em relação aos dados sobre a epidemia de aids na última década, responda:
- O número de homens e mulheres contaminados aumentou ou diminuiu?
- O número de jovens infectados aumentou ou diminuiu? Justifique.
- De acordo com o especialista entrevistado, quais são os motivos dessa situação?

b) Organizem-se em grupos de até quatro estudantes e pesquisem o número de casos de aids notificados para cada categoria (jovens, mulheres e homens), por região, nos três últimos anos. Elaborem gráfico(s) e/ou mapa(s) para apresentar os dados de cada região que vocês coletaram e, ao final, discutam se houve alguma mudança em relação à situação retratada no texto.

c) Elaborem um folheto com informações ilustradas sobre como se contrai aids e como se prevenir dessa doença. Com os colegas, distribua esses folhetos pela escola e, se possível, leve-o também para a família, os amigos e os vizinhos.

9. **Sobre o panorama da aids no Brasil, alguns especialistas dizem que os jovens não reconhecem a necessidade de ir a unidades de saúde, pois se consideram saudáveis e, por esse motivo, acreditam que não precisam frequentá-las.**

a) Você também pensa dessa forma? Comente.

b) Por que esse pensamento pode ser prejudicial à saúde do adolescente?

CIDADANIA GLOBAL

UNIDADE 9

3 SAÚDE E BEM-ESTAR

Retomando o tema

Nesta unidade, você explorou dois temas-chave para a saúde dos adolescentes: as ISTs e a saúde mental. Agora, verifique o que aprendeu a respeito desses temas respondendo às questões a seguir.

1. Explique por que o número de jovens e adolescentes contaminados com ISTs está aumentando, embora a prevenção contra essas doenças seja simples e o tratamento seja oferecido gratuitamente pelo SUS.
2. Por que a saúde mental dos adolescentes deve receber atenção especial dos programas de saúde?
3. Em sua opinião, o que pode dificultar o acesso de adolescentes a serviços públicos de saúde, tanto física como mental?
4. Quais medidas podem ser adotadas para que o direito à saúde, de crianças e adolescentes, seja respeitado?

Geração da mudança

- Convidem um hebiatra – médico especializado em saúde do adolescente – para ministrar uma palestra que aborde um ou mais dos seguintes temas: saúde sexual e reprodutiva; saúde mental; alimentação saudável; violência; vacinas; doenças crônicas; direitos das crianças e dos adolescentes.
- Conversem com a direção da escola para obterem autorização e definirem uma data para a realização da palestra.
- Verifiquem a possibilidade de a palestra ser transmitida *on-line* pelo *site* ou pelas redes sociais da escola.
- Ao final, cada grupo deverá produzir um folheto informativo sobre um aspecto do tema ou dos temas tratados na palestra.

Autoavaliação

Matheus Costa/ID/BR

ÁRVORES NATIVAS:
PLANTE ESSA IDEIA

Plantar uma árvore pode ser um modo de deixarmos uma marca positiva no mundo, ainda mais se for com o objetivo de ajudar a melhorar a qualidade do ambiente em que vivemos.

Neste projeto, você e os colegas vão trabalhar em equipe para produzir mudas de plantas nativas que serão destinadas ao plantio na comunidade local.

Visivasnc/iStock/Getty Images

As árvores presentes nas áreas urbanas desempenham importantes funções no meio ambiente e, consequentemente, para o ser humano, como melhoria do conforto térmico e luminoso, interceptação de água da chuva, estabelecimento de corredores ecológicos para animais, entre outras. Assim, o plantio de árvores nativas pode ser uma ação importante para a recuperação ambiental das cidades.

Para plantar árvores nativas, entretanto, é preciso primeiro produzir mudas, e a obtenção de mudas passa, na maioria das vezes, pela geração e germinação de uma semente e pelo desenvolvimento da planta jovem.

Neste projeto, você e os colegas vão trabalhar em conjunto para produzir mudas de plantas nativas que serão destinadas ao plantio na comunidade local.

Objetivos

- Aplicar o conhecimento sobre reprodução de plantas e trabalhar coletivamente na produção de mudas.
- Distribuir as mudas cultivadas para o plantio no entorno da escola.
- Refletir sobre a importância das plantas nativas em áreas urbanas.

Planejamento

- Organizem-se em grupos de acordo com as orientações do professor.
- A primeira etapa do projeto será mapear as áreas verdes do bairro. Os arredores podem ser divididos em setores e cada grupo se responsabilizará por mapear um setor.
- Em seguida, cada grupo deverá pesquisar os viveiros de mudas e, em um dia previamente combinado, compartilhar suas descobertas com os demais grupos .
- Os grupos poderão se revezar nas etapas de semeadura e de manutenção do viveiro.
- Ao final, a distribuição de mudas para a comunidade do entorno da escola deverá ser realizada coletivamente pelos estudantes.

Procedimentos

Mapeamento do bairro

- Com um adulto responsável, andem pelo setor predeterminado pelo grupo e observem as áreas verdes do bairro.
- Fotografem os locais propícios para a intervenção da turma e verifiquem os locais que estejam degradados e/ou pouco arborizados.

Levantamento de informações

- Pesquisem em livros, em folhetos e na internet o que é um viveiro de plantas, como deve ser montado, quais são as técnicas de reprodução de plantas e os cuidados necessários para sua manutenção. Pesquisem também algumas espécies de plantas nativas da flora brasileira que poderiam ser cultivadas no viveiro e, depois, em áreas carentes de vegetação no bairro em que vocês vivem.
- Façam uma pesquisa sobre a legislação que regulamenta a arborização urbana ou entrem em contato com a prefeitura do seu município para descobrir onde o plantio das mudas é autorizado no bairro em que moram e que tipo de árvore é permitido plantar em cada setor.

domnitsky/Shutterstock.com/ID/BR

Construção e manutenção do viveiro

Neosiam32896395/Shutterstock.com/ID/BR

Material

- sementes de plantas nativas
- sacos plásticos pequenos para as mudas
- terra, pá e luvas
- areia
- adubo
- telas de sombreamento (se necessário)
- arame
- palitos de sorvete

Como fazer

1. Peçam ao coordenador ou ao diretor da escola a autorização para a construção do viveiro na escola.
2. Escolham um local ao ar livre, de fácil acesso, com fonte de água próxima e que esteja situado em terreno plano. Se possível, esse local deve estar à sombra de uma grande árvore; caso contrário, será necessário instalar telas de sombreamento para proteger as mudas.
3. Com a ajuda do professor, misturem duas partes de terra com uma parte de areia e uma parte de adubo. Cada grupo deverá utilizar essa mistura para encher pelo menos dez saquinhos.
4. Depois, cada grupo vai escolher uma das plantas nativas e semear de duas a três sementes por saquinho. Reguem cada saquinho até umedecer a terra (sem encharcá-la).
5. Organizem os saquinhos de mudas no viveiro por espécie. Os canteiros devem ter, no máximo, um metro de largura, além de corredores para a circulação de pessoas. Passem o arame em volta de cada canteiro para evitar o tombamento dos saquinhos de mudas.
6. Usem os palitos de sorvete para identificar as mudas. Vocês podem escrever no palito o nome da planta e a data da semeadura.
7. As mudas devem permanecer no viveiro até atingir tamanho suficiente para o plantio, o que pode levar de dois a quatro meses após a germinação, dependendo da espécie. Caso o plantio não seja realizado até esse período, as mudas devem ser colocadas em um local ensolarado.
8. Atentem aos cuidados com o viveiro: rega periódica (duas vezes ao dia, sendo uma de manhã cedo e outra no fim da tarde); capina manual (remoção de outras plantas que germinarem com as mudas que vocês plantaram); remoção de mudas doentes (com fungos, por exemplo); entre outros. Conversem com os funcionários da escola para trabalhar em colaboração com eles.

Dan Kosmayer/Shutterstock.com/ID/BR

WiPhotoHunter/Shutterstock.com/ID/BR

Compartilhamento

- Organizem uma campanha para comunicar as vantagens da arborização do bairro com plantas nativas. Como material da campanha, produzam fôlderes para distribuir à comunidade escolar.
- Quando as mudas estiverem prontas, divulguem o projeto para a comunidade, distribuindo-as com os fôlderes explicativos, para orientar as pessoas no plantio.

Avaliação

1. O conhecimento sobre a reprodução das plantas e sobre as características de cada uma delas foi importante para o desenvolvimento do projeto?
2. Quais foram as maiores dificuldades enfrentadas na germinação das sementes escolhidas e no cuidado com as mudas? Descreva-as.
3. Vocês conseguem imaginar os impactos positivos que o plantio das mudas que vocês formaram podem ter em sua comunidade? Citem exemplos.

Ilustração: Matheus Castro/ID/BR. Fotografias: mahout/Shutterstock.com/ID/BR (prédios); Jan Martin Will/Shutterstock.com/ID/BR (árvores); PIXEL to the PEOPLE/Shutterstock.com/ID/BR (grama); Vtls/Shutterstock.com/ID/BR (muda); adolescentes, da esquerda para a direita: AnnGaysorn/Shutterstock.com/ID/BR; kelvn/Shutterstock.com/ID/BR; BearFotos/Shutterstock.com/ID/BR; kelvn/Shutterstock.com/ID/BR (garoto e garota agachados)

PREPARE-SE!

Questão 1

Nas regiões do círculo polar Ártico e do círculo polar Antártico ocorre o Sol da meia-noite, fenômeno em que o Sol fica visível durante 24 horas, em datas próximas ao solstício de verão. Quanto mais próximo dos polos, maior a quantidade de dias do ano em que o Sol da meia-noite é visível. O que explica esse fenômeno?

a) O movimento de rotação da Terra.

b) O movimento de translação da Terra.

c) O grau de inclinação dos raios solares que incidem sobre os polos.

d) A inclinação do eixo da Terra em relação à sua órbita em torno do Sol.

e) A refração dos raios solares pela atmosfera.

Questão 2

As estações do ano (primavera, verão, outono e inverno) são consequência de uma característica da Terra. Essa característica é:

a) o movimento de translação elíptico.

b) o movimento de rotação em torno do próprio eixo.

c) a alternância da distância em relação ao Sol.

d) a presença de uma atmosfera oscilante.

e) a inclinação do eixo terrestre em relação à sua órbita.

Questão 3

A tabela a seguir mostra os horários de nascimento do Sol (NS) e da Lua (NL) e os horários do ocaso do Sol (OS) e da Lua (OL), na cidade de Rio Branco (AC), durante um intervalo de quinze dias do mês de junho de 2023.

Dia	12	13	14	15	16	17	18	19	20	21	22	23	24	25	26
NS	5:45	5:45	5:45	5:46	5:46	5:46	5:46	5:47	5:47	5:47	5:47	5:47	5:48	5:48	5:48
OS	17:18	17:18	17:18	17:18	17:18	17:19	17:19	17:19	17:19	17:20	17:20	17:20	17:20	17:20	17:21
NL	0:49	1:40	2:31	3:24	4:18	5:13	6:08	7:01	7:51	8:37	9:20	10:00	10:37	11:13	11:49
OL	13:06	13:48	14:31	15:16	16:05	16:56	17:49	18:42	19:35	20:25	21:13	21:59	22:44	23:28	1:00

Fonte de pesquisa: Calendário solar e lunar. Apolo11.com. Disponível em: https://www.apolo11.com/efemerides.php. Acesso em: 2 fev. 2023.

Com base na tabela, podemos afirmar que, no dia 18:

a) a Lua está na fase nova, aparecendo com a menor fração de iluminação do período.

b) a Lua está na fase cheia, aparecendo com a maior fração de iluminação do período.

c) a Lua está na fase nova, aparecendo com a maior fração de iluminação do período.

d) a Lua está na fase minguante, aparecendo com cerca de metade de sua iluminação total.

e) a Lua está na fase crescente, aparecendo com cerca de metade de sua iluminação total.

Questão 4

Parte dos raios solares que atingem a superfície da Terra pode ficar retida na atmosfera, em razão da presença de alguns gases na atmosfera que impedem que a radiação seja refletida de volta para o espaço. Esse fenômeno é indispensável para a vida na Terra, pois mantém a temperatura do planeta em condições ideais para a sobrevivência dos seres vivos. No entanto, ele tem se intensificado nos últimos dois séculos por causa das atividades humanas, como a produção industrial e a agropecuária, gerando aumento da temperatura média do planeta. Assinale a alternativa que apresenta o nome do fenômeno descrito.

a) Aquecimento global.

b) Camada de ozônio.

c) Poluição atmosférica.

d) Efeito estufa.

e) Chuva ácida.

Questão 5

As queimadas e o uso de combustíveis fósseis são exemplos de práticas que produzem poluentes. Ao reagirem com o vapor de água presente na atmosfera, esses poluentes dão origem a substâncias corrosivas, que se misturam às gotículas de água durante o processo de formação de chuva, produzindo a chuva ácida. Um dos efeitos da chuva ácida:

a) é a inversão térmica.

b) é o empobrecimento do solo.

c) é o efeito estufa.

d) é o buraco na camada de ozônio.

e) são as enchentes em áreas urbanas.

Questão 6

Ao longo das últimas décadas, tem-se registrado uma crescente elevação da temperatura média do planeta. Atualmente, a maior parte da comunidade científica afirma que a principal causa do aquecimento global é o aumento da emissão de gases de efeito estufa em decorrência de atividades humanas. Assinale a alternativa que corresponde a uma medida que podemos tomar para mitigar ou reverter o aquecimento global.

a) Reduzir o consumo de carne.

b) Proteger monumentos de mármore.

c) Manter os mananciais.

d) Utilizar gases refrigerantes naturais.

e) Priorizar o uso individual de carros em relação ao transporte coletivo.

Questão 7

A elevação da temperatura média da Terra desencadeia uma série de alterações climáticas, como mudanças nos regimes das chuvas e dos ventos e nos padrões das correntes marítimas. Analise as alternativas a seguir e assinale aquela que corresponde a um dos efeitos decorrentes das mudanças climáticas.

a) Elevação do nível do mar.

b) Surgimento de espécies e aumento da biodiversidade.

c) Diminuição da incidência de doenças transmitidas por mosquitos, como dengue e malária.

d) Aumento dos recifes de coral.

e) Aumento do número de terremotos.

Questão 8

A insolação é uma grandeza importante para medir a quantidade de energia solar que atinge certa unidade de área. Essa grandeza depende do lugar, do período do dia e da estação do ano.

Estação meteorológica de Brasília (DF): Insolação diária total (maio de 2022)

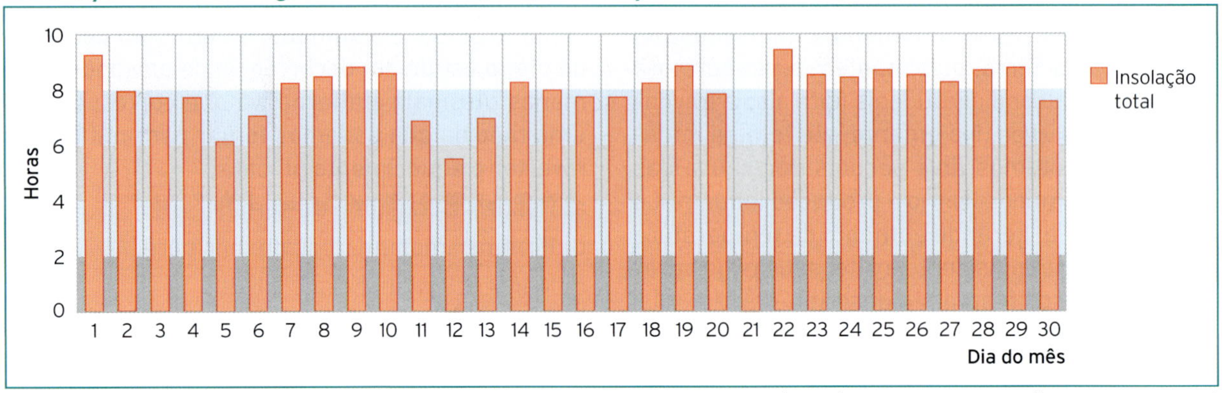

Gráficos: ID/BR

Fonte de pesquisa: Mapa de estações. Instituto Nacional de Meteorologia (Inmet). Disponível em: https://mapas.inmet.gov.br/. Acesso em: 3 fev. 2023.

Estação meteorológica de Brasília (DF): Temperaturas diárias (maio de 2022)

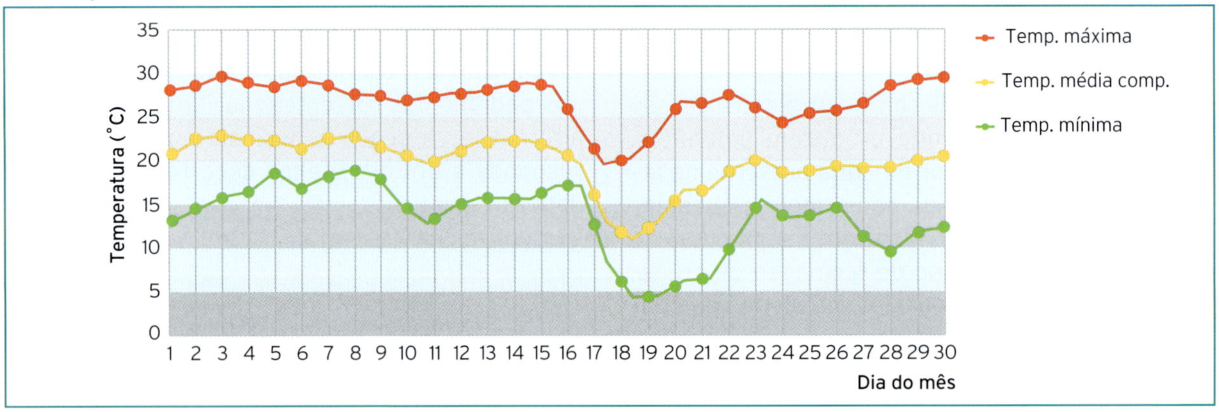

Fonte de pesquisa: Mapa de estações. Instituto Nacional de Meteorologia (Inmet). Disponível em: https://mapas.inmet.gov.br/. Acesso em: 3 fev. 2023.

Analisando os gráficos sobre insolação e temperaturas médias nos 30 dias do mês de maio de 2022, em Brasília, é possível afirmar que:

a) nos dias 4 e 5, houve mais do que 8 horas de insolação, o que manteve as temperaturas máximas acima de 30 °C.

b) durante a menor parte dos 30 dias, a insolação ultrapassou 6 horas.

c) o pico de insolação ocorreu no dia 14, quando a temperatura atingiu 30 °C.

d) durante boa parte do dia 21, a insolação esteve baixa, e isso ocorreu dois dias depois da menor temperatura registrada em relação aos demais dias.

e) durante todo o mês, a insolação esteve abaixo da média e, consequentemente, as temperaturas também.

Questão 9

[...]

Uma das alternativas tecnológicas às usinas hidrelétricas em estudo pelos pesquisadores é a instalação de turbinas em linha, no leito ou submersas nos rios, que dispensam a necessidade de represamento da água.

A tecnologia poderia ser útil para a geração ininterrupta de energia para as comunidades ribeirinhas, a um custo baixo, [...] manteria a ecologia fluvial e não envolveria o reassentamento de comunidades e outros custos sociais das barragens.

"Essa solução poderia ser aplicada no país inteiro onde há rios pequenos, com água com velocidade de mais de um metro por segundo. Além disso, as turbinas também poderiam ser instaladas próximo de barragens para complementar a produção de energia e eliminar a necessidade de construir outras usinas", disse o pesquisador [Emilio Moran, professor visitante da Universidade Estadual de Campinas (Unicamp)].

Elton Alisson. Custos sociais e ambientais de usinas hidrelétricas são subestimados, aponta estudo. *Agência Fapesp*, 7 nov. 2018. Disponível em: https://agencia.fapesp.br/custos-sociais-e-ambientais-de-usinas-hidreletricas-sao-subestimados-aponta-estudo/29147/. Acesso em: 7 fev. 2023.

Sobre a alternativa tecnológica mencionada no texto, é possível afirmar que:

a) seu uso não propiciaria condições de prover energia elétrica para as populações ribeirinhas.

b) seu uso causa os mesmos impactos ambientais e sociais provocados por alagamentos de grandes áreas, como os gerados pelas represas das usinas hidrelétricas.

c) seu uso não seria afetado pelas mudanças climáticas, que preveem diminuição da oferta de água por chuvas.

d) ela não poderia ser usada em pequenos rios, portanto não poderia ser empregada em todo o território nacional.

e) ao ser instalada próximo às barragens, ela poderia contribuir para aumentar a produção de energia nas usinas hidrelétricas.

Questão 10

Sobre o uso da energia nuclear para a geração de energia elétrica, é possível afirmar que:

a) se trata de um dos grandes responsáveis pelas emissões de poluentes atmosféricos, incluindo os gases de efeito estufa.

b) os impactos provocados no ambiente e na saúde humana são elevados em caso de acidente, mas ficam restritos ao local de construção da usina nuclear.

c) não produz qualquer tipo de resíduo ou poluente, mas, em caso de acidente na usina nuclear, existe um risco grave de liberação de material radioativo no ambiente.

d) um de seus impactos ambientais é a poluição térmica de corpos de água.

e) requer baixo investimento financeiro, quando comparado ao de outras formas de produção de energia elétrica.

Questão 11

O que é uma energia renovável?

[...]

[...] a definição mais precisa para esse grupo [biomassa e água usada em hidrelétricas], de acordo com a especialista, é a de uma fonte "usada em velocidade menor do que a natureza consegue repor no horizonte humano". Essa é chamada taxa de sustentabilidade, e ela garante que, enquanto houver demanda, a fonte não se esgotará.

Ou seja, a definição de uma fonte renovável depende do contexto. O bagaço de cana é uma das principais formas de biomassa usadas para gerar energia, mas se o uso ficasse tão intenso que a cana não pudesse ser plantada em nenhum lugar, a fonte se esgotaria em algum momento e, portanto [,] não seria mais renovável.

Além disso, Parente [Virgina Parente, professora do IEE-USP] afirma que ser uma energia renovável não é sinônimo de ser uma fonte de energia limpa. Primeiro, ela considera que "não existe hoje uma fonte de energia limpa" se levarmos a definição ao pé da letra.

Para a fonte ser limpa, é preciso que ela não emita gases poluentes não só na geração de energia, mas em todas as etapas do processo, da fabricação dos equipamentos usados na geração, no transporte da fonte e na eliminação de resíduos produzidos.

"Não existe tecnologia de geração de energia que não tenha uma externalidade negativa ambiental ou social. Existem só energias que não são emissoras de gases de efeito estufa no momento da geração, e as renováveis tendem a emitir bem menos, ou não emitir, gases de efeito estufa na produção de energia", diz.

[...]

João Pedro Malar. Conheça os tipos de energia renovável e quais são usados no Brasil. *CNN Brasil*, 19 jan. 2022. Disponível em: https://www.cnnbrasil.com.br/business/conheca-os-tipos-de-energia-renovavel-e-quais-sao-usados-no-brasil/. Acesso em: 6 fev. 2023.

Com base no texto e em seus conhecimentos, assinale a alternativa correta.

a) A biomassa pode ser considerada uma fonte de energia renovável, em qualquer contexto.

b) A taxa de sustentabilidade relaciona-se a fontes de energia provenientes de recursos naturais que não se esgotam com o uso ou que podem ser repostos em curto período de tempo, caso dos combustíveis fósseis.

c) O bagaço de cana-de-açúcar pode ser considerado uma fonte de energia renovável e de energia limpa.

d) O urânio, embora não seja considerado uma fonte de energia renovável, constitui uma fonte de energia limpa em sua geração.

e) A grande vantagem das usinas hidrelétricas sobre outras formas de geração de energia é que, além de utilizarem uma fonte de energia limpa, não produzem impactos ambientais.

Questão 12

O aumento do consumo de energia decorrente do avanço no desenvolvimento tecnológico e humano, aliado à necessidade urgente de diminuição de emissão de gases de efeito estufa, tem levado a sociedade a adotar fontes de energia renováveis e menos poluentes. Considerando as fontes de energia indicadas a seguir, assinale a alternativa correta.

I. Energia eólica

II. Energia solar

III. Biocombustíveis

IV. Combustíveis fósseis

Dessas fontes de energia, todas as que apresentam as características mencionadas no enunciado são:

a) **I** e **II**.

b) **I**, **II** e **III**.

c) **I**, **II** e **IV**.

d) **II** e **III**.

e) **III** e **IV**.

Questão 13

Vários tipos de usina geradora de energia funcionam por meio da produção de vapor de água em alta pressão. Esse vapor é obtido do aquecimento de grandes reservatórios de água e é utilizado para movimentar as turbinas acopladas a geradores de energia elétrica. Considerando os tipos de usina listados a seguir, assinale a alternativa correta.

I. Termelétrica
II. Eólica
III. Hidrelétrica
IV. Nuclear

a) Somente **I** é exemplo de usina que gera energia da forma mencionada no enunciado.

b) Somente **I**, **III** e **IV** são exemplos de usinas que geram energia da forma mencionada no enunciado.

c) Somente **I** e **IV** são exemplos de usinas que geram energia da forma mencionada no enunciado.

d) Somente **II** e **III** são exemplos de usinas que geram energia da forma mencionada no enunciado.

e) Somente **II** e **IV** são exemplos de usinas que geram energia da forma mencionada no enunciado.

Questão 14

Os gráficos a seguir apresentam, respectivamente, dados referentes à produção interna de energia e à produção interna de eletricidade no Brasil, em 2021.

Matriz energética brasileira

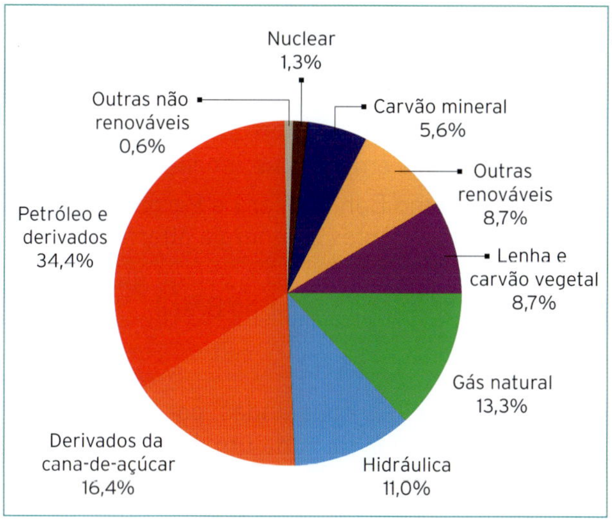

ID/BR

Matriz elétrica brasileira

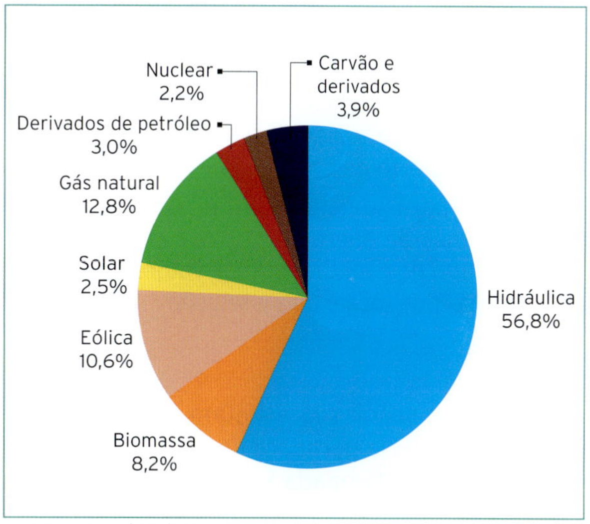

ID/BR

Fonte de pesquisa: Empresa de Pesquisa Energética (EPE). *Balanço energético nacional 2021*: ano-base 2020. Rio de Janeiro: EPE, 2021. p. 12 e 21. Disponível em: https://www.epe.gov.br/sites-pt/publicacoes-dados-abertos/publicacoes/PublicacoesArquivos/publicacao-675/topico-638/BEN2022.pdf. Acesso em: 8 fev. 2023.

Comparando os gráficos, é possível afirmar que:

a) enquanto a matriz energética representa o conjunto de fontes disponíveis apenas para a geração de energia elétrica, a matriz elétrica é formada pelo conjunto de fontes de energia disponíveis para movimentar os veículos, preparar a comida no fogão e gerar eletricidade.

b) a maior parte da energia elétrica produzida no Brasil é oriunda de fontes não renováveis, sendo o petróleo e seus derivados a principal fonte.

c) a matriz elétrica no Brasil é oriunda de fontes predominantemente renováveis, visto que grande parte da energia elétrica gerada no país vem de usinas hidrelétricas.

d) o consumo de energia de fontes não renováveis é menor do que o de fontes renováveis.

e) a energia eólica também contribui para que a matriz elétrica brasileira seja, em sua maior parte, não renovável.

Questão 15

[...]

Com sol quente e ventos fortes praticamente o ano inteiro, a região Nordeste tem atraído não só turistas, mas investimentos em parques e usinas de energias alternativas, o que gera renda, empregos e contribui para diversificar a matriz energética brasileira. [...]

[...]

[...] "Nos últimos dez anos, a produção de energia eólica passou de 0,4% para 8,8%", adianta o professor Caneppele [Fernando de Lima Caneppele, professor da Faculdade de Zootecnia e Engenharia de Alimentos (FZEA) da USP], lembrando ainda o desenvolvimento da indústria nacional para a produção de equipamentos e peças para o setor, que gerou empregos e rendas.

As condições "singulares de velocidade dos ventos [...] e os elevados valores de radiação solar", segundo o professor Siqueira [Jair Antonio Cruz Siqueira, professor do Centro de Ciências Exatas e Tecnológicas da Unioeste, Cascavel (PR)], fizeram dos Estados do Rio Grande do Norte e Ceará os destaques, com grandes parques eólicos instalados, e, da região Nordeste, a maior produtora de energia eólica do Brasil, com 90% do total. Enquanto isso, Bahia, Ceará e Piauí vêm atraindo grandes interesses na geração de energia fotovoltaica e Pernambuco se preparando para receber a maior usina de energia solar da América Latina, [...] informa Caneppele.

Ferraz Junior; Rita Stella. Recorde de produção de energia limpa do Nordeste não pode beneficiar outras regiões do país. *Jornal da USP*, 27 ago. 2021. Disponível em: https://jornal.usp.br/atualidades/recorde-de-producao-de-energia-limpa-do-nordeste-nao-pode-beneficiar-outras-regioes-do-pais/. Acesso em: 3 fev. 2023.

A geração de energia elétrica por usinas eólica e solar, além de eficiente e sustentável, influencia o desenvolvimento econômico e social do Brasil. A respeito dessas fontes de energia, o texto afirma que:

a) investimentos em energias alternativas contribuem para diversificar a matriz energética brasileira, contudo, o uso dessas tecnologias pode reduzir a oferta de empregos.

b) projetos para a instalação de parques eólicos e de usinas de energia solar não consideram a velocidade dos ventos nem os valores de radiação solar dos locais de instalação.

c) investimentos em energias alternativas estimulam também a indústria nacional, que passa a produzir equipamentos e peças para o setor, gerando mais empregos e rendas.

d) estados como Bahia, Ceará e Pernambuco não investem em fontes de energia alternativa.

e) o Rio Grande do Norte é o estado que lidera a geração de energia solar no Brasil.

Questão 16

As imagens a seguir representam circuitos nos quais as lâmpadas estão conectadas, por fios condutores, a uma bateria geradora de energia. Caso a lâmpada **2** seja retirada de cada um dos circuitos, em qual(is) dele(s) a lâmpada **1** permanecerá apagada?

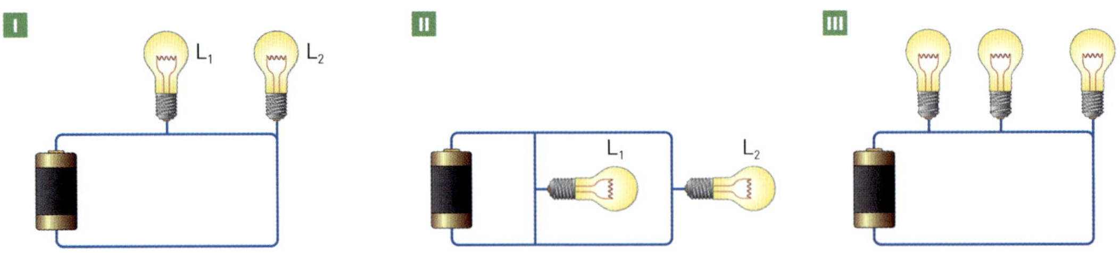

Ilustrações: Reinaldo Vignati/ID/BR

a) Somente em **I**.

b) Somente em **II**.

c) A lâmpada **1** se acenderá nos circuitos **I**, **II** e **III**.

d) Somente em **I** e **III**.

e) Em **I**, **II** e **III**.

Questão 17

Uma pessoa está dirigindo o carro em uma estrada arborizada, durante uma tempestade com raios e trovões. Assinale a alternativa que apresenta a atitude correta a ser tomada por essa pessoa para que não seja atingida por um raio.

a) Estacionar o carro próximo a uma árvore e não ficar dentro dele.

b) Sair do carro e procurar uma árvore próxima para abrigar-se.

c) Sair do carro e ficar em pé longe das árvores.

d) Estacionar o carro longe das árvores e ficar dentro dele.

e) Sair do carro e subir em uma árvore.

Questão 18

A escolha da lâmpada a ser utilizada em residências ou em estabelecimentos comerciais, por exemplo, envolve muitos fatores que se inter-relacionam. Entre esses fatores, estão a economia no consumo de energia elétrica e a luminosidade, o custo e a vida útil da lâmpada. A potência, medida em watt (W), é a grandeza que interfere no consumo de energia, isto é, quanto maior a potência, maior o consumo. E, para avaliar a luminosidade de uma lâmpada, deve-se considerar sua eficiência luminosa, que é obtida pela relação entre o fluxo luminoso, fornecido pelo fabricante, e a potência.

Desde 2017, a produção e a comercialização de lâmpadas incandescentes estão proibidas no Brasil. Uma alternativa a esse tipo de lâmpada são as lâmpadas fluorescentes compactas, que, antes mesmo da restrição, já vinham ganhando mercado, mesmo com custo maior.

Comparando as lâmpadas incandescentes com as lâmpadas fluorescentes compactas, assinale a alternativa que está de acordo com as informações dadas.

Equivalência entre as potências das lâmpadas	
Incandescente	**Fluorescente compacta**
20 W	4 W
30 W	6 W
60 W	13 W
100 W	20 W

Características da lâmpada incandescente – Vida média em horas: 1 000	
Potência (W)	**Eficiência luminosa**
25	9
40	12
60	14
100	16
150	16
200	17

Características da lâmpada fluorescente compacta – Vida média em horas: 3 000 a 12 000	
Potência (W)	**Eficiência luminosa**
15	54
20	55
23	61
100	16
150	16
200	17

a) As lâmpadas fluorescentes compactas são aproximadamente nove vezes mais potentes que as incandescentes.

b) A substituição de uma lâmpada incandescente de 100 W por uma lâmpada fluorescente compacta de 15 W garante um aumento de 58 vezes na eficiência luminosa.

c) A eficiência luminosa das lâmpadas fluorescentes compactas aumenta com a potência até certo valor, que, na tabela mostrada, corresponde a 23 W.

d) A eficiência luminosa das lâmpadas incandescentes aumenta com o aumento da potência até 60 W.

e) A eficiência luminosa da lâmpada incandescente de 60 W é maior que a da lâmpada fluorescente compacta de 15 W.

Questão 19

O valor da conta de energia elétrica é o resultado da soma do consumo mensal de energia elétrica de todos os aparelhos elétricos – considerando a potência média de cada aparelho, em watt (W) – e o tempo, em hora (h), em que cada um deles foi utilizado. A unidade de medida desse consumo é fornecida em quilowatt-hora (kWh). O cálculo do consumo é obtido pela seguinte equação:

$$\text{consumo (kWh)} = \frac{\text{potência (W)}}{1\,000} \cdot 30 \cdot \text{tempo (h)}$$

Aparelhos elétricos	Potência média em watt (W)	Dias estimados de uso por mês	Média utilizada por dia	Consumo médio mensal (kWh)
Aquecedor de ambiente	1 550	30	8 h	372
Cafeteira elétrica	600	30	1 h	18
Chuveiro elétrico com chave na posição verão	3 500	30	40 min	70
Chuveiro elétrico com chave na posição inverno	4 500	30	40 min	90
Ferro de passar roupa elétrico automático	1 000	12	1 h	12
Geladeira com duas portas	130	30	-	55
Lava-roupa	500	12	1 h	6
Microcomputador	120	30	3 h	10,8
Secador pequeno de cabelo	600	30	15 min	4,5
Ventilador de teto	120	30	8 h	28,8

Consulte a tabela e indique **V** para as afirmações verdadeiras e **F** para as falsas.

I. Entre os aparelhos que ficam ligados 8 horas por dia, o aquecedor de ambiente tem o maior consumo.

II. O consumo mensal do chuveiro elétrico com a chave na posição verão é a metade do consumo do chuveiro com a chave na posição inverno.

III. Lavadora de roupas, cafeteira elétrica e ferro elétrico automático encontram-se em ordem crescente de potência na tabela.

IV. Se o secador de cabelo fosse utilizado durante uma hora nos trinta dias do mês, seu consumo seria igual ao da cafeteira elétrica.

V. O consumo mensal total de todos os aparelhos elétricos da tabela será maior que 800 kWh.

Assinale a alternativa que corresponde à análise correta de todas as afirmações.

a) F – V – F – F – V
b) V – F – V – V – F
c) V – V – F – F – V
d) F – F – V – F – V
e) F – V – V – F – F

Questão 20

Dentre os aparelhos elétricos, os chamados resistivos, quando usados sem controle, elevam bastante o valor da conta de luz. Esses aparelhos contêm um resistor que aquece com a passagem de corrente elétrica, apresentam potência mais alta do que a dos demais aparelhos elétricos e têm como função principal o aquecimento. Com base nessas informações e nas informações da tabela da questão anterior, assinale a alternativa que apresenta três aparelhos resistivos.

a) Ferro de passar roupa elétrico automático, microcomputador e ventilador de teto.
b) Ventilador de teto, microcomputador e geladeira com duas portas.
c) Lava-roupa, geladeira com duas portas e cafeteira elétrica.
d) Secador de cabelo, lava-roupa e geladeira com duas portas.
e) Aquecedor de ambiente, chuveiro elétrico e ferro de passar roupa elétrico automático.

Questão 1

A reprodução _____ gera populações de indivíduos geneticamente idênticos, que são ______ suscetíveis a alterações ambientais. Por outro lado, a reprodução _____ gera populações de indivíduos com ______ variabilidade genética e, portanto, ______ suscetíveis a alterações ambientais.

Assinale a alternativa que contém a sequência correta de palavras que completam o texto:

a) assexuada, menos, sexuada, maior, mais.

b) sexuada, mais, assexuada, maior, menos.

c) assexuada, mais, sexuada, maior, menos.

d) sexuada, menos, assexuada, menor, mais.

e) assexuada, mais, sexuada, menor, menos.

Questão 2

A trapoeraba (*Commelina benghalensis*) é uma planta daninha com alta capacidade de propagação, principalmente por produzir sementes aéreas e subterrâneas e por ser capaz de rebrotar com facilidade. Essa planta infesta áreas de produção agrícola competindo com culturas, como as de milho, o que causa perdas de produtividade.

A braquiária (*Urochloa ruziziensis*), por sua vez, é uma espécie de gramínea muito usada como pastagem e como cultura de cobertura. Essa planta produz ácido aconítico (AA), uma substância que inibe a germinação de bancos de sementes, além de reduzir as taxas de crescimento e de sobrevivência de plantas invasoras, como a trapoeraba.

Assinale a alternativa que indica uma técnica que pode reduzir as perdas em cultivos de milho provocadas pela competição com ervas daninhas.

a) Usar o ácido aconítico (AA) para inibir a germinação de braquiárias.

b) Promover o corte de trapoerabas, já que a principal forma de propagação dessas plantas se dá por rebrotamento.

c) Coletar sementes aéreas e subterrâneas de trapoeraba e semeá-las nos campos de cultivo com sementes de milho.

d) Eliminar sementes presentes no solo antes de plantar as sementes de milho.

e) Introduzir a braquiária nas culturas do milho para inibir o desenvolvimento da trapoeraba.

Questão 3

Os grupos de plantas apresentam diferentes graus de dependência em relação à água. Essa dependência, inclusive, é considerada uma evidência evolutiva e um fator que limita a distribuição de plantas no ambiente. Em relação a essa característica, podemos afirmar que:

a) as pteridófitas foram o primeiro grupo de plantas que se tornaram independentes da água.

b) a semente, presente nas angiospermas e nas gimnospermas, permite uma reprodução independente da água.

c) o tamanho das briófitas é limitado pela disponibilidade de água no ambiente.

d) as briófitas e as pteridófitas podem ser classificadas como traqueófitas, por dependerem de água para a reprodução.

e) como não são dotadas de vasos, as briófitas não têm ancestrais comuns com as pteridófitas, as gimnospermas e as angiospermas.

Questão 4

Um grupo de pesquisadores pretende desenvolver sementes modificadas para melhorar a produção de alimentos em solos com poucos nutrientes. Assinale a alternativa que indica uma técnica promissora para atingir esse objetivo.

a) Tornar a casca mais impermeável, para impedir a desidratação.

b) Acelerar o crescimento do embrião.

c) Trocar parte do tecido nutritivo por uma reserva de água.

d) Revestir o embrião com uma camada de cera impermeável.

e) Aumentar o tamanho da semente, para que ela tenha mais tecido nutritivo.

Questão 5

Na reprodução por estaquia, corta-se um pedaço do tronco ou do galho de uma planta (estaca), que é então plantado, dando origem a uma nova planta. Nesse processo, podemos prever que:

a) a planta formada pela estaca terá mais folhas que a planta original.

b) a nova planta não sobreviverá, pois não tem raízes.

c) as duas plantas formadas serão idênticas.

d) esse processo é útil para gerar plantas saudáveis, caso a planta original esteja doente.

e) esse método só deve ser aplicado em plantas que não se reproduzem naturalmente.

Questão 6

A esquistossomose é uma doença parasitária causada pelo *Schistosoma mansoni*, cujo ciclo de vida, representado no esquema a seguir, tem uma fase de reprodução sexuada e outra de reprodução assexuada.

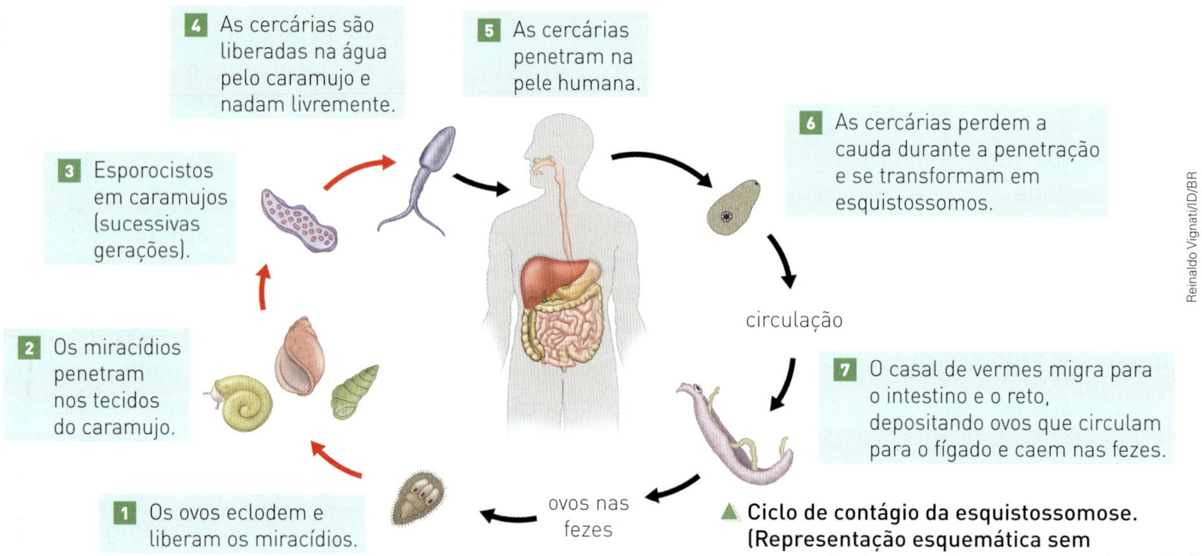

▲ **Ciclo de contágio da esquistossomose. (Representação esquemática sem proporção de tamanho e em cores-fantasia.)**

Fonte de pesquisa: Jane B. Reece e outros. *Biologia de Campbell*. 10. ed. Porto Alegre: Artmed, 2015. p. 690.

Com base no esquema, assinale a alternativa correta.

a) O tratamento do esgoto antes de ser despejado em corpos de água, como lagos, represas e açudes, é uma medida que interfere na fase sexuada do ciclo de vida do verme, pois impede que esses locais sejam contaminados por fezes que contêm ovos do parasita.

b) O tratamento do esgoto antes de ser despejado em corpos de água, como lagos, represas e açudes, é uma medida que interfere na fase assexuada do ciclo de vida do verme, pois impede diretamente que as cercárias infectem o ser humano.

c) O controle dos caramujos é uma medida que interfere na fase sexuada do ciclo de vida do parasita, impedindo que as cercárias sejam liberadas no ambiente.

d) O controle dos caramujos é uma medida que interfere na fase sexuada do ciclo de vida do parasita, impedindo que os miracídios encontrem hospedeiros.

e) A prática do ser humano de evitar o contato direto com águas contaminadas impede que as cercárias penetrem na pele, impossibilitando que a fase assexuada do ciclo de vida do parasita tenha início.

Questão 7

Esta tira usa o humor ao tratar do mosquito *Aedes aegypti*, transmissor do vírus da dengue.

© Humor com Ciência/Acervo do cartunista

Levando em consideração o conhecimento que se tem sobre artrópodes e a análise dos aspectos retratados na tira, é possível afirmar que:

a) o combate ao acúmulo de água parada não interfere na reprodução dos mosquitos porque as larvas desses insetos não vivem na água.

b) o mosquito está retratado de forma realista, já que insetos têm dois pares de pernas e não apresentam antenas.

c) a tira retrata com precisão algumas das formas de dificultar a reprodução do mosquito *Aedes aegypti*. No entanto, sabe-se que mosquitos são insetos que não botam ovos.

d) na tira são mostradas algumas formas de prevenir o desenvolvimento de larvas do mosquito *Aedes aegypti*. Essas larvas são aquáticas e crescem em ambientes de água parada.

e) as formas de combate ao mosquito retratadas na tira não são eficientes, já que os artrópodes, como os mosquitos, são animais terrestres.

Questão 8

Leia algumas considerações de especialistas a respeito da aquicultura e da pesca extrativista.

> [...]
>
> [...] De forma geral, a pesca extrativista baseia-se na retirada de recursos pesqueiros do ambiente natural, ao contrário da aquicultura, que é baseada na produção de peixes de cultivo.
>
> "[...] A aquicultura sustentável deve considerar indicadores econômicos, ambientais e sociais, podendo ser definida como a produção lucrativa de organismos aquáticos em harmonia com o meio ambiente e [as] populações humanas locais [segundo Flavia Tavares, pesquisadora da Empresa Brasileira de Pesquisa Agropecuária (Embrapa)]."
>
> Do ponto de vista ambiental, afirma a pesquisadora, a atividade aquícola deve levar em consideração a capacidade suporte do meio ambiente, por meio de monitoramento constante da qualidade de água e sedimentos, além do devido tratamento dos efluentes.
>
> Paralelamente, medidas de segurança devem ser tomadas no sentido de evitar escape, principalmente de espécies exóticas ou alóctones (não originárias daquele espaço), que podem levar a um desequilíbrio da ictiofauna nativa, que é o conjunto de peixes de uma região.
>
> [...]
>
> A atividade pesqueira também pode ser sustentável, diz ela, quando adotadas práticas de captura e manejo dos estoques pesqueiros considerando o ciclo reprodutivo dos peixes[,] no intuito de manter o equilíbrio e garantir a sobrevivência das espécies.

Aquicultura e pesca extrativista: o que é mais sustentável? Revista *Exame*, 25 fev. 2022. Disponível em: https://exame.com/negocios/aquicultura-e-pesca-o-que-e-mais-sustentavel/. Acesso em: 6 fev. 2023.

Agora, analise as afirmações a seguir e, então, assinale a alternativa correta.

I. A pesca extrativista, quando realizada de forma indiscriminada, para além da capacidade de reposição dos organismos explorados, afeta toda a cadeia alimentar de ecossistemas aquáticos.

II. A aquicultura, mesmo quando não monitora a qualidade da água e promove o tratamento dos efluentes, não gera impactos ambientais e, portanto, é uma alternativa à pesca extrativista.

III. Qualquer organismo aquático criado por aquicultura pode ser lançado em ambientes aquáticos, para restabelecer populações prejudicadas pela atividade pesqueira não sustentável.

a) Somente a afirmação **I** está correta.

b) Somente as afirmações **I** e **II** estão corretas.

c) Somente as afirmações **I** e **III** estão corretas.

d) Somente a afirmação **III** está correta.

e) Todas as afirmações estão corretas.

Questão 9

A reprodução do jabutitinga (*Chelonoidis denticulata*) ocorre por volta dos meses de outubro e janeiro. Quando há disputa pela fêmea, os machos recolhem a cabeça e batem os cascos uns nos outros, sem se machucar. Depois, o macho monta sobre a fêmea e transfere o sêmen para dentro do corpo dela. A fêmea põe cerca de sete ovos e busca um local onde haja bastante luz solar para enterrá-los.

O que ocorre na reprodução dos jabutitinga é um exemplo de:

a) fecundação interna e ovoviviparidade.
b) fecundação interna e viviparidade.
c) fecundação externa e oviparidade.
d) fecundação interna e oviparidade.
e) fecundação externa e ovoviviparidade.

Questão 10

O pinguim-imperador (*Aptenodytes forsteri*) é uma espécie de ave adaptada a viver no continente antártico, onde as temperaturas podem atingir mais de 50 graus Celsius negativos. Após a postura do ovo pela fêmea, o pinguim macho fica responsável por cobrir o ovo e mantê-lo aquecido, enquanto a fêmea sai para o mar em busca de alimento. Durante o período de incubação, que pode passar de 60 dias, a fêmea segue em busca de comida e o pinguim macho fica sem se alimentar e se mantém firme na tarefa de cuidar do futuro filhote.

Considerando o cuidado parental do pinguim-imperador sob uma perspectiva evolutiva, é correto afirmar que:

a) contribui para o aumento da probabilidade de sobrevivência dos filhotes e, portanto, para o aumento do sucesso reprodutivo da espécie.
b) somente o pinguim-imperador macho pratica esse tipo de cuidado.
c) a seleção natural atuou sobre pinguins-imperadores, selecionando os indivíduos cujos pais não apresentaram cuidado parental.
d) ao longo do processo evolutivo, pinguins-imperadores cujos pais apresentaram cuidado parental tiveram desvantagem sobre aqueles cujos pais não o apresentaram.
e) o cuidado parental nesta espécie é uma característica que foi selecionada ao longo da evolução porque os custos para o sucesso reprodutivo da espécie foram maiores que os benefícios.

Questão 11

As transformações no corpo que ocorrem na puberdade, como o desenvolvimento de mamas nas meninas e o aparecimento de barba nos meninos, são resultado da ação de hormônios sexuais que passam a ser produzidos pelas gônadas. Sobre essa temática, assinale a alternativa correta.

a) A partir da puberdade, as gônadas produzem hormônios sexuais porque são estimuladas por hormônios que passam a ser liberados pela hipófise.
b) A hipófise, situada no sistema nervoso central, exerce controle sobre as gônadas por meio de estímulos nervosos.
c) As gônadas correspondem às mamas, nas meninas, e aos testículos, nos meninos.
d) O hipotálamo é uma estrutura localizada no sistema nervoso central, que produz hormônios que agem diretamente sobre as gônadas.
e) O hormônio sexual produzido pelas gônadas masculinas é a testosterona, e os hormônios sexuais produzidos pelas gônadas femininas são o estrógeno e a ocitocina.

Questão 12

Um casal que teve relação sexual pela primeira vez, sem usar método contraceptivo, estava preocupado com uma possível gravidez. Mas o homem e a mulher conversaram e chegaram à conclusão de que ela não engravidaria, já que tomou banho após a relação sexual desprotegida. Sobre essa hipótese, é possível afirmar que:

a) o casal não precisa se preocupar, porque, se a mulher tomou banho após a relação, é improvável que os espermatozoides tenham chegado à tuba uterina, onde ocorreria a fecundação.
b) o casal deve se preocupar, porque, mesmo a mulher tomando banho após a relação, é possível que os espermatozoides tenham chegado ao ovário, onde ocorre a fecundação.
c) o casal não tem com o que se preocupar, porque, se a mulher tomou banho, os espermatozoides foram eliminados pelo sabonete.
d) o casal deve se preocupar, porque o banho não elimina os espermatozoides que estão no sistema genital feminino. Assim, eles podem chegar à tuba uterina, onde ocorre a fecundação.
e) o casal não deve se preocupar, porque não é possível engravidar na primeira relação sexual.

Questão 13

[...]

[...] Dados da Pesquisa Nacional de Saúde [PNS] 2013, do IBGE, revelaram que, das meninas entre 10 e 19 anos que deixaram de fazer alguma atividade (estudar, realizar afazeres domésticos, trabalhar ou até mesmo brincar) por problemas de saúde nos 14 dias anteriores à data da pesquisa, 2,88% delas deixaram de fazê-la por problemas menstruais. Para efeitos de comparação, o índice de meninas que relataram não ter conseguido realizar alguma de suas atividades por gravidez e parto foi menor: 2,55%.

Dados da ONU apontam que, no mundo, uma em cada dez meninas falta às aulas durante o período menstrual. No Brasil, esse número é ainda maior: uma entre quatro estudantes já deixou de ir à escola por não ter absorventes.

[...]

Com isso, perdem, em média, até 45 dias de aula, por ano letivo, como revela o levantamento "Impacto da Pobreza Menstrual no Brasil"[...]. O ato biológico de menstruar acaba por virar mais um fator de desigualdade de oportunidades entre os gêneros.

[...]

A opção por ficar em casa é justificada ao se ver quão hostil pode ser o ambiente escolar para estudantes que menstruam. Como ainda estão em fase de crescimento, os ciclos costumam ser irregulares, o que pode provocar um fluxo de sangue inesperado, manchando a roupa e as tornando alvo de brincadeiras de mau gosto e preconceito. Além disso, não há, em boa parte das escolas, infraestrutura de higiene suficiente para atender suas necessidades básicas.

De acordo com o estudo "Pobreza Menstrual no Brasil: desigualdade e violações de direitos", divulgado pelo Unicef e pelo Fundo de População das Nações Unidas (UNFPA) [...], mais de 4 milhões de estudantes frequentam colégios com estrutura deficiente de higiene, como banheiros sem condições de uso, sem pias ou lavatórios, papel higiênico e sabão. Desse total, quase 200 mil não contam com nenhum item de higiene básica no ambiente escolar.

A situação é ainda pior quando se leva em conta que 713 mil meninas não têm acesso a nenhum banheiro (com chuveiro e sanitário) em suas casas. E outras 632 mil meninas vivem sem sequer um banheiro de uso comum no terreno ou propriedade. [...]

Paola Lima. O que é pobreza menstrual e por que ela afasta estudantes das escolas. *Agência Senado*, 29 jul. 2021. Disponível em: https://www12.senado.leg.br/noticias/infomaterias/2021/07/o-que-e-pobreza-menstrual-e-por-que-ela-afasta-estudantes-das-escolas. Acesso em: 7 fev. 2023.

A pobreza menstrual é um problema que afeta meninas e mulheres em situação de vulnerabilidade social e refere-se à falta de acesso a produtos menstruais adequados, como absorventes higiênicos, e a conhecimento apropriado quanto aos cuidados que envolvem a menstruação. Assinale a alternativa que destaca alguns dos dados obtidos nas pesquisas mencionadas no texto.

a) A sociedade atual está livre de conceitos equivocados, brincadeiras de mau gosto e preconceito envolvendo a menstruação.

b) As adolescentes de hoje sentem-se confiantes e seguras quanto à menstruação mesmo quando não têm acesso a itens como absorventes e infraestrutura básica de higiene.

c) O fato de menstruar não interfere nas atividades das adolescentes, como estudar, realizar afazeres domésticos, trabalhar ou brincar.

d) A falta de absorvente afeta o desempenho escolar de estudantes adolescentes que menstruam e, como consequência, pode restringir o desenvolvimento de seu potencial na vida adulta.

e) Problemas como a falta de infraestrutura e de itens básicos de higiene estão restritos ao ambiente escolar.

Questão 14

Depois de confirmar a gravidez por um exame de sangue, Maria vai a uma consulta médica e o obstetra estima que ela esteja na sexta semana de gestação. Nessa mesma semana, Maria realiza a primeira ultrassonografia de sua gravidez. Nesse momento da gestação, é possível afirmar que:

a) o embrião já começa a formar urina, que é lançada no líquido amniótico.

b) os órgãos genitais do embrião já começam a se diferenciar.

c) o embrião já apresenta movimentos espontâneos, mas eles ainda não podem ser sentidos pela mãe.

d) o embrião já tem coração e intestino, e seu sistema nervoso começa a se desenvolver.

e) os dedos dos pés e das mãos do embrião já começam a se separar.

Questão 15

Atualmente, recomenda-se a suplementação da forma sintética da vitamina B9 (ou folato), conhecida como ácido fólico, especialmente para as gestantes. Leia o texto a seguir, que trata de uma alternativa natural ao ácido fólico.

> [...]
>
> Com o objetivo de ampliar as opções de alimentos suplementados com folato, duas pesquisadoras do Centro de Pesquisa em Alimentos (FoRC – Food Research Center) [...] conseguiram desenvolver produtos que contêm até 20% da necessidade diária desse nutriente, utilizando a sua forma natural em vez da sintética. Isso porque o consumo excessivo de ácido fólico está associado a alguns efeitos indesejados, como mascarar a deficiência de vitamina B12. A descoberta tardia dessa deficiência pode levar a pessoa a ter problemas neurológicos e anemia.
>
> "O que está descrito na literatura é que, pelas formas naturais da vitamina, não existe esse problema. Mas, a forma sintética demora mais para ser processada, pois precisa ser metabolizada no fígado para chegar a sua forma bioativa no organismo", afirma Marcela Albuquerque, pós-doutoranda do Laboratório de Microbiologia de Alimentos da Faculdade de Ciências Farmacêuticas (FCF) da USP.
>
> [...]
>
> Segundo [...] [Ana Clara Cucick, doutoranda da FCF], muitos países aderiram a programas de fortificação obrigatória de alimentos para combater a deficiência de folato, como o Brasil, por exemplo, onde as farinhas de trigo e milho são fortificadas com ferro e ácido fólico para prevenir a anemia e a má-formação dos fetos. Tal estratégia trouxe benefícios, como a redução de aproximadamente 30% na ocorrência de doenças do tubo neural em bebês, segundo relatório divulgado em janeiro de 2021 pela Anvisa, porém tem sido alvo de preocupação devido aos possíveis efeitos colaterais advindos da ingestão em excesso do ácido fólico.
>
> [...]

Alimentos enriquecidos com vitamina B9 produzida por bactérias podem ser alternativa natural ao ácido fólico. *Jornal da USP*, 21 out. 2021. Disponível em: https://jornal.usp.br/ciencias/alimentos-enriquecidos-com-vitamina-b9-produzida-por-bacterias-podem-ser-alternativa-natural-ao-acido-folico/. Acesso em: 7 fev. 2023.

Com base no texto, é possível afirmar que:

a) alimentos suplementados com formas naturais ou sintéticas de folato não devem ser consumidos por gestantes.

b) o ácido fólico não tem interferência no desenvolvimento embrionário.

c) formas naturais e sintéticas de folato são igualmente metabolizadas pelo fígado.

d) alimentos fortificados com a forma natural do folato podem evitar possíveis efeitos colaterais causados pelo consumo excessivo de ácido fólico.

e) a deficiência da vitamina B9 (folato) não causa problemas de saúde em pessoas adultas.

Questão 16

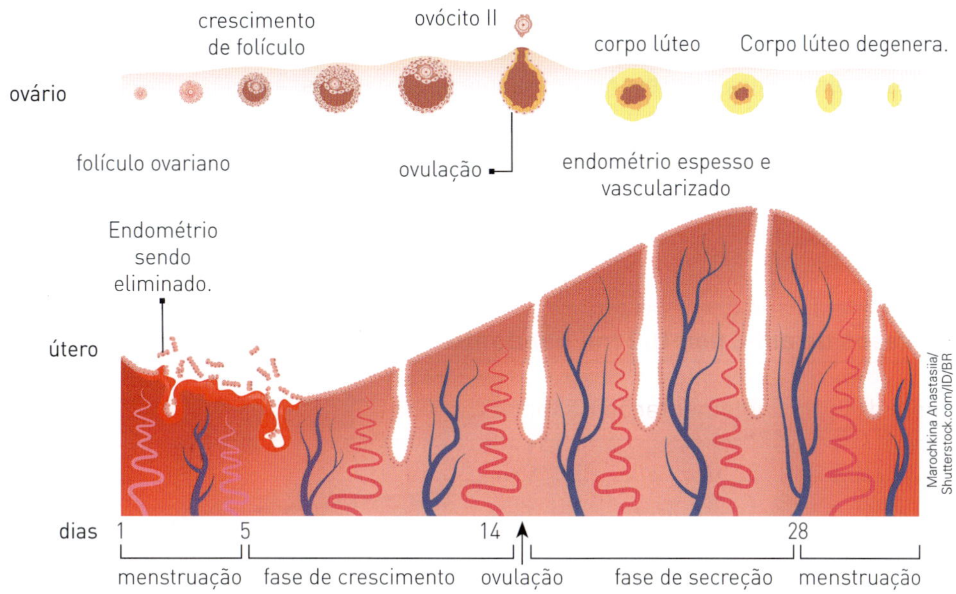

Com base nessa imagem e no que aprendeu nas aulas sobre o ciclo menstrual, um grupo de estudantes fez algumas afirmações. Qual delas está de acordo com o que se conhece desse ciclo?

a) Márcio afirmou que a menstruação corresponde à eliminação do endométrio e acontece no meio do ciclo menstrual.

b) Roberta concluiu que a ovulação ocorre por volta do 14º dia do ciclo menstrual e, portanto, nessa fase, as chances de gravidez são maiores.

c) Flávio chegou à conclusão de que o endométrio espesso e vascularizado caracteriza o final da menstruação.

d) Letícia afirmou que o corpo lúteo é formado antes da ovulação e degenera caso o ovócito **II** seja fecundado.

e) João chegou à conclusão de que o crescimento do folículo se dá durante a menstruação.

Questão 17

Essas imagens representam alguns métodos contraceptivos. Sobre eles, é possível afirmar que:

a) os contraceptivos hormonais, como a pílula anticoncepcional e a esterilização, são aqueles que interferem na liberação de gametas.

b) os contraceptivos de barreira, como a pílula anticoncepcional, o anel hormonal e o adesivo contraceptivo, impedem a ovulação.

c) os contraceptivos de barreira, como o preservativo masculino e o diafragma, impedem a chegada do espermatozoide ao ovócito.

d) os contraceptivos cirúrgicos impedem a ovulação na mulher e a produção de espermatozoides nos homens.

e) a tabelinha e o coito interrompido são considerados métodos contraceptivos de barreira, pois impedem o encontro dos gametas.

Questão 18

O condiloma acuminado é uma infecção sexualmente transmissível (IST) causada pelo vírus HPV. Essa IST pode não provocar sintomas, mas, quando eles aparecem, ocorrem na forma de verrugas ou até de câncer de útero, ânus e pênis. Para se prevenir dessa infecção, é necessário:

a) usar preservativo nas relações sexuais, vacinar-se e evitar contato com sangue infectado.

b) usar preservativo nas relações sexuais e evitar contato com sangue infectado.

c) usar preservativo nas relações sexuais somente.

d) usar preservativo nas relações sexuais e vacinar-se.

e) evitar contato com sangue infectado.

Questão 19

Brasil: Taxa de casos de aids, por 100 mil habitantes (2010-2022)

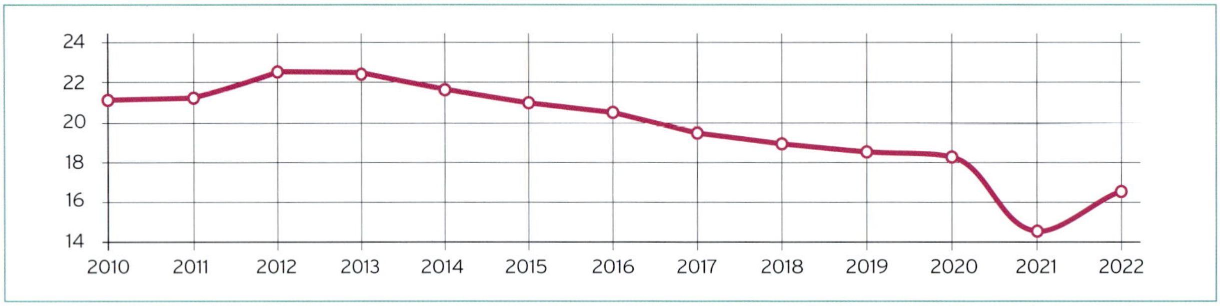

Fonte de pesquisa: Brasil. Ministério da Saúde. Departamento de HIV/Aids, Tuberculose, Hepatites Virais e Infecções Sexualmente Transmissíveis. Indicadores e dados básicos do HIV/Aids nos municípios brasileiros. Disponível em: http://indicadores.aids.gov.br/. Acesso em: 8 fev. 2023.

Com base nos dados do gráfico, assinale a alternativa que indica uma proposta dos analistas que poderia ser aceita para o combate à aids.

a) Analisar os fatores que levaram à queda no número de casos no ano de 2010.

b) Criar campanhas para informar as pessoas de que a epidemia está estável desde 2011 e, portanto, devemos nos preocupar com outras epidemias.

c) Investir em campanhas que incentivem o uso de camisinha, já que esse método pode ter colaborado para a queda no número de casos entre 2021 e 2022.

d) Mesmo que os casos não tenham aumentado significativamente após 2011, criar campanhas para esclarecer que, apesar de tratável, a aids não tem cura. Portanto, deve-se investir em sua prevenção.

e) Analisar os fatores que levaram ao aumento do número de casos entre 2019 e 2021.

Questão 20

O número de jovens contaminados com o vírus HIV, causador da síndrome da imunodeficiência adquirida (aids, na sigla em inglês), cresceu no Brasil, segundo levantamento realizado nos últimos anos. Entre os jovens de 20 a 24 anos, a taxa de detecção do HIV subiu de 11,5 casos a cada 100 mil habitantes, em 2010, para 15,2 casos, em 2015, mas entrou em declínio nos anos seguintes, chegando a 11,2 casos em 2020. No ano seguinte, porém, voltou a subir para 13,3 casos. Assinale a alternativa que apresenta uma medida que pode reverter esses números:

a) Desenvolver novos tratamentos que combatam os sintomas da aids.

b) Criar campanhas que incentivem o uso de métodos anticoncepcionais como o DIU.

c) Incentivar o uso de pílula anticoncepcional.

d) Distribuir camisinhas e criar campanhas que incentivem seu uso.

e) Ampliar a distribuição gratuita de remédios para os soropositivos.